중국문화와 중국종교

방립천 문집

1992년, 대만 안상선(安詳禪) 창시자 경운(耕云)선생 일행과의 기념사진. 앞줄 왼쪽으로부터 주소량(周紹良), 전인(傳印), 방립천(方立天), 경운(耕云), 조박초 (趙朴初), 정혜(淨慧), 명철(明哲).

1993년 6월 10일 타이베이 '고궁박물원'을 참관 방문, 오른쪽은 효의(孝儀) 원장.

2001년 1월, 타이베이 성운 대사(星云大師, 가운데 앉은 사람) 초대회에서, 발언자는 오백웅(吳伯雄).

2001년 2월 22일, 홍콩중문대학 숭기학원(崇基學院) 개교기념일 행사에서 "불교와 중국문화"라는 제목의 발언을 하고 있는 저자.

2001년 2월 26일, 홍콩 지련정원(志蓮淨苑)에서. 왼쪽으로부터 소진인(蘇晉仁), 오립민(吳立民), 굉훈 법사(宏勛法師), 방립천(方立天), 황심천(黃心川), 온옥성(溫玉成).

1993년 6월 3일, 타이베이 '고궁박물원'에서 "왕부지 학술토론회(王夫之學術研討會)"에 참가. 앞줄 왼쪽은 오곤여(鄔昆如), 오른쪽은 장진동(張振東).

2009년 3월 27일, 제2회 세계불교포럼에서 중국 대륙과 대만, 홍콩, 마카오 불교계, 학술계의 대표와 중앙 주요 책임자와의 기념사진. 앞줄 왼쪽 세 번째부터 두청림(杜靑林), 성운(星雲), 가경림(賈慶林), 일성(一誠), 회량옥(回良玉), 각광(覺光). 두 번째 줄 왼쪽 첫 번째는 영신(永信), 세번 째는 정혜(淨慧). 세 번째 줄 왼쪽으로부터 혜민(惠敏), 하지평(何志平), 이작분(李焯芬), 방립천(方立天). 반종광(潘宗光), 양증문(楊曾文). 네 번째 줄 왼쪽으로부터 여섯 번째 주청시(朱淸時).

1993년 3월, 대북에서 열린 "사람의 자질" 학술 연구토론회에서의 기념사진. 앞줄 왼쪽 여섯 번째로부터 성엄(圣嚴), 임계유(任繼愈), 계선림(季羨林), 여신(汝信).

머리말

이 책을 내게 된 계기는 2011년 9월 17일, 중국인민대학에서 열린 학술세미나의 휴식시간에 중국인민대학 하요민(賀耀敏) 출판사 사장이 나의 개인문집을 출판해주시겠다고 약속하면서부터다. 1980년대 이래, 중국인민대학 출판사는 나의 저서 다섯 부와 문집 여섯 권을 출판했었다. 새 문집 출판 예약에 관한 인민대학 출판사의 호의에 매우 감사드린다.

5년 전 출판된 6권의『방립천 문집』은 나의 저서 중 절반을 모은 것이다. 이 문집은 지금까지 필자가 쓴 대부분의 작품을 모은 것으로, 저작의 성격에 따라,『중국불교』,『위진남북조 불교』,『법장(法藏)과 금사자장(金獅子章)』,『불교철학』,『중국불교철학』,『중국불교와 전통문화』,『중국불교문화』,『중국문화와 중국종교』,『중국고대철학』및 기타 내용이 포함되었다. 모두 10권, 12책으로 편집하였는데 약 500만 자 정도 된다. 이번의 10권은 원래 출판했던 6권보다 양이 약 배가 증가되었다. 새로 증가된 내용은『중국불교철학 요의』1권 2책으로, 중국불교와 중국불교문화에 관한 내용이 많이 증보되어 각 1권씩으로 나누어졌다. 중국문화와 중국종교에 관한 저술은 한 권으로 묶었으며 기타 내용에는 과거 여러 해 동안 썼던 서언, 전언, 창간사, 서평, 선현에 대한 회상, 학문에 대한 연구 등의 내용이 있다.

1980년대 이래, 나는『간명 브리태니카 백과사전』(중국 대백과사전출판사, 1986년),『중국 대백과사전・철학권』(중국 대백과사서출판사, 1987년),『철학대사전』(상해사전출판사, 1992년),『철학대사서』(보인대학출판사, 1993년 후 계속 출판),『공자대사전』(상해사서출판서, 1993년),『중국철학 대사전』(중국사회과학출판사, 1994년),『중국철학대사전』(상해사서출판서, 2010년) 등을 저술하였다. 또한 중국철학과 중국불교 조목을 저술하였다.『중국철학통사』제2권(중국인민대학출판사, 1988년) 중의 위진 현학과 수당의 불학부분은 필자가 쓴 것이다.『중화의 지혜-중국 고대철학 사상의 정수』(상해인민출판사, 1989년) 중의 갈홍(葛洪), 승조(僧肇), 법장(法藏), 혜능(慧能), 한유(韓愈), 류종원(柳宗元), 유우석(劉禹錫) 등 7편도 필자가 썼다. 이러한 공동저술에 들어간 글들은 모두 이번 문집에 수록되지 않았다. 그 외에 다른 사람과 합작하여 집필한 문장도 모두 수록되지 않았다.

이번의 10권 문집은 반세기라는 필자의 오랜 학술인생의 족적을 기록한 것이고, 또한 중화문화의 다채로운 측면을 보여준 것으로서, 사회와 시대의 변천과 진보 발전을 반영한 것이다. 머리말을 쓰면서 나의 학술생명의 역사적 요소, 생애의 기획, 일해 온 과정, 학문연구의 방법과 결과, 다양한 경험 및 인생의 교훈을 회고할 수 있었다.

나는 1949년 중학교를 졸업하고, 1950년 봄 상해화동세무학교 (후에 화동양식학교와 합병하여 화동재정학교로 개명)에서 공부하였다. 그 후 학교에 남아 일하게 되었는데, 1953년에 행정직을 그만두고 정치이론을 강의하게 되었다. 당시 나는 중국공산당사, 소련공산(볼셰비키)당사, 정치경제학과 철학(변증유물주의와 역사유물주의)을 강의하였다. 교수과정에서 나는 점차 철학의 사변성, 추상성에 관심이 가게 되었으며, 장차 자유롭게 세상을 노닐 수 있기를 꿈꾸었다. 1956년 나는 북경대학 철학학부에 입학했다. 이때부터 나는 진정으로 철학과 인연을 맺을 수 있었다. 공부하는 기간, 나는 중국철학을 제일 좋아했다. 졸업 후 중국철학에 대해 교수님과 함께 연구할 수 있기를 내심 바랐다.

1961년 북경대학을 졸업한 후, 나는 중국인민대학 철학학부 중국철학사 연구실에서 일하게 되었다. 이로써 중국철학 교수님과 연구하고 싶어 했던 나의 소원이 이루어질 수 있게 되었다. 그 후 나는 중국철학은 역사가 매우 길므로 어느 한 시기를 선택하여 연구의 중점으로 삼으려고 생각했다. 고민 끝에 나는 위진남북조(魏晉南北朝)와 수당(隋唐)시기의 철학을 학술연구의 중점으로 정했다. 이 시기의 철학은 유가, 도가, 도교와 불교 등 여러 영역에 관련되었다. 나는 그 중에서도 불교철학을 연구의 바탕으로 생각하고 연구를 시작했는데 이 선택의 이유는, 불교철학은 함축된 내용이 많고, 중국문화나 철학과의 관계가 밀접하기 때문이었다. 또한 고향 및 가정에서 불교신앙이 투철했으므로 그 영향을 받아 불교에 자연적인 친화감이 있었기 때문이었다. 그리고 또 다른 이유는, 학문을 연구함에 있어서 개인적으로 비인기 분야를 좋아하고 어려운 것을 공략하기 좋아하였으며, 또 어려움을 두려워하지 않았기 때문이었다. 즉 이지적인 판단과 콤플렉스, 그리고 성격적인 특징으로 인해 나는 당시 '위험한 학문'이라고 여겨졌던 불교철학을 연구하기 시작했으며, 지금까지 쉬지 않고 달려올 수 있었다.

1960년대 초, 수년 동안의 탐색과 구상, 실천을 거쳐 나는 사례 연구와 전체적 연구, 미시적 연구와 거시적 연구를 결합하며, 서로 보완하는 불교 학술연구 방안을 확정하고 연구계획과 장기적 목표를 정했다. 사례연구는 불교의 대표적 인물을 연구하는데 중점을 두었다. 불교사는 바로 불교의 대표적 인물과 수많은 신도들의 신앙·수행의 역사이고, 불교사상사는 주로 불교의 대표적 인물들의 사상 성과사라고 본다. 역사상 불교의 대표적 인물을 연구하면 불교사상의 변화 발전과 내용을 알 수가 있다. 이러한 맥락에 따라, 나는 위진남북조 시기 불교의 대표적 인물, 예를 들면, 도안(道安), 지도림(支道林), 혜원(慧遠), 승조(僧肇), 도생(道生), 양무제 소연(梁武帝蕭衍) 등의 인물들을 바탕으로 불교연구를 시작했다. 그 후의 연구에서도 여전히 다른 불교의 대표적 인물, 예를 들면 화엄종 창시자 법장(法藏), 선종 창시자 혜능(慧能) 등에 대한 연구에 심혈을 기울여 왔다.

불교문헌은 불교사상 연구의 기초이다. 불교문헌의 문자, 구조, 내포, 실질을 파악하는 것은 불교사상의 연구에 중요한 의의가 있다. 불교연구의 전 과정에서 나는 자료의 축적을 중시하여, 『중국불교사상자료선집』(중화서국, 1983~1992년) 정리에 참여하였고, 일부 불교문헌에 대해, 구두점 찍기, 교감, 주석, 현대어로의 번역을 하였는데 그중 일부는 이미 출판되었다.

몇 개의 사례에 대한 미시적 연구와 일정한 자료의 축적을 거쳐, 1980년대부터 불교에 대한 거시적 연구를 시작했다. 나는 두 가지를 중점으로 해서 연구를 전개했다. 하나는 불교철학에 대한 전체적인 연구로써, 불교철학의 현대화 연구라고 말할 수 있다. 그 결과『불교철학』이라는 책을 썼는데, 이 책에서 불교의 인생 가치론, 우주론(요소론, 구조론, 생성론과 본체론)과 인식론의 풍부한 내용을 중점적으로 논술하여, 현대 언어로 불교철학의 이념을 전달하기에 노력했고 현대의 다원화 된 방법으로 연구를 진행하였으며, 현대의 사회배경에 입각하여, 불교의 가치와 폐단, 공헌과 결함을 발굴 혹은 비판하였다. 다른 하나는 불교문화에 대한 비교연구를 하였다. 이는 불교문화의 중국화 연구라고도 할 수 있다.『중국불교와 전통문화』라는 저술과「불교의 중국화와 중국화된 불교」등 관련 논문에서도 나는 불교의 중국화를 삼화(三化)로써 범위를 확정했다. 즉 "민족화, 현지화와 시대화"가 그것이었다. 또한 불교 중국화의 여러 단계와 걸어간 길, 방식을 서술했으며, 중국의 정치이념, 철학사상, 윤리도덕, 문학예술, 민간신앙, 사회습속 등과의 서로작용을 통해, 불교 중국화의 실질적인 면을 제시했고, 인도불교와는 구별되는 중국불교의 여섯 가지 중요한 특징을 종합해 냈다. 특징으로는 자성(自性) 중시, 현실 중시, 참선 중시, 돈오(頓悟) 중시, 편리 중시와 원융(圓融)을 중시한 것이었다.

나는 불교를 연구함에 있어서 '중국 본위'의 입장을 계승했다.

중국인은 고대에 형성된 본국 문화의 구조로부터 불교를 이해했고, 중국인의 실제 수요와 정신적 수요에 따라 불교를 대했으며, 중국의 유가, 도가의 본토 문화로 불교를 변화시켰다고 본다. 즉 나는 중국문화, 사상, 철학의 변화와 발전 등의 역사배경에서 중국불교문화, 사상, 철학의 유전, 흥망성쇠를 연구했다. 그러므로 나의 연구인생에서 중국철학에 대한 연구는 특별했다. 1980년대 후반에 나는『중국 고대 철학 문제 발전사』(상, 하)를 저술했으며 중화서국에서 출판했다. 필자가 중국철학을 연구한 중요한 목적은, 하나는 중화의 지혜를 선양하기 위한 것이었고, 다른 하나는 중국불교철학을 더욱 잘 연구하기 위한 것이었다.

이 같은 미시적 연구와 거시적 연구에서 얻은 성과를 기초로 하여 내 학술 인생에서의 '중점 프로젝트'에 대한 연구를 시작했다. 즉 중국의 불교철학사상에 대한 체계적이고도 전체적인 연구를 시작한 것이다. 나는 중국불교사상이 유가·도가의 사상, 인도 불교의 사상과의 서로작용과 비교 대조에서 핵심을 찾아내기 시작했다. 15년이라는 시간 동안 나는 100여 편의 문장을 써냈으며, 그 후 이것이 90여 만 자의『중국불교철학 요의』(상, 하)라는 책으로 출간되었다. 이 책은 서론, 총론, 인생론, 심성론, 우주론, 실천론(수지론, 修持論)과 맺음말 7개 부분으로 나뉘어졌다. 서론과 결론 외의 다섯 편의 32개 장(章)이 책의 중심으로 이루어져 있다. 심성론(心性論)과 직각론(直覺論)은 중국불교철학 사상의 2대 요점으로, 중국불교철학 사상의 체계를 이루었다. 이 책의 '서론'에서 나는 중국의 불교철학사상을 연구하는 구체적 방법에 대해 분술(分述)했다. 즉 현대철학 요구하는 것과 연결하여,

중국불교의 중대한 철학문제를 선별하고, 귀결시켜 중국불교철학의 사상체계를 세웠으며, 현대 언어로써 중국불교철학의 개념, 범주를 해석하고, 중국불교철학 사상이 갖고 있는 본래의 의의를 규명했으며, 중국불교철학 언어의 숨은 뜻을 알아냈다. 중국불교철학 사상의 발전을 위한 방법을 탐색하고, 중국불교철학 이론 사유의 성과를 종합했으며, 비교연구를 거쳐, 중국불교철학의 사상적 특징을 파악하고, 중국불교철학의 현대적 가치와 의의를 밝혔다. 이 여덟 가지는 중국불교철학 문제에서의 나의 연구방법에 대한 초보적인 결론이고 종합이었다.

위에서 말했듯이 나는 불교에 대한 연구를 주로 다섯 가지 분야로 전개했다. 즉 중국불교사상가에 대한 사례 연구, 중국불교 업적에 대한 정리, 불교철학의 현대화 연구, 불교문화의 중국화 탐색, 중국불교철학 사상체계의 구축이 그것이었다. 이 다섯 가지 분야의 연구는 대체로 필자가 연구한 궤적을 나타내고 있으며, 학술인생의 기본 내용을 구성하고 있다.

1990년대 이래, 사회 발전과 시대의 전진에 따라 필자가 보는 시야도 확대되고 연구 영역도 확장되었다. 중국불교와 중국 철학에 대한 이중 연구의 기초 위에서 나는 중화정신과 중국종교 이론에 흥미를 갖게 되어, 실제 수요에 따른 탐색적이고 탐구적인 연구를 하였다.

중화문화 정신을 탐구하는 것은 중국의 우수한 전통문화를 고취하고 국민의 자질을 높이며, 중화민족의 정신적 고향을 건설하기 위한 것이다. 이를 위해 나는 중화문화의 전통과 핵심문제에 대한 탐구에 대해 저술하였으며, 중화문화의 3대 전통(유가의 인본주의, 도가의 자연주의, 불가의 해탈주의)에 대한 견해를 제기했으며, 인생가치관은 중화 전통문화의 핵심이고, 인문정신 즉 사람의 정신생활 방식, 태도, 사상, 관점은 중국 국학의 영혼이며, 자강불식은 중화민족의 주요한 정신이라고 말했다. 또한 사고방식은 한 민족이 사고하고 사회의 진보를 촉진하는데 중요한 의의가 있다고 강조했다.

최근 몇 년간, 나는 중국종교이론 영역에 대해 생각하고 있다. 중국의 전통종교관, 마르크스주의 종교관과 중국화 된 마르크스주의의 종교관에 대해 정확하게 연구하고 종합하는 것은 특수하면서도 중요한 의의가 있다. 나는 중국화 된 마르크스주의의 종교관을 종교 본질관, 종교 가치관, 종교 역사관과 종교 적응관으로 도출했다. 나는 종교의 본질과 기능에 대해 과학적인 인식이 부족하면, 종교학과 종교사업이 충분한 관심을 받지 못하게 된다고 본다. 종교 영역에서는 오랫동안 '아편론'과 '투쟁론'이 유행되어 왔다. 하지만 모택동(毛澤東) 주석은 생전에 여러 차례나 '종교는 문화"라고 지적했다. 후에 중국 공산당원들은 종교와 사회주의 사회를 서로 적용시키는 문제를 이끌어 내어 "종교를 적극적으로 인도해 사회주의 사회에 적용시켜야 한다"는 새 명제를 제기했다. 중국화된 마르크스주의 종교관의 주요 맥락이 바로 '아편론', '투쟁론'으로부터 '문화론', '적응론', '인도론'으로 발전한 것이다. 이는 중국공산당원이 마르크스주의 종교관 영역에서의 가장 위대한 이론적 혁신이며, 가장 중대한 이론적 공헌이었다. 이는 종교계 인사와 종교를 믿는 대중이 경제사회의 발전과 조화로운 사회구축 및 사회주의 문화의 대 번영, 그리고 발전에서 적극적인 역할을 할 수 있도록 한 것이며, 매우 큰 지도적 의의와 촉진제 역할을 했다고 할 수 있다.

청나라 때의 산문가 요내(姚鼐)는, "천하의 학문은 의리(義理), 문장, 고증 등 3자로 구분된다"고 했다. 그 중 '의리(義理)'가 바로 경서의 뜻을 연구하고 명리의 학문을 탐구하는 것이다. 과거를 돌이켜 보니, 필자가 중국 국학이라는 이 풍요로운 전야(田野)에서 묵묵히 해온 노동이 주로 '의리'를 탐색하는 길이었으며, 중국의 철학사상을 탐색하는 것이었다. 특히 중국의 불교철학사상을 탐색한 것이었다. 이는 진리를 탐색하고 진리를 추구해 온 과정이었으며, 지혜를 체득하고 지혜를 증가시키는 과정이었다. 독립적으로 사고하고, 마음속에 품은 생각을 바른대로만 서술해 온 마음의 여정을 돌이키고, 대량의 사료(史料)를 정리해 글 속에 도를 담던 시절을 돌이켜 보면, 고난과 역경, 행복하고 즐거웠던 기나긴 인생길이 파도처럼 밀려드는 생각을 금할 수 없다.

세월은 흐르고 인생은 무상하다. 오늘의 나는 이미 고령의 노인이지만 "해질 무렵이라 늦었다 하지 말라, 노을이 온 하늘에 가득하구나(莫道桑楡晩, 爲霞尙滿天)"라는 시구로써 나 자신을 채찍하곤 한다. 앞으로도 나는 힘이 닿는 대로 능력과 노력을 다해 저술할 것이며, 위대한 조국의 문화를 발전시키는데 자그마한 공헌이나마 바치려 한다.

서문을 마무리하며 다시 한 번 중국인민대학출판사 하요민 사장 겸 교수의 원고 청탁에 감사를 드린다. 또한 중국인민대학출판사 양종원, 이홍, 부애하, 오빙화, 여붕군, 허미미, 후명봉 등에게도 감사를 드린다. 이들의 신중한 편집과 검토하는 자세에서 깊은 감명을 받았다. 그들의 고된 작업이 없었다면 이 문집이 반 년이라는 시간 안에 출판되기 어려웠을 것이다.

방립천

2011년 12월 8일 초고, 19일 탈고.

차례

중국종교

중국문화

유학과 불교

    중국에서 한나라부터 청나라에 이르기까지 유학은 줄곧 고대 사상문화의 주류였으며, 도학(도교)·불교와 더불어 거대한 사상의 흐름을 주도하였다. 물론 이들 외에도 작은 분파 사상들도 있었다. 그중 유학과 도학(도교)은 중국 본토의 사상문화이고, 불교는 외래 사상문화였다. 유가와 불교 이 두 사상문화의 교섭관계 측면에서 보면, 불교는 받아들여야 하는 객체였고, 유학은 받아들이는 주체였다. 유학과 불교의 관계사(關係史)는 바로 주체가 객체에 대해 반대하고, 대항하면서도, 또한 동정하고 수락하며 후에는 서로 적용하여 가면서 통일로 나아간 역사라고 할 수 있다. 또한 유학 전통문화로 이루어진 받아들이는 주체가 불교에 대해 선택하고 흡수하고 개조하고 재구성하는 역사였다. 또한 주체와 객체가 서로 흔들리고 충돌하는 과정에서 사상의 접합과 겹치는 부분을 찾아간 역사이기도 했다. 이는 중국 내지 동방사상사에 있어서 매우 의의 있는 역사적 사실이라고 할 수 있다. 본고에서는 유학이 불교의 이론사상에 대한 교섭(交涉)이라는 각도에서 서술하고자 한다.

1. 유학과 불교의 사상 교섭점(交涉點)

유학과 불교는 거의 같은 시기인 기원전 6세기와 기원전 5세기에 출현한 사상 학설로, 인류문화가 고대 동방에서 조기에 이룩한 사상 결정체였다. 유학과 불교가 연구하는 대상은 모두 사람이었고, 인생의 의의, 가치에 대해 아주 독특한 판단을 내렸다. 또한 모두 도덕 수양을 매우 중시하였고, 도덕 수양의 길을 통해 인생 최고의 이상 경지에 도달하는 방안을 설계했으며, 각자 인생철학의 체계를 건립했다. 즉 철학적으로 볼 때, 유학과 불교는 모두 주체적인 철학으로, 개체 별 자아 집단과 개량 및 완벽함을 논술함으로서 최고의 주체성을 실현한 철학이었다. 지리, 역사와 전통 등 조건이 다름으로써 유학과 불교는 서로 통하는 점이 있기는 했지만, 전체적으로 보면 차이점이 많았다. 아래에 서술하는 같은 점과 다른 점이 바로 유학과 불교사상의 비슷한 점이라고 할 수 있다.

1) 우주에서 인류의 지위

유학은 인간의 지위를 중시하였으며, 사람을 하늘 · 땅과 더불어 '삼재(三才)'라고 하였다. 또 사람이 금수보다 우위이고 만물의 영장이라고 하는 등 인본적인 색채를 띠었다. 유학은 또 인륜

관계망에서의 존재 의의를 중시하고, 개인의 존재 가치는 경시하는 경향이 있었다. 불교는 우주에서 감정(情識)이 있는 생명체를 2대류 10등급으로 나누었다. 그중 한 유형은 부처, 보살 등의 '4성(四聖)'이며, 다른 한 유형은 사람이 포함된 '6범(六凡)'이었다. 이 '6범(六凡)'은 높은 데로부터 순차적으로 나열하면 하늘(천신을 가리킴), 인간, 아수라(마신), 축생, 악귀, 지옥이었다. 이 여섯 가지는 모두 생사에서 해탈하지 못했으므로, 생사에서 초탈한 '4성(四聖)'과 비교할 때 인류의 지위를 낮게 보았다. 하지만 사람은 '6범(六凡)' 중 두 번째 순위를 차지함으로써 비교적 높은 지위에 있었다. 불교는 또 하늘은 지나치게 향락을 누리므로 수행할 줄 모르고, 축생, 악귀, 지옥은 또 지나치게 아둔하여 수행의 기회가 없다고 했다. 오직 사람만이 수행할 수 있다고 했으며, 인간 지위의 변화를 중시했다. 이는 유학에서 사람에 대한 교화를 중시한 것과 일치하는 점이라 하겠다.

2) 인생의 가치

유학은 인생을 즐거운 것(낙)이라고 보면서, '자락기락(自樂其樂)', '낙지천명(樂知天命)'을 주장했다. 유자는 사람의 관감(觀感)에서 볼 때 모든 것이 매우 생기 있으며, 사람이 외물(外物)의 제약을 받지 않으면 스스로 마음속에 즐거움이 생긴다고 강조했다. 불교는 변화와 유동 즉 무상(無常)의 시각에서 인생을 관찰했다. 불교는 사람과 사람이 처한 환경은 모두 부단히 변화하는 과정에 처해 있으며, 자신의 생로병사는 모두 생리적인 법칙으로서 변화시킬 수 없는 것이라고 보았다. 인류가 자유와 영원함에 대한 주관적인 추구는 부단히 변화하는 객관 현실과 모순을 이루어, 모순된 인생, 고통스러운 인생을 만든다고 보았다. 즐거움과 고통에 대한, 유학과 불교의 인생 가치에 대한 다른 관점은 사실 인생에서의 가치 실현을 서로 다른 측면에서 보여 주고 있는 것이다.

3) 인생의 이상

유학은 인생의 지위를 중시하고 인생을 찬미했다. 그러므로 사회조직과 사람과 사람 사이의 관계, 즉 사회 내부 전체에 대해서도 중시했다. 그러므로 인생의 이상은 수신(修身), 제가(齊家), 치국(治國), 평천하(平天下)의 적극적인 입세(入世) 사상이었다. 하지만 불교는 인생은 고통스러우며 인간세상은 고해(苦海)이고, 화택(火宅)이므로 출가해서 일상생활에서 이탈할 것을 요구했고, 더 나아가서 현실 세계에서 초월하여 부처가 될 것을 요구했다. 그러므로 불교는 세상을 초월하는 출세(出世)의 사상이라고 할 수 있다. 유학은 현실성과 정치성을 강하게 띠었고, 불교는 선명한 환상성과 초속성(超俗性)을 띠고 있다. 그런 점에서 양자는 첨예한 대립을 이룬다고 할 수 있다.

4) 사람의 생사

유학과 불교가 인생가치와 이상에 대해 다른 견해가 있는 것은 인식론적 근원에서 기원한다. 즉 사람의 생사에 대해 서로 다르게 이해하고 또 서로 다른 태도를 가지고 있다. 생사문제에 대한 다른 견해는 필연코 귀신에 대한 다른 견해를 이끌어내기 마련

이다. 생사와 귀신문제는 사람들의 정서불안이라는 큰 문제를 촉
발케 한다. 유학은 생사는 자연현상이며, 태어남이 있으면 죽음
이 있기 마련이라고 보았다. 동시에 남녀의 성교로 인해 아들딸
을 낳아 대를 이으므로 인류는 끊임없이 생장하고 번성한다고 보
았다. 즉 "가장 큰 덕은 살리는 것이다(生生之謂易)"가 그것이다.
공자는 인생에 대해서는 큰 관심을 가졌으나, 죽음에 대해서는
중시하지 않았다. "삶을 모르거늘 어찌 죽음을 알겠는가(未知生,
焉知死)", "사람도 섬기지 못하면서 어찌 귀신을 섬기겠는가(未
能事人, 焉能事鬼)", "귀신을 공경하지만 멀리해야 한다(敬鬼神
而遠之)"고 하면서 현세를 중시하고 내세에 대해서는 말하지 않
았다. 하지만 불교는 "삶과 죽음이 큰일이고 덧없는 세월은 빨리
지나가 버린다(生死事大, 無常迅速)"고 하면서 인과응보와 윤회
환생을 선전했다. 유학에서 인생문제를 중시하는 것과 비교해 보
면, 불교는 사람의 죽는 문제를 중시했으며 이로부터 일련의 귀
신 계통이 생겼다. 이것이 바로 유학과 불교의 근본적인 사상의
차이점이라고 할 수 있다.

5) 인륜과 도덕

유학과 불교는 인륜문제에 있어서 완전히 반대되는 입장을 가
지고 있으나 또한 모두 도덕 수양을 매우 중시했다. 유가는 현세
를 중시했으므로 필연코 인간관계를 중시해, 오륜(五倫), 삼강(三
綱), 육기(六紀)의 구분과 규정이 있었다. 유가의 인륜과는 달리
불교는 초속출세(超俗出世)를 중시했으며, 출가하여 수행할 것을
요구하고 전심으로 조용히 수련하며 백사를 물리칠 것을 요구했

다. 이로부터 인간 세상사에 냉담해지고 인륜을 버릴 것을 요구하게 되었다. 그러나 불교는 유학과 마찬가지로 개체의 자아 도덕수양을 중시할 뿐만 아니라, 일련의 도덕규범이 있었다. 예를 들어, 오계(五戒), 십선(十善) 등이 그것이었다. 실질적으로는 신성화된 세속의 도덕이라고 할 수 있다. 수양의 실천에서, 유학과 불교는 수양의 방향과 구체적인 방법이 다르기는 하지만, 모두 개체 내면의 공부를 중시했다. 공자는 "인을 이루는 것은 자신에게 달렸다(爲仁由己)", "깨달은 것을 묵묵히 마음에 새겨 둬야 한다(默而識之)"고 주장했다. 후에 유가는 인륜에 대한 일상 이용에서 언제 어디서나 진리를 체득하고(隨處體認) 가능한 일은 전력을 다하며 불가능한 일은 운명에 따라야 한다(盡性知命)고 주장했다. 불교는 지관(止觀), 내조(內照), 증오(證悟)를 중시했다. 즉 양자는 수양 과정에서 서로 통하는 바가 있었다는 것이 되는데, 이로부터 양자는 모두 심성 본원에 대한 탐색을 중시했음을 알 수 있다.

위에서 서술한 문제들이 바로 유학과 불교가 사상 이론 면에서의 교섭점이고 인생가치와 주체 소조(塑造) 등 문제에서의 부딪침과 마찰, 충돌, 투쟁이었다. 그러나 양자는 어울리고 융합하고, 흡수됨으로써 합동할 수 있는 결과를 조성했다. 이것이 우리가 유학과 불교의 관계를 연구할 때 우선 파악해야 할 점이다.

2. 유학과 불교사상의 교섭형식

불교가 중국 내지(內地)에 전해지면서부터 유학과 불교사상은 줄곧 서로에게 충격을 주었으며 이러한 충격은 중단된 적이 없었다.

유학은 받아들이는 주체로서, 외래 불교사상에 대한 교섭, 교착으로부터 타협, 회통(會通), 비판, 배척, 융합, 흡수 등 형식을 이용해, 중국 고대사상 발전사의 중요한 역할을 주도했다.

1) 타협과 회통

불교가 중국 내지에 전해지던 시절, 유학, 즉 경학(經學)은 신학화 된 통치사상이었다. 동한(東漢) 말년 이래, 사회적으로 전통 가치 관념을 의심하고 비판하는 사조가 출현하면서 경학의 지위는 날로 동요되기 시작했다. 위진남북조 시기는 난세로서 전쟁이 빈번했고 사회가 안정되지 못했다. 일부 유학자들은 이름난 승려와 사귀면서 공개적으로 유가와 불교가 일치한다는 속마음을 토로했다. 동진(東晉) 시기의 유명한 유학자이며 문학가인 손작(孫綽)은 '유도론(喻道論)'에서 "주공과 공자는 바로 부처이고, 부처가 바로 주공, 공자이다(周, 孔卽佛, 佛卽周, 孔)", "주공, 공자는 폐단을 막는데 주력했고, 불교는 그 근본을 바르게 하고자 했다(周, 孔救極弊, 佛敎明其本)"라고 했다. 이는 유학자의 입장에서 사상적으로 불교와 타협하고 회통하고자 한데서 발단되었다. 남북조 후기의 이름난 유학가 안지추(顔之推)는 『안씨가훈(顔氏家訓)』에서 유학의 봉건 강상 윤리도덕 사상을 서술했다. 이 책은 유학과 불교를 혼합하여 "내외 양교는 원래 일체였다(內外兩敎,

29

本爲一體.)"고 강조하면서 불교의 인과응보, 윤회사상을 고취시
켰다. 수(隋)나라 말기의 철학가 왕통(王通), 왕적(王績) 형제는
유학을 주체로 하여 유학, 불교와 도가의 합동을 주장했다. 당나
라 시기의 학자 유종원(柳宗元), 유우석(劉禹錫)도 불교와의 타
협을 주장했다. 송나라에 이르러서는 왕안석(王安石)과 소순(蘇
洵), 소식(蘇軾) 부자도 유학과 불교를 다 같이 중시할 것을 주장
했다. 일부 유가학자들은 유학과 불교 간의 장벽을 허무는데 노
력했다.

2) 비판과 배척

불교의 전래와 더불어, 불교의 출세주의(出世主義) 학설은 일
부 유학가들의 비판을 받았다. 유학과 명교사상의 충돌로 인해
동진(東晉) 성제(成帝) 때, 유빙(庾冰)이 황제를 대신해 내린 조
령에서, "사문은 모두 제왕을 공경해야 한다(沙門應盡敬王者)"
고 했으며, 불교가 충효를 멸시하여 버리는 것을 질책하면서, 이
렇게 하는 것은 예를 잃고 공경함을 버리는 것으로서 사회 안정을
방해하고 정사에 해롭다고 했다. 후에는 이러한 이론적인 비판
이 계속해서 이어졌다. 남조(南朝) 송(宋)나라의 사상가이며 천문
학가인 하승천(何承天)은 불교의 인과응보와 윤회환생에 대해 비
판했다. 그는 『주역(周易)』에서 말하는 사람, 하늘, 땅을 '삼재(三
才)'라고 하는 사상에 근거해, 사람에게는 인의지성(仁義之性)이
있다는 걸 강조하면서 사람과 축생을 '중생'으로 병렬시켜 윤회환
생한다는 학설을 반박했다. 그는 또 자연현상으로 "살생한 자라
도 악보(惡報)는 없고, 복을 행한 자라도 선응(善應)은 없다(殺生

者無惡報, 爲福者無善應.)"고 하면서 보응설은 근거가 없다고 설명했다. 제량(齊梁) 시기에 와서는 신멸(神滅) 문제를 두고 대 논전이 벌어졌다. 유학자 범진(范縝)은 '신멸론(神滅論)'을 발표하였다. 양무제(梁武帝)는 60여 명을 동원해 그와 변론하였는데 논전의 치열한 정도는 이전에 없을 정도로 치열했다. 범진(范縝)은 '형질신용(形質神用)'이라는 명제를 제출해, '신불멸론(神不滅論)'을 강력하게 반박했다. 수당시기의 학자 부혁(傅奕)도 유학과 도가의 입장에서 출발해, 불교가 '불충불효'하고 가정을 망치고 나라를 망친다고 했으며, 유가의 "충효로써 천하를 다스려야 한다"라는 명제와 모순되므로 국가와 가정에 모두 파괴적인 역할을 한다고 했다. 그는 불교를 제거할 것을 상소했다. 당나라 시기의 한유(韓愈)도 유가의 '도통(道統)'으로써 불교의 '조통(祖統)'에 저항할 것을 제시했다. 그는 불교는 인의를 버리고 허무한 것을 숭상하며 윤리강상을 파괴한다고 질책했다. 그는 "사람들을 정상적인 사람으로 만들고, 그들의 책을 불태워 없애며, 그들의 거처를 오두막집으로 만들어야 한다(人其人, 火其書, 廬其居)"는 강력한 행정적 수단을 취해 불교를 궤멸시킬 것을 주장했다. 한유는 중국 고대 역사상 불교를 가장 반대한 대표적 인물이었다. 불교에 대한 그의 반대는 유학이 불교에 대한 가장 강렬한 대항의 표현이었다.

3) 융합, 흡수

유가는 수량과 종류가 매우 많은 불교 전적과, 방대하고도 풍부한 불교사상 체계에서 공공연히, 혹은 은근히 유용한 양분을 흡수하였다. 저술의 격식, 학술 취지로부터 사상 내용에 이르기까지 여러 면에서 모방하고, 융합하고, 흡수하였다. 일찍이 육조(六朝)시대, 불교학자들은 대량의 경론 주해를 썼는데, 유가학자들도 이를 모방하여 양한(兩漢)의 훈고(訓詁)를 변화시켜 경전의 주석을 쓰기 시작하여, 유가경전에 대해 종횡으로 세밀한 소통, 논증을 하면서 유학의 학풍에 커다란 변화를 가져다주었다. 당나라 이래, 불교의 선종은 많은 어록이 있었는데, 일부 대 이학가들도 그 영향을 받아 모두 어록이 있게 되었다. 이는 유학의 학풍에 또 한 차례의 변화를 가져다 준 것이었다. 유학과 불교는 모두 개인의 심성 수양을 중시한다. 하지만 불교의 서술이 더 세밀하고 뚜렷했기 때문에 불교의 이러한 자극 하에, 송(宋)나라 시기의 유가는 심성 수양과 관련되는 『맹자』, 『대학』, 『중용』을 『논어』와 더불어 사서(四書)라고 병칭해, 불교에 필적하고자 했다. 신유학은 이로부터 과거의 유학과 취지가 다르게 되어, 학술 중심이 수심양성(修心養性)으로 전이되어 심성의 학문이 되었다. 당나라 시기의 이고(李翺)는 불교를 배척하였지만, 또한 불교 선종의 영향을 깊이 받기도 했다. 그는 『복성서(複性書)』에서 '거정복성(去情複性)'을 제창했다. 이는 불교의 심성론과 유가의 강상명교를 서로 결부시킨 전형적인 표현이었다. 송나라 시기의 명리학도 불교를 이단이라고 배척하면서도 또 "불교와 도가의 사상을 넘나들면서" 불교의 '심성설'을 흡수하여 '천명지성(天命之性)'과 '기질지성(氣質之性)'에 대해 제기했으며, 천리와 인욕의 대립을 발명해, "하늘의 이치를 따르고 인간의 욕망을 말살해야 한다(存天理, 滅人欲.)"고 했다. 이학가들은 또 불교 선정(禪定)의 수련방식을 흡수하여, 주정(主靜), 주경(主敬)을 제창하여, 고요한 심성을 키워야만 사리사욕을 제거할 수 있으며 하늘의 이치에 부합될 수 있다고 보았다. 이학자들은 불교 '심성설'의 계승자와 선양자가 되었다. 불교의 '심성설' 등 학설을 흡수했으므로, 유학은 새로운 형태인 '이학'으로 발전할 수 있었으며, 중국 봉건사회 후기의 정통 통치사상으로 되었다.

유학과 불교의 교섭은 복잡하게 뒤얽혔다. 한편으로 유학과 불교는 줄곧 타협과 투쟁, 융합이 있었다. 동한(東漢)부터 동진(東晉) 사이에는 타협하는 색채가 농후했으며, 남북조부터 당에 이르기까지는 비교적 투쟁성이 두드러지게 나타났다. 당나라 중기 이래, 유학은 또 불교를 흡수하는 등의 단계를 거쳤다. 그 외에 대다수 유학가들의 비판과 반대를 받아온 불교의 출세주의에 대해서도 동정하거나 좋다고 여기거나 혹은 찬동하는 유가 학자들이 있었다.

유학의 불교에 대한 교섭은 유가학자들의 개방적인 마음가짐에서 이루어졌으며, 이러한 마음가짐은 민족문화를 풍부히 발전시키는데 유리하게 작용했다. 단지 소수의 유가학자들이 강하게, 전면적으로 불교를 배척하고, 민족의 주체의식을 고양시키고, 민족문화와 민족정신을 수호하려는 열정을 보여주었지만, 이는 이하지변(夷夏之辨)의 시각에서 출발해, 유학만 숭상하고 다원화된 문화와의 공존, 교섭, 상호간의 보완을 말살시키려는 것이었다. 이는 문화의 발전과 사회 진보에 아무런 도움도 되지 못했을 뿐만 아니라, 사실상 실행될 수도 없었다.

3. 유학과 불교의 교섭으로 불교의 변화를 일으켰다

유학과 불교의 교섭, 특히 유학이 불교에 대한 비난은 불교계의 배격과 반박을 일으켰다. 하지만 불교 학자들이 유학에 대한 배척은 나타나지 않았고, 유학을 궤멸시켜야 한다는 요구는 더더구나 없었다. 불교는 중국 내지에 전해 들어 온 후, 유학의 통치적 지위와 관련하여 자발적으로 대응했다. 즉 불교는 스스로의 조절과 적응기능을 발휘해, 주동적으로 유학에 접근하면서 유학사상으로 자신을 보충하고 개조하고 자각적으로 재건해, 불교의 유가화를 포함한 불교 중국화의 역사적 임무를 완성시켰다. 이로부터 오랫동안 진행된 유학과 불교의 교섭역사를 성공적으로 마무리할 수가 있었다.

인도불교의 중국에서의 변화, 즉 불교 중국화의 원인에는 여러 가지가 있다. 중국 봉건제도의 기본 특징인 망망대해와 같은 소농 자연경제, 전제주의 중앙집권제도와 종법제도를 핵심으로 하는 강상윤리의 관계는 불교가 중국에서 면모와 방향, 그리고 운명을 결정케 한 중요한 원인이었다. 봉건제도를 수호하는 근본적인 사상인 유학은 봉건사회의 수요와 통치계급의 의지를 집중적으로 체현해 냈는데, 이는 불교가 변화되는 직접적인 원인이었다. 인생의 가치관을 핵심으로 하는 유학의 사상체계와 사상방식은 기본적으로 불교사상의 발전과 변화를 좌우했으며, 불교를 제약하여 끊임없이 자신의 정신적 면모를 개조해, 중국 봉건 종법 사회제도에 적응하도록 했다.

이것은 기나긴 역사적 변화과정이었다. 먼저 불교경전에 대한 번역과정에서 유학의 정치윤리 관념에 적응되게 계통을 조절했으며, 이에 상응하는 유학과 불교의 일치론을 고창했다. 그리고 유학사상을 비러 불교이론을 설명했으며, 유학의 인생가치관과 사유방식을 통해 중국 특색의 불교를 창건해 냈다.

불교경전과 중국유학의 최대 모순은 출세주의와 충효의 정치윤리 관념이다. 초기 중국에서 나온 불경 번역가들은 그들만의 독특한 종교적 민감성을 통해 내용을 삭제하거나 수정하여 유가의 윤리 관념과 타협하거나 모순을 없앴다. 동한(東漢)시기의 안세고(安世高)가『시가라월육방례경(屍迦羅越六方禮經)』을 번역할 때, 서진(西晉)의 지법도(支法度)가『선생자경(善生子經)』을 번역할 때, 동진(東晉)의 불타발타라(佛馱跋陀羅)가『화엄경(華嚴經)』을 번역할 때, 남녀관계, 가정관계, 주종관계 등 인간관계와 관련되는 내용들은 모두 조절해 유가의 윤리도덕관념에 적응할 수 있도록 했던 것이다.

번역에서와 마찬가지로, 불교학자들도 전체적으로 유학과 불교의 관계를 조절하기 위해, 양자의 일치성을 강조했다. 예를 들면, 한나라 시기 모자(牟子)는『이혹론(理惑論)』에서 유가전적을 광범위하게 인용해, 불교와 유학이 서로 부합됨을 선양했다. 동진(東晉) 시기의 명승 혜원(慧遠)은 불법을 선양하는 한편,『상복경(喪服經)』을 강의하면서 "내(불교), 외(유학)의 도는 합하여 밝아진다(內外之道, 可合而明.)"고 선양했다. 남조(南朝)의 축도생(竺道生)은 독창적으로 '돈오성불론(頓悟成佛論)'을 제시했으며, 사영운(謝靈運)은 이는 축도생이 불교의 '적학(積學)'과 유학의 '일극(一極)' 이론을 종합하고 재창조해 만들어 낸 결과물이라고 보았다. 이는 불교학자들이 유가사상을 흡수해 자신의 이론을 창립했음을 잘 보여주는 예이다.

불교 중국화의 최고의 표식은 수당(隋唐)시기 중국화된 불교종파인 천태종(天台宗), 화엄종(華嚴宗), 선종(禪宗)이 나타났다는 것이다. 이러한 종파의 출현은 사상적으로 불교학자들이 유학과 도교의 사상을 섭취한 결과였다. 천태종은 세석(世碩), 동중서(董仲舒) 등이 말한 "성(性)에는 선악이 있다"는 관념을 계승해, 불성의 선악설을 제기하여 불교 유파 중에서도 독특한 유파를 이루었다. 화엄종의 종밀(宗密)은 한편으로는 유가를 비판하면서도 동시에 유가를 불교사상체계에 납입시켰다. 그는 또 『주역』의 '4덕(四德, 원[元], 형[亨] 이[利], 정[貞])'을 불신(佛身)의 '4덕(四德, 상[常], 낙[樂], 아[我], 정[淨])'에 대응시키고, '오상(五常, 인[仁], 의[義], 예[禮], 지[智], 신[信])'을 불교의 '오계(五戒, 불살생[不殺生], 불도척[不偸盜], 불사음[不邪淫], 불음주[不飮酒], 불망어[不妄語])'에 대응시키는 등 인생의 이상 경계와 도덕적 규범 등 근본적인 문제에 있어서 유학과 불교를 동일시했다. 선종은 성정자오(性淨自悟)를 종지로 하는데, 이는 일정한 의의 상에서 말하면, 성정(性淨)은 유학의 성선론(性善論)의 복제판이라고 할 수 있다. 유가 충효사상의 강한 자극과 영향 하에서 당 이후의 불학자들은 공개적으로 충효를 제창했다. 사문(沙門)의 상소에는 '신(臣)'이라고 개칭했으며, 절에서 분향할 때에도 먼저 "황제 만세, 만만세"를 축원했다. 불교 학자들은 전적으로 '효'에 대해 이야기하는 불경을 만들어 냈는데, 예를 들어 『부모은중경(父母恩重經)』에서는 부모의 길러준 은혜를 널리 선양했다. 인도의 불경인『우란분경(盂蘭盆經)』은 석가모니의 제자 목련(目連)이 지옥에 들어가 아귀신(餓鬼身)이 된 어머니를 구해낸 이야기를 서술하고 있는데, 중국 승려들에게 효경으로 간주되었다. 사원에서는 해매다 7월 15일이면 '우란분회'를 열어 조상을 축복하였는데 그 영향이 매우 컸다. 송나라 시기의 이름난 승려인 계숭(契嵩)은『효론(孝論)』12장을 지어 계통적으로 '계효합일론(戒孝合一論)'을 설명하면서 계를 지키는 것이 바로 '효'라고 선양하였다. 이는 전세, 현세, 후세 즉 3세의 부모를 위해 공덕을 쌓는 것이며, 이로부터 계숭(契嵩)은 불교가 유학보다 더 '효'를 중시한다고 했고, 불교의 '효'가 유가의 '효'를 능가한다고 정론을 내렸다.

유가 가치관의 강한 자극과 영향 하에서, 불교의 신도(神道) 관념과 여러 부처, 보살의 지위에도 현저한 변화가 발생했다. 불교의 시조 석가모니는 중국불교에서그 지위가 뚜렷이 내려갔으며, 재부와 행복을 상징하는 미륵불과 중생을 서방 극락세계로 인도하는 아미타불은 중국불교의 모든 신전에서 아주 두드러진 지위를 갖게 됐다. 대자대비 송자관음보살과 풍년이 들도록 보호해주는 지장왕보살, 덕행이 높은 보현보살, 지혜로운 문수보살이 중국불교에서 특수한 존귀함과 영예를 누리게 됐다. 역사적으로 충의로 이름난 관공(관우)도 사람으로부터 신으로 변하여 불교의 가람전(伽藍殿)에 들어가 공양을 받게 됐다.

종합해 보면, 유학 등 사상의 제약 하에서도 중국불교는 인도불교와는 다른 기상과 특질을 이루어 냈던 것이다.

『문사지식(文史知識)』1998년 제6기에 게재됨)

당대 신문화운동의 창립에 적극 매진하자!

　　중국문화서원(中國文化書院)에서 개최한 "제1회 중외 문화 비교연구반"이 곧 수료된다. 나는 여기서 수강생 여러분에게 진심으로 축하를 보낸다.

　　"중외 문화 비교연구반"은 중국의 대 전환 시기에 시작되었으므로, 중국문화 역사상 중대한 시도라고 할 수 있으며 역사적인 의의를 가지고 있다고 할 수 있다.

　　역사의 책임은 청년들에게로 돌아갔다. 이 기회를 빌어 나는 "중외 문화 비교연구"에 관해 학생들에게 몇 가지 건의와 희망사항을 말하고자 한다.

　　첫째는 꾸준히 견지해야 한다는 점이다. 중국과 서양문화의 비교가 '문화 열점'이 된 중요한 원인은, 중국 개혁의 수요와 현대화의 수요, 사회발전의 수요에서 기인된 것이며, 이는 또한 역사적인 필연이다. 역사를 회고해 보면, 중국과 서양 문화의 우열 비교는 100년이라는 긴 시간이 걸렸지만 아직 판정이 나지는 않았다.

중국과 서양문화의 상호관계 문제는 지금까지 여전히 의견일치를 보지 못하고 있다. 이로부터 알 수 있듯이 "중외 문화 비교연구"는 장기적이고 중대한 임무이다. 우리는 반드시 충분한 사상적 준비가 있어야 한다. 문화사의 시각으로부터 보면, "중외 문화 비교연구"의 중심은 중외 문화의 모순과 융합문제를 해결하는 것이다. 외래문화를 대함에 있어서, 우리는 당연히 그들의 우수한 부분을 취하여 우리의 부족한 부분을 보완하고, 그들의 유익한 점을 취하여 우리의 약점을 보완해야 한다. 특히 민주, 교육, 과학 에서 많이 따라 배우고 흡수하며 전화시켜 우리에게 이용될 수 있도록 해야 한다. 이는 우리가 "중외 문화 비교연구"를 함에 있어서 장기간의 노력을 기울일 것을 필요로 하고 있다.

둘째로 미시적 연구를 해야 한다. 비교란 양측의 같고 다른 점을 탐색하고 확정하는 일이다. 이는 양측에 대해 모두 미시적인 구체적 연구를 해야만 가능한 일이다. 미시적 연구가 없으면 비교를 할 수가 없으며, 거시적인 비교는 더구나 불가능하다. 우리는 중외문화에 대한 비교연구의 방법과 이론 및 필요한 지식을 구비한 후, 다시 어느 한 영역에 대해 미시적 연구를 해야 하며, 그 다음 다시 비교연구를 해야만 비교연구의 과학화를 추진할 수 있다.

셋째는 전문분야와 결합시켜야 한다. 중외문화는 총망라되는 것이 매우 많다. 하지만 우리의 시간과 정력, 지식구조는 모두 유한하다. 그러므로 한 사람의 전문분야에 따라 어느 한 영역 혹은 몇 개 학과에 대해서만 미시적 연구와 비교연구를 할 수 있다. 즉 정치학, 경제학, 사회학, 민족학, 사학, 철학, 종교학, 문학, 예술, 언어학 등 어느 한 영역이나 몇 개 영역에서만 체계적인 연구를 할 수 있다는 말이다. 이는 문화 비교연구의 발전을 가져오게 할 수 있을 뿐만 아니라, 자신의 전문분야 수준을 제고시키는 데도 도움이 될 수 있다. 전공하는 부문과 취미도 되도록 일치시켜야 한다. 만약 일치시키지 못하면 남는 시간에 취미를 느끼는 과제에 대해 연구를 할 수 있도록 해야 한다.

넷째는 적극적으로 개척해야 한다. 개혁의 물결과 더불어 흥기한 문화연구 붐은 이미 개혁의 중요한 구성부분으로 전환되었다. 문화영역의 개혁에 헌신하는 것은 우리가 마다해서는 안 되는 임무이다. 문화적 개혁이란 그 실질은 현대화를 향한 새로운 계몽을 시작하는 것이며, 당대 신문화운동을 일으키고 사회주의 새 문화 체계를 창립하는 것이다. 우리는 다 같이 이 위대한 역사적 임무를 완성하기 위해 노력해야 합니다.

(『중국문화서원학보』 1989년 1기에 게재됨)

이해, 개조, 혁신

(장대년, 정수화, 방립천이 중국 전통문화를 논함)

기 자 : 80년대 왕성하게 전통문화에 대한 탐구는 그 관련된 문제나, 연구의 깊이, 그리고 연구에 참가한 인원수 모두가 유례가 없었습니다. 이는 많은 사람들이 문화문제를 중시하고 있음을 말해주는 것입니다. 하지만 탐구하는 가운데 전통문화에 대해 평론하는 사람 중에는 사실상 전통문화에 대해 별로 이해가 없거나 혹은 이해가 부족한 사람도 있었습니다. 전통문화를 알지 못하면서 전통문화를 담론한다는 것은 전통문화에 대한 과학적 평가에 영향을 주게 마련이라고 생각합니다.

장대년(張岱年) : "청년단의 임무" 중에는 레닌이 한 중요한 말이 있습니다. "오직 인류발전 과정에서 창조한 모든 문화에 대해서 알아야만 이러한 문화에 대해 이해하고, 무산계급의 문화를 건립할 수 있습니다. 이러한 인식이 없으면 우리는 이 임무를 완성할 수 없습니다." 레닌의 이 말은 우리가 전통문화를 토론함에 있어서의 지도사상이 되어야 합니다. 중국에서 중국특색이 있는 사회주의 새 문화를 건설하려면, 반드시 전통문화를 변화시켜야 합니다. 하지만 변화의 전제는 잘 이해하고 있어야 한다는 겁니다. 전통문화를 알지 못하면 이해한 후에도 분석할 수 없으니 어찌 변화를 논할 수가 있겠습니까?

방립천 : 중국 전통문화의 형성은 기나긴 역사과정을 거쳐 왔습니다. 우선은 화하(華夏)문화와 이적(夷狄)문화의 충돌과 융합으로 한(漢)문화를 형성하였습니다. 선진시기에 이르러, 이러한 한(漢)문화는 진촉(秦蜀), 추로(鄒魯), 삼진(三晉), 연제(燕齊), 형초(荊楚), 오월(吳越) 등의 구역문화로 발전하였으며, 구역문화의 기초 위에서 음양, 유가, 도가, 법가, 묵가, 명가, 병가, 농가 등 여러 학파가 나타났습니다. 한(漢)나라 이후에는 유가가 주류를 이루면서 법가를 보조로 하는 문화가 나타났습니다.(이때 정수화가 끼어들며 말했다. 중국 봉건사회는 줄곧 겉으로는 유가이고 안으로는 법가였습니다. 법가는 현학이 아니었지요. 하지만 중시되었고 역할을 발휘했습니다.) 이어 불교가 들어오고, 도교가 출현했으며 최후로 유, 불, 도가 서로 보완하는 국면이 이루어졌습니다. 도는 또 도가 문화와 도교 문화로 나뉩니다. 우리는 전통문화에 대해 비판적인 개조를 해야 합니다. 우선은 종적으로 전통문화의 형성과정에 대해 알아야 합니다. 다음으로 다시 횡적으로 유, 불, 도가 전통문화에서의 지위를 알아야 합니다. 필자가 배열한 순서는, 유가문화가 첫 번째이고, 도가문화가 두 번째이며, 불교문화는 세 번째이고, 도교문화는 네 번째입니다. 그리고

또 유, 불, 도 문화가 중국사회 발전에 미친 역할을 알아야 합니다. 어떠한 것은 긍정적이고, 또 어떠한 것은 부정적인가를 알아야 합니다. 만약 이러한 것들을 알지 못하면 전통문화에 대한 토론은 핵심을 찌르지 못하고 겉돌기만 할 뿐이며 내용이 얕고 편파적이 될 수 있습니다.

정수화(丁守和) : 전통문화에는 사상관념, 이론철학, 전장제도(典章制度), 언어문자, 문학예술, 과학기술, 풍속습관 등 여러 측면이 포함됩니다. 의식주행에도 전통문화가 침투되어 있습니다. 하지만 전통문화의 포괄 범위가 얼마나 넓든지 간에 그 핵심 혹은 주도적 지위를 차지하는 것은 여전히 사상관념 및 이론철학입니다. 전통문화의 여러 측면을 보면, 어떤 것들은 정치제도와 연계 정도가 밀접할 수 있지만, 또 어떤 것들은 정치제도와 관련이 없을 수도 있습니다. 하지만 그 어느 것도 예외 없이 사상관념과 이론철학의 영향을 받습니다. 한 예로, 문학예술은 실현하려는 사상 취미가 유가가 아니라면 도가 혹은 불교의 것입니다. 하지만 이런 것들은 간혹 정치와는 동떨어질 수 있습니다. 그러므로 중국 전통문화에 대해 알려면 우선 중국고대의 사상 관념을 깨달아야 하고, 특히 중국고대의 철학사상에 대해 깨달아야 한다 이 말입니다.

장대년 : 철학은 문화의 핵심, 문화의 사상 기초라고 할 수 있으며, 문화 전체에서 주도적 역할을 합니다. 문화는 시대성이 있고, 민족성이 있습니다. 모든 민족은 "공동문화에서 나타나는 공동

심리적 자질을 갖고 있습니다." 이른바 "공동 심리"의 기본내용은 바로 주도적 위치를 차지하는 세계관과 가치관입니다. 중국고대에 있어서, 과학, 문학, 예술, 교육 등이 철학사상을 맞아들이고 영향을 받지 않은 것이 없습니다. 이백(李白), 두보(杜甫)는 도가와 유가사상의 영향을 받았으며, 의학경전인『황제내경(黃帝內經)』은 고대 중국 변증법사상의 거대한 영향을 받았습니다.

방립천 : 모든 인민의 전통문화 교육을 실시함에 있어서, 특히 청소년에게 전통문화교육을 함에 있어서, 중국철학은 특별한 의의가 있습니다. 그러므로 나는 줄곧 이런 건의를 해왔습니다. 즉 대학의 모든 학부에 중국 고대철학과를 개설하는 것입니다. 오직 중국철학을 이해해야만 중국문화의 핵심에 대해 이해할 수 있는 것입니다.

기 자 : 이 몇 년 동안, 사람들은 이번 전통문화 토론을 "전통문화의 붐"이라고 불러왔습니다. 사상문화가 일단 '붐'이 일어나면 사회적 흐름의 성격을 띠게 됩니다. 사회의 흐름은 일부 정치화, 정서화 된 것들이 나타나는 것을 피하기 어렵습니다. 그러므로 '붐'이 한창인 시기나 혹은 그 '붐'이 지나간 후에나 모두 냉철한 학술적 정리가 필요합니다. 중국의 전통문화는 5000년에 걸쳐 이어져 왔습니다. 이는 그 전통이 우수함을 충분히 증명할 수 있습니다. 하지만 15세기 이래 중국의 과학문화는 확실히 뒤떨어져 있었습니다. 이는 전통문화에 결점이 있음을 말합니다. 그럼 전통문화에 대해서 어떻게 판별하고 분석할 수 있다는 것입니까?

장대년 : 유, 불, 도는 모두 이중성이 있습니다. 유가는 사람을 군자와 소인으로 나누고, 등급제도를 유지하였으며, 군신의 대의를 중시하였으므로 봉건 전제사회에서 정통사상으로 정해졌습니다. 이는 유가의 부정적인 면입니다. 하지만 유가는 소인도 사람이므로 독립적인 인격이 있어야 하며, 이러한 독립적 인격은 존중을 받아야 한다고 보았습니다. 그러므로 공자는 "삼군에서 장수를 빼앗을 수는 있어도 필부로부터 그 지조를 빼앗을 수 없다(三軍可奪帥也, 匹夫不可奪志也.)"고 했습니다. 필부란 바로 평민, 소인을 가리키며, 소인에게서도 그 지조를 빼앗을 수 없다고 했습니다. 왜냐하면 독립적인 인격이 있기 때문입니다. 맹자는 지식인의 독립적인 인격을 중시했습니다. 그는 선비는 자신만의 원칙이 있어야 하며 대장부라면 "부귀도 마음을 어지럽히지 못하고, 빈천도 지조를 옮기지 못하며, 위엄과 무력도 지조를 굽힐 수 없다(富貴不能淫, 貧賤不能移, 威武不能屈.)"고 했습니다. 이 두 가지는 겉으로 보기에는 모순되는 것 같지만, 유가는 사실상 동시에 이것을 제창했던 것입니다.

정수화 : 유가는 인간본위를 강조했고 인간의 가치를 중시했습니다. 하지만 이와 함께 사람과 '오륜(五倫)'을 연계시켰는데, 이 '오륜'은 때로는 사람이 사람답게 될 수 없게 했습니다. 이로부터 알 수 있는 것은, 전통문화는 정수와 조박(糟粕)함이 섞여 있어 간단하게 양분할 수는 없다는 것입니다. 예를 들면 공자는 "가르침에는 차별이 없다(有敎無類)"고 했습니다. 이는 그의 교육사상 중 긍정적인 부분입니다. 하지만 공자는 또 "태어나면서부터 안다(生而知之)"는 설을 제기하면서, "오직 가장 지혜로운 자와 가

장 어리석은 자는 바꿀 수 없다(唯上智與下愚不移)"고 했는데 이 것은 부정적인 측면입니다. 그러므로 전통문화에 대해서 쉽게 긍정하거나 부정하는 것은 모두 옳지 않습니다. 구체적으로 분석하여 우수한 부분들을 이어가더라도 변화와 개선이 필요한 것입니다.

장대년 : 도가는 등급제도를 부정했습니다. 이 점은 유가보다 진보적이라 할 수 있습니다. 하지만 도가는 사회적 책임감이 없습니다. 국가의 존재 여부, 민족의 독립 여부를 관계치 않았습니다. 이는 도가의 큰 결점이라 할 수 있습니다. 위진(魏晉)시기 도가사상이 아주 성행했습니다. 당시 유곤(劉琨) 장군은 북방에서 홀로 분전하면서 "나는 젊은 시절 노장사상을 믿었는데, 후에 나라가 망하고 나니, 노장사상이 민족 주권을 보위하고 나라의 안전을 지키는데 아무런 역할도 할 수 없음을 알게 되었다. 역할을 발휘할 수 있는 것은 그래도 유가사상이다"라고 했습니다. 유곤의 이 말은 문제가 무엇인지에 대해 잘 설명해주고 있습니다.

방립천 : 불교문화가 중국 역사상에서 한 역할도 이중적이었습니다. 불교는 인과응보와 윤회환생을 논했으므로 소극적인 역할을 했다고 볼 수 있습니다. 하지만 불교는 또 각 계층 사람들은 모두 평등하고 중생은 평등하다고 했으며, 사람 사랑하기를 자기처럼 하라는 '애인여기(愛人如己)'와 선행을 권장했고, 용맹정진(勇猛精進)을 제창하면서 "내가 지옥에 들어가지 않는대 누가 지옥에 들어가겠는가?(我不入地獄誰入地獄)"라고 했는데, 이는 또한 긍정적인 의의를 가지고 있는 것입니다. 근대 사상가인 강유

위(康有爲), 담사동(譚嗣同), 양계초(梁啓超), 장태염(章太炎) 등은 모두 이런 사상의 영향을 받음으로써, 불교신앙의 영향을 받지 않을 수가 없었습니다. 그 외 불교신도와 도교신도가 종교 실천 속에서 누적한 의학, 천문학과 인체과학(기공) 등 면에서의 연구성과와 찬란한 문학예술은 특히 우리들의 소중한 문화유산인 것입니다.

장대년 : 1950년대 웅십력(熊十力) 선생이 『장강릉(거정, 居正)을 논함』이라는 책을 쓴 적 있습니다. 그는 장거정이 분발 노력할 수 있은 사상이 불교에서 왔다고 말했습니다. 왜냐하면 불교는 용맹정진과 대담하게 시도하는 것을 제창했기 때문입니다. 장거정의 사상이 불교에서 유래한 것인지, 아닌지는 더 연구해봐야 할 필요가 있지만, 불교의 정진무위(精進無畏)의 사상은 확실히 역사적으로 진보적인 역할을 하였습니다.

정수화 : 전통문화에 대한 정리 작업에서 한 가지 문제는 반드시 명확히 해야 합니다. 즉 전통문화와 봉건문화가 동일하지 않다는 점입니다. 왜냐하면 전통문화 중의 많은 것들이 봉건사회 이전에 이루어졌기 때문입니다. 봉건시대에 나타난 것이라 해도, 봉건문화와 등호를 그을 수는 없습니다. 왜냐하면 문화는 때로는 일정한 사회·정치제도를 이탈해 독립적으로 발전하기 때문입니다. 봉건사회 때는 봉건문화가 있었지만, 동시에 또 반봉건 문화도 있었습니다. 유가문화에 전제주의적 특색이 있지만, 이 때문에 유가문화를 전제주의 문화라고 봐서는 안 됩니다. 종합적으로

볼 때 봉건문화와 전통문화는 두 가지 개념이므로 뒤섞여 져서는 안 됩니다. 그리고 봉건문화도 구체적으로 분석해야 합니다.

장대년 : 삼강오상(三綱五常)을 볼 때, 삼강은 버려야 하는 것이지만, 오상에 대해서는 구체적으로 분석해야 합니다. 오늘에 와서도 사람들은 여전히 지(智), 예(禮), 의(義), 신(信)을 지켜야 합니다. 특히 의(義)와 신(信)은 상품경제를 발전시킴에 있어서 절대 필요한 것입니다.

방립천 : 나는 나의 선생님이신 장 선생님의 의견에 전적으로 동의합니다. 그 외에 한 가지를 더 보충하고 싶습니다. 삼강에 대해서도 구체적으로 분석해야 합니다. 왜냐하면 유가가 일찍이 임금은 신하의 근본이고, 아버지는 아들의 근본이라고 함과 동시에 임금이나 아버지는 신하나 아들에게 귀감이 되어야 한다고 했기 때문입니다. 이것이 바로 이른바, 임금은 의로워야 하고, 신하는 충성해야 하며, 아버지는 사랑하고 자식은 효도해야 한다는 것입니다. 초기 삼강의 의미와 역할은 비교적 복잡했습니다.

정수화 : 유가는 많은 '예(禮)'를 제정했는데, 이러한 '예'는 대부분 등급제도를 반영한 것입니다. 하지만 사회규범도 있습니다. 어떠한 사회든지 모두 규범이 필요합니다. 유가의 일련의 사회규범 중 일부는 계급과 사회제도를 초월한 것입니다. 이러한 것들은 잘 개조하면 오늘의 사회에도 여전히 의의가 있습니다. 일례로 웃어른을 존경하고 아이를 사랑하는 것 등입니다. 현재 많은

사람들이 예의에 대해 너무 적게 강조한다고 말하지 않고 있습니까? 유가가 제창한 인격미와 도덕적 자각성 등은 우리가 비판적으로 계승해야 할 것입니다.

기 자 : 청(淸)나라 고증학자들 중 "경학 연구는 죽순을 벗기는 것과 같다"는 말이 유행했습니다. 겹겹으로 둘러싸인 죽순의 껍질을 벗기면 깨끗한 죽순의 속살이 나옵니다. 우리는 전통문화를 분석하고 비판함에 있어서 이런 방법을 참고로 할 수 있습니다. 전통문화의 여러 가지 정리 작업은 죽순의 껍질을 벗기는 것과 같습니다. 그럼 죽순의 속살이 바로 전통문화의 우수한 부분이 아닐까 합니다. 전통문화의 우수한 부분은 매우 많습니다. 하지만 편차가 제한적이므로 세 분께서 요점만 선택해서 이야기해 주시기 바랍니다.

방립천 : 나는 먼저 중국고대의 천인합일(天人合一), 참천지화육(參天地化育)의 관념을 말하고자 합니다. 중국 고대철학에서 보면, 사람은 대자연의 주재자가 아닙니다, 하지만 대자연의 노예는 아닙니다. 사람은 대자연의 친구입니다. 그러므로 대자연의 만물을 키우는 창조활동에 참가해야 합니다. 사람과 대자연은 서로 의존해야 합니다. 이러한 관점은 인류 미래의 발전에 대해 커다란 의의가 있습니다. 현대인류는 이른바 "위기종합증"에 직면해 있습니다. 식량, 생태, 에너지, 인구의 위기는 모두 대자연에 대한 파괴와 관련되는 일입니다. 이러한 것들을 고려하여 작년 일본에서는 많은 돈을 들여 "햇빛 문명 국제회의"를 개최했었습

니다. 이 회의의 주제는 인류의 미래와 창조에 대해 토론하는 것이었습니다. 24개 나라 100여 명의 학자들이 회의에 참석했습니다. 중국학자는 회의에서 음양조화와 천인합일사상을 소개해 서양 학자들의 흥미를 크게 불러일으켰습니다.

장대년 : 근대 서양에서 유행된 관점 중에는 이런 것이 있습니다. 즉 원시인은 자신과 자연을 구별하지 않았다는 점입니다. 그 후 문명이 진보하면서 사람들은 자연과 사람을 구별했고, 이는 인류의 자각을 의미한다는 것입니다. 하지만 여기서 지적할 것은, 중국철학 중의 천인합일을 자각이 아니라고 본다면 큰 착각입니다. 원시인이 사람과 자연을 구분하지 않은 것은 원시적인 사상이고, 후에 사람과 자연을 구분한 것은 원시적 사상에 대한 부정이었습니다. 하지만 중국철학의 천인합일은 부정의 부정입니다. 이는 한 단계 높은 자각이라고 할 수 있습니다.

천일합일 외에도 지행합일(知行合一)에 대해 말하고자합니다. 중국철학에는 천인합일과 지행합일의 관념이 주도적 지위를 차지합니다. 이는 중국문화의 발전에 널리 영향을 주었습니다. 천인합일을 중시했으므로 사람과 자연의 조화와 평형을 중시했습니다. 이는 생태의 평형을 유지하는데도 유리합니다. 하지만 자연을 개조하는 노력을 좀 경시했습니다. 지행합일에서 행이란 주로 도덕 실천이었습니다. 이른바 지야(知也)란 주로 도덕 인식이었습니다. 이로부터 자연계에 대한 탐색을 좀 경시했던 것입니다. 이 사이의 관계는 매우 복잡합니다. 하지만 천일합일과 지행합일을 정확히 해석하면 오늘날에도 권장할 만하다고 하겠습니다.

정수화 : 전통문화에는 확실히 우수한 것들이 매우 많습니다. 예를 들면, 자강불식(自强不息), 생생불이(生生不已), 강건유위(剛健有爲)의 정신과 우공이산(愚公移山), 각고내로(刻苦耐勞)의 품덕 등이 있습니다. 공자는 "하루 종일 배불리 먹고 마음 쓰는 바가 없으면 딱한 일이다(飽食終日, 無所用心, 難矣哉)"라고 하였으며, "분발하여 밥 먹는 일마저 잊어버려야 하며(發憤忘食)", "적극적으로 일해야 한다(有所最爲)"고 하였습니다. 필자가 보건대 전통문화에서 가장 빛나는 부분은 애국주의와 민족의 독립의식입니다. 나라의 흥망성쇠는 보통 사람에게도 책임이 있다고 하였는데, 이는 중화민족의 영광스러운 전통입니다. 아편전쟁 후, 중국인민은 외래 침략에 반대하고 나라를 위기에서 구하기 위해 싸워왔습니다. 이런 강렬한 애국주의 정신과 민족의 독립의식은 외국에서 배워온 것이 아니라, 그 원천이 우리의 전통문화에 있는 것입니다. 물론 전통문화에서 애국주의는 충군사상과 연계되어 있지만, 전통문화 중의 애국주의는 또 동포관념과 연계되어 있습니다. 이러한 것들은 오늘에도 여전히 긍정적인 의의가 있는 것입니다.

장대년 : 과거에는 중국문화를 유정(柔靜)문화라고 봤습니다. 이는 표면적인 것입니다. 도가는 유정(柔靜)을 선양합니다. 주돈의(周敦頤)는 '주정(主靜)'을 제창했는데 이것이 일정한 영향력이 있기는 하지만 중국문화의 주류는 아닙니다. '유정(柔靜)'만을 제창해서는 찬란한 문화업적을 창조해 낼 수 없습니다. 중국문화의 기본을 이루는 것은 '강건유위(剛健有爲)'와 '자강불식(自强不息)'

입니다. 공자는 '강(剛)'을 중시했습니다. 그의 생활태도는 "행하는 것을 싫어하지 않는 것(爲之不厭)", "분발하면 밥 먹는 것도 잊고(發憤忘食)", "즐길 때는 온갖 걱정을 다 잊는다(樂以忘憂)"는 것이었습니다. 공자의 이러한 사상은 『역전(易傳)』에서는 진일보적인 발전을 가져왔고, 『단전(彖傳)』에서는 '강건(剛健)'이라는 관념을 제기했으며, 강건한 정신을 찬양하여 "강건하고 문명하다(剛健而文明)", "강건하고 독실하고 빛나다(剛健篤實輝光)"라고 했습니다. 『상전(象傳)』에서는 '자강불식(自强不息)'의 원칙을 제기하여, "하늘의 운행은 강건하니 군자는 그 운행을 본받음으로써 쉬지 말고 스스로 강건해야 한다(天行健, 君子以自强不息.)"고 했고, 『역전』이 창도한 '자강불식' 정신은 중국 역사에 깊은 영향을 주었으며, 고금의 진보적인 정치가, 사상가, 과학자들을 더욱 앞으로 나아가게 했습니다.

기 자 : 방금 세 분이 중국 전통문화의 기본정신에서 요점만 추려 우수한 것들을 이야기 하셨습니다. 우리가 전통문화를 고양한다는 것은 바로 이러한 의미에서 말하는 것이라고 봅니다. 이전에 학자들이 전통문화를 고양해야 한다고 말할 때 대부분 "아시아 네 마리의 작은 용(亞洲四小龍)"의 발전을 예로써 인용했는데, 그중에서도 유가학파를 그 전형으로 보았습니다. 이 문제에 대해서는 어떻게 보아야 합니까?

방립천 : 나는 전통문화를 우수한 것과 우수하지 못한 것 두 가지 유형으로 나누어야 한다고 주장합니다. 또한 우수하지 못한

전통문화는 일반적인 것과 해로운 것 두 부분으로 나눌 수 있습니다. 우수한 전통문화에 대해서는 크게 선양해야 합니다. 이는 조금의 의심도 필요가 없습니다. 그리고 해로운 전통문화에 대해서는 미련 없이 포기해야 합니다. 그 외에 일반적인 전통문화에 대해서는 구체적으로 분석하고 개별적으로 대해야 합니다. 어떤 것은 그 형식을 취할 수가 있고, 또 어떤 것은 그 내용의 일부를 개조할 수가 있습니다. 나는 우수한 전통문화를 선양해야 한다는 데 대해서 지지합니다. 현재 우수한 전통문화를 선양하면 최소 4가지 면에서 긍정적인 의의가 있습니다. 첫째, 민족의 자존심과 자긍심을 증가시킬 수가 있어 민족정신을 키우고 민족의 주체의식을 제고시킬 수 있으며, 애국주의를 발양할 수 있습니다. 둘째, 국내외 염황(炎皇) 자손의 상호작용을 증가시키고 사상교류를 촉진시키며, 민족의 응집력을 증강시켜 조국의 통일과정을 촉진시킬 수 있습니다. 셋째, 사회주의 정신문명 건설을 촉진시키고, 사람들의 정신생활을 풍부히 하고 건전하게 할 수 있으며, 사회주의 새 문화 창조에 도움이 되게 할 수 있습니다. 넷째, 현재 서방은 가정의 위기에 부딪쳐 있고, 인정이 야박해져 있으며, 배금주의가 성행하고 환경오염이 심각합니다. 일부 멀리 내다볼 수 있는 서방의 지식인들은 동방문화에서 그 출로를 찾기 시작했습니다. 그러므로 우수한 전통문화를 선양하는 것은 중국문화가 발전하여 세계로 나가는 과정을 추진할 수 있으며, 전 인류의 문명발전에 더 큰 공헌을 할 수 있다고 봅니다.

정수화 : 마오쩌둥(毛澤東)은 "중국의 장기간의 봉건사회가 찬

란한 문화를 창조했다. 우리는 마땅히 종합적인 연구를 해야 한다. 연구의 목적은 전통문화에 정확한 역사적 지위를 부여하기 위한 것이지, 절대로 사람들이 뒤돌아 볼 수 있도록 인도하려는 것은 아니다. 특히 청년들이 앞을 바라볼 수 있도록 인도해야 한다"고 말했습니다. 이러한 분석은 아주 예리한 것입니다. 우수한 전통문화를 선양하는 것은 간단하게 복귀시키는 것이 아니라, 비판과 개조를 거쳐야 합니다. 지금의 말로 하면 "창조적 전환"을 거쳐야 합니다. 일부 학자들은 공자가 안정을 주장했고 안정과 단결을 찬성했다고 말합니다. 또 공자가 의리를 중시하고 재물을 가벼이 여겼는데 이는 자산계급 개인주의를 반대하는 것이라고 주장합니다. 이러한 설법은 억지라는 생각이 듭니다.

방립천 : 비판을 거치지 않고 선양하면 선양의 반대편으로 가게 될 수 있습니다. 비판과 개조, 선양, 혁신을 대립시켜서는 절대 안 됩니다. 이러한 것들을 잘 결합시킬 수 있어야 합니다.

정수화 : 우수한 전통문화를 선양한다 해서 우리가 이 100여 년 간, 특히 70여 년 간 걸어온 길을 버려서는 안 됩니다. 이 100여 년 이래, 중국사람들은 오랜 고생의 시간을 거쳐 진리를 찾았습니다. 이것은 쉽지 않은 일입니다. 이 100여 년 간의 변화는 과거 몇천 년의 변화를 넘어서고 있습니다. 더 중요한 것은 이 70여 년 동안 우리는 마르크스주의 문화를 찾았고 거대하게 발전시켰다는 점입니다. 그러므로 우리는 이 100여 년, 특히 70여 년 이래의 문화건설의 경험과 교훈을 잘 종합시켜야 할 것입니다. 이러한 기초

위에서 우수한 전통문화를 비판적으로 계승해야 하며, 적극적으로 외래문화를 흡수하고 사회주의 새 문화를 창조해야 할 것입니다.

장대년 : 선양이란 간단한 복고가 아닙니다. 이는 과거의 식견 있는 사람들도 잘 알고 있었습니다. 한 예로 왕부지(王夫之)는 "조대마다 다스리는 방법이 시기를 따른다(一代之治, 各因其時)", "군현이 봉건과 다른 점은 마치 모피와 갈포를 같이 기울 수 없는 것과 같다.(郡縣之與封建殊猶裘與葛之不相沿矣.)"고 했습니다. 비판 없는 복고는 출로가 없습니다. 한 예로 청나라 말기, "중국의 학문을 본체로 하고 서양의 학문을 응용한다(中學爲體, 西學爲用)"는 학설이 있었는데, 삼강오상의 낡은 윤리와 근대의 과학기술을 결합하려 했습니다. 하지만 결과가 증명하는 것처럼 이 두 가지는 공존할 수 없는 것입니다.

방립천 : "아시아 네 마리 작은 용"의 발전은 그들만의 외부조건과 내부조건이 있었습니다. 내적 요인으로 보면, 주로 경제정책과 과학기술, 특히 하이테크 기술의 개방 응용에 의거해 국내외 시장을 확장했습니다. 그럼 중국 전통문화의 주류인 유학은 "아시아 네 마리의 작은 용"의 발전에 어떠한 역할을 했을까요? 필자가 보기에 적어도 경제발전을 방해하지는 않았습니다. 혹은 경제발전을 방해하는 요인이 극복되었을 수도 있었습니다. 필자가 보건대, 이러한 나라와 지역에서 유학을 이끈 것은 절대로 우연이 아니었습니다. 그들이 현대화와 유학의 관계를 처리한 경험은 우리들이 본받아야 할 것입니다.

장대년 : "아시아 네 마리의 작은 용"이 유학에서 가장 많이 이용한 부분은 아마 "조화로움이 중요하다(和爲貴)"라고 한 사상일 것입니다. 맹자는 "하늘이 준 기회는 지리적 우세만 못하고, 지리적 우세는 화목한 인간관계만 못하다(天時不如地利, 地利不如人和)"고 했는데, 그들은 이런 사상을 이용해 노사 관계를 조화롭게 했습니다.

정수화 : 중국의 상황은 일본이나 "아시아의 네 마리 작은 용"과는 다릅니다. 그들은 자본주의를 발전시키고 우리는 사회주의 현대화를 건설하고 있습니다. 그들의 현대화의 과정은 주로 자본주의 법칙의 제약을 받습니다. 들건대 일본의 일부 기업가들은 한 손에는 주판을, 다른 한 손에는 『논어』를 가지고 있다고 합니다. 필자가 보건대, 결정적인 역할을 하는 것은 주판일 것입니다. 『논어』는 인간관계의 중요성을 강조하려는 것이고, 조화로움을 중시하는 것으로써 노사관계를 조정하려는 의도일 것입니다. 일본에서는 공장을 자기 집처럼 사랑하라고 제창하고 있는데, 이는 유가사상의 영향일 것입니다. 하지만 이는 혈연 종법관계의 기초 위에서 건립된 것이 아니라, 평등의 기초 위에서 건립된 것입니다. 아버지가 경리나 공장장이라 하더라도 아들은 여전히 일반 노동자인 것입니다.

방립천 : 나는 줄곧 이 문제를 사고해 왔습니다. 우리가 "우수한 전통문화를 선양하는 것은 무엇을 위해서인가?" 하는 문제 말

입니다. 내 생각엔 민족정신을 찾기 위해서일 것이라고 봅니다. 그럼 "민족정신에는 많은 내용이 있는데 어떻게 나열하면 좋을까요?" 민족정신이라고 할 수 있는 것은 두 가지 조건을 구비해야 합니다. 첫째, 이러한 정신은 중화민족의 단결을 유지할 수 있어야 합니다. 둘째, 이러한 정신은 중화민족이 부단히 전진할 수 있도록 추진할 수 있어야 합니다. 이 두 조건에 따라 찾아보면 "강건, 분발, 노력"이 아니겠습니까?

장대년 : 나도 이 문제를 많이 생각해 왔었는데, 방 선생이 "강건, 분발, 노력"으로 개괄한 것에 대해 나는『역경(易經)』중의 두 마디로 나열하려 합니다. 그 중 하나는 '자강불식(自强不息)'이고 다른 하나는 '후덕재물(厚德載物)'입니다. '자강불식'은 분발 노력하는 것으로, 영원히 노력하며 절대 멈추지 않음을 말합니다. '후덕재물'은 단결하고, 너그러우며 관대함을 말합니다.

정수화 : 장 선생과 방 선생이 나열한 민족정신에 대해 나는 모두 동의합니다. 하지만 시대의 발전과 더불어, 부단히 새로운 내용이 들어가야 한다고 봅니다. 그렇지 않으면 진보 발전하기 어렵습니다. 오늘 우리의 '자강불식'과 '강건유위'에는 과학, 민주, 법치의 내용을 주입해야 합니다. 이는 우리의 현대화에 있어서 매우 중요한 것입니다.

기 자 : 문화문제에 대한 대 토론은 언제나 사회 대 변혁과 더불어 진행됩니다. 중국은 역사적으로 2개의 사회 대 변혁 시기가 있

없습니다. 그중 하나는 춘추전국(春秋戰國) 시기이고, 다른 하나는 5.4운동부터 지금까지입니다. 춘추전국(春秋戰國)시기, 백가쟁명(百家爭鳴)과 학술 번영이 출현하면서 찬란한 문화를 창조했습니다. 5·4운동부터 지금까지의 문화 대 토론은 최종 목적이 앞 사람의 일을 이어받아 발전시키며, 낡은 것을 버리고 새것을 창조하며 중국 현대화를 추진할 수 있는 새 문화를 창조하는 것이었습니다. 그럼 오늘날 우리가 사회주의 새 문화를 창조하는 기본 원칙은 무엇이 되겠습니까?

방립천 : 사회주의 새 문화를 창조함에 있어서 단연코 두 가지 문제에 부딪치게 됩니다. 그 중 하나는 전통문화를 어떻게 대하는가 하는 것이며, 다른 하나는 외래문화를 어떻게 대하는가 하는 것입니다. 사회주의 새 문화는 중국문명 발전의 대도(大道)를 떠날 수는 없습니다. 그러므로 우리는 우수한 전통문화를 선양해, 그것이 사회주의 새 문화의 중요한 구성부분이 되게 해야 합니다. 사회주의 새 문화건설은 또 세계문명 발전의 대로를 떠날 수가 없습니다. 그러므로 우리는 긍정적인 외래문화를 흡수해야만 합니다. 물론 전통문화를 계승하든, 아니면 외래문화를 흡수하든, 모두 변화를 거쳐 그것이 중국의 현실에 부합되고 사회주의 새 사람을 양성하는데 유리하게 해야 합니다. 지금 사회주의 새 문화 창조에 대한 방법이 아주 많은데 나는 "종합적인 창조"라는 제기법이 비교적 과학적이라고 봅니다. "종합적인 창조"는 장 선생님이 처음으로 제시한 것인 만큼 장 선생이 말씀하시기 바랍니다.

장대년 : 우수한 전통문화를 계승하는 것은 필수적입니다. 긍정

적인 외래문화를 흡수하는 것도 필수적입니다. 하지만 계승과 흡수만 있고 자신만의 새로운 것이 없어서는 안 됩니다. 그러므로 나는 종합적인 창조를 제안합니다. 민족마다 문화는 하나의 문화체계를 이룹니다. 또한 민족마다 일정한 시대의 문화도 자신만의 체계를 이룹니다. 그 어떠한 문화도 모두 약간의 요소를 포함하고 있는데, 이를 문화요소라 할 수 있습니다. 다른 문화체계가 공동의 문화요소를 포함할 수도 있고, 각자 다른 문화요소를 포함할 수도 있습니다. 전자는 문화의 보편성을 나타내고 후자는 문화의 특수성을 나타냅니다. 한 문화체계가 포함한 문화요소 중, 일부는 원래의 체계를 떠나서는 존재할 수 없지만, 일부는 변화를 거쳐 다른 문화체계에 수용될 수 있습니다. 그러므로 문화체계는 모두 분해할 수 있고, 해부할 수 있습니다. 헤겔 철학은 상당히 엄밀한 체계입니다. 하지만 마르크스와 엥겔스는 헤겔 철학체계와 그 방법의 모순을 찾아냈으며, 헤겔의 철학체계를 비판함과 동시에 헤겔 변증법의 합리적인 핵심을 흡수했습니다. 사람들이 닭을 먹을 때면 언제나 일부만 먹고 일부는 버립니다. 털과 뼈까지 고기와 함께 먹을 수는 없기 때문입니다. 문화도 그러합니다. 우리는 전체 전통문화를 그대로 오늘의 사회에 옮겨놓을 수 없습니다. 또한 전체 서방 문화체계를 그대로 중국에 옮겨놓을 수도 없습니다. 정확한 방법은 전통문화 중의 긍정적인 문화요소와 서방문화 중의 긍정적인 문화요소를 가져다 분석하고 종합하며 변화시킨 기초 위에서 재창조하는 것입니다. 레닌이 결론적으로 도출해낸 변증법의 16가지 요소 중 한 가지가 바로 "분석과 종합의 통일"입니다. 사회주의 새 문화는 필연코 새로운 창조일 것이며 동시에 또한 여러 가지

가치 있는 문화의 새로운 종합일 것입니다. 우리는 고금동서의 다른 문화체계가 포함된 문화요소 사이의 병존 가능하거나, 혹은 병존 불가능한 관계에 대해 진지하게 고찰해야 합니다. 또한 해당문화의 체계를 떠날 수 있느냐 하는 여부, 객관적 실제에 부합되느냐 하는 여부, 사회 발전의 객관적 필요를 기본으로 하느냐 하는 여부에 대해서 진지하게 고찰해야 합니다. 모든 천견(淺見)과 편견을 버리고, 고금동서의 유익한 문화요소를 흡수해 다채롭고 풍부한 사회주의 새 문화를 건설해야 한다 이 말입니다.

정수화 : 종합 창조는 또한 내용 혹은 성질이 다른 것들을 받아들이는 과정입니다. 모든 것들을 다 가져다 연구할 수가 있습니다. 5.4운동 시기 진독수(陳獨秀)는 유가학설은 다만 중국문화의 일부분이며, 중국문화 또한 세계문화의 일부분이므로, 이 일부분의 일부분만 중시하고 다른 것들을 일률적으로 포기하면 중국은 당연히 발전하지 못하고, 뒤떨어질 것이라고 했습니다. 현재 사회주의 새 문화를 창조하려면, 틀림없이 도량이 넓어야 하고 멀리 내다볼 수 있어야 합니다. 우리의 발전에 유리한 것이라면 모두 흡수하고 소화하며 혁신할 수 있어야 합니다.

방립천 : 중국 전통문화는 주로 봉건사회에서 이루어지고 발전해 왔습니다. 서방 문화는 주로 근대 자산계급 혁명 이후 발전해 왔으므로, 시대적으로 중국 전통문화보다 앞섰습니다. 나는 위에서 중국의 우수한 전통문화를 선양해야 한다고 말했습니다. 또한 우수한 전통문화의 4가지 의의에 대해서도 강조해 말했습니다.

여기서 필자가 또 제기하려는 것은, 우리가 서방의 긍정적인 문화요소를 흡수할 때, 대담하고 용기가 좀 더 있으면 하는 바람입니다. 특히 자연과학 분야의 것들은 모두 가져올 수가 있습니다.

장대년 : 중국문화는 15세기 이후부터 뒤떨어지기 시작했습니다. 서방 근대문화의 발전은 물론 그 경제적, 정치적 조건이 있기는 했지만, 르네상스, 종교개혁, 계몽운동 등 일련의 사상 혁신운동이 있었습니다. 하지만 중국은 무술유신(戊戌維新)에 이르기까지 자발적인 사상 혁신운동이 없었고, 줄곧 전통 중의 소극적인 내용을 개혁할 수가 없었습니다. 이것은 우리의 결점입니다. 그 원인은 중국의 명(明), 청(淸)시기 봉건 전제제도가 지나치게 엄격하고 엄밀했기 때문입니다. 문화 전제주의는 사람들의 사상을 속박하였습니다. 특히 팔고문(八股文)으로 선비를 등용하는 제도는 경서 외의 다른 것들을 공부하고 연구할 필요가 없게 했습니다. 이는 교훈입니다. 새 문화를 창조하려면, 마르크스주의 사상의 지도 아래, "백가쟁명, 백화제방(百家爭鳴, 百花齊放)"의 방침을 지키며, 사회주의 현대화를 위해 복무하고 인민을 위해 복무하는 원칙 하에서, 학술의 자유를 유지해야 합니다. 사회주의 원칙 지도하의 학술자유와 각고의 노력으로 창조적인 사고를 하는 것은 사회주의 새 문화를 건설하는 2개의 중요한 조건이라고 하겠습니다.

(『광명일보』 1990년 2월 20일자에 게재됨)

마카오 문화에 유학의 기풍이 불다
– 국제유학학술토론회에서

마카오는 중국이 아시아 태평양 지역으로 통하는 문이다. 한겨울이지만 마카오의 날씨는 봄날처럼 따뜻했고 온갖 꽃들이 자태를 뽐내고 있었다. 중국 철학사학회, 보인대학 철학학부, 하버드대학 유학연구토론회, 마카오 중국철학학회에서 공동 주최한 유학국제세미나가 12월 18일부터 28일까지 마카오 프레지던트호텔에서 개최됐다. 해협 양안과 홍콩, 마카오 및 유럽과 아메리카의 30명 교수와 학자들의 협력으로 회의는 원만한 성공을 거두었다.

회의 참가자들은 모두 26편의 논문을 제출했다. 그 중 유가학설에 관한 논문이 10편이고, 유학과 현대화의 관계를 탐구한 논문이 7편이었으며, 새 유학에 관한 논문이 5편이고 조사 보고와 기타 내용의 논문이 4편이었다. 이는 유가학설을 직접 논술하는 것이 주요 부분이었음을 말해 준다. 그 다음으로, 유가와 현대화의 관계 및 새 유학에 관한 논문이 있었다.

논문의 내용은 4가지 특징이 있었다. 첫째, 유학의 연구영역을

넓혔다는 점이다. 논문 중에는 유가철학과 도덕학설을 연구한 것 외에도 맹자의 언어관, 유가의 관리심리학 등을 전문적으로 연구한 것도 있었다. 둘째, 유학의 일부 범주와 명제에 대해 새로운 해석을 하였다. 예를 들어, 충(忠), 효(孝), 인도(仁道), 정의(正義) 등의 원시적 의미에 대해 새로운 해석을 하였다. 또 "유독 여자와 소인은 받들기 어렵다(唯女子與小人難養也)"란 말에는 여성을 경시하는 뜻이 포함되어 있지 않다고 해석한 논문도 있었다. 셋째, 유학과 현대화의 관계에 대한 연구를 심화시켰다는 점이었다. 넷째, "설문조사로부터 본 마카오에서의 유학의 수많은 영향력"이란 논문은 고도로 발달한 상업사회에서 유학의 수많은 영향력을 논술해 유학연구의 새로운 길을 개척했다.

회의에서 토론한 문제는 주로 4가지였다. 첫째는 유학사상의 의미와 본질 문제였다. 예를 들어, 유학의 정의와 지위, 본질, 문화유산인가 사상 흐름인가, 강상 명교인가, 아니면 심성학설인가에 대해 학자들은 서로 다른 관점을 가지고 논의했다. 또 일부 학자들은 "백성은 귀하고 임금은 가볍다(民貴君輕)"는 등의 사상이 민주와 실질상 같은 것이라고 하면서 공자와 맹자에게는 민주적 관념이 있었다고 보았다. 일부 학자들은, 유가의 민본주의 사상이 민주관념과 통하는 바가 있기는 하지만, 양자 사이에는 여전히 중대한 구별점이 존재한다며, 이는 유가에 완전한 민주주의 제도와 운영방식이 없었기 때문이라고 보았다. 둘째는 유학의 현대화 문제였다. 회의 참가자들은 유학이 본디 현대화가 가능한가? 어떻게 현대화를 진행 하는가" 하는 문제를 두고 열렬한 토론을 벌였다. 일부 학자들은 내적 초월과 외적 초월을 포함한 높은 사상체계를 건립해, 유학 현대화의 방향으로 나아갈 것을 주장했다. 셋째는 유학이 현대화 과정에서의 역할이 회의 토론의 초점으로 되었다. 일부 학자들은 유학이 현대화 과정에서의 긍정적인 역할을 강조했다. 그들은 효도, 등급 관념도 긍정적인 의의가 있다고 보았다. 다수의 학자들은 유학이 현대화에 대해 추진하는 역할은 했지만, 방해도 한다고 보았으며, 장점을 키우고, 단점을 피해 유학의 긍정적인 역할을 발휘시켜 현대화를 추진해야 한다고 주장했다. 넷째는 새로운 유가에 대한 문제였다. 회의는 새로운 유가의 정의, 대표인물에 대해 각자 의견을 발표했으며 서로의 관점을 교류했다.

회의에 참석한 학자들은, 이번 회의가 중대한 결과를 도출했다고 보았다. 제출된 논문은 현재 유학연구의 새 시점, 새 영역과 새 수준을 실현했으며, 유학연구에서 문화적 누적의 의의가 있을 뿐만 아니라, 유학 발전사에서도 일정한 지위가 있을 것이라고 보았다. 아시아, 유럽, 아메리카주의 관련 학자들이 한자리에 모여 교류하고 서로에 대한 이해와 우의를 증진시켰으며, 공동으로 학술수준을 제고시키고자 하였고, 앞으로의 유학연구에 긍정적인 효과가 있을 것으로 내다봤다. 이번 회의는 마카오와 기타 지역의 학술교류에 유익한 역할을 하였을 뿐만 아니라, 앞으로 마카오의 문화발전에도 긍정적인 영향을 미칠 것으로 보여졌다.

(『마카오일보』와 『화교보』 1990년 12월 30일자에 게재됨)

고대 유가(儒家)의 인격구성 및 현대적 의의

인격이란 근대적 개념이다. 고대에는 품격(品格) 혹은 인품(人品)이라고 했다. 즉 사람의 품격인 지혜, 품질, 도덕, 능력 등이 포함되어 있으며, 한 사람이 다른 사람과 구별되는 특징이기도 하다. 다른 사람과 상대적으로 다른 독립적인 존재임을 체현하는 것이다. 유가철학의 기본은 인간문제인 만큼, 인격문제에 대해 아주 중시했다. 본문에서는 전통문화에 대한 비판과 계승적 차원에서 조기 유가의 인격관 및 그 현대적 해석을 논하고자 한다.

1. 인격의 가치

개체가 인류의 일원으로서, 가치를 가지고 있느냐 하는 여부가 인격의 가치문제이다. 유가는 사람마다 모두 인격가치를 가지고 있다고 한다. 공자는 "인이 멀리 있는가, 내가 인에 이르고자 한다면 당장 인에 이른다(仁遠乎哉？我欲仁, 斯仁至矣.)" (『논어 · 술이』)고 했다. 즉 '인'이란 사람과 멀리 떨어진 것이 아니라, 인의에 도달하려는 마음이 있는가에 달렸다고 했다. 이로부터 사람마다 도덕을 실행하고 제고시킬 능력이 있음을 강조했다. 이 또한 개인의 가치인 것이다. 맹자는 개인의 독립적인 인격가치를 더욱 중시했다. 그는 '천작(天爵)', '양귀(良貴)'라는 말을 제시했다. '천작'이란, "인, 의, 충, 신과 선을 즐기고 게을리 하지 않는 것이다(仁義忠信, 樂善不倦)." (『맹자 · 고자 상』)라고 했다. 즉 고상한 도덕은 인간가치의 기본수양을 구성했다고 보았다. "인, 의, 충, 신"은 사람과 사람 사이의 관계에서의 기본 준칙으로, 추상적으로 말하면 '인(仁)'이란, 인자하고 측은지심으로 사람을 대하는 것을 말하며, '의(義)'란 처사하는 과정에서 '의'를 봉행함을 말한다. 즉 부귀를 취할 수 있어도 의롭지 않은 일이면 취하지 않는다는 것이다. '충(忠)'이란 기정의 도덕 선택에 충실한 것을 말하며, 또 타인에게 충실하다는 뜻도 있다. '신(信)'이란, 신용을 지키는 것을 말한다. 한 번 말하면 변하지 말아야 한다. '양귀(良貴)'란, "사람마다 자기에게 귀한 것을 가지고 있다(人人有貴于己者)" (『맹자 · 고자 상』)는 것을 가리킨다. 즉 사람마다 천부적인 고유의 자아 가치가 있음을 말한 것이다. 맹자는 또 개인의 독립적인 인격을 존중할 것을 주장했다. "사는 것 역시 내가 원하는 것이지만, 원하는 것이 사는 것보다 더 심한 것도 있기 때문에, 구차하게 얻는 짓을 하지 않는다(生亦我所欲, 所欲有甚於生者, 故不爲苟得)" (『맹자 · 고자 상』)고 했다. 그는 생명보다 더 중요하고 의의가 있는 것은 인격가치라고 강조하면서 구차하게 살아가는 것을 반대했다. 그는 또 "하나의 대그릇의 밥과 하나의 나무그릇의 국을 얻으면 살고, 얻지 못하면 죽는 경우에도 "옛다 먹어라 하고 주면 길 가는 사람도 받지 않고, 더더구나 발로 차서 주면 거지도 기뻐하지 않는다.(一簞食, 一豆羹, 得之則生, 弗得則死, 嘑爾而與之, 行道之人弗受, 蹴爾而與之, 乞人不屑也.)"(『맹자 · 고자 상』)고 했다. 즉 사람에게 먹을 것을 주면서도 존중하지 않으면 굶주린 사람도 받지 않을 것이고, 발로 짓밟은 것을 주면 거지도 기뻐하지 않는다는 것이다. 맹자는 스스로 독립적인 인격을 존중할 것을 주장했다. 동시에 다른 사람의 독립적인 인격을 존중할 것을 요구했다. 천부적인 색채를 띤 이러한 인격론은 근대에는 항상 부정적인 가치로 해석되어 왔다. 하지만 맹자의 인격론은 반드시 거론되어야 하는 두 가지 심층적 의의가 있다. 그 중 하나는 천부적으로 부여된 인격의 가능성과 전통적으로 말하는 신이 부여한 인격은 원칙적으로 다르다는 것이고, 다른 하나는 맹자가 강조한 것으로 독립적인 인격이란 어찌 얻을 수 있는가 하는 문제인데, 그 답안도 사람의 본질이 어떠냐에 따라 다를 수 있다는 것이었다.

유가는 개인의 인격가치를 긍정함과 동시에 또 사람은 등급을 나눈다고 하면서 등급관념을 고취시켰다. 공자는 "군자가 도를 배우면 사람을 사랑하게 되고, 소인이 도를 배우면 다스리기 쉽게 된다(君子學道則愛人, 小人學道則易使人.)"(『논어 · 양화』)고 했다. 여기에서 군자란 통치자이고 소인이란 평민을 가리키며 통치자를 위해 복무하는 것은 소인의 본분이라고 했다. 맹자도 군자와 야인(野人)의 차이점을 강조했다. 그는 "군자가 없으면 야인을 다스릴 수 없고, 야인이 없으면 군자를 기를 수 없다(無君子,

莫治野人, 無野人, 莫養君子.)"거나 "혹은 마음을 수고롭게 하며, 혹은 힘을 수고롭게 한다. 마음을 수고롭게 하는 자는 남을 다스리고, 힘을 수고롭게 하는 자는 남에게 다스림을 받는다. 남에게 다스림을 받는 자는 남을 먹여야 하고, 사람을 다스리는 사람은 남에게서 먹고 사는 것이 천하에 통하는 원리이다(或勞心, 或勞力; 勞心者治人, 勞力者治於人, 治於人者食人, 治人者食於人, 天下之通義也.)"(『맹자 · 등문공 상』)라고 했다. 여기에서 군자 즉 마음을 수고롭게 하는 자는 관리를 가리키는 것이고, 야인, 즉 힘을 수고롭게 하는 자는 노동자를 가리킨다. 이는 필요한 분공으로 통치와 착취의 합리성을 논증한 것이었다. 유가의 등급사상은 소수 통치자의 인격가치를 높게 보았고, 대다수 노동자의 인격가치를 낮게 평가했다. 이 사상은 중국사회의 인격 형성, 발전 및 그 가치에 대해 매우 심각한 문화적 압력을 가져다주었다.

2. 인격의 내용

유가에서 한 인격의 가치에 내포된 내용에 대해 서술한다면, 주로 다음과 같은 몇 가지가 있다.

첫째는 독립적인 의지이다. 공자는 "삼군에서 장수를 빼앗을 수는 있어도 필부로부터 그 지조를 빼앗을 수는 없다(三軍可奪帥也, 匹夫不可奪志也.)"(『논어 · 자한』)고 했다. 이 말은 아주 널리 전해져 왔고 상당한 영향력을 준 명언이었다. 필부란 일반 백성을 가리키며 빼앗을 수 없는 지조란 독립적인 의지를 가리킨다.

공자는 평민도 제한을 받지 않고, 빼앗을 수 없는 독립적인 의지가 있다고 했다. 이는 사람의 독립적인 지위에 대한 각성을 체현해 낸 말이다. 맹자가 주장한 대장부의 숭고한 인격은 "부귀도 마음을 어지럽게 하지 못하며, 빈천도 지조를 옮기지 못하며, 위엄과 무력으로도 지조를 굽히게 할 수 없다(富貴不能淫, 貧賤不能移, 威武不能屈.)"(『맹자 · 등문공 하』)는 것이다. 맹자는 굴복하지 않는 굳센 의지와 환경의 변화에 따라 원칙과 절개를 버리지 않을 것을 강조했다. 순자도 의지의 자유를 강조했다. 그는 "마음은 형체의 군주이고, 또한 신명의 주인이다. 스스로 명령을 내리고 명령을 받지 않는다. 그러므로 입을 윽박질러서 다물게도 하고 말을 하도록 시키기도 하며, 형체를 윽박질러서 구부리기도 하고 펴기도 하게 시킬 수 있지만, 마음은 윽박질러서 뜻을 바꾸도록 시킬 수는 없다. 마음은 옳다고 여기면 받아들이고, 그르다고 여기면 사양하는 것이다(心者形之君也, 而神明之主也, 出令而無所受令. …… 口可劫而使墨云, 形可劫而使詘申, 心不可劫而使易意, 是之則受, 非之則辭.)"(『순자 · 해폐』)라고 했다. 여기서 마음이란 의지를 가리키며, 의지가 개체의 지배자이고 정신의 주관자라고 본 것이다. 의지는 자연에 명령을 내리며 명령을 받지 않는다. 사람은 핍박에 의해 말을 하거나 말하지 않을 수 있고, 몸도 구부리거나 펼 수 있지만, 의지만은 강제적으로 변화시킬 수 없다. 오직 바르다고 생각하는 것만 받아들이고 잘못 되었다고 생각하면 받아들이지 않는다. 사람의 의지는 독립적이고 자주적이며 자유로운 것이다.

둘째는 인지의 잠재력이다. 『예기 · 예운』은 사람은 "오행의 뛰

어난 기(五行之秀氣)"를 받았으므로, "사람은 천지의 마음이다
(人者, 天地之心也.)"라고 했다. 마음은 사유의 기관을 가리킨다.
즉 사람은 천지간 지능이 있고 사유할 수 있는 존재로서, 천지의
사유기관이라 할 수 있음을 말한다. 동물도 감각기관이 있지만,
사유의 역할은 없다. 오직 사람만이 자아를 인식하고 천지를 인
식할 수 있는 능력을 지닌 이성적인 생물이다. 이는 인류 주체의
인지 잠재력에 대한 게시이며, 역시 주체의식에 대한 확인이다.

셋째는 도덕의식이다. 유가가 사람의 인격가치에서 가장 중시
하는 것은 도덕의식과 도덕적 각오이다. 도덕적 각오는 사람의
인격가치에서 가장 중요한 것이라고 강조한다. 공자는 도덕에 내
재적 가치가 있다고 했으며, 맹자는 한 걸음 더 나아가 도덕의식
은 사람이 동물과 구별되는 기본적인 특징이라고 했다. 그는 "입
으로 맛보는 맛에는 다 같이 좋아하는 것이 있고, 귀로 듣는 소리
에는 다 같이 듣기 좋아하는 것이 있으며, 눈으로 보는 색에는 다
같이 아름답게 여기는 것이 있다. 마음에 이르러서만은 유독 다
같이 옳다고 여기는 것이 없단 말인가? 마음이 같다고 여기는 것
은 무엇인가? 그것은 '이(理)'이고 '의(義)'이다. 성인들이 먼저 우
리 마음이 옳다고 여기는 것을 알았을 뿐이다(口之於味也, 有同
耆焉; 耳之於聲也, 有同聽焉; 耳之於聲也, 有同聽焉; 目之於色
也, 有同美焉; 至於心, 獨無所同然乎? 心之所同然者, 何也? 謂理
也, 義也. 聖人先得我心之所同然耳)"(『맹자ㆍ고자 상』)라고 했다.
여기서 말한 '이'와 '의'가 바로 도덕의 원칙이며, 모든 사람들이
공동으로 긍정하는 인류와 기타 동물의 차이를 보여준다. 맹자가
말한 '양귀(良貴)', '천작(天爵)'은 도덕의 품질이고, 도덕의 품질

은 사람마다 고유한 것임을 강조하였다.

이상의 의지, 인식, 도덕 이 세 가지는 유가 인격의 기본적인 틀이다. 상지(尙志), 구지(求知), 수덕(修德), 즉 확고한 의지를 육성하고, 인식능력을 제고시키며, 도덕수양을 향상시키는 것은 유가에서 인격을 구성하는데 있어서의 기본적인 요구인 것이다.

3. 이상적인 인격

유가에서 최고로 이상적인 인격은 '성인(聖人)'이고 그 다음으로는 '인인(仁人)'이다. 『논어』에는 공자와 자공의 다음과 같은 대화가 기록되어 있다. 자공이 말하기를 "만약 백성에게 널리 베풀고 구제함이 많다면 어떠합니까? 가히 인이라고 할 수 있겠습니까?(如有博施於民而能濟衆, 何如? 可謂仁乎?)"락 묻자 공자는 "어찌 인이라고만 하겠느냐. 그 정도라면 반드시 성인일 것이다. 요임금과 순임금도 그렇게 못함을 걱정하였다. 무릇 인이라 하는 것은 자신이 나서려고 하는 곳에 남을 내세우고, 자신이 이루려고 하는 데에 남을 이루게 하는 것이다(何事於仁, 必也聖乎! 堯舜其猶病諸! 夫仁者, 己欲立而立人, 己欲達而達人.)"(『논어·옹야』)라고 했다. 공자는 백성에게 널리 베풀고 구제함이 많은 것이 최고의 덕이라고 인정하면서, 이는 요순도 해내기 어려운 것이라고 했다. 공자의 제자가 공자를 성인이라고 했을 때, 공자는 이를 받아들이지 않았으며, 자신은 다만 배움에 싫증을 내지 않고, 사람을 가르치는 데 싫증내지 않았을 뿐이라고만 했다. 후에 맹자가 성인의 대표로 4명을 예로 들었다. 즉 "백이는 성인으로서 맑았던 사람이고, 이윤은 성인으로서 사명을 자임하였던 사람이며, 유하혜는 성인으로서 온화한 기질을 가졌던 사람이고, 공자는 성인으로서 때를 알아서 해나간 사람이었다. 공자는 이들을 집대성했다고 할 수 있다(伯夷, 聖之清者也；伊尹, 聖之任者也；柳下惠, 聖之和者也；孔子, 聖之時者也.孔子之謂集大成.)"(『맹자·만장 하』)고 했다. 여기서 '청(清)'은 절조가 고결함을 말하며, '임(任)'은 책임의식이 강함을 말하며, '화(和)'는 성격이 원만함을 말하며, '시(時)'는 시대의 요구를 잘 알아 대응함을 말한다. '시(時)'는 "청(清), 임(任), 화(和)" 삼자의 종합이다. 맹자는 공자가 최고의 인격을 집대성한 사람이며 최대의 성인이라고 보았다.

공자는 '인인(仁人)'이란, "자신이 나서려고 하는 곳에 남을 내세우고, 자신이 이루려고 하는 데에 남을 이루게 하는 것"이라고 했다. 이는 다른 사람에 대한 관심과 사랑을 체현한 말이다. 이러한 인격의 심층 가치가 바로 집단을 최고로 여기는 원칙이다. 개체의 인격 실현은 이러한 전제에서만 운행되며, 최대의 가치, 즉 이상적인 인격의 의의가 있는 것이다. 공자가 제시한 "어진 사람은 근심스러워 하지 않는다(仁人不憂)"란 명제에서 이른바 근심하지 않는다는 것은 "스스로 돌이켜보아 부끄러움이 없으니, 무엇을 근심하고 무엇을 두려워하리오!(內省不疚, 夫何憂何懼！)"(『논어·안연』)라는 뜻으로, 이는 곧 자아 반성을 하여 마음속으로 부끄러운 일이 없으니 근심이 없고 두려움이 없는 것이라고 했던 것이다. 공자는 개인의 이해득실을 걱정할 것이 아니라, 천하의 이해득실에 대해 걱정할 것을 주장했다. 공자는 정신적으로 이러한 높이에 도달하는 것이 바로 인의 경지라고 인정했다.

'성인(聖人)'과 '인인(仁人)'은 모두 개인과 타인, 개인과 집단 간의 관계를 잘 처리하는 것을 전제로 한다. '인인'은 다른 사람을 자신처럼 관심을 두는 것이며, '성인'은 널리 많은 사람을 도와 공동으로 생활을 제고시키고 나라를 부강하게 하며 민심을 순화하며 세속을 정화시킨다고 했다. 성인이 도달해야 할 인격적 경지는 '인인'보다 차원이 높은 것이다.

4. 성취의 길

어떻게 인격을 양성하고 이상적인 인격을 실현하는가는 유가에서도 관심 있는 문제였다. 춘추시기 노나라의 귀족 숙손표(孫叔豹)는 '삼불후(三不朽)'설을 제시했다. 그는 "가장 뛰어난 것은 덕을 세우는 일이고, 그 바로 뒤에 공을 이루며, 그 다음으로 말을 세우는 것이다. 비록 오래 되어도 없어지지 않아 이것을 썩지 않는다고 한다(太上有立德, 其次有立功, 其次有立言.雖久不廢, 此之謂不朽.)"(『좌전 · 양공2년』)고 했다. 여기서 말하는 '세운다'는 것은 창조, 공헌을 말하며, '불후(不朽)'란 영원한 가치와 의의를 말한다. "삼불후(三不朽)"설은 이상적인 인격가치는 창조와 공헌에 있다고 했다. 유가학자들은 '입공(立功)', '입언(立言)', '입덕(立德)'을 이상적인 인격을 실현하는 조건, 첩경, 기준으로 보았다. 『논어』에서 보면, 공자는 요 임금과 순 임금이 최고의 이상적인 경지에는 도달하지 못했지만, 현실적으로는 '입공'에서의 최고의 본보기라고 했다. 공자는 또 관중이 제환공을 도와 개혁을 단행해, 제환공으로 하여금 춘추시기의 제일 첫 패주가 되게 했고, 천하를 바로잡고 공훈을 세우고 업적을 쌓았으므로 입공한 사람이라고 보아야 한다고 했다. 상나라 말기 고죽군(孤竹君)의 장자인 백이(伯夷), 둘째 아들인 숙제(叔齊)는 부친이 세상을 떠난 후 서로 양위(讓位)하다가 후에 주(周)나라에 의탁하였다. 무왕(武王)이 상(商)나라를 멸망시킨 후 그들은 수양산(首陽山)으로 들어가 주나라의 곡식을 먹지 않고 죽었다. 공자는 백이, 숙제의 고상한 절개를 칭찬하고 그들을 '입덕(立德)'한 사람이라고 했다. 맹자는 '입덕'을 특히 중시했다. 위에서 서술한 것처럼, 그가 개괄해 낸 '성인(聖人)'의 전형인 "청(淸), 임(任), 화(和), 시(時)"는 모두 '입덕'의 전형이라 할 수 있다. 맹자가 볼 때 '입덕'이 바로 최고의 덕이었으며, 또한 최고의 인격 이상을 실현하는 기본적인 첩경이었던 것이다.

5. 현대에서의 의의

과학기술의 비약적인 진보와 생산의 신속한 발전, 사회 물질재부의 급격한 증가는 사람들의 물질생활이 전에 없이 좋아지게 했으며 전에 없는 만족을 얻을 수 있게 했다. 하지만 현대문명의 현실은 사람들의 정신생활과 물질생활이 함께 좋아지지 않았다는 점이다. 물질생활이 좋아졌다고 하여 사회 전체적으로 좋아진 것은 아니다. 물질생활이 좋아진 것은 사람들의 정신문명 정도가

높아지는 데에 도움이 된 반면, 동시에 일부 사람들이 정신적으로 삐뚤어지고 도덕수준이 내려가 다른 지역과 국가에서 개인 중심, 금전만능의 현상이 나타났으며, 인정이 야박해지고 욕망이 팽창하고 도덕적으로 타락하여 범죄율이 상승하고 가정이 해체되고 사회적 위기가 나타났다. 이러한 것들은 날로 더 지식인들의 관심을 끌고 있다. 어떻게 하면 사람들의 도덕수준과 정신문명 수준을 높이겠는가 하는 문제는 이미 현대사회에서 보편적인 관심을 받는 문제가 되었다.

위의 간략한 서술에서 보다 시피, 필자가 보건대 조기의 유가에서 다음과 같은 몇 가지 관점은 현대생활에 긍정적인 의의가 있다고 하겠다.

첫째, 사람의 독립적인 인격가치를 중시하였고 위대한 인격존엄을 찬송하였으며, 이로부터 생명의 존재, 발전은 박탈할 수 있는 권리와 인간의 존엄이라는 이 보편적인 "윤리적 요구"를 도출해 냈다.

둘째, 사람의 독립적인 의지를 긍정하고, 숭고한 절개를 가질 것을 주장하였다. 부귀에 마음을 어지럽히지 않고, 권세를 탐내지 않으며, 얻는 것에 연연해하지 않으며 앞으로 향해 나아갈 것을 주장했다.

셋째, 도덕 수양을 강조하고, 도덕적 각오를 높일 것을 요구했다. 조기 유가의 이상적인 인격관은, 도덕이 가능한 것과 가능하게 만들 수 있는 두 가지에 모두 주의를 기울였다. 즉 한편으로는 모든 사물의 이치는 나에게 갖추어져 있다고 하면서 사람마다 성인이 될 수 있고 요 임금이 될 수 있다고 했다. 또 다른 한편으로는 후천적으로 수양을 하거나 연마를 하여 스스로가 도덕적 각오를 제고할 수 있다고 했다. 오직 스스로 포기하는 사람만이 아무런 성취도 거둘 수 없으므로, 도덕의 자아의식을 수립하는 것이 매우 필요하다고 보았다.

넷째, 개체와 타인의 관계에서, 타인을 사랑하고 도울 것을 제창했다. 자신이 원하지 않는 것을 다른 사람에게 강요하지 말라, 다른 사람이 악행을 하는 것을 방임하지 않지만, 또 다른 사람에게 지나친 요구도 하지 말아야 한다고 했다.

다섯째, '입공(立功)', '입덕(立德)'을 주장하고 적극적인 창조와 해야 할 일을 적극적으로 이뤄낼 것을 주장했다. 또한 공헌과 베품을 강조하고, 개인이 사회 전체에 대한 책임을 강조했으며, 사회적으로 공헌을 할 수 있기를 요구했다. 또한 이렇게 베푸는 과정에서 개체의 인격을 완성할 것을 주장했다.

물론, 조기 유가의 인격관 중 많은 것은 현대생활에 적절하지 않다. 우선 고저귀천의 등급관념은 사회모순을 심화시켰으며 역사 주체의 주동성, 적극성과 창조성적인 발휘를 속박하였다. 그 다음으로 도덕가치관은 일정한 시대성, 국한성을 지니고 있었다. 조기 유가의 도덕 가치관은 주로 관리와 지식인들을 위한 것이었으므로 현대적 인격 요구와는 크게 다른 것이었다.

현대적 인격을 양성하는 것은 현대사회 발전에 중대한 의의가 있다. 역사문화의 영양을 흡수하는 면에서 나는 조기 유가의 인격관에 대해 잘 정리해 볼 가치가 있다고 본다. 조기 유가의 인격관에서 합리적인 부분은 현대인의 인격관에 융합시킬 수 있기 때문이다.

(『남경사회과학』 1991년 2기에 게재됨)

강건 · 자강

— 중화 민족정신을 말하다

위덕동(魏德東,『도덕과 문명』잡지사 편집) : 방 선생님, 최근 몇 년 동안 많은 신문 잡지에서 선생님이 중화 민족정신에 대해 논한 것을 보았습니다. 또 기타 장소에서도 선생님이 중화 민족정신에 대해 얘기하는 것을 들었습니다. 방 선생님께서는 이 문제가 오늘에 와서 어떤 특수한 의의가 있다고 보시는 겁니까?

방립천 : 중화 민족정신에 대한 문제는 이미 새로운 화제가 아닙니다. 19세기 말부터 이어진 문화 열기 중의 기본적인 과제였습니다. 현재 우리는 전통적인 농업국으로부터 공업국으로 이전하는 역사적인 대 변화 과정에 있습니다. 전통과 현대화, 전통문화와 외래문화의 관계를 어떻게 처리하느냐 하는 문제는 우리 앞에 놓인 큰 과제입니다. 그중에서도 중요한 것은 어떻게 과학적으로 중화민족의 정신을 분석하고, 중화 민족정신을 선양하고 승격시키는가 하는 것입니다. 그 근본적인 의의는 전체 민족의 정

신적 자질을 높이고, 전체 민족의 성원이 생활실천에서 건전하고 진취적인 정신의 인도를 받게 하며, 민족 자신심과 자존감을 수립하고, 나아가 중국의 사회주의 현대화 건설을 추진하는 데 있는 것입니다.

위덕동 : 현재 중화 민족정신에 대해 여러 가지 설이 있습니다. 철학자로서 선생님은 민족정신은 어떻게 논리적으로 정의를 내려야 한다고 보십니까?

방립천 : 이건 확실히 어려운 문제입니다. 현재 이견이 많습니다. 학술사적 식가에서 볼 때, 나는 두 철학가의 관점이 아주 가치고 있다고 봅니다. 그들은 나에게도 큰 자극을 주었습니다. 그들은 독일의 헤겔(1770~1831)과 중국 현재의 철학자인 장대년 선생입니다. 헤겔은 세계역사는 "세계정신"을 펼쳐 보이는 과정이라고 했으며, 단계마다 특정한 민족정신을 보여준다고 했습니다. 민족정신은 "민족의식을 구성하는 기타 여러 가지 형식의 기초와 내용"이며, "그 민족의 모든 행동과 방향을 지향한다"고 했습니다. 장대년 선생은 중화민족의 기본정신을 '중화정신'이라고 불렀으며, 중화정신을 구성하는 데는 두 가지 기본 조건이 있다고 보았습니다. 그중 하나는 광범성인데, 즉 중화민족의 다수 사람들이 신봉해야 한다는 뜻입니다. 다른 하나는 진보성으로, 사회발전을 추진하는 역할이 있어야 한다는 것입니다. 이로부터 그는 중화정신을 '자강불식(自强不息)'과 '후덕재물(厚德載物)'로 표현했습니다. 전자는 진취적인 정신이며, 후자는 관후함과 포용정

신입니다. 물론 이들은 역사유심주의와 역사유물주의의 서로 다른 입장에서 민족정신에 대해 분석했으므로, 관점은 서로 다릅니다. 하지만 그들은 모두 민족정신은 한 민족이 지속적으로 발전할 수 있는 기초이고 내재적 동력이라고 보았습니다.

나는 이를 좀 더 전개하여 다섯 개 측면으로 민족정신의 정의에 대해 논리적 의거를 통해 설명하고자 합니다. 첫째는 광범성입니다. 즉 본 민족의 대다수 성원이 인정해야 한다는 것입니다. 둘째는 지구성입니다. 즉 민족의 지속적인 발전에 시종 일관 유지될 수 있어야 한다는 것입니다. 셋째는 주도적이어야 합니다. 즉 전 민족의 행동을 인도하고 지배할 수 있어야 한다는 것입니다. 넷째는 응집력입니다. 즉 민족의 단결과 국가의 통일에 유리해야 한다는 것입니다. 다섯째는 진보성입니다. 즉 민족의 전진을 추진할 수 있어야 한다는 것입니다. 나는 이상의 다섯 가지 조건을 구비해야만 '민족정신'이라 할 수 있다고 봅니다.

위덕동 : 이는 확실히 철학적 의미가 있는 개괄이라고 봅니다. 처음 세 가지는 민족정신의 내부 구조이고, 뒤의 두 가지는 기능에 편중했다고 볼 수 있을 것 같습니다. 그럼 구체적으로 말하면 중화 민족정신에는 어떤 내용이 포함되어야 하는가요?

방립천 : 간단히 말하면, 민족정신은 민족문화의 우량한 전통입니다. 위의 민족정신에 대한 정의에 따라, 체계적으로 중화민족의 역사를 고찰하고 중국 제1류의 철학가들의 사상을 분석해 보면, 중화 민족정신을 네 가지 내용으로 종합할 수 있다고 봅니

다. 첫째, 덕을 중시하는 정신입니다. 중화민족은 특히 도덕가치와 숭고한 인격의 완성을 중시하였으며, 독립적인 인격을 중시하고 도덕적인 조화에 능하였습니다. 이는 중화민족의 정신 품격의 형성에 중대하고도 원대한 의의가 있게 했습니다. 둘째는 자강정신입니다.『주역』에서는 "하늘의 운행은 강건하니 군자는 그 운행을 본받음으로서 쉬지 말고 스스로 강건해야 한다(天行健, 君子以自强不息.)"고 했습니다. 이는 중화민족의 진취적이고 완강한 생명력을 집중적으로 반영한 것이고, 중화민족의 굽히지 않는 개척과 혁신정신, 악한 세력에 항거하는 투쟁정신을 보여 준 것이며, 낙관적이고, 자아 완성의 진취적인 정신 및 근면 검소한 미덕을 보여준 것입니다. 셋째는 관용정신입니다.『주역』에서는 "땅의 형세는 유순하니, 군자는 그 유순함을 본받아서 두터운 덕으로 만물을 포용해야 한다(地勢坤, 君子以厚德載物.)"고 했습니다. 이는 중화민족의 모든 것을 다 받아들일 수 있는 정신을 보여줍니다. 자연계에 대해서는, 우주만물이 모두 동료이고 친구라고 보며, 사람은 자연과 조화롭게 공존해야 한다고 했습니다. 국제관계와 민족관계에서, 평화공존과 민족평등을 주장했습니다. 문화에 대해서는, 내부로는 백가쟁명(百家爭鳴)과 상반상성(相反相成)을 주장하고, 외부문화에 대해서는 받아들이고 융합시키며, 개조하고 제고시켜 우리가 이용할 수 있도록 해야 한다는 겁니다. 중국역사에서 보면 장기간 유가 · 불교 · 도교가 병행불패(並行不悖)하며 세계문화사에서 보기 드문 문화구조를 이루었음을 볼 수 있습니다. 넷째는 애국정신입니다. 즉 사직과 민생에 관심을 가지고, 민족의 독립을 수호하며 나라를 위해 자신을 바치는 것입니다. 이는 중화민족의 응집력과 구심력의 결과물입니다. 이로서 중화민족은 수천 년의 비바람 속에서도 시종일관 우뚝 서 있을 수 있었던 것입니다.

이 네 가지 정신은 중화민족이 개체별 감성 생명을 대함에 있어서, 사람과 사람, 사람과 사회, 사람과 국가, 민족과 민족, 국가와 국가, 인류와 자연 간의 관계에 대한 기본적인 입장을 보여 주는 것이며, 여러 가지 관계를 처리함에 있어서의 기본적인 원칙을 보여주는 것입니다. 하지만 이 네 가지 정신은 평행적인 관계가 아닙니다. 그중 자강정신은 기타 정신의 기초이고 전제이며 중화 민족정신의 핵심이고 대표입니다. 간결명료하게 표현하기 위해 나는 '강건자강(剛健自强)'이라는 네 글자로 중화 민족정신을 말하고자 합니다.

위덕동 : 제가 보건대, 이는 아주 무게 있는 개괄이며 또한 현실적 의의도 크다고 하겠습니다. 그럼 어떻게 해야만 중화 민족정신을 고양하고 승격시킬 수 있는 것입니까?

방립천 : 이 문제는 여러 가지와 관련됩니다. 사상문화의 차원에서 볼 때, 나는 전 민족의 범위에서 자주의식과 응집의식, 혁신의식을 확립하고 제고시키는 것이 매우 중요하다고 봅니다. 이를 실현하려면 반드시 중국역사와 중국철학에 대한 공부를 강화해야 한다고 봅니다. 중국역사는 중화민족이 수천 년 동안 고군분투 해 온 발자취를 기록하고 있으며, 영광과 투쟁을 기록했고, 민족 존재와 발전의 필연성을 보여주고 있습니다. 역사를 공부하

는 것은 역사 허무주의를 치료하는 양약이며, 민족적 자호감(自豪感)과 애국주의 감정을 불러일으키는 데 도움이 되고, 이로부터 중화 민족정신을 발양시키는데 도움을 줄 수가 있습니다. 중국철학은 중화민족 지혜의 결정체입니다. 중국철학은 지혜를 깨우치고, 정신을 양성하며 창조적 기능을 불러일으키는데 매우 큰 의의가 있습니다. 중국철학의 정수가 되는 기본사상이 바로 중화 민족정신입니다. 그러므로 중국철학을 공부하는 것은 중화 민족정신의 고양에 유리할 뿐만 아니라, 특히 혁신과 승격에 도움이 될 것입니다.

위덕동 : 이번 인터뷰는 내용면에서 매우 풍부했다고 생각합니다. 진정으로 감사 말씀을 드리겠습니다.

(1991년 『학술정보』 제26기에 게재됨)

민족정신의 정의와 중화 민족정신이
내포하고 있는 것

중화민족은 중국 56개 민족의 총칭이며, 세계적으로 인구가 가장 많고, 가장 유구한 역사와 고도의 문명을 가진 민족이다. 한 민족의 번영과 부강은 본 민족 주체정신의 발양과 진흥에 달려 있다. 근 100년 이래 중화 민족정신에 대한 탐구는 줄곧 문화 열조(熱潮) 중의 기본 과제였다. 이 문장에서는 민족정신에 대한 정의와 실질, 중화 민족정신이 내포하고 있는 의의와 핵심 및 중화 민족정신을 고양시키는 것과 승격시켜야 하는 것 등 세 가지 과제에 대해 좁은 소견이나마 간략히 서술함으로서 깊이 있는 토론을 이끌어 냈으면 한다.

1. 민족정신의 정의와 실질

중화 민족정신의 내용과 핵심에 대해 정확하게 제시하려면 먼저 민족정신에 대해 과학적인 정의를 내릴 수 있어야 한다. 또 민

족정신에 대해 정의를 내리려면, 우선 '정신'이라는 개념에 대해
깨달아야 할 것이다.

'정(精)'의 원뜻은 "정묘, 정련, 정화, 정신, 지혜" 등의 뜻이 내
포되어 있다.(『설문해자』, 『주역 · 건』, 『장자 · 각의』를 참고할 것)
'신(神)'은 고대 전적에서 그 뜻이 상당히 광범하나 주로는 "신령,
정신 역할과 미묘한 변화, 기묘한 역할" 등을 말한다.(『설문해
자』, 『순자 · 천론』, 『주역 · 계사 상』 등 참고)

'정신' 두 글자가 하나의 단어로 된 것은 『장자』에서 처음 나타
난다. '정신'이라는 단어는 전국(戰國)시기 이래, 중국철학과 중
국문화의 중요한 범주가 되었다. 근대에는 영어와 독일어에서 '정
신'이라는 단어를 번역해 왔는데, 중국 고대의 '정신'이라는 단어
와는 같은 뜻도 있고, 다른 뜻도 있다. 영어의 spirit(고대 라틴
어 spiritus에서 변화, 발전해 온 것이다)의 뜻은 "정신, 심령, 영
혼, 풍기, 조류, 용기, 기백, 신, 귀신, 정화"이다. 독일어의 geist
는 '정신'으로 번역한다. 그 의미는 "호흡, 생명, 정신, 심령, 신,
영혼, 사상, 재능, 정신 실질, 정신 상태, 정화" 등이다. 중국 기
존의 '정신'은 영어와 독일어의 '정신'과는 서로 통하는 데가 있다.
주로 사람의 육체와 상대적인 심령의 역할과 상태를 가리키며,
모두 정화라는 의미가 들어 있다. 하지만 중국 기존의 '정신'이라
는 단어에는 천지만물을 낳아 기르는 '정기(精氣)'라는 뜻이 포함
되어 있다. 영어와 독일어의 '정신'에는 기본적으로 이런 의미가
없다. 영어와 독일어에서 번역되어 온 '정신'이라는 단어는 중국
학술계에 채용된 후, 철학, 종교 등 사상문화 연구 영역에서 광범
위하게 활용되어 왔다. 현재 보편적으로 '정신'이란 의미는 인류

의 의식, 사유 활동과 마음의 역정(心意歷程), 심리상태를 가리키는데, 인류의 인식, 감정과 의지의 총체라고 할 수 있다. 그 외 정신은 또 내재적인 정미한 지혜, 기능, 역할이라는 다른 의미도 있다. 즉 모든 의식문화 현상의 내재적 심층적인 것을 가리킨다. 즉 사람의 지각, 감정, 의지의 기본이며 가장 중요한 부분이다. 즉 상술한 '정신'의 첫 번째가 가장 본질적인 내용이다. 첫 번째 뜻은 정신의 광의적인 의미이고, 두 번째 것은 협의적인 의미이다.

민족과 정신이 연결되어 이루어진 '민족정신'이란 단어의 출현은 근대 이후의 일이다. 한어 중의 '민족'이란 단어는 19세기와 20세기가 교차되는 시기에 일본어에서 유입되어 보편적으로 사용되기 시작했다. 이는 중국의 근대역사와 민족의 민주혁명과 직접적으로 연계된다. 민족이란 단어는 또 영어와 독일어에서 번역되어 온 '정신'이란 단어와 조합되어 '민족정신'을 이루었다. 즉 민족 민주 혁명투쟁의 추진 하에서, 민족정신이 날로 많은 애국 지식인들의 관심과 중시를 받게 되었던 것이다.

그럼 민족정신의 의의란 무엇인가? 민족정신은 어떻게 정의를 내려야 하는가? 이는 비교적 복잡한 문제로, 학술계에서도 의견이 일치하지 않는다. 보통 민족정신은 광의와 협의 두 가지의 변하지 않는 의의가 있다. 독일의 철학가 헤겔은 민족정신에 대해 "한 민족의 의식이 기타 여러 가지 형식의 기초와 내용을 포함하여 구성한다"고 했으며, 민족의 종교, 정체, 윤리, 입법, 풍속, 과학, 기술, 예술 등 여러 면에서도 나타난다고 했다. 또 일부 사람들은, 민족정신이란 공동문화에서 나타나는 민족공동의 심리적 자질이라고 했다. 이는 모두 민족정신에 대한 광의적인 설명이

다. 중국 당대의 철학가 장대년 선생은, 중화 민족정신을 구성하
려면 응당 두 가지 조건을 구비해야 한다고 했다. 그 두 가지 조건
으로서 하나는, "비교적 수많은 영향력을 가지고 있는 것" 즉 중
화민족 "대다수 사람이 신봉하는 것"이며, 다른 하나는, "사람들
이 진취적이 되도록 격려하며, 사회발전을 추진하는 역할이 있어
야 한다"는 것이다. 이러한 정의에 근거해, 그는 중화 민족정신
은 바로 중화민족이 발전을 이어가고 부단히 전진하도록 하는 정
수사상이라고 했다. 이는 민족정신의 협의적인 설명이라고 할 수
있다.

　우리는 민족정신에 대한 광의적인 설명과 협의적인 설명은 상
대적이라고 본다. 물론 이 양자는 모두 근거가 있다. 협의적인 민
족정신은 광의의 민족정신 중의 긍정적이고 진보적인 정수부분
이다. 광의적인 민족정신은 협의적인 민족정신을 포함하고 있다.
내용적으로 포함하는 것과 포함되는 것의 관계이다. 광의적인 민
족정신과 협의적인 민족정신에 대한 주장은 각자 장점과 단점이
있다. 민족정신의 광의적 설명의 장점은, 광의적 '정신'과 의의가
일치하며, 민족정신의 전체적인 모습을 보여준다. 여기에는 긍정
적인 것과 부정적인 것, 진보적인 것과 낙후한 것, 정수와 저속한
것 등이 모두 포함되어 있다. 또한 사람들이 이해하기 쉽고 자주
이용되기도 한다. 단점은 민족정신을 연구하거나 비판할 때, 계
승하거나 선양할 때 실제 조작과 활용이 비교적 복잡하여, 때로
는 부정적이거나 낙후한 부분에 미혹되어 긍정적이고 진보적인
부분이 민족의 생존과 발전에서 일으키는 거대한 정신적 동력 역
할을 약화시킨다. 협의적인 설법의 단점은, 오해가 나타나기 쉽

고 소극적이고 낙후한 사상의 존재와 그 낙후한 사랑의 개조에 대해 경시하게 된다는 점이다. 장점은 민족의 긍정적이고 진보적인 사상을 명백하게 개괄하였기에, 현재 사람들이 자주 말하는 '민족혼', '민족영혼'과 "민족의 훌륭한 전통" 등의 설명과 유사하여 분발 노력과 진취에 도움이 된다.

나는 개인적으로 참조물을 확정하고, 정의를 명확히 내리고, 설명이 합리적이라면 민족정신을 광의적으로 논의하든, 협의적으로 논의하든 모두 바람직하다고 본다. 민족정신을 분발시키고, 선양하며, 승격시키는 차원에서 출발한다면, 민족정신에 대해 협의적으로 논의하는 것이 민족 성원의 생활실천을 인도하는데 유리하며, 민족정신을 분발시키며 민족의 정신적 자질을 제고시키는데 유리하다고 본다.

나는 장대년 교수의 중화 민족정신을 구성하는 두 가지 조건에 관한 논설을 찬성한다. 이러한 기초 위에서 나는 민족정신의 협의적인 정의에 대해 아래의 다섯 가지로써 설명하고자 한다.

첫째, 한 민족의 절대다수 성원이 공감을 가지거나 구비하고 있는 광범위성과 보편성을 지닌 정신이며, 공통된 심리이고 사상이다. 물론 민족정신은 다른 시대에 다른 군체와 계급, 등급, 집단에서 다른 구체적 표현형식이 있을 수 있지만, 거기에 포함된 내포된 의미는 공통성을 띠고 있다.

둘째, 민족의 발전 전 과정에서 점차 형성되고 부단히 풍부해졌으며, 날로 성숙되는 정신이다. 민족정신은 다른 역사시기에 다른 시대정신으로 표현되지만, 민족 발전의 전 과정에 일관되는 장기성을 지닌다.

셋째, 민족의 발전 전 과정에서 주도적 지위를 가진 사상 원칙이다. 이러한 사상 원칙은 지배성(支配性)도 있고 인도성(引導性)도 있어, 민족의 생활에서 거대한 역할을 한다. 비 주도적인 사상은 전 민족의 행동을 지배할 수 없으며, 또한 전 민족의 행동을 지배할 수 없고 전 민족의 전진을 인도할 수 없는 사상은 민족정신의 범위에 들지 않는다.

넷째, 민족의 생존과 번영, 민족 간 화목, 단결을 유지하는 정신이다. 민족이 존재하려면 생존해야 하고, 발전해야 한다. 이 두가지는 기본적인 것이다. 민족정신이란 바로 민족의 생존과 발전 법칙에 부합되는 사상문화이며, 응집성을 가지고 있는 의식이다. 그러므로 민족정신의 내용은 우선, 민족의 생존과 발전에 유리하고 민족 간의 친선에 유리한 정신이어야 하며, 민족의 생존과 단결을 유지할 수 있는 사상적 버팀목이어야 한다. 민족의 근본 이익과 소망에 부합되지 않는 사상 및 민족단결과 공존에 해를 끼치는 사상은 민족정신을 대표할 수 없다.

다섯째, 민족의 전진을 추진할 수 있는 정신이다. 한 민족이 계속 발전하지 않는다면 계속 생존할 수 없게 된다. 민족정신은 민족의 계속적인 발전을 추진하는 내재적 원동력이어야 하며, 정신적 원천이어야 하며, 진보적인 사상이어야 한다. 민족의 발전을 가로막는 것은 진정한 민족정신이 아니다.

사상이나 관념은 상술한 조건들을 구비해야만 '민족정신'이라 할 수 있다. 다시 말하면, 민족정신은 민족문화의 주도적 사상이며, 한 민족이 전통문화에서 나타나는 탁월하고도 위대한 정신이어야 한다. 사실상 민족정신은 바로 민족문화 중의 훌륭한 전통이었다. 민족정신을 고양한다는 것은 고유문화 중의 좋은 전통을 고양하는 것이다.

민족정신의 협의적인 정의에 대해 연구함에 있어서, 민족정신과 기타 다른 정신, 민족정신과 시대정신, 다른 국가와 민족의 민족정신의 관계 문제에 대해 연구해야 한다.

우리가 말하는 협의적인 민족정신은, 긍정적인 의미에서 민족사상을 개괄한 것으로 중화민족의 소극적이고 낙후한 사상의 존재를 부정한 것은 아니며, 중화민족의 소극적이고 낙후한 사상을 변화 제거해야 함을 무시하려는 것이 아니다. 노신은 생전에 '국민성'의 변화에 대해서 중시했다. 그는 당시 중국의 무능하고, 무기력한 상황에 비추어 "그 불행에 안타까워하고 그 무기력함에 분노한다"고 하면서, 나라와 백성을 구하고 중화 민족정신을 고취시키기 위해 국민성에 대한 심각한 폭로와 분석 · 비판을 아끼지 않았다. 예컨대 편협하고 산만하며, 어리석고, 낡은 풍습에 얽매이는 등 뒤떨어진 품성에 대해 모두 폭로해 국민에게 보여주었다. 그러나 여기서 지적해야 할 것은 노신이 폭로한 '국민성'은 모두 국민의 '열근성'이라는 점이다. 노신도 좋은 국민성이 존재함을 부정하지 않았다. 그는 중국사람들은 자긍심을 잃었다고 하는 비방에 대해 강력히 비난했으며, 중국 역사상 "민족 주축"의 위대한 공적과 숭고한 정신을 찬양했다. 이로부터 알 수 있듯이 민족의 생존과 발전에 불리한 모든 정신들을 변화시키려면 민족의 생존과 발전에 유리한 모든 정신을 선양해야 한다. 이 두 가지는 상반되는 것이다. 우리가 민족정신을 선양한다고 할 때, 분석과 비판을 거치지 않고 그대로 가져다 사용할 수는 없기 때문이다. 왜냐하면 (협의적인) 민족정신도 점차 변화하고 발전하는 과정을 거쳐 왔기 때문에, 그 내용이 순수하지 못하고 역사가 결정한 여러 가지 국한성과 결함을 포함하고 있으므로, 이러한 것들을 극복해야 한다. 민족정신을 선양함에 있어서, 또 현재의 상황과 수요에 따라야 한다. 그리고 진일보하게 발전시키고 승격시켜야 하는 문제도 존재한다. 이는 오직 분석과 비판을 거쳐야 진정으로 민족정신을 선양할 수 있음을 말한다.

민족정신은 역사적인 개념이다. 민족정신은 민족 구성원의 사회실천과 동시에 발전한다. 역사적인 시각에서 민족정신을 보면, 한 민족의 시대정신의 누적이라고 할 수 있다. 시대정신도 광의적인 것과 협의적인 것으로 나뉜다. 광의적인 시대정신은 특정한 시대의 여러 가지 사상과 원칙을 말한다. 협의적인 시대정신은 특정한 시대의 진보적인 정신을 말한다. 즉 시대의 전진을 보여준 사상과 원칙을 말한다. 광의적인 시대정신과 협의적인 시대정신은 각기 광의적인 민족정신과 협의적인 민족정신의 시대적 표현이다. 광의적인 민족정신과 협의적인 민족정신은 각기 광의적인 시대정신과 협의적인 시대정신의 연속이다. 이로부터 알 수 있는 것처럼, 민족정신은 시대성이 있으며 영원불변이 아니라 부단히 변화하고 전진하는 것이다.

변치 않는 나라와 민족의 민족정신은 지리환경과 경제배경, 사회구조와 역사적 조건 하에서 이루어지고 발전되어 온 것으로, 정도나 성질 등의 차이성을 가지고는 있다. 동시에 나라와 민족은 생존, 발전과정에 모두 공통의 규칙이 있었고, 또한 서로간의 대규모 문화교류가 있었으므로, 나라와 민족의 민족정신이 완전히 같거나 완전히 다르지는 않고, 차이성도 있으면서 통일성도 있다. 민족정신은 어느 한 나라와 민족만의 특유한 것일 수도 있지만, 여러 나라와 민족이 공유하는 것일 수도 있다. 예를 들어, 애국주의의 감정, 용감한 정신은 많은 나라와 민족이 모두 가지고 있는 것들이다. 동시에 이러한 정신은 모두 같을 수 있으나 그 구체적인 내용은 완전히 다를 수도 있다. 민족정신은 민족의 생존을 유지하고, 민족의 전진을 추진하는 정신으로, 세계상의 다른 나라와 민족이 장기간의 실천 속에서 공동으로 구성한, 서로 같으면서도 다르고, 같은 점과 다른 점이 뒤섞여 이루어져 있는 것이다.

2. 중화 민족정신이 내포하고 있는 내용과 핵심

'중화'라는 단어는 위진(魏晉)시기의 지리 명칭에서 유래했으며, 문화와 민족의 호칭이기도 하다. 20세기 초 이후 중화민족은 중국 각 민족에 대한 총칭이 되었다. 후에 중화민족은 또 민족정신과 겹치어 중화 민족정신이라는 단어가 구성되었다. 만약 민족정신에 대한 상술한 협의적인 정의에 따라, 중화민족의 역사를 체계적으로 뒤돌아보면 중화 민족정신의 풍부한 내용을 제시하기란 어렵지 않다. 이 내용들을 종합하면 다음과 같은 몇 가지가 있다.

1) 중덕(重德)정신

도덕적 자각과 인격의 완벽함을 중시하는 것은 중화 민족정신의 중요한 뜻 중 하나이다. 이를 중덕(重德)정신이라 할 수 있다. 예를 들어, 『논어·이인(里仁)』에서는 "인을 좋아하는 사람은 더 이상 요구할 것이 없다(好仁者, 無以尙之.)"고 했으며, 『논어·위령공(衛靈公)』에서는 "뜻 있는 선비와 어진 사람은 삶을 구하여 인을 해치지 않으나, 몸을 바쳐 인을 이루는 경우는 있다(志士仁人, 無求生以害仁, 有殺身以成仁.)"고 했다. 이는 공자가 도덕적 가치를 매우 중시했음을 말하는 것이다. 『주역·곤·문언(周易·坤·文言)』에서는 "의로움으로 밖에 드러나는 행동을 반듯하게 한다(義以方外)"고 말했다. 즉 군자는 일 처리에서 의로움으로 반듯하게 한다는 말로, 행동이 도덕규범에 부합되어야 한다고 강조한 것이다. 이는 숭덕(崇德)정신과 서로 일치된다. 고대사람들은 인격에 대해 특별히 강조했고, 지조를 숭상하고 중시했다. 공자는 "삼군에서 장수를 빼앗을 수는 있어도 필부로부터 그 지조를 빼앗을 수 없다(三軍可奪帥也, 匹夫不可奪志也.)"(『논어·자한』)고 했다. 맹자는 "부귀도 마음을 어지럽히지 못하고, 빈천도 지조를 옮기지 못하며, 위엄과 무력도 지조를 굽힐 수 없다.(富貴不能淫, 貧賤不能移, 威武不能屈.)"(『맹자·등문공 하』)고 하면서, 도덕적으로 "지극히 크고 강한(至大至剛)""호연지기(浩然之氣)"(『맹자·공손추 상』)를 가져야 한다고 말했다. 『예기·대학』은 개인의 수신의 좋고 나쁨은 국가 정치의 좋고 나쁨의 관건이라고 하면서, 최고의 도덕경지에 도달할 것을 주장했다. 그는 "대학의 도는 덕을 밝힘에 있고, 백성들과 친함에 있으며, 지극한 선에

오르는 데에 있다(大學之道, 在明明德, 在親民, 在止於至善.)"고
했다. 즉 "대학의 도"는 명백하고 완벽한 덕망에 도달하고, 낡은
풍습을 제거하는 데에 있다고 강조하면서 이로부터 선의 최고 경
지에 도달해야 한다고 한 것이다.

유가는 도덕적 인격가치를 특별히 중시했고, 인격의 정신미(精
神美)를 높이 찬양했으며, 반드시 사람마다 독립적인 인격이 있
어야 하고, 일정한 도덕적 준칙을 지켜야 하며, 외부의 압력에 굴
복하지 않고 외부 환경의 영향을 받지 말아야 한다고 강조했다.
이런 주장은 중화 민족정신 품격을 이끌어 가는데 중대하고도 깊
은 역할을 하였으며, 중국인민의 자존, 자강 심리와 강직한 정의
감을 함양시켰으며, 중화민족의 시비를 명백히 구분하고 정의를
견지하는 바른 기풍을 형성케 했다.

동한(東漢) 말년의 철학가이며 문학가인 서간(徐幹)은 덕과 기
예를 겸비한 완전 인격론을 내놓았다. 그는『중론 · 치학(中論 ·
治學)』에서 "선왕은 교관을 두어 국자를 관리하였다. 육덕을 가르
쳤는데 지, 인, 성, 의, 중, 화라고 했다. 육행을 가르쳤는데 효,
우, 목, 인, 임, 휼이라고 했다. 육예를 가르쳤는데, 예, 악, 사,
어, 서, 수라고 했다. 세 가지 교육이 구비되면 인간의 도가 완성
된다(先王立敎官, 掌敎國子, 敎以六德, 曰智,仁,圣,, 義,中,和 ;
敎以六行, 曰孝,友,睦,婣,任,恤 ; 敎以六藝, 曰禮,樂,射,御,書,
數.三敎備而人道畢矣.)"고 했다. '육덕(六德)'은 여섯 가지 도덕
기준이고, '육행(六行)'은 여섯 가지 도덕 행위이며, '육예(六藝)'
는 여섯 가지 전문 지식과 기능이다. 서간은, 한 사람이 '육덕',
'육행'과 '육예'를 구비하면 사람의 도가 구비되었다고 보았다. 도

덕과 지식의 겸비를 인생의 근본이라고 보는 관념은 중화 민족정신의 중요한 내용인 것이다.

중화민족의 중덕(重德)정신은 고대의 전제사회 구조와 직접적인 연계가 있다. 이러한 것들은 다른 시대, 다른 성원 간에 다른 구체적 내용으로 표현되었다. 그중 일부 구체적인 내용은 역사의 변화와 더불어 가치를 잃어버렸다. 하지만 도덕 인격의 완벽화를 추구하는 것은 인류사회의 중요한 이상 척도 중 하나로써, 현대 정신문명 건설에서 여전히 귀감으로 할 수 있으며, 비판적으로 계승하고 한층 더 빛낼 수 있는 것이다.

2) 실용정신

유가문화 중 이성주의와 인문주의 정신 및 무신론 전통은 장기간 통치적 지위를 점해 왔었다. 이는 실용정신이 이루어지는 데에 도움을 주었다. "실속이 없는 것은 수치다(華而不實, 恥也.)"(『국어 · 진어 제10』), "대인은 겉치레를 하지 않고, 군자는 실용적이다.(大人不華, 君子務實.)"(왕부, 『잠부론 · 서록』) 즉 실속 없이 겉만 화려한 걸 반대하고 실제적인 것을 추구할 것을 주장했다. 중국사람들은 항상 실제를 중시했고 실리를 추구했으며, 실속 없는 겉치레와 공담, 허황된 것을 싫어했다. 공상을 배제하고 실제적인 것을 중시하는 민족정신으로 표현되었다. 이러한 정신의 기본적인 표현은 경작과 상공업, 정무와 일상의 생활에서 인생의 이상을 추구하고 자신의 가치를 실현코자 한 것이다. 이와 관련해서 중국은 수 천 년 동안의 윤리인 정치 형(型) 문화범식(範式)은 종교의 범람을 억제했다. 중국 사람들은 입세(入世)

를 중시하고 출세(出世)를 중히 여기지 않았으며, 도덕을 중시하고 종교를 경시했다. 경험을 숭상하고 신기한 것을 무시했다. 왕권을 숭배하고 신권을 제압했다. 중국 본토종교와 외래종교가 전해오기는 했지만, 전 민족적인 종교 열풍을 일으키지는 못했다. 실용이성(實用理性)과 사변이성(思辨理性)은 시종 종교적 열광을 압도했다. 보통 중국사람들은 인도나 서양사람들과 같은 종교의식과 피안관념이 결핍되어 있었으며, 현세 인생에서 최고의 이상을 실현할 수 있기를 바랐고, 피안의 초월적인 행복이나 해탈을 동경하지는 않았다. 예를 들어, 불교 중 영향력이 가장 큰 선종(禪宗)은 현실의 일상생활에서 깨달음과 해탈을 구했다. 선종은 소농경제에 적응해 "하루를 일하지 않으면 하루를 먹지 않는다(一日不作一日不食)"는 선농(禪農) 생활원칙을 정했으며, "부딪치는 모든 것이 도이다(觸類是道)", "평상심이 도이다(平常心是道)", "매사에 진실하라(卽事而眞)"고 선양했다. 선종은 일상생활이나 땔나무를 하거나 물을 긷는 것도 '묘도(妙道)'라고 했다. 일상을 이탈하지 않고 갖가지 일로부터 도리를 깨달을 것을 주장하여 인도불교 중에 있던 원래의 성격을 일부 변화시켰던 것이다.

중화민족의 실용정신은 중국 봉건문화가 고대 세계문화의 정상에 오르도록 촉진시켰다. 하지만 이러한 것들은 경험이성(經驗理性)을 기초로 한 것이므로 실증 과학정신이 결핍되어 있었다. 우리가 현재 창도하고 있는 "실사구시", "모든 것은 실제로부터 출발해야 한다"는 철학원칙은 고대의 실용정신을 계승한 기초 위에서 과학적인 해석과 승격을 거쳐 날로 사람들의 보편적 사유의 고정방식, 구상방법이 되고 있는 것이다.

3) 자강정신

『주역 · 건 · 상전』에서 제일 먼저 '자강불식'을 제시했다. "하늘의 운행은 강건하니 군자는 그 운행을 본받음으로써 쉬지 말고 스스로 강건해야 한다(天行健, 君子以自强不息.)"고 했다. 여기서 건(健)은 강건, 능동적이라는 뜻이다. 자강불식은 긍정적인 진취심이 영원히 정지하지 않음을 말한다. 강건유위, 자강불식의 사상은 중화민족의 생기가 넘쳐흐르는, 진취적인 완강한 생명력을 집중적으로 보여주고 있으며, 중화민족의 불굴의 개척정신과 악의 세력에 저항하는 투쟁정신, 스스로 자신을 갖추고 진취정신 및 일상생활에서의 근검절약 미덕을 보여주었다.

고대의 신화는 최초의 민족정신이다. 민족마다 모두 창조신화가 있다. 기타 민족들에게는 신의 창조설이 많다. 중화민족은 반고(盤古)의 천지개벽설이 유행되어 왔다. 이 주장은 묘족에게서 제일 먼저 전해졌으며, 후에 기타 소수민족과 한족들에게서 장기간 전해지게 되었다. 그 외에 "여와가 하늘을 깁고 사람을 만들었다(女媧補天造人)"거나 "후예가 태양을 쏘아 떨어뜨렸다(后羿射日)"는 신화, "정위가 바다를 메우다(精衛填海)", "우공이 산을 옮기다(愚公移山)" 등의 신화는 모두 노동으로 세상을 창조하는 모습을 조직한 것이고, 자연을 개조하는 개척자의 이미지를 보여주었는데 이는 중화민족의 강건유위, 자강불식의 정신을 체현한 것이다.

자강정신의 뚜렷한 표현은 '일신(日新)', '혁신(革新)'의 관념이다. 『예기 · 대학』에서는 "탕왕의 반명(쟁반에 쓰여진 명문-역자 주)에서 이르기를, 진실로 날로 새롭게 하려거든 나날이 새롭게 하고, 또 날로 새롭게 하라(湯之盤銘曰 : 苟日新, 日日新, 又日新.)"고 천지의 갱신을 찬양하였다. 『주역·잡괘』에서는 "혁은 옛 것을 없애는 것이고, 정은 새로운 것을 취하는 것이다(革, 去故也 ; 鼎, 取新也.)"라고 하였다. "일신(日新)'과 '혁신(革新)'에 대한 인식에 근거하여, 『주역·혁괘』는 또 사회변혁론을 주장하였다. 『주역·혁괘』에서는 "하늘과 땅이 바뀌어 사계절을 이루고, 탕 임금과 무 임금의 혁명은 하늘의 뜻에 순응하고 사람들의 호응을 받았다. 혁명하는 시기 맞춤은 그 의미가 자못 크다 할 것이다.(天地革而四時成. 湯武革命, 順乎天而應乎人, 革之時大議哉.)"라고 했다. 즉 하늘과 땅이 시기에 따라 변화하면서 1년 사계절을 이루듯, 상탕과 주무왕은 각각 하나라 걸과 상나라 주를 대상으로 혁명을 하였는데 하늘의 뜻에 순응하고 사람들의 호응을 받았다. 개혁은 반드시 시기를 맞추어야 대업을 이룩할 수 있다. 여기에서 변혁은 자연계와 사회의 보편적 법칙이라는 걸 강조하였던 것이다. 중국 역사상의 변법유신과 농민봉기, 인민혁명이 바로 '일신' 사상과 '혁신' 정신의 중요한 체현이었다. 역사가 보여주다시피 중화민족은 절대 외부의 침략세력에게 굴복하지 않았고, 사악한 세력과 타협하지 않았으며, 시종 투쟁을 견지해 최종적으로 승리를 거두었다.

자강정신의 다른 한 중요한 표현은 적극적이고 낙관적인 정신으로 인생을 주도하는 생활태도이다. 『논어·술이』에서는 "발분하여 밥 먹는 일마저 잊어버리며, 즐길 때는 온갖 걱정을 다 잊는다(發憤忘食, 樂以忘憂)"고 하였다. 끊임없이 체력과 기벡, 학식, 기능, 도덕에 대한 완벽함을 추구했던 것이다.

중화민족은 용감하기로 이름이 나 있다. 중국은 세계 7%의 경작지를 가지고 세계 22%의 인구를 먹여 살린다. 이는 수많은 농민들의 고통과 어려움을 참고 견디고, 근검절약하는 정신을 보여주는 것이다. 이는 중화민족의 자강정신의 또 다른 중요한 표현이라고 할 수 있다.

4) 관용정신

공자는 '인'이란 사람을 사랑하는 것이라고 했다.(『논어 · 안연』) 즉 공자는 사람에 대한 사랑의 마음이 있어야 한다고 했다. 맹자는 한걸음 더 나아가, "만물을 사랑하라(愛物)"고 했다. "친척을 친하게 대하고, 백성을 어질게 대하며, 만물을 사랑해야 한다(親親, 仁民, 愛物.)"(『맹자 · 진심 상』)고 했다. 혜시(惠施)도 "만물을 범애하라, 천지 만물은 일체이다(泛愛萬物, 天地一體.)"(『장자 · 천하』)라는 이념을 선양했다.『주역 · 곤 · 상전』은 더욱 개괄해서 "땅의 형세는 유순하니, 군자는 그 유순함을 본받아서 두터운 덕으로 만물을 포용해야 한다(地勢坤, 君子以厚德載物.)"고 했다. 즉 곤은 유순하며, '재물(載物)'이란 만물을 포용한다는 뜻으로, 군자는 대지의 흉금을 본받아 관후한 덕으로 만물을 포용할 수 있어야 한다는 뜻이다. '후덕재물(厚德載物)'은 포용정신을 집중적으로 보여주었다.[1] 이러한 정신은 넓은 도량으로 대자연을 합리적으로 대하고 여러 사람을 단결시키며, 서로 다른 의견을 용납할 수 있어야 한다는 것이다. 중화민족의 관용정신은 다음과

---

1) 장대년 교수는 근래에 '수차'나 '후덕재물'은 관용 정신이라고 지적했다. 장대년 교수의 『학술월간』 1986년 12기에 수록된 「문화전통과 민족정신」을 참조할 것.

같은 세 가지 측면에서 가장 뚜렷하게 나타난다.

사람과 자연의 관계 문제에서, 중국철학은 줄곧 '천도(天道)' 와 '인도(人道)', '자연(自然)'과 '인위(人爲)'의 관계에 대한 탐색을 중시했다. 『노자 · 제25장』에서는 "사람은 땅을 본받고, 땅은 하늘을 본받고, 하늘은 도를 본받고 도는 자연을 본받는다(人法地, 地法天, 天法道, 道法自然.)"고 했다. 이는 사람은 자연법칙을 따르는 것을 최고의 규율로 해야 함을 강조했다. 『예기 · 중용』은 "참됨은 하늘의 도이고, 참되고자 함은 사람의 도이다(誠者天之道也, 誠之者, 人之道也.)"라고 했다. 사람은 참됨(誠)의 덕성을 확충하면 "하늘과 땅의 조화를 도울 수 있고(可以贊天地之化育)", "천지와 더불어 참여한다고 할 수 있다(則可以與天地參矣)"는 천인합일(天人合一)설을 제기했다. 후에 동중서(董仲舒)는 『춘추번로 · 심찰명호』에서 더욱 명확히 "하늘과 사람의 관계는 하나로 합한 것이다(天人之際, 合而爲一)"라고 했다. 송나라 선비 장재(張載)는 『정몽 · 건칭(正蒙 · 乾稱)』에서 "모든 사람은 우리의 형제이고 만물은 우리의 벗이다(民吾同胞, 物吾與也.)"라는 명제를 제기했다. 여기에서 '오(吾)'는 개인이며, '여(與)'는 당여이다. 즉 만민은 형제이고 만물은 동료이고 친구라는 뜻이다. 자연에 대한 이러한 우애와 관용의 태도는 생태 평형을 유지하고 인류와 자연의 조화로운 공존을 유지하는 데에 도움이 되는 것이다.

국제관계와 민족관계에 있어서, 『상서 · 요전』은 "만방과 화합하라(協和萬邦)"라는 의견을 제기했는데, 바로 침략을 반대하고 평화를 사랑하며 여러 나라들이 서로 단결하고 화목하게 공존해야 한다는 뜻이다. 『손자병법』은 우호국과의 친선 정략을 제시했

다. 『손자병법 · 모공편(謀攻篇)』에서는 "상책의 용병술은 적의
계략을 공격하는 것이고, 차선은 적의 외교관계를 공격하는 것
이며, 그 다음 정책은 군대를 공격하는 것이고, 그 아래의 정책은
성을 공격하는 것이다. 성을 공격하는 것은 부득이 할 때 쓰는 전
술이다(上兵伐謀, 其次伐交, 其次伐兵, 其下攻城, 攻城之法爲不
得已.)"라고 했다. 즉 전쟁을 하는 것은 부득이한 일이라고 했다.
역사 기록에 의하면, 한선제(漢宣帝) 때 흉노 내부에서 난이 일어
나 "다섯 선우가 자리를 다투는(五單于爭立)" 국면이 나타났다.
한나라는 남이 위급한 틈을 타 출병해 출격한 것이 아니라, "힘이
약한 사람을 도와 그들을 재난에서 구해주었다(輔其微弱, 救其災
患.)"(『한서 · 78권 · 소망지전)고 했다. 즉 평화정책과 의리를 지
키는 정책으로 숭고한 관용정신을 보여주었던 것이다. 민족정책
을 제정하고 집행함에 있어서, 당태종(唐太宗)은 아주 뛰어난 모
범이라고 할 수 있다. 그는 위징(魏徵)의 주장에 찬성하여, "전쟁
을 멈추고 문교에 힘써 중원을 안정시키고 스스로 존경하게 한다
(偃武修文, 中國旣安, 四夷自服.)"(『자치통감』 권193, '당기구'
태종 정관 4년)는 방침을 제정하였다. 당태종 본인도 승리를 취
득한 다섯 가지 원인을 분석하였는데, 그중 하나가 바로 "예로부
터 모두 중화를 귀하게 여기고 이적을 천하게 여겼으나, 짐은 홀
로 똑같이 사랑하였기 때문에 그 종족과 부락이 모두 짐을 부모처
럼 의지한다(自古皆貴中華, 濺夷, 狄, 朕獨愛之如一, 故其種落皆
依朕如父母.)"(『자치통감』 권198, '당기 14' 태종 정관 21년)고 했
다. 정확한 민족 평등정책은 중화민족의 관용정신의 주된 이론이
며, 또한 당나라 시기 성세를 이룰 수 있었던 중요한 원인이기도

하다.

　문화 문제에서도 중화민족은 관용정신으로 역내의 각종 사상문화를 대했다.『장자 · 천하』에서 가장 먼저 '백가(百家)'라는 단어를 제시했으며, "마치 눈, 귀, 입, 코가 각자의 기능이 있지만, 서로 대체하거나 통용할 수 없는 것처럼, 백가의 여러 가지 기예도 각자 장점이 있고 단점이 있다(譬如耳目鼻口, 皆有所明, 不能相通. 猶百家衆技也, 皆有所長, 時有所用.)"고 했다.『주역 · 계사하』에서는 "천하가 돌아가는 곳은 같되 길이 다르며, 이르는 것은 하나이지만 생각은 백 가지이다(天下同歸而殊途, 一致而百慮.)"라고 했다.『한서 · 예문지』에서 제자(諸子)를 논하기를, "그 학설은 비록 다르기는 하지만, 마치 물과 불이 서로 죽이고 또한 서로 살리는 것과 같다. 인과 의, 경과 화는 서로 상반되면서 서로 이루게 하는 것이다(其言雖殊, 辟猶水火, 相滅亦相生也. 仁之與義, 敬之與和, 相反而皆相成也.)"라고 했다. 즉 백화제방, 백가쟁명을 말하고 겸용과 상반상성을 말했던 것이다. 중화민족은 또 다른 민족의 특징을 잘 흡수하고 다른 나라의 문화를 잘 받아들였다. 예를 들면, 불교의 전파와 서학동점(西學東漸)에 대해 모두 개방적인 태도를 취했던 것이 그것이다. 외래문화와의 충격과 융합, 끊임없는 흡수와 포용, 개조와 제고를 통해 외래문화를 중화민족 문화의 유기적인 구성부분으로 융합시켰다. 중국역사에서 장기간 유가와 불교, 도교가 병행되고 융합되는 문화구조가 이루어진 것은 세계사 상에서 보기 드문 일이다. 이러한 겸용의 문화가치관은 중화민족의 드넓은 기백과 수용력을 보여주는 것이다.

5) 애국정신

사직과 민생을 살피고 민족독립을 수호하며 나라를 위해 헌신하는 정신적 품격은 중화민족의 우수한 전통이다. 이러한 전통은 중화민족의 응집력과 구심력의 결정이다. 공자는 관중을 찬양하여, "관중이 아니었다면 우리는 산발하고 옷섶을 왼쪽으로 여미었을 것이다(微管仲, 吾其披髮左衽矣.)"(『논어 · 헌문』)라고 했다. 이는 민족자존과 국가독립의 신념을 보여준 것이다. 위대한 애국 시인 굴원(屈原)은 『이소(離騷)』에서 초(楚)나라의 존망에 대해 강한 책임감을 보여주었다. 그는 대외적으로 제나라와 연합하여 진(秦)나라에 대항하고, 대내적으로는 법도를 명백히 할 것을 주장했다. 후에 초나라의 수도 영(郢)이 진나라에 공략되자 멱라강(汨羅江)에 투신하여 죽음으로 나라에 보답하였다. 『전국책 · 서주책』에서는 "주군인들 어찌 나라를 사랑하는 마음이 없겠는가!(周君豈能無愛國哉)"라고 한탄했다. 『한기(漢紀)』에서는 "백성을 아들처럼 가까이 하려면 나라를 집처럼 사랑해야 한다(欲使親民如子, 愛國如家.)"고 했다. 이는 모두 나라를 사랑하라고 강조한 내용이다. 애국관념은 날로 더 중화민족의 보편적인 정신으로 되어 왔다. 범중엄(范仲淹)은 『악양루기(岳陽樓記)』에서 "천하 사람들이 근심하기에 앞서 근심하고, 천하 사람들이 즐긴 후에 즐긴다(先天下之憂而憂, 後天下之樂而樂.)"고 했다. 안원(顔元)은 "천하를 부유하게 하고, 천하를 강성하게 하고, 천하를 안정하게 하기(富天下, 强天下, 安天下)"[2]위해 노력을 다 했

---

2) 『안원집』, 763쪽, 북경, 중화서국, 1987.

다. 이러한 것들에는 모두 강렬한 애국주의 정신이 바탕으로 되어 있다. 고염무(顧炎武)는 "천하가 흥하고 망하는 데에는 한낱 필부에게도 책임이 있다(天下興亡, 匹夫有責.)"고 했으며, 문천상(文天祥)은 사직을 위해 몸을 바쳤다. 그의 "붉은 마음 남겨 청사에 빛내리(留取丹心照汗青)"라고 한 것은 진실하고도 강렬한 애국주의의 이론이다. 이러한 정신은 천고에 길이 빛나고 있다.

중화민족은 여러 민족이 합쳐 형성된 것으로, 한족과 소수민족 사이에는 모두 서로 융합되는 과정이 있었다. 일부 소수민족도 역사적으로 나라를 건립한 적이 있었다. 한족과 각 형제민족은 모두 본 민족과 본 민족의 나라를 위하여 몸을 바친 어질고 뜻있는 사람이 많다. 이들은 모두 애국주의 정신의 숭고한 정신이며 똑같이 사람들의 존경을 받는다. 애국주의 정신의 실질은 개체와 사회의 통일성을 유지하는 것이며, 이러한 기초 위에 이루어진 숭고한 사회적 책임감과 역사적 사명감이다. 이러한 정신의 힘은 헤아릴 수 없이 크다. 이러한 힘은 중화민족이 수 천 년 동안의 비바람 속에서도 한 마음이 되어 어려움을 헤치고 앞으로의 길로 나아갈 수 있도록 했으며, 동방세계에서 마땅히 서 있을 수 있도록 했던 것이다.

애국주의는 역사적 개념이다. 고대에 있어서, 애국주의는 국가들이 격리된 상황에서 이루어진 것이다. 이러한 애국주의는 충군 관념과 맹목적인 배타적 심리와 피할 수 없이 연계된다. 이는 구식의 애국주의이다. 현재 우리는 구속을 타파한 상태에서 애국주의 전통을 계승하여 새로운 애국주의가 형성되었다. 이러한 애국주의는 국제주의와 상보상성(相補相成)한다.

중화 민족정신에는 아직도 다른 내용들이 더 있다. 하지만 필자가 보기에 주요한 것들은 바로 상술한 다섯 가지이다. 그럼 이러한 정신들은 어떠한 관계이며 그 핵심내용은 무엇인가?

위에서 서술한 중화 민족정신의 내용은 모두 냉철한 이성과 숭고한 덕망을 이루어 낸 것이었다. 중덕정신은 도덕적 자각의 숭고한 가치를 추구하며, 인생의 행위준칙을 확립하는 최고의 이상적 인격이다. 실용정신은 실제를 중시하고 현실을 직시하며 경험있는 처세 태도와 사유하는 것을 숭상한다. 자강정신은 개인의 생활 태도로 인생의 가치 취향과 올바른 의지를 나타낸다. 관용정신은 사람과 만물에 대한 우애와 포용의 원칙, 태도를 확립하였다. 애국주의정신은 조국, 민족, 인민과 산하대지, 우수한 문화에 대한 열렬한 사랑을 보여준다. 중덕과 실용, 자강정신은 어느 한 개체를 놓고 말하는 것이다. 관용은 자연 만물과 기타 나라와 민족을 상대로 하는 것이다. 애국은 조국과 민족에 대한 것이다.

이 다섯 가지 정신은 중화민족이 개체의 감성적 생명의 존재와 발전, 사람과 사람 사이의 관계, 사람과 사회의 관계, 사람과 국가의 관계, 민족과 민족의 관계, 국가와 국가의 관계, 인간과 자연의 관계에서의 근본적인 입장을 보여주며 여러 가지 관계를 처리하는 기본원칙인 것이다. 이 다섯 가지 정신 중 자강정신은 기타 정신의 기초이고 전제이다. 오족(五族)이 자강하고 부단히 분투하고 진취해야만 진정 중덕과 실용을 실현할 수가 있다. 뿐만 아니라, 자강정신 본신이 바로 도덕적 요구와 실용정신에 대한 표현이기도 하다. 오직 자강불식해야만 넓은 마음과 관용정신을 가질 수 있다. 또한 오직 강해야만 조국을 사랑하고 조국을 보위하며 건설할 수 있다. 중덕, 실용, 관용, 애국은 모두가 자강을 떠나서는 얘기될 수 없다. 그러므로 자강은 중화 민족정신의 핵심이며, 자강정신은 중화 민족정신 중에서 핵심적 지위를 차지한다. 자강정신은 중화민족의 통일을 수호하고 중화민족이 전진할 수 있도록 촉진시키는 등 면에서 모두 거대하고도 중요한 역할을 한다. 자강정신은 중화 민족정신을 대표했다고 할 수 있다. 나는 자강정신은 또 '강건자강(剛健自强)혹은 '강건분진(剛健奔進)으로도 서술할 수 있다고 본다. 이러한 서술이 이런 정신의 내포하고 있는 의미를 더욱 선명하게 나타내고, 중화민족 구성원들이 진취적으로 앞으로 나아갈 수 있도록 격려해 줄 수 있다고 본다.

3. 중화 민족정신에 대한 고양과 승격

최근 몇 십 년간 중화민족에게 나타난 가장 큰 변화는 중국이 농업을 근본으로 하던 데에서 공업화로 변화하고 사회주의 현대화의 길을 걷기 시작했다는 점이다. 이 역사적인 대 전환과정에서 "어떻게 전통과 현대화의 관계를 해결할 것인가?" "어떻게 전통문화와 외래문화의 관계를 해결할 것인가" 하는 것은 모두 근본적인 문제이다. 이러한 문제를 잘 해결하려면 많은 사안들이 필요하다. 하지만 그중에서도 가장 중요한 것은 어떻게 하면 중화 민족정신을 고취시켜 전 민족 구성원의 자질을 제고시키고 나아가 중국 국정에 맞는 사회주의 현대화의 진행을 촉진시킬 것인가 하는 것이다. 그럼 어떻게 중화 민족정신을 고취시킬 것인가?

이것은 여러 분야에 관련된 문제이다. 사상문화의 차원에서는 전 민족 범위에서 자주의식, 응집의식과 혁신의식을 확립하고 신장하는 것이 매우 중요하다고 본다. 상술한 의식을 확립하고 신장시키기 위해서는 중국역사와 중국철학을 공부하는 것에 매우 큰 의의가 있다고 본다.

자주의식 : 자존, 자신 의식이며, 독립자주 의식이다. 민족의 주체의식은 민족의 독립과 존재를 수호하는 사상문화의 전제이다. 중화민족은 자유로운 민족 실체로서 이미 수 천 년 동안의 유구한 역사를 가져 왔으며, 찬란한 문화를 가지고 있다. 중화민족 문화는 세계문화의 발원지 중 하나이며, 끊임없이 계승과 발전을 지켜왔었다. 세계적으로 그 어느 국가도 중국처럼 이렇게 유구하면서도 또 종래 끊긴 적이 없는 문화전통을 가지고 있지는 못하다. 세계문화 발전사로부터 보면, 노예제시기 문화발전의 최고 대표는 고대 그리스와 고대 로마이다. 봉건시대, 중국은 세계문화의 최고의 전형이었다. 자본주의 시대에 와서, 문화발전 수준이 가장 높은 것은 서유럽과 미국이었다. 중국의 전통문화는 과거 세계문화 발전사에서의 이정표이다. 중국 고대의 과학기술은 장기적으로 세계의 앞자리를 차지했다. 지남침, 제지술, 화약과 활자 인쇄 등 4대 발명이 세계문명에 대한 공헌은 어떻게 평가해도 높지 않다. 사실상 서양 근대문명의 최초인 셈이다. 물론 우리는 중국이 근 수 백 년 동안의 낙후된 걸음걸이에 대해 그 문제점을 분명히 파악해야 한다. 비록 우리가 과거 세계문명에 공헌했다고 해서 우환의식과 긴장감을 늦춰서는 안 된다. 하지만 우리는 당연히 민족의 자존감과 자신감을 유지해야 한다. 뒤떨어진

것은 선진적인 것으로 변화될 수 있고, 빈궁함도 부유함으로 변할 수 있다. 중화민족은 지혜롭고 부지런한 민족이다. 과거 찬란한 문화를 창조해 낼 수 있었다면 앞으로도 찬란한 미래를 창조할 수 있다고 본다. 중화민족은 세계 각 민족 사이에서 수 천 년 동안 존재해 왔던 만큼 자존심, 자신감을 가진 민족으로 세계 각 민족들 사이에서 앞으로도 계속 위대한 역할을 발휘할 수 있다고 본다. 현재 국제적인 연계가 날로 더 넓어지고 밀접해지고 있다. 민족 사이의 교류도 부단히 증가되고 있다. 중화민족은 반드시 개방 속에서 생존을 꾀하고 발전의 길을 찾아야 한다. 이러한 형세에 적응하기 위해 우리는 민족의 자아가치를 정확히 인식하고 자주의식을 증가시키며 민족주의정신을 더욱 발전시켜야 한다.

응집의식 : 다민족 통일을 수호하고 전체의 힘을 발휘하며, 전 민족의 공동 발전을 추진하는 사상적 담보이다. 중국은 통일된 다민족 국가이다. 중국 경내의 56개 민족은 줄곧 정치, 경제, 문화 등 여러 면에서 밀접한 연계와 교류를 해왔으며, 서로 의존하고 서로 촉진하며 함께 발전하는 관계와 많은 공통점을 가지고 있다. 장기간의 역사 과정에서 각 민족은 불가분적인 통일체를 이루었다. 중화민족의 역사가 이를 표명해주고 있다 시피, 진(秦)나라 이후부터 통일된 시기가 약 2/3 가량되며, 분열된 시기가 약 1/3을 차지한다. 세계적으로 그 어느 나라도 중국처럼 통일된 제국이 분열된 후 다시 더욱 높은 차원의 통일을 이룬 적은 없다. 역사의 경험이 증명하다 시피, 통일은 각 민족 인민의 근본적 이익에 부합된다. 조국의 통일을 수호해야만 여러 민족 인민의 근본 이익을 보장할 수 있다는 말이다. 변화무쌍한 국제 정세에 대응

하여 중화민족의 구성원들은 단결하여 이로운 것은 일으키고 해로운 것은 없애며 자각적으로 중화민족의 다원일체 구조와 조국의 통일을 수호해야 한다.

혁신의식 : 자각이 있는 민족이라면 자신의 특징과 장점, 단점 그리고 결함을 분명하게 찾아낼 수 있어야 하고 역사 발전의 기본적인 추세를 예의주시할 수 있어야 하며, 민족의 생존과 발전에 불리한 사상, 관념을 변화시켜 민족의 전진을 추진할 수 있어야 한다. 이는 끊임없이 혁신정신을 발휘하는 것이 필요하며, 혁신하고 창조하며 진보할 수 있어야 한다. 우리는 중국 전통문화의 중대한 성과를 돌아봄과 동시에 중국 전통문화의 중대한 결함도 찾아낼 수 있어야 한다. 예를 들어, 실증 과학, 민주시스템, 법제관념 등이 결핍되어 있음을 볼 수 있어야 한다는 말이다. 이 역시 중국문화가 15세기 이후부터 낙후하기 시작한 주요 표현이기도 하다. 우리는 실천 중에서 이러한 결함들을 점차 극복할 수 있어야 한다. 스스로 만족해하거나, 보수적이고 혁신을 원하지 않는 등의 태도는 모두 중화민족이 진보 발전하는데 불리하다. 현재 우리는 민족 구성원의 적극성과 주동성, 창조성을 충분히 발휘시켜 상술한 결함들을 극복해야만 세계적인 새 기술 혁명의 급속한 발전에 적응할 수 있으며, 중화민족이 현대화로 발전 할 수 있고, 나아가서 인류를 위해 새로운 공헌을 할 수 있다. 이렇게 해야만 세계 선진 민족들 사이에서 불패의 민족으로 남을 수 있는 것이다.

더욱 효과적으로 중화 민족정신을 승격시키기 위해서는 중국역사와 중국철학에 대해 공부할 것을 제창해야 한다. 중국역사는 중국 수 천 년 동안의 문명 발전의 역사적 궤적을 기록하고 있으며, 중화민족의 어려웠던 시절 분투한 여정을 기록하고 있다. 특히 중화민족 사이의 내왕과 융합의 역사는 자발적인 데로부터 자각적인 데로의 발전 역사이다. 중국역사는 또 민족 영웅들이 외래의 침략세력과 내부의 사악한 세력에 반항하여 싸워 온 감동적인 사적을 기록하고 있으며, 역대 과학자들의 수많은 발명과 창조에 대해 기록하고 있다. 이러한 것은 모두 교육적 의의가 있으며 설득력이 있는 것들이다. 중국 역사를 공부하면 민족 자부심과 애국주의 감정을 강화할 수 있으며 중화 민족정신을 선양하는 데에 도움이 된다.

　중국철학은 중화민족 지혜의 결정체이다. 철학은 문화체계 중 차원이 가장 높은 핵심이며, 자연과 사회, 인생에 대한 기본적인 관점으로, 세계관, 인생관, 가치관, 사유방식과 이론 교훈 등 풍부한 내용들을 포함하고 있다. 한 민족의 정수인 철학사상은 그 민족이 생활실천에서 얻은 최고의 결과이자, 또한 민족을 지도하고 지배하여 부단히 전진하도록 이끄는 동력이다. 그러므로 한 민족의 정신이라고 할 수 있는 것이다. 중화 민족정신의 이론 형태는 중국철학 저서 중에 집중되어 있으며, 인민의 인격 이상과 심리자질 및 행위방식으로 나타나고 있다. 중국철학에서의 정수가 되는 기본사상은 바로 중화 민족정신이다. 중국철학은 지혜를 깨우치고, 정신을 육성하며, 창조기능을 불러일으키는 거대한 역할을 지니고 있다. 중국철학을 공부하는 것은 중화 민족정신을 육성하고 고양시키는 데에 도움이 되며, 또한 역사 발전에 적응하는 새로운 민족정신을 개발해 낼 수 있다.

중국은 기백이 넘치는 동방대국이다. 우리는 모두 염황의 자손이며 중화민족의 아들딸들이다. 중화민족의 강성을 위해, 우리는 현대화 건설에서 중화 민족정신을 고양시키고 승격시키기 위해 노력해야 할 것이다.

('철학연구' 1991년 5기 및 '신화문적'1991년 7기에 게재)

동정(同情) · 개발(開發) · 혁신(革新)

전통문화에 대해 어떠한 태도를 취하는가 하는 것은 우리 민족의 특성, 운명과 전도와 관련된 큰 문제이므로 진지하게 대해야 한다. 장기간의 관찰과 실천의 비교 속에서 나는 전통문화에 대해서, 첫째는 동정해야 하고, 둘째는 개발해야 하며, 셋째로는 혁신해야 한다고 본다.

이른바 동정이라는 것은, 전통문화의 역사배경과 원래 내포하고 있는 내용에 대해 객관적으로 체험하고 관찰하며, 이러한 것들이 어떤 필요에 의해서, 무슨 문제를 해결하기 위해서 제출되었는가 하는 문제에 대해 진지하게 생각해야 한다는 말이다. 전통문화는 근본적으로 보면 선인들이 인생문제를 해결한 성과이며, 인류 문명 발전사에서 단계적으로 이루어 낸 성과의 종합인 셈이다. 인류문명은 끊임없이 계속되고 발전하는 과정이다. 이는 우리가 동정과 관용의 태도를 취할 것을 결정토록 한다. 이러한 태도는 전통문화에 대해 분석하고 비판하는 것을 배척하지는 않는다. 역사는 앞으로 나아가고 있으며, 생활은 날로 바뀌고 있다. 현대인들은 전통문화를 되돌아 볼 때, 그 뜻을 터득할 수 있어야 하고, 역사적인 과학적 설명(분석과 비판)을 할 수 있어야 하며, 다른 성분과 성질을 구분할 수 있어야 하며, 객관적인 사실 비판의 기초 위에서 정확한 가치 판단을 내릴 수 있어야 한다.

중국 고대문명의 창성과 제자백가(諸子百家)의 인생, 가정, 사회, 자연에 대한 여러 가지 학설은 사상의 보고(寶庫)이다. 중국 전통문화 자원에 대한 심층적 발굴과 개발은 우리가 현재 직면한 중대한 문제를 해결하는데 좋은 예시와 거울이 될 수 있다. 예를 들어, 인류가 농업사회로부터 공업사회로 전환하는 현대화의 과정에서, 생산의 발전과 생활의 제고를 가져오기는 했지만, 동시에 보편적으로 가정의 위기도 가져왔다. 우리는 어떻게 가정의 해체를 대해야 하며, 어떻게 이를 완화시킬 수 있는 조치를 취할 수 있을 것인가? 나는 유가의 가정 윤리학설에서 가치가 있는 사상과 원칙을 찾아내어 개조해 현대 가정 성원 간의 관계를 조화롭게 하는 데에 이용하면 가정의 안정과 화목, 행복에 도움이 될 수 있다고 본다.

또한 현재 생태환경이 평형을 잃고 있는 것은 자연계를 위협할 뿐만 아니라, 인류의 생존을 위협하고 있다. 어떻게 사람과 자연의 관계를 조정할 것인가 하는 것은 전 인류에게 놓여져 있는 매우 어려운 과제이다. 중국 고대의 천도(天道)학설, 천인(天人)학설을 예로 들면, 도가는 사람은 도(道)를 본받아 자연에 순응하고 규칙에 지켜야 한다고 했으며, 명가는 "만물을 범애하라, 천지 만물은 일체이다(泛愛萬物, 天地一體.)"라고 했으며, 유가와 도가는 '천인합일(天人合一)의 관념을 제시했다. 특히 송(宋)나라 유가인 장재(張載)는 "마음의 안팎을 합하고 사물과 나 사이를 평등하게 하라(合內外, 平物我)"고 하면서 "모든 사람은 우리의 형제이고 만물은 우리의 벗이다(民吾同胞, 物吾與也.)"라고 제시했다. 이는 우주만물을 하나의 대가정으로 보는 사상이다. 이외에도 불가의 중생관념에 의하면 인류와 기타 동물은 평등하다. 이러한 사상은 인류를 중심으로 하는 편면적인 관념을 변화시키고, 인간과 자연의 관계에서 정확한 원칙을 확립할 수 있다는 데서 매우 큰 현실적 의의가 있는 것이다.

우리에게는 찬란한 과거가 있었고 풍성하고도 화려한 전통문화가 있었다. 하지만 우리는 이에 도취되어 제자리걸음을 해서는 안 된다. 시대는 앞으로 발전하고 있으며 현실생활에서는 여러 가지 새로운 문제들을 해결해야 한다. 이는 우리에게 혁신을 요구하고 있다. 문화의 혁신에 대해서는 여러 가지 다른 주장과 방안들이 있다. 나는 종합창조론을 찬성한다. '종합창조'란 동서고금의 모든 우수한 문화를 융합하여 생활 실천의 기초 위에서 조정과 재건을 거쳐 문화의 새 관념, 새 주장, 새 체계를 건립하여 인류의 현실생활과 시대의 진보 발전에 대한 요구에 적응해야 할 것이다.

(『중화문화논단』 창간호인 1994년 제1기에 게재됨)

손중산의 문화관에 대한 논평

근대이래, 서학동점(西學東漸)으로 유럽과 아메리카의 문화가 중국사회와 전통문화에 강한 충격을 가져왔다. 중화민족은 생사 존망의 중요한 상황에 처했고 중국은 문화 선택과 문화 통합의 중대한 문제에 직면했다. 이때 사회적으로 세 가지 사조가 유행해 3대 파벌을 이루었다. 그것은 "중국의 학문을 본체로 하고 서양의 학문을 응용한다(中學爲體西學爲用)"는 파벌과 복고파 및 전반 서구화를 주장하는 파벌들이 있었다. 손중산(孫中山) 선생은 위의 세 가지 주장을 모두 반대했다. 그는 중국의 학문을 본체로 하고 서양의 학문을 응용할 수 없을 뿐만 아니라, 보수 복고나 전반적인 서구화도 안 된다고 했다. 그는 중국과 서양문화를 잇고 융합하는 문화관을 제기했으며 혁명과 문화, 물질문화와 정신문화, 답습과 비판, 개방과 소화, 융합과 혁신 등 문제에 대해 견해를 밝혔는데 이는 오늘에도 여전히 참고할만한 중요한 가치를 가자고 있는 것이다.

1. 혁명과 문화

위대한 혁명가로서의 손중산 선생은 혁명을 중국을 개조하는 가장 중요한 방법이라고 보았다. 1919년 10월 8일 그는 "중국을 개조하는 첫 걸음"이라는 제목의 강연에서 입국(立國)에 관련한 세 가지 주장을 논박했다. 그 중 첫 번째 주장은 "교육은 입국의 가장 중요한 요소이다"[3], 두 번째 주장은 "실업을 일으키는 것은 많은 사람을 생계 곤란에서 구할 수 있다"[4]는 것이었으며, 세 번째 주장은 "입국의 근본은 먼저 인민에게 자치능력이 있게 하는 것"이라는 것과 "지방자치는 가장 중요한 사항 중 하나다"[5]라는 것이었다. 손중산 선생은 관료, 무인(武人)과 정객이 조정하는 부패한 정치제도의 통치 하에서 이상의 세 가지 주장을 실현하자면 매우 어렵거나 혹은 아예 실현이 불가능 하다고 말했다. 그는 혁명은 중국을 개조하는 첫 걸음이라는 관점을 아주 명확하게 제시했다. 그는 "위의 세 가지 관점은 중국을 개조하는 요건이기는 하지만 첫 걸음은 아니다. 그럼 첫 걸음은 무엇인가? 그것은 오직 혁명뿐이다. 혁명이라는 두 글자는 많은 사람들이 듣기에 두려운 것이다. 하지만 혁명이라는 뜻은 개조와 똑 같은 것이다. 먼저 건설 계획을 세운 다음 파괴하는 일을 하는 것이다. 이것이 바로 혁명의 의의이다"[6]라고 했다. 또 "우리가 중국을 개조하기로 결정했다면 반드시

---

3) "상해청년회에서 한 연설", 『손중산전집』 제5권, 북경 봉화서국, 1985, 124쪽.
4) 위의 책, 125쪽.
5) 위의 책.
6) "상해청년회에서 한 연설", 『손중산전집』 제5권, 앞의 책, 125쪽.

장엄한 중화민국을 만들어야 한다. 마치 건축기사가 위대한 건물을 지으려면 새로운 방법을 사용해야 하는 것과 같다. 새 방법의 건축은 층수가 많을수록 기초를 더 깊게 다져야 하며 파낸 낡은 흙은 멀리 옮겨 놓아야 한다"고 했다.[7] "8년 이래 중화민족의 정치가 이같이 불량한 것은 지면만 파괴하고 땅 밑의 낡은 흙을 파내지 않았기 때문이다."[8] 손중산 선생은 중국을 개조하려면 우선 반드시 "낡은 흙"을 옮겨 놓아야 한다고 했다. 그럼 이 "낡은 흙"이란 무엇인가? 즉 그가 말하는 관료와 무인, 정객들을 말한다. "낡은 흙"을 옮겨 놓는 것이란 바로 혁명을 하는 것이고, 이는 구 중국을 개조하고 새 중국을 건설하는 첫 걸음이라고 했던 것이다.

손중산 선생은 혁명사업의 필요에서 출발해 정신, 사상, 문화의 역할을 매우 중시했다. 그는 "혁명은 정신을 중시한다. 혁명정신이란 혁명사업에 의해 산출하는 것이다"[9]라고 했으며, 또 "혁명으로 구국하려면 혁명정신이 없으면 안 된다!"[10], "혁명정신이 없으면 공이 이루어지지 않는다"[11]고 했다. 이는 혁명사업은 혁명정신으로부터 생긴 것이며, 혁명사업이 성공하려면 반드시 혁명정신이 있어야 한다는 뜻이다. 그는 또 "이 문제를 연구하는 것은 철학 상의 문제이다. 인생은 백 년밖에 되지 않는다, 백 년 후에도 살아 있을까? 어찌 되었든 간에 누구나 죽기 마련이다. 죽음을

---

7) 위의 책, 126쪽.

8) 위의 책, 125쪽

9) 「계림에서 운남·강서·광동 군대에 대한 연설(在桂林對滇贛粵軍的演說)」, 『손중산전집』제6권, 13쪽.

10) 위의 책, 16쪽.

11) 위의 책, 10쪽.

피할 수 없다면 이 시기에 혁명사업을 하자. 만약 잠깐의 부귀를 탐내어 구차하게 살아간다면 이 세상에 무슨 도움이 될 것인가? 그러므로 죽음은 태산보다 무거운 것도 있고 기러기의 깃털보다도 가벼운 것도 있다. 가치 있는 죽음이면 무거울 것이고 가치 없는 죽음이면 가벼울 것이다. 우리가 살고 있는 지금의 세계는 혁명의 세계이니 알맞게 태어난 셈이다. 우리에게 공을 세우고 이름을 떨칠 기회를 준 것이다. …… 우리들은 몇 십 년이 지나면 반드시 죽어야 할 생명으로 억만 년 지나도 죽지 않을 나라의 기초를 닦는 것이니, 그 가치가 얼마나 무거운가를 알 수 있다"[12]고 했다. 이는 사람의 생명, 인생의 의의, 인생의 이상 가치, 개체와 집체, 개인과 사회 및 국가의 관계 차원에서, 혁명을 위해 자신을 잊고 분투하며 사회와 나라를 위해 헌신하는 중요한 인생가치를 서술한 것이었다.

손중산 선생이 말한 혁명정신에는 지혜, 어짐(仁), 용감 세 가지 내용이 포함되어 있다. 즉 인지 지혜, 도덕의 이상과 가치 관념이다. 이 삼자는 서로 연계되어 있으며 또 서로 융합되어 있다. 다시 말하면, 손중산 선생이 말한 정신이란, 철학, 도덕, 가치관 등의 사상문화이다. 손중산 선생이 보건대, 혁명을 하려면 반드시 새로운 사상과 새로운 문화가 있어야 했다.

혁명사업을 위해 손중산 선생은 새로운 사상과 새로운 문화를 대대적으로 제창했다. 그는 "혁명에서 성공하려면 반드시 사상의 변화에 의지해야 한다. 병법에 '공심(攻心)'라는 것과 옛말에 '혁

---

12) 위의 책, 34쪽.

심(革心)'라는 것이 있게 된 것은 모두 이러한 연고 때문이다. 그러므로 이러한 신문화운동은 사실 가장 가치 있는 일이다"[13]고 했다. 그는 또 반드시 대대적으로 "새 문화의 파도을 일으키고, 새 사상의 움이 돋도록 하며, 새로운 사업의 기초를 수립할 것"[14]을 강조했다.

새 사상과 새 문화를 창건하기 위해, 손중산 선생은 학문과 사상에서의 혁명을 주장했다. 그는 "중국이 진보하려면, 정치적으로 혁명을 주장해야 할 뿐만 아니라, 학문에 대해서도 혁명을 주장해야 한다, 전 중국인이 수천 년 간 걸어 온 틀린 길을 모두 시정해야 한다. 그러므로 학문과 사상에도 한바탕의 혁명이 필요하다. …… 낡은 학문과 사상을 뒤집으려면 역으로 기울여야 한다"[15] 여기에서 말하는 학문은 철학 등 인문사회과학을 포괄한 학문이다. 손중산 선생은 혁명은 전면적인 것으로, 정치, 학문, 사상 등 여러 영역을 포괄한다고 보았다. 손중산 선생은 학문과 사상의 혁명은 정치 혁명의 사상적 담보일 뿐만 아니라 새로운 사상과 새로운 문화를 창건하는 전제이기도 하다고 보았다.

2. 물질문화와 정신문화

손중산 선생은 문화의 내부 구조 및 철학 기초에 대해서도 논했

---

13) 「해외에 있는 국민당 동지들에게 보내는 편지」, 「손중산전집」 제5권, 210쪽.

14) 위의 책.

15) 「계림에서 운남 · 강서 · 광동 군대에 대한 연설」, 앞의 책, 제6권, 72쪽.

다. 그는 두 가지 문화가 서로 의존하며 서로 추진하는 관계라는 명제를 제시했다. "물질문명과 심성문명은 서로 의존하며 진보한다(物質文明與心性文明相待, 而後能進步)"[16]고 했다. 여기서 말하는 '문명'이란 문화에 해당한다. '심성문명'이란 정신문명, 정신문화를 가리킨다. 손중산 선생은 문화는 두 가지 부류로 나눈다고 봤다. 즉 물질문화와 정신문화로 구성되는데 이 양자는 서로 의존하며 서로 추진하는 관계라고 봤다. 그는 또, "중국은 근대의 물질문명이 진보하지 못했기 때문에 심성문명도 따라서 지체됐다. 그러므로 예로부터의 연구는 매몰되지 않을 수 없게 됐다. 중국 근대의 문명을 유럽과 미국에 비기면, 물질문명은 차이가 크게 나고, 심성문명도 그들보다 못한 것이 많기는 하지만, 그들과 막상막하인 것도 적지 않으며 그들을 초월하는 것도 간혹 있다"[17]고 했다. 여기에서 물질문화와 정신문화의 관계에 대해 논했다. 그는 물질문화가 정신문화의 발전에 직접적인 영향을 주기는 하지만, 다른 한편으로 정신문화는 또 물질문화와는 상대적인 독립성을 유지하고 있다고 보았다. 이는 두 가지 문화의 관계에 대한 비교적 전면적인 관점이었던 것이다.

손중산 선생의 두 가지 문화관은 그의 우주관 철학사상의 기초 위에서 건립된 것이다. 그는 "우주 현상을 총괄해 보면, 물질과 정신 두 가지가 있다. 정신은 물질과 상대적이지만 사실상 양자는 서로 보완 역할을 한다. 과거 과학이 발달하지 못했을 때에는 정신과 물질을 절대적으로 분리시켰으며 양자가 원래 합일을 이

---

16) 「건국방략」, 『손중산전집』, 제6권, 180쪽.
17) 위의 책.

룬다는 것을 몰랐다. 중국학자들은 체(體)와 용(用)을 중시해 왔었다. 그럼 무엇이 체인가? 바로 물질이다. 그럼 무엇이 용인가? 바로 정신이다. 예를 들어, 한 사람의 몸이 체라면 물질에 속하는 것이며, 그가 말하고 움직일 수 있는 것이 바로 용으로서, 사람의 정신인 것이다. 이 양자는 서로 보완하며 불가분리적이다. 만약 갑자기 정신을 잃으면, 몸이 그냥 존재하더라도 말할 수 없는 것이고, 움직일 수 없다면 용을 잃은 것으로, 체도 죽은 물체에 지나지 않는다. 이로부터 볼 때, 물질적인 체만 있고 정신적인 용이 없다면 인류가 아니다. 인류로서 정신을 잃었다면 완전 독립적인 인간이라 할 수 없다.”[18]고 했다. 손중산 선생은 우주 현상은 물질과 정신 두 가지 유형뿐이며, 물질과 정신은 서로 보완하며 일치한다고 했다. 즉 체와 용의 관계라고 봤다. 만약 사람이 정신을 잃으면 독립적인 사람이 아니며 나아가 죽은 사람이라고 보았다. 손중산 선생은 인류가 나타난 후, 물질과 정신의 관계에 대해 변증적인 논술을 하였다. 이는 그의 물질문화와 정신문화의 관계설을 중심으로 철학적 기초를 닦아놓은 것이다.

손중산 선생은 사람이 사람일 수 있는 것은 정신이 있기 때문이며, 정신을 잃으면 사람이 될 수 없다고 보았다. 그러므로 그는 정신과 정신문화의 역할을 특별히 중시했다. 그는 “물질이 전혀 없으면 정신을 표현할 수 없지만 물질만 있어도 안 된다”[19]고 했다. 그는 또 신해혁명 등의 경험을 바탕으로, “지금 사람들은 심리적으로 보통 물질적인 것에 편중한다. …… 필자가 보건대 무

---

18) 「계림에서 운남·강서·광동 군대에 대한 연설」, 앞의 책, 제6권, 12쪽.
19) 위의 책, 13쪽.

기는 물질이고, 그 무기를 사용할 수 있는 것은 사람의 정신에 의지한다. 두 가지를 비교하면 정신적 능력이 실제로 그 아홉을 차지하고 물질적인 능력은 하나만 차지한다. …… 만약 정신이 없다면 총탄이 아무리 많다 한들 적을 돕는 것 밖에 되지 않는다. 전쟁이 시작되면 버리고 갈 것이니 적에게 전리품을 운송해 주는 것과 다를 것이 무엇인가? …… 이른바 나라를 굳게 지키는 것은 산과 계곡의 험준함에 의지하지 않고, 천하에 위엄을 보이는 것은 병기의 날카로움에 의존하지 않는다"는 것이다. 그럼 무엇에 의지하는가? "정신에 의지한다!"[20] 여기서 손중산 선생은 무창(武昌)혁명 시기 혁명당인들이 50발의 총탄으로 숫자적으로 무기 장비가 절대적 우세를 차지한 청나라 군대와 정부에 승리했던 것[21]을 예로 들면서 물질과 정신의 관계를 논증했다. 즉 물질과 정신양자의 역할은 상대적이며 일정한 조건 하에서 정신은 특수한 역할을 발휘해, 물질의 역할을 훨씬 초월할 수 있다는 것이었다.

3. 답습과 비판

중국은 수천 년이라는 유구한 역사 전통과 풍부한 문화 보물이 있다. 그럼 어떻게 중국 전통문화를 대할 것인가? 이는 매우 큰 과제이다. 손중산 선생은 혁명과 건설의 필요에서 출발해 "이점

---

20) 「계림에서 운남 · 강서 · 광동 군대에 대한 연설」, 앞의 책, 제6권, 13, 14쪽.
21) 위의 책, 13쪽.

과 병폐를 고려할 것"[22]을 주장했다. 즉 이점과 병폐를 고찰하여 그것이 좋은가 나쁜가를 분석한 후 취사(取捨)를 결정하자는 것이었다. 그는 "우리의 고유한 것들 중 좋은 것은 당연히 보존해야 하고, 나쁜 것만 버릴 수 있다"[23]고 했다. 그는 중국 전통문화를 전부 부정하는 민족허무주의를 반대했으며, 혹은 덮어놓고 고대인을 숭배하거나 옛것을 집착하면서도 옛것을 잘 알지 못하는 복고주의도 반대했다. 그는 분석을 하지 않는 태도는 바람직하지 않다고 했다.

손중산 선생은 "우리의 모든 국가의 정수(精髓)를 회복하자"[24]고 했는데, 이는 바로 모든 전통문화의 정화를 고양하자는 뜻이었다. 그의 저서를 통해 보면, 손중산 선생은 중국 고대의 윤리도덕과 정치철학을 가장 높이 평가했으며 이를 정화(精華)라고 보았다.

손중산 선생은 충효, 인애, 신의, 평화 등 "중국 고유의 도덕"을 회복할 것을 주장했다. 그는 이야말로 민족의 고유의 지위를 회복하는 전제라고 보았다. 그는 "중국 고유의 도덕을 말한다면 중국 사람들이 지금도 잊을 수 없는 것은, 첫째는 충효이고, 다음은 인애이며, 그 다음은 신의이고, 또 그 다음은 평화이다"[25]라고 말했다. 손중산 선생은 "이렇게 훌륭한 도덕이 바로 우리 민족의 정신이다. 우리는 앞으로 이러한 정신을 보존해야 할 뿐만 아니라,

---

22) 「건국방략」, 『손중산전집』 제6권, 180쪽.
23) 「삼민주의·민족주의」, 『손중산전집』 제9권, 위의 책, 243쪽.
24) 위의 책, 251쪽.
25) 「삼민주의·민족주의」, 『손중산전집』 제9권 제243쪽.

발휘하여 한 층 더 빛나게 해야 한다. 그래야만 우리 민족의 지위
가 회복될 수 있다"[26]고 했다.

중국 고유의 도덕을 회복해야 한다는 주장에 의해서 손중산 선
생이 복고주의 "도덕구국론"을 주장한 자로 보아서는 안 된다. 그
는 시대의 변화와 인민의 필요에 따라, 고유의 도덕에 신선한 내
용을 주입해야 한다고 보았던 것이다. 일례로, '충(忠)'에 대해서
그는 "우리가 지금에 와서 충군(忠君)을 논하는 것은 안 될 일이
지만, 백성에게 충성하는 것, 일에 충성하는 것은 어떠한가? 우
리가 일을 함에 있어서 성공할 때까지 유지한다면, 혹은 성공하
지 못하면 생명의 희생을 아끼지 않는다면, 그것이 바로 '충'이다.
…… 고대의 '충'은 황제에게 대한 '충'이었다. 지금 황제가 없다
고 해서 '충'을 강조하지 않고 무슨 일이나 다 해낼 수 있다고 생
각하는데 그것은 큰 잘못이다. …… 우리는 민국 내에서도 도리
대로 '충'을 지켜야 한다. 이것은 군주에게 충성하는 것이 아니라,
나라에 충성하고 백성에게 충성하며 4억 인민에게 충성하는 것
이다."[27] '충'은 원래 고대의 중요한 봉건 도덕규범이었다. 손중
산 선생은 봉건왕조를 뒤엎고 민국을 건립했기에 군주는 존재하
지 않지만 '충'은 여전히 보존해야 한다고 보았다. 그는 '충'에 대
해 일을 함에 있어서 한결같은 마음가짐, 전체 인민에 대한 충성
으로 보았다. 즉 사업에 대한 책임감, 나라와 인민에 대한 도덕적
의무로 보았다. 이로써 '충'의 의의를 합리적으로 발전시켰던 것
이다.

---

26) 위의 책 제247쪽.
27) 위의 책 제244쪽.

또 '인(仁)에 관해서도, 손중산 선생은 "박애가 인이다"라고 했다. 그는 박애란 "공애(公愛)이지 사사로운 사랑이 아니다"[28]라고 했다. 그는 '인(仁)'을 세상을 구하는 '인', 사람을 구하는 '인'과 나라를 구하는 '인' 세 가지로 분류했으며, "생명을 희생해 나라를 구하는 것은 지사의 인이다"[29]라고 했다. 그는 혁명동지들이 분투하고 희생할 수 있는 중요한 정신적 힘이 바로 '살신성인(殺身成仁)'이라고 보았다.

손중산 선생은 중국 고대의 정치철학에 대해 극찬했으며 매우 높이 평가했다. 그는 중국 고유의 지능과 지식을 회복해야 함을 강력하게 주장했다. 그는 "우리 고유의 도덕을 회복해야 하는 것 외에, 고유의 지능(智能)도 회복해야 한다. …… 우리는 오늘날 민족정신을 회복해야 한다. 고유의 도덕을 각성시켜야 할 뿐만 아니라, 고유의 지식도 각성시켜야 한다. 중국에는 어떠한 고유의 지식이 있는가? 바로 국가에 대한 관념이다. 중국 고대에는 많은 좋은 정치 철학이 있었다. …… 중국에는 한동안 아주 체계적인 정치철학이 있었는데 외국의 대 정치가들도 아직 발견하지 못했고 그렇게 명백히 말하지 못했다. 바로『대학(大學)』에서 말한 격물, 치지, 성의, 정심, 수신, 제가, 치국, 평천하(格物, 致知, 誠意, 正心, 修身, 齊家, 治國, 平天下)가 그것이다. 이는 사람이 안으로부터 밖을 향한 발휘이며, 한 사람의 내심으로부터 시작하여 천하를 평정하는 데에 이르는 것이다. 이렇게 깊고 정밀하게 전개한 이론은 외국의 그 어느 정치 철학가에게서도 볼 수 없다. 이

---

28) 「계림에서 운남 · 강서 · 광동 군대에 대한 연설」, 앞의 책, 제6권, 22쪽.
29) 위의 책 23쪽.

것이 바로 우리의 정치철학의 지식에만 있는 보물이니 잘 보존해야 한다"[30]고 했다. 손중산 선생이 『대학(大學)』에서 인용한 이 한 문장은 "인지에 대한 추구, 심성의 수양, 가정의 건설, 치국 및 천하태평을 이루는데 관한 일련의 인문 사회 학설이며, 중국 전통문화 중 내수외치(內修外治)를 논술한 가장 체계적인 정치 철학이다." 손중산 선생은, 이러한 정치 철학을 보존할 것을 주장했으며, 또 이러한 철학을 도덕 범주로부터 지식 범주로 변경할 것을 주장했다. 그는 "정심, 성의, 수신, 제가의 도리는 원래 도덕의 범위에 들지만 오늘에 와서는 지식의 범위에 넣어야 적합하다"[31]고 했다. 이는 도덕적 지식화를 실현하려는 것으로, 사람들에게 중국 고대의 지능을 학습하고 회복하여 중화의 진흥을 위해 준비하고 노력 분투하라는 뜻이었다.

위의 문장과 관련하여, 손중산 선생은 또 유가의 『예기 · 예운』의 대동사상을 자신의 정치 주장과 사회 형태의 최고 이상으로 삼았다. 그는 "대도를 실행하면 천하가 공평해진다(大道之行也, 天下爲公)"는 교훈을 자주 인용했고, 이를 혁명당인들의 공동의 숭고한 이상으로 하였으며, 많은 사람들이 대동세계의 실현을 위해 분투하고 희생할 것을 격려했다.

손중산 선생은 전통 중 진보를 방해하는 낡은 사상에 대해서는 대대적으로 타파하고 비판하며 제거할 것을 주장했다. 그는 "인류 진화의 도리로부터 볼 때, 낡은 사상은 항상 진보를 방해하고 사람들을 속박했다. 우리는 사람의 자유를 요구하며, 진보에 장

---

30) 「삼민주의 · 민족주의」, 『손중산전집』 제9권, 247쪽.
31) 위의 책.

애가 되는 것들을 타파해야 한다. 그러므로 낡은 사상을 타파하지 않을 수 없다"[32]고 했다. 손중산 선생은 고대철학 중의 "아는 것이 어려운 것이 아니라, 행하는 것만이 어렵다(知之非艱, 行之惟艱.)"라는 명제를 사상 상의 최대의 적으로 보았다. 그는 이러한 지행관으로 인하여 "일을 하는 과정이 어려울 것이 두려워 실행하지 않을 수 있다. …… 알기가 매우 어려운 것을 너무 쉽게 보고 탐구하지 않을 수 있다"[33]고 했다. 그는 또 "중국 사람들의 사상은 바로 이 곳에서 틀렸다. 그러므로 중국문화는 수 천 년을 두고 진보하지 못했다"[34]고 지적했던 것이다. 그는 이 학설을 거꾸로 하여, 지행의 난이 관계를 돌려놓았다. 즉 "아는 것이 어렵고 행하는 것이 쉽다(知難行易)"고 했다. "옛 사람들은 '아는 것이 어려운 것이 아니라, 행하는 것만이 어렵다'고 했는데, 나는 '행하는 것이 어려운 것이 아니라, 아는 것이 어렵다'고 본다."[35] 그는 이렇게 말하는 것은 "학리 상의 혁명이다"[36]라고 했다. 그 외 손중산 선생은 종법사상, 가족 관념에 대해서도 많이 비판했으며 제거할 것을 주장했다.

---

32) 「광주의 각 군 장군들을 환영하는 회의에서 한 연설(在廣州歡宴各軍將領會上的演說)」 『손중산전집』 제8권, 위의 책, 469쪽

33) 「계림 학계의 환영회에서 한 연설(在桂林學界歡迎會的演說)」, 위의 책, 71쪽.

34) 위의 책, 72쪽.

35) 위의 책.

36) 위의 책, 72, 73쪽.

4. 개방과 소화

손중산 선생은 혁명의 필요로부터 출발해, 중국을 구하고 중국이 새로운 세계에 발을 붙이려면, 서방의 혁명 흐름과 서양문명을 받아 들여야 한다고 보았다. 그는 "서양은 근 100년간 문화가 신속히 발전해, 여러 가지 문명이 모두 중국보다 많이 진보했다"[37]고 했다. 그리하여 혁명에 투신하려고 뜻을 세웠다고 했다. 그는 "근 20~30년 이래 …… 혁명적 경향은 서양에서 근래에 중국에 들어 온 것이다. 중국 사람들 중 이러한 흐름을 연구한 사람들은 모두 애국지사이며, 세상을 비난하고 백성의 병고를 불쌍히 여기는 마음을 가지고 있으며, 나라가 멸망하고 종족이 멸망하는 것을 차마 그대로 볼 수 없어 하는 사람들이다. 그러므로 서양의 혁명사상을 감수하고 중국에서도 혁명을 일으키려고 하는 것이다"[38]라고 했다. 그는 "장차 서양인들의 문명을 가져다 사용하면"[39] 중국이 약하던 데로부터 강하게 되고, 낡은 것으로부터 새롭게 변할 것이라고 믿었다.

손중산 선생은 쇄국주의를 변화시키고 개방주의를 실시할 것을 강력히 주장했다. 그는 "우리나라는 유럽문명에 대해 개방적인 태도를 취해야 한다. 나는 그들의 것을 몽땅 그대로 옮겨 놓아야 한다고 말하지 않았다. 우리는 우리 자신의 문명이 있다. 하지

---

37) 「삼민주의 · 민권주의」, 『손중산전집』 제9권, 315쪽.
38) 「황포군관학교에서의 고별 연설(在黃埔軍官學校的告別演說)」, 『손중산전집』 제11권, 앞의 책, 266쪽.
39) 「도쿄 중국 유학생 환영 대회에서 한 연설(在東京中國留學生歡迎大會的演說)」, 『손중산전집』 제1권, 앞의 책, 278쪽.

만 비교할 수 없고, 선택할 수 없었기 때문에 발전하지 못하고 정체되었다"[40]고 했다. 서방문명에 개방하면 비교할 수 있기에 선택에 편리하다. "서양의 장점을 따라서 배워야만 서양과 어깨를 나란히 할 수 있다. 만약 외국의 장점을 따라 배우지 않는다면, 우리는 여전히 후퇴할 것이다."[41] 손중산 선생은 멀리 내다보고, 열린 마음으로 서방문화를 따라 배울 것을 외쳤으며, 동시에 뜨거운 애국 열정으로 국민들이 박차를 가해 상대를 따라잡을 것을 호소했다. "우리는 외국을 따라 배워야 하며, 박차를 가해 그들을 따라잡아야 한다. 그들의 뒤만 따라가서는 안 된다. 예를 들어, 과학을 배움에 있어서 노력하여 그들을 따라잡아야만 200여 년 동안 뒤떨어진 것을 감소시킬 수 있다. ……현재 우리는 세계적인 흐름을 알았으니, 외국의 장점을 따라 배워야 하는데 반드시 그들보다도 더 잘해서 이른바 후발자가 선발자를 앞서야 한다"[42]고 했다.

서양문화에 대해, 손중산 선생은 개방을 주장하는 동시에, 객관적인 분석을 하여 차별화하며 "좋은 것을 가려서 따라야 한다"고 강조했다. 손중산 선생은 서양문화의 최대의 성과는 과학기술과 과학적인 방법이며 그 다음으로는 민주정신이라고 보았다. 그러므로 서양을 따라 배움에 있어서 그는 주로 미국 독립전쟁과 프랑스대혁명의 경험을 학습하고, 자연과학을 학습하며, 민주와 자

---

40) 「런던 조난기」의 러시아 역자 등과의 담화(與'倫敦被難記'俄譯者等的談話), 「손중산전집」제1권, 위의 책, 86쪽.
41) 「삼민주의 · 민족주의」, 「손중산전집」제9권, 위의 책, 251쪽.
42) 위의 책, 252쪽.

유, 평등과 박애정신을 학습할 것을 특별히 강조했다. 그는 서양의 물질문명은 완전히 모방이 가능하나 정신문명은 완전히 모방할 수 없다고 보았다. 또한 서양의 관리방법은 배울 수 있으나, 사람을 관리하는 방법은 그대로 다 따라 배워서는 안 된다고 보았다. 서양의 물질을 추구하여 이루어진 패도문화(霸道文化)는 더구나 본받을 수 없다고 보았다.

모든 것을 중국의 국정으로부터 시작해야 하며 남의 것을 기계적으로 모방하는 것을 반대했다. 즉 외국문화에 대해 소화할 것을 주장한 것은 손중산 선생이 서양문화에 대한 일관된 입장이다. 그는 "중국은 수 천 년간 민정과 지방 특색, 풍습이 서양과 크게 다르다. 중국사회가 서양과 다른 이상, 사회를 관리하는 정치도 자연히 서양과 같을 수 없으므로 서양을 완전 모방해서는 안 된다. …… 만약 중국의 풍토 인정을 고려하지 않고 외국의 기계처럼 외국사회를 관리하는 정치를 그대로 옮겨 온다면 그것은 큰 잘못이다. …… 만약 무턱대고 따른다면 국가의 경제와 국민생활에 큰 해가 될 것이다"[43]라고 했다. 손중산 선생의 결론은, "우리는 우리의 사회상황에 따라 세계 흐름에 맞춰야 사회를 바꿀 수 있고 국가가 진보할 수 있다. 만약 우리의 사회상황에 따르지 않고 세계 흐름에 따른다면 국가는 퇴보될 것이고 민족은 위험에 빠질 것이다."[44] 중국 국정에 따라 본보기로 삼고, 세계 흐름에서 장점을 배워야 한다는 것은 손중산 선생이 서양문화에 대한 전면적이고도 이성적인 태도였다.

---

43) 「삼민주의 · 민권주의」, 『손중산전집』 제9권, 앞의 책, 320쪽.
44) 위의 책, 320쪽.

맹목적인 배타주의도 반대하지만 맹목적인 외국 숭배도 반대하는 것이 손중산 선생이 서양문화에 대한 중요한 입장이었다. 손중산 선생은 중국인은 서양문화에 대해서 의화단운동을 전후로 하여 근본적인 변화가 일어났다고 보았다. 맹목적인 배타주의로부터 맹목적인 숭배의 다른 한 극단으로 나아갔다고 말했다. 그는 "중국은 과거 풍습에 얽매여 외국을 반대했다. 극단적으로 중국이 외국보다 좋다고 신앙했다. 후에 실패하고 나서는 유신을 일으키려 했으며 극단적으로 외국을 숭배했고 외국이 중국보다 더 좋다고 믿었다. 외국을 믿다 보니, 중국의 낡은 것이라면 모두 버리려 했고, 일마다 모두 외국을 모방하려 했다. 외국에 있는 것이라면 모두 배우려 했고 가져다 실행하려 했다"[45]고 비판했다. 맹목적으로 외국을 숭배하는 민족허무주의에 대해 손중산 선생은 "문명에는 선과도 있고 악과도 있다. 선과를 취하고 악과를 피해야 한다. 서양 여러 나라에서 선과는 이미 다 누렸고, 빈민은 오히려 그 악과를 맛보게 되었다. 언제나 소수 사람들이 문명의 행복을 독점하고 있기 때문에 불평등한 세계가 되었다"[46]고 했다. 역사적 사실이 계속 보여주고 있는 것처럼 외국문화를 대함에 있어서, 맹목적인 배타와 맹목적인 숭배 두 가지 극단적인 심리를 모두 비판하는 것은 외국문화를 정확하게 따라 배우는 필요한 전제이다.

손중산 선생의 서방문화에 대한 이러한 논술은 비교적 전면적

---

45) 위의 책, 316〜317쪽.
46) 「도쿄」『민보』창간 1주년 경축 대회에서 한 연설(在東京'民報'創刊週年慶祝大會的演說)」, 위의 책, 327〜328쪽.

이고도 정확하다. 그가 지적한 학습의 중요한 의의와 학습의 도경, 방법 및 비판해야 하는 경향은 모두 우리들이 물려받아 참고할 가치가 있는 것이다.

5. 융합과 혁신

중국 전통문화와 서양문화의 관계를 어떻게 처리할 것인가? 중국문화의 발전 방향을 어떻게 확정할 것인가? 어떻게 새로운 문화를 건립할 것인가? 이는 손중산 선생이 장기간의 혁명생애에서 탐색한 큰 문제들이었다. 그의 반복적인 논술을 통해, 그의 기본적인 주장은 중국과 서양문화의 융합임을 알 수 있다. 1911년 11월 그는 연설에서 "서양의 민주를 본보기로 하고, 수 천 년 전에 있던 중국문화와 융합시켜야 한다"[47]고 했다. 1923년 『중국혁명사』에서는 완전하게 "우리의 고유문화를 발양하고, 또한 세계의 문화를 흡수하고 발전시켜, 여러 민족과 더불어 세계에서 어깨를 나란히 해야 한다"[48]고 했다. 그는 이 문장에서 자신의 사상체계의 근원에 대해 논술했다. "우리나라 고유의 사상을 답습한 것도 있고, 유럽의 학설과 사적을 본받은 것도 있으며, 나 혼자만의 견해에 의해 새롭게 창조한 것도 있다"[49]고 했다. 여기에서 '인습', '본받은 것', '창조'를 3대사상의 내원으로 보았다. 즉 자신의 사상

---

47) 「유럽에서의 연설(在歐洲的演說)」, 『손중산전집』 제1권, 560쪽.
48) 북경 중화서국에서 1985년에 출판한 『손중산전집』 제7권, 60쪽.
49) 위의 책.

은 중서문화의 정화와 독창적인 창조의 결과라는 뜻이었다. 1924
년 그는 재차 "중외의 정화를 모으고 모든 유폐를 방지한다. ……
아주 좋은 완벽한 구슬로 만든다"[50]고 말했다. 이는 자신이 일관
적으로 주장해 왔던 중외문화의 정화를 융합하고 중외문화의 유
폐를 방지한다는 논술에 대해 과학적으로 종합한 것이다.

그럼 어떻게 융합하고 혁신할 것인가? 손중산 선생이 서양문화
와 중국 전통문화에 대한 인식은 과정이 있었다. 민국 설립 이전,
그는 서양문화에 대해 격찬해 마지않았으며 우러러보았다. 후에
서방 자본주의 사회의 여러 가지 병폐들이 폭로되면서 서양문명
이 가져다 준 해로움에 대해 날로 우려하기 시작했다. 그러다가
민국 설립 후에는 서양문화에 대한 관점에 일정한 변화가 나타나
기 시작해, 평가가 점차 낮아졌다. 그 반면에 중국 전통문화에 대
해서, 특히 유가의 도덕에 대한 평가는 점차 높아졌다. 그러므로
손중산 선생이 중국과 서양문화를 융합해야 한다는 사상은 서양
문화를 기준으로 하던 것으로부터 중국 전통문화를 주도로 하는
전환 과정이 있었다. 그의 사상체계로부터 보면, 주요 이론은 서
방에서 왔지만, 이론의 기초는 중국의 전통적인 우수한 문화에
있었다. 그러므로 강렬한 중국적 기백과 특색이 보이는 것이다.
손중산 선생은 만년에 "중국 고유의 옛 도덕을 먼저 회복해야 한
다"[51], "중국 고유의 지식과 일관된 도리를 먼저 회복해야 한다"[52]
고 재차 강조했다. 그리고 또 "우리 고유의 능력도 모두 회복해

---

50) 「삼민주의·민권주의」, 『손중산전집』 제9권 제353~354쪽.
51) 위의 책, 243쪽.
52) 위의 책, 250쪽.

야 한다"[53]고 했다. 그가 보건대 이는 우리의 민족정신과 민족의
지위를 회복하는 전제였다. 손중산 선생의 이러한 사상은 상당히
합리적일 뿐만 아니라, 중요한 의의가 있는 것이다. 본토의 우수
한 전통문화를 고양시키지 않으면 중국과 서양문화의 융합이 있
을 수 없으며, 본토의 우수한 전통문화를 고양시키지 않으면 민
족의 주체성을 상실할 수도 있기 때문이다.

손중산 선생은 중국과 서양문화를 융합하고 혁신하여 초보적으
로 중국문화의 근대형식을 이루었다. 이것이 바로 중국 전통문화
중의 도덕, 지식과 능력을 답습하고 고양시키는 기초 위에서 서
양의 과학기술과 민주정신, 정치이념을 흡수하여 새로운 문화를
창조하는 것이다. 이러한 문화의 구조는 주로 정치학, 경제학, 과
학, 윤리학과 철학 다섯 가지를 포함하고 있다. 정치학 면에서 그
는 군주 전제정체를 폐지하고, 민권으로 군권을 대체하고, 민국
을 창립하고, 자유, 평등의 민주 정치를 건립할 것을 주장했다.
또한 "오족(한족, 만족, 몽골족, 회족, 장족)의 공화"와 "오권(입
법, 사법, 행정, 탄핵, 고시) 헌법"을 실시할 것을 주장했다. "오
권 분립" 학설은 서양의 "삼권분립"에서 기원한 것이며 또 중국
고대의 고시제도와 감찰제도를 참고하여 만들어진 것이다. 즉 중
국과 서양의 것을 융합하여 창조한 성과물이었다. 경제학적으로,
그는 공업화와 농업근대화를 실현할 것을 주장했다. 중국의 공업
화는 근대 기계와 기술로 수공업과 기술을 대체하는 것이다. 즉
근대의 공업생산을 발전시켜 중세기의 수공업 생산을 대체하자

53) 위의 책, 251쪽.

는 것이었다. 중국 농업의 근대화는 주로 "경작자가 경작지를 가져야 한다(耕者有其田)"는 주장을 말한다. 즉 토지문제를 해결하고 농민의 지위를 변화시키며, 과학기술에 의거해 농업생산을 대대적으로 발전시키는 것이다. 과학에 대해서 그는, 중국고대의 과학기술은 과거 정상에 있었으나 근대에 와서 뒤떨어졌다고 강조하면서, 서방의 선진적인 과학기술을 대대적으로 학습하고 받아들여 산업혁명을 완성하고 서양을 따라잡아야 한다고 주장했다. 윤리학적으로는 위에서 서술한 바와 같이, 손중산 선생은 중국의 전통 윤리도덕은 중화민족이 자립할 수 있는 기초이며, 또한 중국문화 근대화의 기초라고 보았다. 그는 중국의 전통미덕을 회복하고 민족정신을 발양해 중화를 진흥시킬 것을 강조했다. 철학적으로, 그는 "지역행난(知易行難)"설을 극력 반대하면서 "지난행역(知難行易)"설을 주장했다. 손중산 선생이 중국문화의 근대화에 대한 구상과 논술은 중국문화 발전사에서 이정표적인 성과임에 틀림없다.

위에서 서술한 바를 종합하면, 손중산 선생은 뛰어난 통찰력으로 중국문제를 관찰한 사람임을 잘 알 수 있다. 그는 중국의 국정에 따라, 우리 자체를 주체로 하고 세계의 흐름에 순응하며 시대와 더불어 발전하며, 자신만의 길을 걸음으로써 중국을 세계 선진국의 대열에 들어서게 하려 했던 것이다. 이것이 바로 그의 문화 선택의 출발점과 귀착점이었다. 손중산 선생은 바다가 수많은 하천들을 포용하는 그런 문화적 마음가짐과, 이로운 것을 취하고 해로운 것은 피하는 가치 척도에 따라 중국과 서양문화의 내포를 융합하고 관통시켰고, 중외문화를 집합하여 시대적 특색과 민족적 풍격이 짙은 신형의 문화를 창조하였다. 이러한 문화 정합의 과정과 방법은 문화발전의 법칙에 부합되는 것이었다. 손중산 선생이 논술한 문화관과 중국문화와 서양문화에 대한 태도, 중국문화의 발전에 대한 사고는 중국의 건설과 발전에 대해 중대한 의의가 있으며, 우리들이 거울로 삼아야 할 가치가 있는 것이다.

(『학술연구』 1994년 제1기에 게재됨)

전통문화에 대한 추적과 선양(宣揚)

　　"중국문화에 대한 반성과 전망"을 주제로 한 양안 해협 학술세미나가 1994년 7월 22일부터 26일까지 북대하(北戴河)에서 열렸다. 회의 참석자는 모두 53명, 그중 대륙 측에는 주최 측인 중국인민대학 총장인 이문해(李文海) 교수 외에도 팽명(彭明), 진금릉(陳金陵), 사연향(沙蓮香), 방립천, 유대춘(劉大椿), 장립문(張立文), 교장로(喬長路), 갈영진(葛榮晉), 성복왕(成復旺), 황애평(黃愛平) 등 19명의 이름난 교수와 학자 및 관련 책임자가 참석했다. 그 외에 또 북경대학, 남개대학, 절강대학, 동북대학과 중앙민족대학의 교수들이 있었다. 대만 측에서는 보인(輔仁大學)대학을 위주로 하여 이 학교의 이진영(李振英) 총장, 장진동(張振東) 부총장, 여건구(黎建球) 교무 주임 등 교수와 학자 15명이 참석했으며, 또 대만대학 우곤여(鄔昆如) 교수, 중국문화대학 이두(李杜) 교수 및 대중자선사(台中慈善寺) 불학원(佛學院) 원장 석혜공(釋惠空) 법사가 참석했다. 이는 양안 대학 철학사상 학자들이 대륙에서 모인 규모가 가장 크고 전에 없는 성황리에 진행된 중국 전통문화 세미나였다.

세미나는 유대춘 교수가 사회, 중국인민대학 총장 이문해 교수와 보인대학 총장 이진영 교수가 주제 연설을 했다. 이문해 총장은, 대륙의 1980년대 이래의 문화 붐의 원인, 문화 연구의 여정과 새 문화를 세우는데 있어서 분석해야 할 것과 처리해야 할 몇 가지 관계 등에 대해 논하였다. 이진영 총장은 철학과 문화의 관계, 문화교류의 중요성과 중화민족 문화의 정합에 대해 깊이 있게 논술했으며, 사림(士林) 철학과 신 사림 철학의 원류와 변천, 연구 과정 및 특징에 대한 전문보고를 하여 회의 참석자들에게 깊은 인상을 남겼다. 두 총장은 문화 문제에서 몇 가지 중요한 공통적인 관점이 있었다. 하나는 문화는 다원적이라는 점을 강조한 것이다. 그들은 통일적인 세계문화를 건립하려는 주장은 환상일 뿐이라고 보았다. 다른 하나는 21세기의 문화는 중국문화라든가 혹은 동방문화라는 설명은 비현실적이며 무익한 것이라는 점이다. 세 번째는 새 문화의 건립 혹은 문화의 정합을 중시하고 이 문제의 절실한 의의에 대해 강조한 것이다. 두 총장의 강연은 회의의 방향을 마련해 주었다.

회의에서 학술 연구의 주체 부분은 학자들이 내놓은 32편의 논문, 제요 및 학술보고였다. 내용은 전통문화에 대한 반성, 중외 문화의 교섭, 전통문화와 현대화의 관계, 근현대 사상가에 대한 연구, 양안 문화, 당대 중국의 풍속과 민속문화였다. 아래에서 그 내용의 요점, 새로운 견해와 독창적인 견해에 대해 종합적인 평가를 하고자 한다.

전통문화에 대한 반성에 관해, 대만 학자들은 사례연구를 중시했다. 특히 노자와 장자에 대한 연구를 중시했다. 고능소(高凌霄) 교수는 "장자 사상 중 '관도(觀道)의 형이상 경우에 대한 초보적인 탐구'라는 문장에서, 장자의 '관도(觀道) 과정의 형상(形上)적 기초에 대해 깊이 탐구했다. 문장은 '관도(觀道)의 의미에 대해 명확한 정의를 내렸고 또 '관도(觀道)의 과정에 대해 아주 자세하게 묘사했다." 문장은 " '도'가 나타내는 것은 사람으로 하여금 최종 망, 황, 허, 통의 여정과 명합하게 하는 것('道'之呈現使人終能從忘, 化, 虛, 通之歷程與之冥合)"이라고 지적했다. "관도(觀道)의 형상(形上)적 경우 한 쪽은 '도(道)의 절대(絕對)이고, 다른 한 쪽은 사람의 유한한 존유(存有)라는 것이었다.

"사람은 무한대로 동경하는 마음이 있기에 부족함을 스스로 알게 되며, 이로 인해 끊임없이 자아를 초월하고 승격시킬 수 있으며, 회오리바람을 타고 끝없이 올라간다(扶搖而上, 遠至無所至極). 다시 아래를 내려다 보면, 만물은 나뉘지 않아 하나로 통한다(再視下地, 則萬物無分化, 複通爲一)"고 정원식(丁原植) 교수는 '노자' 철학 중의 '도(道)와 '덕(德)에 대한 학술보고를 했다. 그는 '도'와 '덕' 두 글자가 '노자' 철학 중 특유의 의미를 강조하면서, '덕'이 관련된 것은 주문(周文)의 인문 창조의 발원 문제라고 지적하였고, 전국(戰國) 철학의 여러 가지 인문적 탐구를 위한 변론의 기초를 닦아놓았다고 했다. 또 '도'가 관련된 것은, 원시적인 진행에 대한 생각의 방식으로 문제의 전환과 그가 소재한 범위(范域)에 대한 규정을 완성하는 것이라고 했으며, '가(可)를 발단으로 하고, '문(門)을 종결로 하여 형성된 변계 논역(邊際論域)이라고도 했다.

이현중(李賢中) 교수는 "노자 열자 장자의 우주론 연구 분석(老列莊之宇宙論探析)"에서, 우주의 의의, 근본, 생성 순서와 발전 방향 등 네 가지로써 노자, 열자, 장자의 우주론 사상과 공통적인 면이 있다는 특색을 제시한 후, "자화(自化) 된 '도'가 파생시킨 우주 만물이 어찌하여 뚜렷한 질서성 및 인과관계를 가지고 있는가? 심지어 '도'와 인과 원리는 어떤 관계가 있는가? 이것은 진일보적으로 반성해야 할 문제"라고 제시했다. 이는 좀 더 깊이 탐구해야 할 문제였다.

원신애(袁信愛) 박사는 도가의 노자와 유가 순자의 '성인(聖人)관에 대해 비교연구를 했다. 그는 노자가 대표하는 것은 자연화 된 인격화 취향이며, 순자가 대표한 것은 인문화 된 인격화 취향이라고 강조하면서, 이로부터 양자의 사람의 이상적 인격과 이상적 형상에 대한 설정을 비교하고, 나아가 사람과 사람의 영향에 대해, 어떻게 사람이 그런 사람으로 되어가는지에 대한 인격화의 길을 확정해야 하는가를 깊이 탐구했다.

대만대학 철학과 원로 교수 오곤여 선생은 근대 철학가에게 관심을 돌려 "담사동 철학 체계의 연원 문제(譚嗣同哲學體系淵源問題)"라는 글을 썼다. 오 선생은 담사동의 '인학(仁學) 철학 체계의 사상 내원이 중외 고금 특히 유교, 불교, 기독교에서 기원했다면서, 담사동의 우주론 체계는 주로 『주역』의 '변화' 원리와 최신 서양 과학의 '에테르'(불변 부동의 우주 원소) 이론에서 형성되었다고 강조했다. 그는 담사동은 이로부터 더 나아가 인생, 사회와 대동사회(大同社會) 건립에 대해 거론했으며, 이로 인해 중국 당대

사상 개척에 이론적 공헌을 했다고 보았다. 이상의 사례 연구는 논술이 비교적 집중적이고 깊이가 있으며, 독창적인 견해가 있어 회의 참석자들의 주목을 받았다.

　병으로 회의에 참석하지 못한 대만 청화대학 요수언(姚秀彦) 교수는 "선진 제자의 공동 이념과 현대 문화(先秦諸子的共同理念與現代文化)"라는 글을 제출했는데, 작가는 선진 제자의 공동 이념은 천하관(天下觀), 대동관(大同觀), 인문관(人文觀)과 평등관(平等觀)이며, "이런 공동 이념의 기초 위에서 각 가(家)는 정치, 사회, 인생에 대한 다른 대책을 제출했으므로, 여러 도가 많이 넘치지만 서로 반대되지 않았으며, 만물을 함께 키우면서도 서로 해하지 않았고, 다른 문화를 수용하고 인류를 평화 공존토록 하였다"고 했다. 또한 그와 마찬가지로, 단대(斷代) 사상 연구를 하는 보인대학 철학과 주임 진복빈(陳福斌) 교수의 "만청 현대화 운동의 반성(晚淸現代化運動的反思)"에서 작자는 정치, 경제, 문화와 사회 4개 차원에서 청나라 말기 사회의 여러 면의 변화를 게시하였으며, 청나라 말기 현대화 실패의 원인에 대해 전면적이면서도 깊이 있는 분석을 하였다. 작자는 또 청나라 말기 현대화 운동의 전면적인 반성에 대해 외연적 고찰을 함으로써, 청나라 말기 사상의 전화와 유가 내부의 분화를 깊이 있게 연구할 것을 강조했다. 황애평(黃愛平) 박사는 "18세기 중국사회 사상문화에 대한 초보적인 탐구(十八世紀中國社會思想文化初探)"라는 글에서, 18세기는 중국 봉건사회 발전 역사에서 손꼽히는 황금 시기 중의 하나라고 지적하면서, 이때의 사상문화에도 선명한 특징이 나타났다고 했다. 그는 또 통치계급이 사상문화에 대한 통제, 한학의 흥성, 전통문화에 대한 정리, 이단사상의 발기, 세속문화의 번영, 중국과 서양문화 교류의 추락 등 6개면으로 18세기 중국 사상문화의 기본 모습을 그려냈다.

중국 전통윤리도덕을 집중적으로 반사한 것으로는, 사연향(沙蓮香) 교수의 '중국 전통 사회 구조와 중국인의 인격(中國傳統社會結構與中國人人格)"이라는 글이었다. 작자는 이 글에서 문화, 사회, 관계, 인격 등의 4차원을 이용해, 중국 전통사회 구조의 시각에서 중국인의 인격을 연구했으며, 이상적인 인격과 실제 인격의 모순 및 인격 균형의 구조 특징을 제시했다.

엽봉(葉蓬) 박사는 "중용의 윤리(中庸之倫理)"에서 중용사상이 내포하고 있는 사상에 대해 깊이 있고도 세밀한 분석을 하였다. 그는 글에서 중용사상은 본체론 차원에서 '중(中)과 '용(庸)을 '체(體)와 '용(用)의 관계로, '동(動)과 '정(靜)의 통일로 이해해야 한다고 지적했다. 또한 중용의 윤리는 사람의 정욕은 자연적인 것으로 표현되며, 의념(意念)의 발동, 감정의 발휘, 욕망의 만족은 반드시 일정한 도덕규범에 따라 실시되며, 윤리 심리 의식의 현실내용은 종법 인륜관계 중 배역의 의무에 대한 공감, 종법 도덕 가치의 내화(內化)이며, 중용사상은 방법론 차원에서는 원칙성과 영활성의 통일로 표현되며, 개체의 행위에서는 도덕 준칙의 절대성과 상대성의 통일로 표현된다고 했다.

전통문화를 반성한 방법론 특색을 가진 논문은 세 편이 있었다. 진금릉(陳金陵) 교수는 "문화유산의 계승과 교류에 대한 잡의(文化遺産的繼承與交流雜議)"라는 글에서, "인민의 이익과 사회 진보, 발전은 역사 문화유산의 소극적 요소와 긍정적 요소에 대해 판단하는 척도이다. 역사가 오래된 나라는 지금 경제가 상대적으로 뒤떨어졌으며, 무거운 역사 부담이 있다. 선조에 대해 지나치게 요구하지 말고, 조상을 원망하지 말아야 한다. 소극적인 것은 버리고, 긍정적인 것은 선양하여, 인민과 사회의 진보를 위해 복무하게 하는 것이 정직한 사람의 책임이다"라고 했다. 주철지(朱鐵志) 선생은 "전통문화 연구 중 편파적인 것과 잘못(論傳統文化研究中的偏頗與失誤)을 논함"이라는 보고에서 "지금의 급선무는 전통문화에 대해 단계별로 절차를 나누어 정리하고 연구하며 보급하고 개조해", 새 문화와 새 가치, 새 도덕의 건설에 유리하게 해야 한다고 했다. 모패기(毛佩琦) 교수는 "중국 고대 사회 생활사의 몇 가지 문제(中國古代社會生活史的幾個問題)"라는 글을 제출했다. 그는 글에서, 중국 고대사회 생활사의 연구내용, 범위를 지적했으며, 또 "중국 고대사회 생활사는 근본적으로 말하면 새로운 시각으로 중국 고대의 문화사를 연구하는 것이다"라고 했다. 이러한 글의 논점은 우리가 중국 전통문화를 연구하는데 일정한 참고 가치가 있다고 할 수 있다.

장립문(張立文) 교수의 "21세기 문화 양식에 대한 구상−화합설(關於二十一世紀文化樣式的構想—和合說)"은 중국문화에 대한 반성의 글이자, 또한 중국문화 전망에 대한 글이었다. 작자는 글에서 "화합설은 중국 내지 동방 전통사상의 정수이며, 중국철학 특히 송명(宋明) 유학과 현대 새 유학의 도덕 형상(形上)의 반성과 검토이다"라고 했으며, "현재 세계철학의 도전과 중국철학이 직면한 새 환경 하에서, 송명 신유학과 현대의 새 유학은 모두 성공적인 답을 할 수가 없다, 우리는 니체가 '하느님이 죽었다'고 한 것처럼, 새 유학의 형상학(形上學)인 절대 이성이 이미 죽었다고 선포해야 한다"고 했다. 이처럼 "필자가 새 유학의 형상학인 절대 이성이 이미 죽었다고 하는 것은 현실적이고, 살아있는 감성적 사람 자신의 본성으로 돌아와 새로운 철학 이론형태를 창조하라는 것이다. 나는 이를 화합설이라 부른다"고 했다. 장 교수의 이 같은 논점은 회의 참석자들의 흥미와 반응을 불러일으켰다.

중외 문화교류에 관한 것도 회의 참석 학자들이 주목한 내용이었다. 8편의 논문 중 세 편이 종교문화에 관련된 것이었다. 장진동(張振東) 교수는 "중외 문화의 충돌, 교류와 나아갈 방향(走向)-기독교와 중국문화"라는 문장에서 외래종교가 중국에 전해 들어오는 과정과 부딪친 장애, 충돌 및 중서문화의 융합과 나아갈 방향 등에 대해 전면적으로 논했으며, "고유의 문화를 위주로 하고 외래문화의 장점을 받아들여 융합하고 관통하여 세계 대동의 사상으로 21세기를 향하여 발전해 가야 한다"고 제기했다. 혜공(惠空) 법사는 "불교와 중국문화"라는 글에서 전통적인 도기상대(道器相待) 이론으로 중국문화를 논하였으며, "불교가 중국문화에 융합될 수 있는 것은 그 도에 있다. 불교의 도의 본질은 자각자비(自覺慈悲)라고 말한다"고 지적했다. 방립천 교수는 "유가의 불교 심성론에 대한 영향"이라는 글에서, 유가와 불교 심성론의 역사적이고 종적인 상호작용 태도를 지적한 후, 불교 심성론의 중심 확립과 궤의 확정, 진심(眞心)과 자심(自心), 성선(性善)과 성악(性惡), 성정(性靜)과 성각(性覺), "높고 밝음을 끝까지 추구하고 중용을 도로 삼는다(極高明而道中庸)", "평상심이 도이다(平常心是道)", 즉 자신의 마음을 다 하는 사람은 자기의 본성을 알 수 있다(盡心知性)와 마음을 맑고 깨끗하게 하여 자기의 본성을 발견하다(明心見性) 등 여섯 가지 측면으로부터 유가 심성론이 불교 심성론에 준 영향을 논했다.

청나라 이래의 서학동점(西學東漸)을 논술한 논문도 세 편 있었다. 갈영진(葛榮晉) 교수는 "서학동점(西學東漸)과 청나라 초기 실측지학(實測之學)"라는 글에서, 서학이 전해 들어온 것은 청나라 초기 실측지학의 사회적 내용과 계몽 내용을 매우 풍부히 하였으며, 또한 청나라 초기 경제실학(經世實學)의 중요한 구성부분이 되었다고 강조했다. 이처럼 동학서점(東學西漸)의 중요성을 강조했다. 홍경능(洪京陵) 교수는 "민국 시기 중서문화의 교류와 융합에 대한 시론(試論民國時期中西文化的交流與融匯)"이라는 학술 보고에서, 역사적인 시각으로 민국시기 중서문화의 교섭과정을 계통적으로 논했다. 마극봉(馬克鋒) 박사는 "중국 근대 서학에 대한 인식의 세 단계"라는 글에서, "문화 인지의 시각에서 볼 때, 중국 사람들이 서양문화에 대한 인지는 대략 다음의 3개 단계를 거쳤다. 환원의 방식, 즉 서학중원설(西學中源說), 소통의 방식, 즉 중서상합설(中西相合說), 비교의 방식, 즉 문화차이설(文化差異說)이다"라고 했다. 글이 이치에 맞았으므로, 회의 참석자들에게 새로운 생각의 기회를 주었다.

유대춘(劉大椿) 교수는 "중국 유기론 철학과 현대 과학 사유"라는 글에서, 방법론적 각도에서 중국과 서양 과학 사유의 전통을 비교했으며, 중국은 유기론 철학이며, 서방은 환원론 철학이라고 했다. 또한 "중국 유기론 철학이 창도한 과학적 사유 방식은 그 기본 특징이, 본체론적으로는 대통일의 우주관이었고, 가치론적으로는 윤리 중심설이었으며, 방법론적으로는 직감 체험에 대한 중시와 환물 유추의 추세였다"고 하였고, 이로부터 서방 현대 과학 사유와의 같은 점과 다른 점, 우열을 분명히 드러냈으며, 나아가서 양자의 상호 보완의 중요성을 강조했다.

팽명(彭明) 교수는 "동서 문화의 충격에서 얻은 일부 계시"라는 글에서, 5.4신문화운동 시기 "전반적인 서양화"라는 구호를 제기한 적이 없으며, 호적도 이러한 슬로건을 제기한 적이 없다고 명확히 지적했다. 1935년 진서경(陳序經)이 "전반적인 서양화"라는 개념을 제시했고, 호적(胡適)은 "전반적인 현대화'를 주장했다. 이로부터 학술계가 장기간 5.4운동시기 이미 "전반적인 서양화"를 주장한 사람이 있었고, 호적이 "전반적인 서양화"를 주장했다는 것은 역사의 진실에 부합되지 않는 주장이라고 일소해 버렸다. 팽 교수는 또 동서 문화의 충격에서 두 가지 계시를 얻었다고 말했다. 하나는, "우리는 응당 개혁 개방의 방침을 취해 인류가 창조한 모든 문명의 성과를 충분히 흡수해야 한다"는 것이며, 다른 하나는, "그 어떠한 선진적인 사상이나 이론이든지 반드시 중국의 국정과 결부시켜야 하고, 그것이 중국화 되게 해야 하며, 혹은 중국 특색을 가지게 해야 한다"는 것이었다.

전통문화와 현대화의 관계를 탐구한 것으로는 네 편의 논문이 있었다. 성복왕(成復旺) 교수는 "시장경제의 대 조류에 직면한 중국 전통문화"라는 글에서, 중국 전통문화의 인문적 특징 및 그 두드러진 표현인 인격 의식을 분석하고 사람들이 인생의 의의에 대한 관심을 지적했으며, "육체는 물질을 필요로 하고, 심령은 정신을 필요로 한다. 육체는 생존을 갈망하고 심령은 생존의 의의를 부른다. 이 두 가지 중 어느 하나가 없어도 사회는 유지될 수 없고 인생은 감당할 수 없게 된다"고 강조했다. 그는 문화와 시장 경제의 관계를 강조했다. 즉 적응해야 하고, 서로 제약하여 균형을 이루어야 한다는 것이다. 또한 서로 제약하여 균형을 이루는 것이 적응보다 더 중요하다고 강조했다. 진범(陳凡) 교수는 동북 지역의 실제상황에 입각하여 "동북 문화와 동북 공업구역의 쇠락과 진흥"이라는 글을 발표했다. 이 글에서 그는 동북 공업구역의 형성과 동북문화의 구성, 동북문화의 정합과 동북 공업구역의 발전, 동북문화의 정체와 동북 공업구역의 쇠락, 동북문화의 재건과 동북 공업구역의 진흥 등 여러 가지 문제를 서술해 회의 참석자들에게 깊은 인상을 남겼다. 하아평(何亞平) 교수는 '과학기술 문화와 중국 현대화"라는 글에서, 과학기술은 사회문화의 중요한 구성부분이며, 과학기술 문화는 이미 현대 사회문화 중 가장 중요한 비주류 문화 체계와 문화의 기본 주파수가 되었다고 했다. 교장로(喬長路) 교수는 "탁상공론 하기보다는 행동하라"라는 글에서 사람 개개인의 자질의 중요성을 강조했고, 나아가서 교육의 절박성을 강조했다.

근대와 현대 철학연구에 관해서는, 대만 중국문화대학 원로 교수인 이두(李杜) 선생의 "현대 중국철학이 인생에 대한 이해"라는 글이 있었다. 그는 강유위(康有爲), 엄복(嚴複), 호적(胡適), 양수명(梁漱溟), 웅십력(熊十力), 장군매(張君勱), 풍우란(馮友蘭), 당군의(唐君毅), 모종삼(牟宗三), 나광(羅光) 등 10명 학자들을 선택해, 이들이 각자 건립하였거나 혹은 받아들인 모식의 철학을 소개한 후, 그들이 인생에 대한 이해를 논하였는데, 꽤 현실적 의의가 있었다. 송지명(宋志明) 박사는 "손일선(孫逸仙)과 현대 새 유가 사조"라는 글에서 손일선의 유가 전통사상에 대한 반성, 유가사상 정화에 대한 발굴, 현대 새 유가에 대한 계발을 통해 다음과 같은 관점을 도출해 냈다. "손일선의 사상이론은 중국 전통문화 주체인 유가사상과 매우 밀접한 관계가 있다. 그는 한 측면으로는 유가사상 중 이미 경직된 것을 제거하고, 또 다른 한 측면으로는 그중의 정화를 추출하여 선양하고 발전시켰다. 그는 현명하게도 유가의 현대적 가치를 예견하였다. 그는 현대 새 유가 사조의 흥기에 상당히 큰 영향력을 주었있다. 어떤 의미에서 볼 때, 그는 현대 새 유가 사조의 선구자라고 할 수 있다"고 했다. 이광랑(李匡郎) 교수는 "나광 생명철학 중 중서철학의 연합에 대한 고찰"이라는 글에서, 나광(羅光) 대주교의 '생명 철학"은 중국 전통철학을 기저로 하고 사림(士林)철학을 융합했을 뿐만 아니라, 또 당대 여러 철학계통의 발전을 성찰하였으므로, "중서 양대 전통을 연합한, 당대 여러 철학 계통을 초월한 사상 체계"라고 평했다.

그 외에도 다른 특색이 있는 논문들이 있었다. 도립번(陶立璠) 교수는 "중국 민속문화 연구의 역사와 현황"이라는 논문에서 민속 문화가 중국 전체 문화 중 차지하는 위치와 중국 민속 문화 연구의 현황을 분석하고, 중국 민속 문화를 보호하고 연구하는 것에 대한한 대책을 제시했다. 황가수(黃嘉樹) 교수는 "양안 문화의 변천문제에 대한 몇 가지 사고"라는 논문을 발표하여, 변천과정의 양안 문화세월의 차이성과 공통성을 서술했다. 선소걸(單少傑) 박사는 "가치 규범의 상실과 위선적인 풍기"라는 글에서, 당대 중국의 민풍을 반영한 작품들을 고찰하였는데, 작자는 조사연구의 방법을 통해 당대 중국에서 가치 규범 상실현상이 나타났다고 하면서, 이 같은 도덕적 위기가 나타날 수 있은 것은 위선적인 풍기에서 비롯된 것일 수 있다고 보았다.

　이상의 서술에 의하면, 이번 회의의 학술수준은 대단히 높았다고 평가를 내릴 수 있었다. 특히 회의에서 제출된 새로운 견해와 관점, 자료 및 전통문화에 대한 깊이 있는 연구로 얻어진 새로운 성과는 앞으로 중국 전통문화 연구에 긍정적인 영향을 줄 것이며 촉진 역할을 하게 될 것이라고 확신하는 바이다.

(『중국인민대학 학보』 1994년 제6기에 게재됨)

유가와 도가의 인격가치관 및 회통(會通)

　인격을 고대에는 인품이라고 불렀는데, 이는 사람의 품행을 가리키는 말이다. 인격은 사람의 성정과 자질, 능력 등 특징의 종합이고, 한 사람이 다른 사람과는 다른 특질의 종합적 체현이다.

　인격가치란 한 사람이 인류의 한 구성원으로서, 일정한 가치를 가지고 있느냐의 여부, 사회에서의 지위, 가치가 있느냐 등의 여부를 가리킨다. 인격가치의 높고 낮음은 개인의 행위실천을 통해 나타나며, 또 타인과 집체, 민족, 국가와의 관계에서 나타난다.

　이상적인 인격가치는 관련된 범위가 비교적 넓다. 근대의 일부 학자들은 덕(德), 지(智), 체(體), 미(美) 등 네 개 면에서 인격가치를 끌어올려야 한다고 주장했고, 더 많은 학자들은 또 진(眞), 선(善), 미(美) 세 개 면으로 인격가치를 평했다. 진, 선, 미란 즉 지, 덕, 미를 말한다. 진(眞)이란 정확한 인지를 가리키며, 천지만물과 사회 인륜의 객관법칙에 대한 정확한 반영이다. 선(善)이란 선량한 덕행을 가리키며, 천지만물과 사회 인륜의 객관 법칙으로 자신의 행위를 규범화하고, 또 이러한 규범화된 행위로 객관세계에 작용하는 것을 말한다. 미(美)란, 정신적인 유쾌함을 말하며, 사회미, 자연미, 예술미에 대한 요구로 외계 사물을 구성하는 것을 말한다. 또한 이러한 구성과정에 심미적인 만족에 도달하는 것을 가리킨다. 한 사람이 진, 선, 미의 통일을 실현하였다면 최고의 인격적 경지에 도달한 것이라 할 수 있다.

본문의 주제는 중국 고대 유가와 도가의 인격가치 학설 및 그 회통(會通)의 도경과 접합점(接合點)에 대해 간략하게 논술한 것이다.

1. 유가의 인격가치관

유가의 창시자인 공자와 맹자는 모두 독립적인 인격을 중시하였으며 인격 존엄을 중시하였다. 공자는 "삼군에서 장수를 빼앗을 수는 있어도 필부로부터 그 지조를 빼앗을 수 없다(三軍可奪帥也, 匹夫不可奪志也.)"『논어 · 자한』)라고 했다. 여기서 말하는 지(志)는 의지를 가리키며 "빼앗을 수 없다"라는 의미는 독립의 뜻을 가리킨다. 이는 평민도 그 의지는 독립적이라는 것을 강조한 것이다. 공자는 독립적인 의지를 강조하였다. 즉 인격의 존엄을 강조하였던 것이다. 맹자는 '양귀(良貴)'라는 관념[54]을 제기했다. '귀(貴)'란 가치가 있음을 말한다. 이는 사람마다 인격가치

---

54) 장대년 선생이 제일 먼저 맹자의 이 사상에 대해 논술했다.

가 있고 인격존엄이 있음을 인정한 것이다. 그는 "고귀한 것을 원하는 것은 사람마다 다 같다. 사람마다 자기 몸보다 고귀한 것을 지니고 있는데, 그것을 생각하지 않는 것일 뿐이다. 사람들이 고귀하게 여기는 것은 최상급의 고귀한 것은 아니다(欲貴者, 人之同心也. 人人有貴于己者, 弗思耳矣. 人之所貴者, 非良貴也.)"(『맹자 · 고자 상』)라고 했다. 여기서 "사람마다 자기 몸보다 고귀한 것을 지니고 있다"라는 말은 '양귀(良貴)'를 가리키는데, '양귀(良貴)'는 천부적이며 고유한 것으로 사람의 인격가치는 박탈될 수 없음을 말한 것이다.

공자는 인격이 내포하고 있는 것에 대해 명확한 규정하였다. 그는 이상적인 인격은 지(智), 인(仁), 용(勇) 삼자의 통일이라고 보았다. 그는 "어진 사람은 걱정하지 않고, 지혜로운 사람은 미혹되지 않으며, 용기 있는 사람은 두려워하지 않는다(仁者不憂, 知者不惑, 勇者不懼.)"(『논어 · 헌문』)고 했다. 이는 지혜로운 자는 지식이 풍부하므로 미혹되지 않고, 어진 자는 많은 사람을 박애하므로 걱정하지 않으며, 용감한 자는 과감하고 의지가 굳으므로 두려워하지 않는다는 뜻이다. 지, 인, 용 삼자를 동시에 병행시켰는데, 후에 『중용』에서도 "배우기 좋아하는 것은 지에 가깝고, 힘써 행하는 것은 인에 가깝고, 부끄러움을 아는 것은 용에 가깝다.(好學近乎知, 力行近乎仁, 知恥近乎勇.)"고 했다. 또한 지, 인, 용 삼자를 "천하가 달해야 하는 덕(天下之達德)"이라고 했다. 즉 이 세 가지는 가장 주요한 도덕규범과 품덕이라는 것이다. 지(知)는 인지(認知)를 가리킨다. 공자는 늘 인(仁)과 지(知)를 병행시켰다. 그는 "모르는 것이 있는데 어찌 인을 얻었다고 하겠는가(未

知, 焉得仁.)"라고 했다. (『논어 · 공야장) 즉 지와 인은 서로 연계된 것임을 지적했다. 맹자는 더구나 인(仁)과 지(智)의 통일을 성인의 양대 규정으로 하였다. 그는 "어질고 지혜로우니 선생님은 이미 성인이십니다(仁且智, 夫子旣圣矣.)"(『맹자 · 공손추 상)라고 했다. 공자는 '지(知)'에 대해서는 논하지는 않았다. 맹자는 그것을 보충하여 '지(智)'에 대해 설명을 하였다. 그는 "옳고 그름을 가릴 줄 아는 마음(是非之心)은 지혜의 발단이다(智之端也)"(『맹자 · 공손추 상)라고 했다. 여기서 이른 바 "옳고 그름(是非)"은 도덕적 의의를 놓고 말한 것이며, 이것이 곧 도덕적 인식이라는 것이다. 그 외에 맹자는 또 기타 의의에서 지(智)에 대해 이야기 했다. 예를 들어, 『논어 · 이루(離婁)』편에서 천문, 지리, 수리 등 자연지식도 모두 지(智)라 불렀다. 『대학』에서도 '지(知)'의 역할을 매우 중시해, "자신을 수양하고자 하는 자는 먼저 그 마음을 바로 해야 하고, 그 마음을 바로 하고자 하는 자는 먼저 그 뜻을 성실히 해야 하고, 그 뜻을 성실히 하고자 하는 자는 먼저 그 지식에 힘써야 한다(欲修其身者, 先正其心; 欲正其心者, 先誠其意; 欲成其意者, 先致其知.)"고 했다. 지(知)는 성의, 정심, 수신의 전제와 기초임을 강조했다. 지(知)는 이성적인 품격이고 판단과 추리의 기능이 풍부하며, 자각적으로 행위를 주도하고 지배할 수 있다. 유가에서 보건대, 한 사람이 이성적인 품격이 결핍되어 있으면 개인적 사욕과 자발적인 정감, 맹동적인 의지의 부추김을 받아 이상적인 인격을 성취하는 궤도에서 벗어나게 된다. 오직 합리적인 인지, 이성적인 승화를 거쳐야만 이상적인 인격의 경지에 이를 수 있는 것이다.

인(仁)은 공자 이전에 벌써 공인하는 도덕원칙이었고, 공자가 한 걸음 더 나아가 인을 최고의 도덕원칙으로 하였다. 인(仁)의 내용에 대해 공자는 다중의 정의를 내렸다. 예를 들어, "무릇 인이라 하는 것은 자신이 나서려고 하는 곳에 남을 내세우고, 자신이 이루려고 하는 데에 남을 이루게 하는 것이다(夫仁者, 己欲立而立人, 己欲達而達人.)"(『논어‧옹야』)라고 했으며, 번지가 '인'에 대해 물으니, 공자는 "사람을 사랑하는 것이다(愛人.)"(『논어‧안연』)라고 답했다. 안연이 인에 대해 묻자, 공자는 "자기를 이기고 예로 돌아가는 것이 인이다(克己復禮爲仁.)"(『논어‧안연』) 라고도 했다. 이 두 어록의 뜻은 완전 일치한다. "자신이 나서려고 하는 곳에 남을 내세우고, 자신이 이루려고 하는 데에 남을 이루게 하는 것"은 "사람을 사랑하는 것(愛人)"의 구체적인 내용인 것이다. 다시 말해서 자기가 성립하려고 희망한다면 다른 사람도 성립하도록 도와주어야 하며, 자기가 제고되기를 희망한다면 역시 다른 사람도 도와서 제고되게 해야 한다는 것이다. 이것이 바로 인의 기본적인 내용이다. 이와 상응하여 공자는 또 "공(恭), 관(寬), 신(信), 민(敏), 혜(惠)"를 인덕(仁德)의 구체적 조목으로 확정했다.(『논어‧양화』를 참조할 것) 공자는 도덕 수양방법의 차원에서 "자기를 이기고 예로 돌아가는 것이 인이다'라고 했다. 이는 엄격하게 자신을 단속하고, 예의 제약을 준수할 것을 강조한 것이다. 공자가 말하는 '인'은 도덕적 품덕이며, 고대 인도주의 원칙을 체현한 것이고, 사람의 인격에 대한 존중과 열정, 관심, 진심으로 대하는 것, 공동 제고의 숭고한 정신을 표현한 것이다. 공자가 보건대, 이것 또한 개인 인격가치의 주요한 규정이었다.

용(勇)은 용감함을 말한다. 공자는 "의로움을 보고 행하지 않으면 용기가 없는 것이다(見義不爲, 無勇也.)"(『논어 · 위정』) 라고 했다. 여기서 의(義)는 도덕원칙을 가리킨다. 공자는 "의로움을 보면 용감히 행할 것"을 주장하고 "의로움을 보고도 행하지 않는 것"을 반대했다. 용감하다는 것은 용기이고 담략이며 기질적인 품격이다. 공자는 '용(勇)'이라는 이 품격이 없으면 어질 수도 없고, 의로울 수도 없다고 보았으며, 이상적인 인격 경지에 도달할 수 없다고 보았다. 그러므로 '용(勇)도 인격가치 요소 중의 하나였다.

유가는 최고의 이상적인 본보기를 '성인(聖人), '인인(仁人)이라 불렀다. "자공이 묻기를, 만일 백성에게 널리 은덕을 베풀어서 능히 무리를 구제한다면 어떠합니까, 인이라 부를 만합니까? 공자가 말하기를, 어찌 인에만 관계된 일이 일이겠는가? 반드시 성인일 것이니, 요순 임금도 오히려 어렵게 여겼을 것이다!(子貢曰 : 如有博施于民而能濟衆, 如何 ? 可謂仁乎 ? 子曰 : 何事于仁, 必也聖乎 ! 堯舜其猶病諸 !)"(『논어 · 옹야』) 라고 했다. 공자가 보건대, 성(聖)과 인(仁)은 구별이 있었다. '성인'은 '인인'보다 높았다. "어진 자는 사람을 사랑한다(仁者愛人)", 많은 사람을 박애하는 사람은 어진 사람(仁者)이다. 하지만 성인은 반드시 "백성에게 널리 은덕을 베풀어야 하고", "능히 무리를 구제해야 한다." 공자는 이러한 것은 요순 임금도 완전하게 해내지 못했다고 보았다. 위에서 말한 맹자의 "어질고 지혜로우니 선생님은 이미 성인이십니다(仁且智, 夫子旣聖矣,)"라는 말에서 성(聖)이란, 인(仁)과 지(智) 두 가지를 포함하고 있다는 것을 알 수 있다. 공자의 관점과 연계해 보면, 백성에게 널리 주는 것은 인(仁)이고, 대중을 구조하는 것은 지(智)였던 것이다. 어진 자(仁者)는 도덕 품격이 고상한 사람이고, 성인은 도덕과 인지 두 가지 면에서 품격을 다 갖춘 더 고상하고 더 전면적인 사람을 말했던 것이다. 맹자는 또 대장부의 인격기준을 제기했다. 그는 "부귀도 마음을 어지럽히지 못하고, 빈천도 지조를 옮기지 못하며, 위엄과 무력도 지조를 굽힐 수 없다. 이를 두고 대장부라 한다(富貴不能淫, 貧賤不能移, 威武不能屈, 此之謂大丈夫.)"(『맹자 · 등문공 하』)고 했다. 그는 대장부라면 응당 인격과 존엄을 견지해야 하고, 상황에 따라 원칙을 포기해서는 안 된다고 했다. 맹자의 이러한 언사는 역사적으로 매우 긍정적인 영향을 일으켰다.

유가의 인격가치 학설은 뚜렷한 특징이 있다. 첫째, 군체 관념과 등급 관념에서 출발하여 인격가치를 확정했다. 유가에서 보건대, 사회는 군체로 구성된 집합체이다. 사람은 오직 군체에서만 생존하고 발전할 수 있다. 그러므로 독립적인 의지가 있어야 한다고 강조하면서도 또 "사람을 사랑할 것"과 "무리를 구제할 것"을 요구했으며, 이로부터 완정하고 건전한 인격을 이루어야 한다는 것이었다. 둘째, 인격가치 학설과 도덕학설이 밀접하게 결합되었다. 인격가치에 대한 규정 중, 인(仁)은 중요한 의의를 가지고 있다. 즉 인격가치 중 유가는 도덕 가치를 가장 중시했다. 셋째, 인격의 덕성 규정과 이성 규정의 복잡한 관계와 이중 역할, 인(仁)과 지(智)를 중시했다. 그런데 지(智)는 또 인(仁)에 종속되었고 이성은 덕성에 복종해, 윤리적 이성이 되었다. 이는 인격의 이화(異化)를 방지하고 이성이 잘못된 길로 들어서는 것을 피하는데 도움이 되었던 것이다.

2. 도가의 인격가치관

도가의 창시자 노자도 이상적 인격의 조소와 숭고한 정신적 경계에 대한 추구를 매우 중시했다. 그는 "도도 크코, 하늘도 크고, 땅도 크고, 사람 또한 크다. 세상에는 네 가지 큰 것이 있는데, 사람도 그 중 하나를 차지한다. 사람은 땅의 법도를 따르고, 땅은 하늘의 법도를 따르고, 하늘은 도의 법도를 따르고, 도는 자연의 법도를 따른다(道大, 天大, 地大, 人亦大. 域中有四大, 而人居其一焉. 人法地, 地法天, 天法道, 道法自然.)"(『노자 · 제25장)고 했다. 자연(自然)이란 본연(本然)을 가리킨다. 즉 본연적인 상태를 말한다. 사람은 궁극적 의미에서 말할 때, "도를 지켜야 하며", "자연의 법도를 따라야 한다". 자연을 따르는 것은 객관적 본성과 법칙에 따르는 것이며, 자연에 순응하고 본연에 부합되며, 인위적으로 조작하지 않으며, 꾸며대거나 허위적이지 않음을 말한다. 자연은 즉 '무위(無爲)'라고 본 것이다. 다시 말해 자연을 위배한 의도적인 조작이 아니라는 것이었다. 그래서 "성인은 무위하므로 실패함이 없다(聖人無爲, 故無敗.)"(『노자 · 제64장)고 하면서, 의도적인 것은 반드시 실패하게 마련이지만, 성인은 '무위'하므로 실패하지 않는다고 하여, 자연무위는 성인의 정신적 경지라고 보았던 것이다.

'자연', '무위'의 정신적 경지에 도달하기 위해 노자는 이에 상응하는 인격적 요구를 제기했다. 그는 유연한 것이 소중하다고 주장했다. "사람은 살아서는 유연하지만, 죽으면 굳어서 딱딱해진다(人之生也柔弱, 其死也堅强.)"(『노자 · 제76장)고 했다. 즉 "약한 것이 강한 것을 이기고, 부드러움이 굳셈을 이긴다는 것을 천하에 모르는 자 없지만, 진실로 그렇게 행하는 자는 없다.(弱之勝强, 柔之勝剛, 天下莫不知, 莫能行.)"(『노자 · 제78장)고 부연하고 있다. 다시 말해서 유연한 것은 인생과 연관되고, 유연한 것이 굳센 것을 이기는 것은 보편적인 법칙이라는 것이다. 노자는 또 유연한 것이 소중하다는 사상에서 출발해, '삼보(三寶)'설을 제기했다. "무위의 도에는 삼보가 있어 이를 소중히 여기나니, 하나는 자비요, 하는 검소함이요, 하나는 감히 세상에 앞장서지 않는 것이다. 자비하므로 능히 용기를 가지고, 검소하므로 능히 베풀 수 있고, 앞서지 않으므로 능히 만물의 으뜸이 되는 것이다(我有三寶, 持而保之. 一曰慈, 二曰儉, 三曰不敢爲天下先. 慈, 故能勇; 儉, 故能廣; 不敢爲天下先, 故能成器長.)"(『노자 · 67장)라고 하였다. "감히 세상에 앞장서지 않는 것"이란 바로 사물의 본원적인 자연상태에 부합되어야 하기에 앞을 다투지 않음을 말한다. 노자는 이것이 인생의 삼보라고 보았다. 즉 그가 제창하는 인격 내포의 요점이 바로 이것이었던 것이다.

노자는 긍정적 의의로부터 인격 이상에 대한 요구를 제기했을 뿐만 아니라, 부정적 의의에 있어서도 이에 상응하는 요구를 제기했다. 즉 "그러므로 성인의 가르침은 …… 항상 백성들에게 분별과 욕심을 내지 않게 한다면, 백성들은 현명하게 될 것이고, 감히 어떤 것도 하려 하지 않을 것이다(是以聖人之治 …… 常使民

無知無欲, 使夫智者不敢爲也.)"(『노자 · 제3장)라고 했던 것이다. 즉 "분별과 욕심을 내지 않게 한다"는 것은 자연을 위배한 관점과 욕망이 없게 함을 말한 것인데, 노자는 반드시 "분별과 욕심을 내지 않게 해야"만 무위에 도달할 수 있다고 보았다던 것이다..

장자는 노자의 자연무위의 학설에서 더 나아가, '소요(逍遙)'를 인생의 이상으로 한 정신적 경지를 제기했다. 『장자 · 소요유』에서는 '소요'가 바로 자유라고 하면서 이것이 인생의 최고의 정신적 경지라고 했다. 유(游)는 이러한 경지에 도달하기 위한 노력이라고 했다. 이 글에서는 사회윤리 관계는 사람을 속박하는 울타리이며, 사람은 자연 속으로 되돌아가야 하며, 자연과 하나가 되어 천지만물과 일체가 되는 가운데서 '소요(자유)'를 얻을 수 있다고 했다. 장자는 "천지도 나와 함께 생긴 것이고, 만물도 나와 더불어 하나를 이룬다(天地與我并生, 而萬物與我爲一.)"(『장자 · 제물론)고 했다. 천지가 나와 병존하고 만물이 나와 하나를 이루니 하늘과 사람이 '혼돈불분', 즉 나누어지지 않는다고 했다. 그는 또 "홀로 하늘과 땅의 정순함과 신명과 더불어 왕래하며, 만물을 내려다보는 태도를 취하지 않는다(獨與天地精神往來, 而不傲睨于萬物.)"(『장자 · 천하)고 하여, 홀로 하늘과 땅의 정순함과 신명과 더불어 왕래하고 만물을 내려다보는 태도를 취하지 않는다고 함은 대도(大道)와 합일을 이룸을 말한다고 보았던 것이다. 장자는 한 사람이 이렇게 해야만 무한한 우주에서 자유분방하게 살 수 있으며, 자유 소요(逍遙)의 정신생활을 누릴 수 있다고 했다. 그는 이것이 인생의 가장 숭고한 정신적 경지이며 또한 인격가치의 가장 원만한 실현이라고 했다.

　노자는 성인을 최고의 이상적인 인격으로 보았으며, 장자는 성인 외에도 지인(至人), 신인(神人), 진인(眞人), 천인(天人), 전인(全人)을 인격의 전범으로 보았다. 그는 "지인은 신묘한 사람이라네. 커다란 연못을 다 태워도 그를 태울 수는 없으며, 황하와 한수를 꽁꽁 얼려도 그를 얼릴 수는 없다네……. 생사로도 그를 움직일 수 없거늘, 어찌 이해 따위에 꿈쩍이나 하겠는가!(至人神矣！大澤焚而不能熱, 河漢冱而不能寒……. 死生無變于己, 而況利害之端乎！)"(『장자 · 제물론)라고 했다. '지인'은 신묘한 기능을 가진 사람으로 생사를 초탈한 사람이며 또한 바로 신인(神人)이기도 하다. 진인(眞人)에 관하여서는, "삶을 새삼 기뻐할 줄 모르고, 죽음을 새삼 미워할 줄 모른다(不知說生, 不知惡死)", "분별심으로 도를 버리지 않고, 인위로 자연을 돕지 않는다(不以心捐道, 不以人助天.)", "하늘과 사람이 서로 다투지 않는다, 이런 사람을 진인이라고 한다(天與人不相勝也, 是人謂眞人.)"(『장자 · 대종사)라고 했다. 생사를 초월하고, 하늘과 사람이 서로 다투지 않는 것이 진인(眞人)의 품격이었다. 진인(眞人)은 사실상 바로 지인(至人)이다. 장자는 또 "하늘과 하나로 된" 천인(天人)을 제기했다. 천인(天人)은 지인(至人), 진인(眞人)과 실질상 비슷하나, 인격의 서열에서 지인(至人), 진인(眞人)보다 높다. 장자는 또 전인(全人)을 성인(聖人)의 위에 놓았다. 그는 "성인은 자연스러운 일은 잘하지만 인위적인 일은 잘하지 못한다. 자연스러운 일에도 뛰어나고 인위적인 일에도 뛰어난 사람은 오직 전인만이 가능하다(聖人工乎天而拙乎人. 夫工乎天而俍乎人者, 唯全人能之.)"(『장자 · 경상초)고 했다. 즉, 성인은 자연에 일치하는 일은 잘하지만 인위적인 일은 잘하지 못한다, 자연에 일치하는 일도 잘하지만, 인위적인 일도 잘하는 것은 오직 전인민이 가능하다는 것이었다. 이로부터 알 수 있는바, 장자는 자연과 인위적인 것(인문)의 대립을 잘 타파하는 것을 더욱 높은 인격적 경지로 보았다. 이는 노자의 인격이론과 자연주의사상에 대한 중대한 발전으로, 깊은 영향을 두었다.

　도가의 인격가치 학설은 본모습, 방자함, 자유라는 3대 특징을 가지고 있다. 첫째, 노자는 자연에 순응하고 자연에 부합되어야 한다고 말했다. 장자는 사람과 만물이 하나로 되어야 함을 강조했다. 노자와 장자가 보건대, 이상적인 인격은 자연, 만물과 대립되지 않을 뿐만 아니라, 반대로 자연과 일치해야 하며 자아가 천지만물 중에 녹아들어가야 한다. 자연에 부합된다는 것은 천지만물의 본모습의 상태에 부합되어야 한다는 뜻이다. 진실을 추구하고 본모습에 부합되는 것, 이것은 이상적인 인격의 중요한 품덕을 구성한다. 둘째, 장자는 자연에 순응하는 것은 만물의 본성에 순응하는 것이며, 사람에게 있어서는 인간의 본성에 순응하는 것이라고 보았다. 그는 "그 지극히 바른 것이란, 그 성명의 정을 잃지 않은 것이다(彼至正者, 不失其性命之情)."(『장자 · 변무』)라고 했다. 그는 또 "필자가 이르는 바 훌륭하다는 것은 저 인의를 말하는 것이 아니라, 성명의 정에 맡김을 말한 것뿐이다(吾所謂臧者, 非所謂仁義之謂也, 任其性命之情而已矣.)"(『장자 · 변무』)라고 했다. 여기서 '정(情)'이란, 진실을 말한다. '성명의 정(性命之情)'이란 생명의 진실한 상태를 말한다. 즉 인성을 가리킨다. 이것은 가장 순수하고 가장 고상한 덕성이지 인의는 아니다. 사람의 본

성을 보존하고 사람의 본성에 순응해 자연적으로 발전시키는 것
이다. 장자는 좋은 사회란 "천하가 그 본성을 즐기게 하는 것(天
下欣欣焉人樂其性)"이지, "천하가 병들어 그 본성을 괴롭게 하는
것(天下瘁瘁焉人苦其性)"(『장자·재유』)은 아니라고 했다. 장자
는 인격의 원래 모습의 품격을 제창했으며, 더 나아가 인격의 개
성과 특징을 확인하고 존중했으며, 자아 개성을 진실하고도 자연
적으로 드러낼 것을 강조했다. 장자가 보건대, 유가에서 인의를
말하는 것은 인간의 본성이 아니며, 인위적이고 외재적인 거짓된
꾸밈이며, 심지어는 겉으로는 인의를 말하지만 그 마음은 금수나
다름없다고 보았다. 그는 이는 자연의 도를 위배한 것이고 이러
한 인의도덕은 인격이 허위적이 되게 한다고 보았다. 인의는 인
위적인 공동의 규범으로, 유가에서 말하는 인의는 사람의 개성을
가로막고 말살하여 인격을 단조롭게 만든다고 했다. 또한 인의
는 유가에서 군자와 소인을 구분하는 도덕적 척도로써, 상대적인
것이며, 사람들에게 이용되어 인의를 비러 사람에게 해로운 일
을 할 수 있으므로 사회에 위해성이 있다고 보았다. 셋째는 자연
에 순응하고 인간의 본성에 순응해야 한다는 것이다. 즉 사람은
생활 속에서 곳곳마다, 사사건건 천지만물의 법칙성에 부합되어
야 하고, 끊임없이 주체와 객체의 긴장과 모순, 그리고 대립을 풀
어야 한다고 했다. 또한 끊임없이 정욕과 인의가 성정을 어지럽
히고 말살하는 작용을 배제하여 자아 본성이 천연적으로 드러나
는 것에 순종해야 한다고도 했다. 그래야만 주체 소아와 우주 대
아가 내재적 통일을 이룰 수 있으며, 서로 일치 가운데서 인격도
소요의 경지에 들어설 수 있다는 것이다. 즉 자유의 경지에 들어

설 수 있음을 말했던 것이다. 장자가 보건대, 정신적 자유는 인격의 내재적 품덕이다. 즉 다른 말로 말하면 이상적인 인격은 응당 자유로운 인격이어야 하며, 이러한 자유는 자연에 부합되는 것을 전제로 해야 하며, 또한 자연에 순응하면 필연적으로 얻어지는 결과이기도 하다고 보았던 것이다.

3. 유가와 도가의 인격가치관의 회통

유가와 도가의 인격가치 학설은 커다란 차이점이 존재한다. 그러나 또 많은 점에서 회통하기도 한다. 장자는 회통을 시험해 본 적이 있다. 그는 『장자 · 대종사』에서 이렇게 말했다.

"안회가 말했다. 저는 얻는 바가 있었습니다." 중니가 물었다. "무엇 말이냐?" 안회가 대답하기를 "저는 인의를 잊었습니다." 공자가 말하기를 "좋다, 하지만 아직 미흡하다." 다른 날, 다시 안회가 공자를 만나서 말했다. "저는 얻는 바가 있었습니다." 공자가 말하기를, "무엇 말이냐?" 안회가 말하기를, "저는 예악을 잊었습니다." 공자가 말하기를, "좋다, 하지만 아직 미흡하다." 다른 날, 또 안회가 만나서 말했다. "저는 얻는 바가 있었습니다." 공자가 말하기를, "무엇 말이냐?" 안회가 말하기를, "저는 좌망하게 되었습니다." 중니는 놀라서 물었다. "무엇을 좌망이라고 하느냐?" 안회가 대답했다. "손발이나 몸이란 것을 잊고, 귀나 눈의 작용을 물리쳐서, 형체를 떠나서 지식을 버리고, 저 위대한 도와 하나가 되는 것, 이것을 좌망이라 합니다." 중니는 말했다. "도와 하나가 되면 좋아하는 것이 없어지고, 변하면 한 군데 집착하지 않게 된다, 너는 정말 훌륭하구나! 나도 네 뒤를 따라야겠다(顔回曰：「回益矣.」仲尼曰：「何謂也？」曰：「回忘仁義矣.」曰：「可矣, 猶未也.」他日: 復見, 曰：「回益矣.」曰：「何謂也？」曰：「回忘禮樂矣.」曰：「可矣, 猶未也.」他日, 復見, 曰：「回益矣.」曰：「何謂也？」曰：「回坐忘矣.」仲尼蹴然曰：「何謂坐忘？」顔回曰：「墮肢體, 黜聰明, 離形去知, 同于大通, 此謂坐忘.」仲尼曰：「同則無好也, 化則無常也, 而果其賢乎！丘也請從而后也.)"

이 글에서는 '좌망(坐忘)'으로 '무기(無己)' 혹은 '상아(喪我)'의 자유의 정신적 경지를 묘사했다. 문장은 공자와 안회의 대화 형식으로 유가학자들이 어떻게 "인의를 잊는가", "예악을 잊는가"에 대해 이야기한 것이며, 더 나아가 "형체를 떠나서 지식을 버리는 것'이 모든 것과 통하는 큰 도(大道)와 같은 것이다"라고 했다. 이는 아주 독특한 회통의 방식이었다.

유가와 도가는 인격가치 성향에서 서로 보완성이 있다. 유가는 사회 인간관계를 조화롭게 하고 규범화하는데 편중하고 인의를 제창하였으며, 도덕 품질을 인격의 기본 요소로 보았다. 또한 도덕적인 완벽함을 실현하는 것을 인격의 주요 목표로 하였다. 즉 인격가치의 추구에서 선을 구하고 선의 가치를 실현하는 것에 편중하였다. 도가는 하늘과 사람의 관계의 시각에 편중하여, 이상적인 인격의 내포와 의의에 대해 확정하였고, 이상의 가치가 자연에 부합되는 것을 전제로 하여야 한다고 강조했으며, 인격 이

상의 목표는 추구하는 주체와 도의 합일을 이루어야 하며, 이로
부터 인격의 절대 자유(소요)의 경지에 도달해야 한다고 강조했
다. 즉, 인격가치의 추구에서 진실을 추구하고 진실의 가치를 실
현하는 것을 더 중시했던 것이다. 물론 유가에서도 진실을 추구
했고, 도가에서도 선을 말했지만, 이들의 인격가치 성향에서의
편중점은 다른 것이다. 이러한 다른 점은 서로 보완을 위한 조건
으로 되었으며, 회통을 필요하게 했으며, 또한 회통을 가능하게
했다. 후에 위진(魏晉) 현학(玄學)자들은 혜강(嵇康), 완적(阮籍)
외에 거의 모두가 유가의 명교 관념과 도가의 자연 관념의 내재적
관계를 소통하기 위해 노력하였으며, 이 양자의 일치성을 강조하
였다. 즉 이러한 회통의 실현을 위해 큰 노력을 기울였던 것이다.

　만약 인격가치의 이상문제에 있어서, 위진 현학가들의 명교와
자연을 조화시키는 주장이 도가에서 유가의 학설을 회통한 것과
같은 것이라고 한다면, 『중용』에서 "사람의 도(人道)는 하늘의 도
(天道)에서 온 것"이라는 사상은 유가가 도가를 회통했다고 말할
수 있다을 것이다. 『중용』에서는 "하늘이 명한 것을 성이라 하고,
성에 따름을 도라 하고, 도를 닦는 것을 교라고 한다(天命之謂性,
率性之謂道, 修道之謂敎.)"고 했다. 즉 사람의 본성은 하늘이 내
린 명(命)이며, 이러한 천부적인 본성에 순응하는 것이 사람의 도
(人道)이고, 사람의 도(人道)를 닦고 보급하여 사람마다 모두 실
행할 수 있게 하는 것이 바로 교화(敎化)라고 보았던 것이다. 『중
용』에서는, 도(道)는 성(性)에서 나오고 성(性)은 하늘이 준 것으
로, 사람의 도의 근원은 결국 하늘의 도에 있으며, 인류사회는 하
늘의 도의 자연적 체현이라고 했다. 『중용』은 또 "참됨은 하늘의

도이고, 참되고자 함은 사람의 도이다. 참됨은 힘쓰지 않아도 적
중하고, 생각하지 않아도 얻어지고, 조용히 있어도 도에 적중하
니 성인이다. 참됨을 이루도록 하는 방법은, 선을 택해 굳게 잡고
나아가는 것이다(誠者, 天之道也, 誠之者, 人之道也.誠者, 不勉
而中, 不思而得, 從容中道, 聖人也.誠之者, 擇善而固執之者也)"
라고 했다. 여기서 '참됨(誠)'은 이중의 의미가 있다. 하나는 객관
적 법칙을 말하며, 다른 하는 이상적인 도덕 경지를 말한다. "힘
쓰지 않아도 적중하고, 생각하지 않아도 얻어진다"는 것은 성인
의 사상과 언행이 도에 부합되지 않는 것이 없다는 뜻이다.『중
용』은 자연의 보편적인 법칙과 인격의 이상적 경지를 혼합하여,
유가와 도가의 인격이론과, 진실됨과 선을 실현하는 가치를 통일
시켰던 것이다.

　유가와 도가의 인격가치론은 인류 정신문명 건설에서 소중한
유산이다. 유가와 도가의 학설은 모두 나름대로 일리가 있지만
병폐도 있으며, 각자 장점도 있지만 단점도 있다. 유가와 도가의
인격이론을 과학적으로 계승하여 현대 사람들의 인격가치가 갖
는 내용을 풍부히 하는 것은 현대의 이상적인 인격을 조소(彫塑)
하는 데 중대한 의의가 있는 것이다.

(『장백논총』 1995년 제2기와 『신화문적』 1995년 제7기에 게재됨)

전통적 인생가치관과 현대화

　전통문화와 현대화의 관계는 과연 어떠한가? 이는 1980년대 이래의 인기 있는 화제이다. 필자가 보건대, 전통문화가 현대화에 대한 가장 큰 의의는 인생가치관에 있다고 본다.

　인생가치관은 중국 전통가치관의 주요한 부분으로, 그 의미는 생명가치, 인류가치, 인격가치와 이상가치 등을 포함하고 있다. 고대에 유가와 도가가 탐구했던 주요 대상은 사람이었으며, 모두가 인생가치에 대해 일련의 독특한 설명을 하였다. 유가와 도가의 핵심사상은 모두 이러한 인생가치관에 관한 것이라고 할 수 있다.

　유가는 사람이 천지간에서의 중요한 지위를 강조하였고, 사람의 생명을 중시하였다. 공자와 맹자는 모두 이런 관점을 가지고 있었다. 즉 사람의 생명가치와 도덕가치는 모두 중시되어야 하나, 이 양자를 비교할 때, 도덕가치가 더 중요하다고 했다. 도가의 노자는 무신(無身)을 제창했고 장자는 '보신(保身)'을 주장했다. 말뜻은 다르지만, 화를 방지하고 재난을 피한다는 정신은 일치한다. 도가는 "내 명은 나에게 달린 것이지 하늘에 달린 것이 아니다(我命在我不在天.)"(『포박자 · 내편 · 황백편』)라는 명제를 제시하여, 인류가 자신의 생명에 대해서 중요하다는 바를 나타냈으며, 나아가 생명의 영원함을 추구해야 한다는 열정을 보여주었다.

사람의 생활에는 의의와 가치가 있겠는가? 있다면 어떠한 의의와 가치가 있겠는가? 이에 대해 유가는 사람의 생활은 즐거운 것이며, 인생은 행복하고 아름다운 것이라고 보면서, "스스로 그 즐거움을 즐긴다(自樂其樂)", "하늘의 뜻을 즐기고 운명을 안다(樂天知命)"는 것을 주장했다. 공자는 "어진 사람은 걱정하지 않는다(仁者不憂)"(『논어 · 헌문』)고 했으며, "발분하면 밥 먹는 것도 잊고, 즐길 때는 온갖 걱정을 다 잊으며, 늙어가는 것조차 알지 못한다(發憤忘食, 樂以忘憂, 不知老之將至.)"(『논어 · 술이』)고 했다. 맹자는 "백성과 더불어 즐길 것(與民同樂)"을 주장했고, 군자는 세 가지 즐거움이 있다고 했다. "부모가 모두 생존하고 형제들이 사고가 없는 것이 첫 번째 즐거움이다. 우러러보아서 하늘에 부끄럽지 않고 굽어보아서 사람에게 부끄럽지 않은 것이 두 번째의 즐거움이다. 천하의 뛰어난 인재를 얻어서 교육하는 것이 셋째의 즐거움이다(父母俱存, 兄弟無故, 一樂也; 仰不愧於天, 俯不愧於人, 二樂也; 得天下英才而敎育之, 三樂也.)"(『맹자 · 진심 상』)라고 했다. 즉 가정 성원이 모두 건재하고 개인적으로 스스로 돌이켜보아 부끄러움이 없는 것과 천하에서 뛰어난 영웅과 인재를 교육하는 것이 즐거움이라고 강조했다. 도가의 노자는 욕망을 절제할 것을 주장했고 장자는 욕망이 없게 할 것을 주장했다. 후에 『여씨춘추 · 본생』에서는 또 여색에 대하여 "본성에 이익이 되면 취하고, 본성에 해가 되면 포기해야 한다.(利于性

則取之, 害于性則舍之.)"고 했다. 즉 욕망을 절제하지 않아서도 안 되지만 억제해서도 안 되며, 적당해야 한다는 뜻이었다.

인생의 이상 가치에 대하여 공자는 "의를 숭상한다(義以爲上)", "'어진 사람은 인을 편안하게 여긴다(仁者安仁)"는 명제를 제기했으며, 도덕이 최고이고 도덕이 최고의 가치를 가지고 있으며, 도덕가치를 이상적 가치로 보았다. 유가의 최고 이상적 인격은 '성인(聖人)'이고 그 다음으로는 '어진 사람(仁人)'이었다. 유가는 인생의 이상적 가치에 도달하기 위해서는, '삼불후(三不朽)'설을 제창했는데, "덕을 세우는 것(立德), 공을 이루는 것(立功), '말을 세우는 것(立言)"이 인간의 이상적인 인격가치의 표준임을 강조했다. 즉 사람이 성공하는 첩경이라는 것이었다. 노자는 항상 '무위'하지만 또한 "행하지 아니함도 없음(無爲而無不爲)"을 주장하였고, 장자는 더 나아가 '소요(逍遙)', 즉 "정신적인 절대 자유를 이상적인 생활이고 이상적인 경지"라고 했다.

생사관은 인생가치관의 중요한 부분이다. 유가는 생사를 자연현상이라고 보았으며, 생과 사에 대해 각기 낙관적인 태도와 냉정한 태도를 지니고 있었다. 송(宋)나라의 유가학자인 장재(張載)는, "나는 살아서는 천지를 순종하여 섬길 것이요, 죽을 때는 편안하게 돌아가리라(存, 吾順事; 沒, 吾寧也.)"(『정몽·건칭)고 했다. 즉 살아서는 될수록 일을 하는 것이고, 죽는다는 것은 조용히 휴식하는 것이라고 보았다. 유가의 생에 대한 낙관적인 태도와 죽음을 편안하게 보는 관점은 후세에 매우 큰 영향을 주었다. 도가의 장자는 사람의 생사는 기가 모였다가 흩어지는 것이라고 보았으므로, 자연에 따를 것을 주장하며, 생사에 대해 기뻐하거나 슬퍼할 필요가 없다고 보았다. 장자는 아필자가 죽자, 비통해하지 않았을 뿐만 아니라, "북을 두드리며 노래했다(鼓盆而歌)."

상술한 인생가치관에 대한 학설은 중국 고대 철인들의 인생지혜의 결정이고, 생명체험의 종합이며, 각자 정성들 설계한 안신입명(安身立命)의 방안으로, 인생에서 여러 가지 모순을 처리함에 있어서의 중요한 준칙이었다.

현대화에 있어서의 중요한 표지 중 하나가 바로 사람의 자질을 전면적으로 제고시키는 것이다. 그리고 사람 자질의 중요한 의의 중 하나가 바로 인생가치관을 확립하는데 있다. 고대의 인생가치관은 그 국한성이 있지만, 합리적인 요소도 있으므로 우리가 흡수하고 거울로 삼아야 할 것이다.

그럼 유가와 도가의 인생가치관에는 어떠한 현대적 의의가 있을까? 필자가 보건대, 다음과 같은 네 가지 중요한 시사점이 있다고 본다.

1) 숭고한 사명감과 책임감이 있어야 한다

우리는 유가와 도가의 사상을 계승하여, 사람이 우주에서의 지위와 역할이라는 시각에서, 인생의 행로와 의의에 대해 평가해야 할 것이다. 지금의 세계는 발전하는 세계이지만 문제점과 모순, 위기도 존재한다. 이러한 정세는 우리의 사명감과 책임감을 더하고 있다. 우리는 응당 세계의 발전과 인류의 발전, 인민의 행복을 위해 자신을 공헌하겠다는 포부와 의지를 가져야 한다.

2) 인생 최고의 이상적 경지를 추구할 수 있어야 한다

이상적 경지에는 다중의 내용이 있다. 유가와 도가에서 제창한 인생의 이상적 가치는 모두 다 본받을 바가 아니다. 그러나 그들이 인생의 정신적 경지에 대한 추구는 우리가 계승하고 선양해야할 바이다. 현재, 물질적 생활이 보편적으로 좋아진 상황 하에서이는 더구나 특수한 의의가 있다. 인격의 존엄과 건강한 의지, 고상한 도덕을 키우는 것은 주체의 인격 이상을 확립하는 데에 있어서 매우 중요하다고 본다.

3) 정확한 생사고락관(生死苦樂觀)을 수립해야 한다

이 방면에서 전통문화에는 풍부한 사상자원이 있고, 발굴하고선양할 가치가 있다.

4) 도덕적 정조(情操)를 제고하도록 노력해야 한다

우리는 범도덕주의(泛道德主義)를 찬성하지 않지만, 도덕 건설은 사회발전에서 중대한 역할을 하고 있으므로 매우 중요하다. 특히 사회 전형시기에 더욱 중요하다. 유가 등의 도덕 자원을 이용하고 개조하며 제고시키는 것은 우리의 도덕 건설에 도움이 되며, 나아가 우리의 도덕적 정조를 제고시킬 수가 있는 것이다.

(『인민일보』 해외판 1995년 8월 5일자에 게재됨)

불교 심성론에 대한 유가의 영향

　유가는 중국 고대 전통문화에서 주도적 위치를 점해 왔으며, 유가사상이 불교의 정치관념, 윤리, 도덕과 심성(心性) 등 영역에 끼친 영향은 강렬하고도 거대했다. 우리가 여기에서 중점적으로 논하려는 것은 유가의 심성학설이 중국불교의 심성론에 미친 영향이다. 이를 위해서는 먼저 유가 심성론의 역사적 변화과정을 회고해 볼 필요가 있다.

　유가학설은 '사람'을 중심으로 하는 인문주의 사상을 특별히 중시한다. 유가에서 보건대, 사람이란 무엇인가? 사람의 본질은 무엇인가? 사람의 이상적 가치는 또한 무엇인가? 하는 문제들은 가장 관심을 둘 필요가 있고, 또한 가장 해결해야 할 필요가 있는 철학문제였다. 그들은, 사람은 감성적인 동물일 뿐만 아니라, 이성적인 동물이기도 하며, 더욱이 도덕적 이성을 지닌 주체라고도 보았다. 즉 사람이 사람일 수 있는 것은, 생리적 필요에 의해서만 있는 것도 아니고, 또 생각할 수 있는 이지적 능력에 의한 것만도 아니었다. 중요한 것은 정감의식과 도덕이성이었다. 이로부터 사람이 사람일 수 있는 원인은, 사람의 내재적 본성에 대한 자아인식에 있는 것이다. 유가는 마음은 인간성의 진정한 담당자이고, 사람이 사람일 수 있는 것은 그 본성이 마음을 떠날 수 없기 때문이며, 본성은 또 마음의 본질이기 때문이라고 했다. 사람이 이상적 가치를 실현하려면 그 근본적인 첩경은 자신에게로 돌아와 자신의 마음과 본성을 아는 것이다. 만약 자신의 마음이 도덕의 마음이라면 그 본성은 도덕의 이성이다. 이것이 바로 사람이 사람일 수 있는 까닭이며, 더 나아가 인간의 이상적 가치가 있게 되는 것이다. 유가사상은 심성에서 출발해 사람의 마음 속에서 진실과 선, 행복을 추구하는 학설이다. 이러한 심성론이 바로 유가철학의 핵심 이론이다.

공자는 사람(人)을 발견하고 인학(仁學)을 제기했고, 사람과 사람 사이의 관계에 대한 연구를 중시했으며, 사람들의 시야를 '하늘'로부터 사람에게로 돌려놓았다. 공자는 윤리도덕에 대해 논할 때, 인성문제에 대해 언급하면서 "본성은 비슷하다(性相近)"라는 명제를 제기했다. 후에 공자는 성선설(行善說)을 주장하면서 "인이란, 사람의 마음이다(仁, 人心也)"(『맹자·고자 상』)라는 말과 "군자가 본성으로 지니는 인, 의, 예, 지는 마음에 뿌리를 박고 있다(君子所性, 仁義禮智根于心.)"(『맹자·진심 상』)는 심성합일론(心性合一論)을 제기했다. 이로부터 인의는 군자의 내재적 본성 혹은 본질로 존재하게 됐으며 도덕적 자율로 변했다. 그는 또 "마음을 다 하면 본성을 알고, 본성을 알면 하늘을 안다(盡心知性知天)"(『맹자·진심 상』)는 명제를 제기해, 자아초월의 천인합일설

을 설계했다. 순자는 성악론(性惡論)을 주장했으며, 또 "알 수 있
는 것은 사람의 본성이다(凡以知, 人之性也)"(『순자 · 해폐』)라고
하면서, "알 수 있는 사람의 본성으로 알 수 있는 사물의 이치를
구한다(以可以知人之性, 求可以知物之理)"(『순자 · 해폐』)고 했
다. 그는 사람의 알 수 있는 능력을 인성의 중요한 내함으로 보았
으며, 그 역할을 충분히 긍정했다. 이는 중요한 이론적 의의를 가
지고 있다. 『주역 · 계사 상』에서는 "음이 되었다, 양이 되었다 하
면서 계속 변화하는 것을 두고 도라고 한다. 그 도를 잇는 것은 선
이고, 그 도를 잘 이루는 것은 본성이다(一陰一陽之謂道, 繼之者
善也, 成之者性也.)"라고 했다. 『주역 · 설괘』는 또 "하늘의 이치
를 끝까지 구하고 사람의 본성을 다 하면 천명을 실천할 수 있다
(窮理盡性以至於命)"는 명제를 내놓았다. 여기에서 하늘의 이치
를 끝까지 구한다는 것은 사람의 본성을 다 하기 위한 것이며, 본
성을 다 하면 천명을 실천할 수 있다. 여기에서 천명이란 천인합
일의 성명(性命)의 명(命)이다. 맹자는 천명과 인성을 통일시켰
다.[55] 『주역』은 더구나 하늘과 땅, 사람의 도는 모두 "성명의 이
치"에 귀속된다고 하면서 이 삼자는 모두 형이상(形而上)의 도에

---

55) 『맹자 · 진심 하』에서는, "입이 맛을 아는 것과, 눈이 빛을 아는 것과, 귀가 음성을 아는
것과, 코가 냄새를 아는 것과, 사지가 편한 것을 아는 것은 인간의 본성이나, 그것에는
천명이 개재되어 있다. 군자는 그런 것을 본성이라고는 하지 않는다. 인이 부자 사이
에 베풀어지고, 의가 군신 사이에 유지되고, 예가 빈객과 주인 사이에 지켜지고, 지혜
가 현자에게 밝혀지고, 성인이 하늘의 도를 행하는 것은 천명이기는 하나, 거기에는 인
간의 본성이 개재되어 있다. 군자는 그런 것을 천명이라고는 하지 않는다(口之于味也,
目之于色也, 耳之于聲也, 鼻之于臭也, 四肢之于安佚也, 性也, 有命焉, 君子不謂性
也.仁之于父子也, 義之于君臣也, 禮之于賓主也, 知之于賢者也, 聖人之于天道也, 命
也, 有性焉, 君子不謂命也.)"고 했다.

서 기원하고 있다고 했다.[56] 『대학』에서는 "수신은 그 마음을 바르게 하는 데 있다(修身在正其心)"고 했으며, 『중용』에서는 "참됨으로 말미암아 밝아지는 것을 본성이라 한다(自誠明, 謂之性)"고 했다. 이로부터 알 수 있듯이, 심성학설은 선진(先秦) 시기 유가 천인학설의 중요한 내용이었으며, 그 주된 경향은 성선설(行善說)이었다. 또한 맹자의 성선설과 순자의 성악설의 대치는 인성에 대한 장기간의 논쟁을 일으켰다. 한(漢)대부터 남북조(南北朝)에 이르기까지 유가 심성론 학설은 상대적으로 정체되었다. 당(唐)나라 중기에 와서 한유(韓愈)는 『원성(院性)』, 이고(李翶)는 『복성서(複性書)』를 지어 다시 사람의 본질을 탐색하기 시작했으며, 이로부터 새로운 인문주의 사조가 나타났다. 그리고 후세의 송명(宋明) 이학(理學)은 더구나 심성론을 극성기로 끌어올렸으며, 심리적 정감에 편중하여 진일보하게 도덕적 본체를 건립했다. 유가 심성론의 이런 이유 있는 발전은 불교 심성론과 중대한 관계가 있다. 선진(先秦)시기 유가의 심성론은 불교 심성론의 발전 추세, 이론 중심, 사상내용과 학설의 취지, 즉 중국화의 수요에 근거한 불교 심성론의 재구성에 중대한 영향을 끼쳤다. 또한 유가의 심성론을 흡수하여 이루어진 중국불교의 심성론은 또 역으로 이고와 송명 유학가들의 심성학설에 커다란 영향을 주었다. 송명 이학의 심성학설은 이루어진 후 또 마찬가지로 송대 이래의

---

56) 『주역 · 설괘』에서는 "옛날 성인이 역을 지음은, 성명의 이치를 순하게 하려 함이니, 이로써 하늘의 도를 세워 음과 양이라 이르고, 땅의 도를 세워 부드러움과 강함이라 이르고, 사람의 도를 세워 어짐과 의로움이라 일렀다(昔者聖人之作易也, 將以順性命之理, 是以立天之道曰陰與陽, 立地之道曰柔與剛, 立人之道曰仁與義.)"고 했다.

불교 심성론 사상 변화에 영향을 주었다. 이러한 것들은 유가와 불교 심성론에 대해 역사적으로 종적인 상호작용을 체현해 주었다.

그러면 유가 심성론사상은 불교 심성론에 어떠한 영향을 주었는가?

1) 불교 심성론의 중심 확립과 궤적의 확정

유가는 친사회적이며 현세에 관심을 갖고 사람의 일에 열성적이고 귀신을 공경하지 않았다. 현세를 중시하고, 내세를 경시하며 차안(此岸)을 중시하고 피안(彼岸)을 경시하는 인문정신을 체현하였다. 이러한 정신과 일치하면서 유가의 심성론은 현실사회의 정치생활과 긴밀히 연계되어 있었다. 유가에서 인성을 중시하는 것은 윤리도덕과 치국의 도의적 의거를 탐구하기 위함에 있었다. 유가의 현실적 인문주의 정신과 심성론은 중국 고유의 전통문화와 불교의 외재적 문화의 힘으로서, 무형 중 중국불교가 제때에 심성론 이론 중심과 심성론 궤적의 발전 방향을 확립할 수 있도록 크게 촉진해 주었다. 맹자의 성선론(性善論)과 "사람마다 요 임금과 순 임금처럼 될 수 있다"는 사상의 영향 및 유가학자들이 영혼불멸론에 대한 비판으로 인하여 진(晉)말, 송(宋)초 축도생(竺道生)은 불교 반야학(般若學)이 유행할 때 시의 적절하게 이론의 궤도를 바꾸어 불성론(佛性論)을 대대적으로 선양시킬 수 있었다. 또한 당시 번역된 불교경전에서 일부 사람들은 부처가 될 수 없다는 설과 반대로, 사람마다 불성(佛性)이 있다고 고취하면서, 모든 중생이 다 성불할 수 있다고 했다. 여기에서 유가 심성론 사상배경의 영향을 엿볼 수가 있다. 또한 인도 불교경전은 중생의 심성과 불성(佛性)에 대해 많이 언급했는데, 이러한 중생의 심성과 불성은 사실 모두 인성(人性)을 가리키는 것이었지만, 직접 인성에 대해 언급하거나 인성이라는 이 술어를 사용하는 사람은 매우 적었다. 혜능(慧能)의『단경(壇經)』은 인성이라는 이 술어를 직접 사용하였고, 또 인성에 대해 많이 언급하였으며, "인성은 원래 깨끗하다(人性本淨)"고 선양해, 인성으로 중생의 심성과 불성을 교체하려는 경향이 있었다. 이로부터 선종(禪宗)은 더욱 선명하게 인간의 심성문제를 자신의 이론 요지로 삼았다. 이는 유가를 대표로 하는 중국문화의 "사람을 중시하고 인성을 중시하는" 전통 관념이 혜능의 사상에 중대한 작용을 한 결과였다.

2) 진심과 자심

인도불교는 마음에 대해 상당히 세밀하면서도 깊이 있는 논술을 하였는데, 중점적으로 두 가지 유형의 마음에 대해 분석했다. 즉 연허심(緣虛心)과 진심(眞心)이었다. 연허심은 사물에 대해 분별하고 인식하는 정신적 역할을 말했다. 진심은 본래 가지고 있는 진실한 청정심령(淸淨心靈)으로서, 중생의 심성 본체와 성불의 근거였다. 중국불교 종파는 대다수가 인도불교의 심론(心論)을 계승했으며, 진심을 중생이 불과를 얻는 내재적 근원으로 보았다. 동시에 또 유가의 심성론을 포함한 중국 고유의 심성론의 영향 하에, 인도불교의 진심설을 발전시켰다.

유가에서 말하는 마음(心)에는 여러 가지 의의가 있다. 첫째는, 마음을 사유의 기관으로 보았다. 예를 들어,『맹자 · 고자 상』에서는 "마음의 기능은 생각하는 것이다(心之官則思)"라고 했다. 이로 인해 마음은 후에 또 뇌의 별칭으로 사용되었다. 둘째, 사상과 이념의 감정을 가리켰다. 예를 들면, 『주역·계사 상』에서는 "두 사람이 마음을 같이하면 그 예리함이 쇠도 끊는다(二人同心, 其利斷金)"고 했다. 셋째는, 성정과 본성을 가리켰다. 예를 들어 『주역·복』에서는, "복에 천지의 마음이 나타난다(復, 其見天地之心乎.)"고 했다. "천지의 마음"이 바로 천지의 본성이다. 인심 (人心)이라는 점에서 말할 때, 유가는 보통 사람의 주관적 의식을 가리켰다. 중국 고유의 철학은 인심, 현실심을 말했지만, 진심에 대해서는 말하지 않았으며, 구체적인 사람의 마음을 떠난 본체의 진심을 언급하지 않았다. 현실에서의 인심을 중시하는 유가의 이 러한 사유 지향은 중국불교 심성론에 의해 영향 받은 것이었다. 『대승기신론(大乘起信論)』[57]은 '1심2문(一心二門)'이라는 명제를 제기해, 1심은 '심진여문(心眞如門)'과 '심생멸문(心生滅門)'이 있다고 했다. '진여심(진심)'과 '생멸심(현실심)'을 합성한 것이 '아뢰야식(阿賴耶識)'이었다. 이 책에서는 '생멸심'에 대한 분석과 연구에 집중했다. 이는 유가와 불교 심성론의 융합을 체현한 것이다. 천태종(天台宗)은 "선악을 다 같이 구비한(善惡同具)" 마음에 대해 이야기했다. 이러한 마음은 선명한 현실성을 가지고 있었다. 이는 유가사상을 흡수하여 개조한 진심이었다. 화엄종(華嚴宗)은 "각각의 마음에 나타난 현상(各唯心現)"과 "마음에 따른 회전(隨心回轉)"을 말했다. 이 마음은 진심을 말하는 것이기는 하지

---

57) 『대승기신론』의 저자에 대하여 학술계에는 다른 관점이 있다. 필자는 중국불교학자의 저작이라고 본다.

만, 확실히 현실심(現實心)의 의미가 있었다.[58] 선종(禪宗)의 혜
능 등은 더구나 자심(自心), 인심(人心)을 특히 거론했고, 자심이
바로 부처라고 강조했다. 이는 유가의 현실중시사상 전통의 영향
을 깊이 받은 것이라고 할 수 있을 것이다.

3) 성선(性善)과 성악(性惡)

　유가의 인성학설의 성선론(性善論)과 성악론(性惡論)은 모두
중국불교의 심성론에 영향을 주었다. 유가 심성론 사상의 주류인
성선론은 사람과 기타 동물의 구별로부터 입론했으며, 사람이 기
타 동물과 다른 점은 선천적으로 동정심과 수치심, 공경심과 시
비심의 맹아가 있기 대문이라고 강조했으며, 성선(性善)의 천부
적 자질을 구비했다고 보았다. 인도의 소승불교는 심성이 원래
부터 깨끗하다고 주장한다. 후에 대승불교는 동물을 포함한 모
든 중생에게 불성이 있다고 했다. 하지만 개별적으로 모든 중생
에게 모두 불성이 있는 것은 아니라는 주장도 있었다. 불교에서
말하는 성정(性淨)은 번뇌가 없고, 고통이 없는 공적성(空寂性)
을 가리킨다. 이는 유가의 선천적인 성선설과는 다르다. 하지만
불교의 성정론과 불성론은 유가의 성선론과 가치 판단에서 유사
한 점이 있다. 즉 모두 인성의 긍정적인 면을 내세우고 있으며 인
성이 본래 완미함을 지니고 있다고 긍정하고 있다. 예를 들어, 송
대의 운문종(雲門宗) 선사 계숭(契嵩)은 "부처란 인의와 유사하다
고 하였으니, 인의를 어찌하여 정이라 하지 않겠는가? 인의란 정

---

58) 북경 중화서국에서 1983년에 출판한 『화엄금사자장 교석(華嚴金獅子章校釋)』 27쪽을
　참고.

에서의 선한 것이다(佛之爲者, 旣類夫仁義, 而仁義烏得不謂之情乎? …… 仁義乃情之善者也.)"[59]고 하면서 유가의 인의를 선이라고 하여 부처의 품성을 설명하였다. 또한, 송(宋)대의 동림상(東林常) 총선사도 "경에서 말하는 십십, 제팔암마라식을 당나라 말로 하면 백정무구(白淨無垢)라는 뜻이다. …… 맹자가 말하는 성선이다(經中說十識, 第八庵摩羅識, 唐言白淨無垢. …… 卽孟子之言性善是也.)"[60]라고 했다. 여기에서 응당 지적해야 할 것은, 유가의 성선론은 중국불교에서 사람마다 불성이 있고, 현실에서의 사람 마음이 성불에서의 역할을 강조하는 데에 거울이 되는 작용을 한다고 하였다. 불교의 불성론과 유가의 성선론은 중국 고대에서 병행되면서도 상충되지 않는 양대 심성론의 학설이 되었던 것이다.

순자의 성악론(性惡論)은 천태종(天台宗)의 심성사상에 상당히 계발적인 영향을 주었다. 순자는 맹자와는 달리 자연과 사람의 구별로부터 입론하여, '성(性)'과 '위(僞)'의 구별을 강조하였다. 성(性)은 사람의 천연적인 생리적 자질이며, 사람은 태어나면서부터 성질과 본능적인 반응을 가지고 있으며, 이는 선천적인 것으로 후천적이고 인위적인(僞) 것과는 다르다고 보았다. 순자는 "성과 위가 합해진 연후에 성인이란 이름이 이루어진다(性僞, 然後成聖人之名.)"(『순자 · 예론)고 했다. 즉 본성과 인위적인 것이

---

59) 『보교편 상 · 원교(輔敎篇上 · 原敎)』, 『담진문집(鐔津文集)』권 제1, 『대정장(大正藏)』제52권, 649쪽.

60) 상해 세계서국에서 1936년에 출판한 『송원학안(宋元學案)』, 권25, 『귀산학안(龜山學案)』상책, 551쪽.

합하여, 인위적인 것이 본성에 대해 가공하고 개조하면 그 후에 성인이 될 수 있다는 것이었다. 성인도 원래는 본성이 악하였으나, 인위적인 노력을 거쳐 성인이 될 수 있었다고 했다. 이와 동시에 순자는 또 "저자거리의 사람도 우 임금 같은 성인이 될 수 있다.(涂之人可以爲禹.)"(『순자·성악)고 했다. 즉 보통 사람도 주관적인 노력을 거치면 모두 성인(우 임금)이 될 수 있다는 뜻이었다. 한(漢)대의 유가학자들은 성선, 성악론을 섞어서 종합해 인성론을 만들기도 했다. 예를 들어, 동중서(董仲舒)는 『춘추번로·심찰명호』에서 "사람의 본성에는 탐욕도 있고 인애도 있다. 인애와 탐욕의 기는 모두 한 사람의 몸에 존재한다. 몸은 하늘에서 온 것이다. 하늘은 음양의 두 가지 기를 준다. 몸도 동시에 탐욕과 인애의 본성이 있게 된 것이다(人之誠, 有貪有仁, 仁貪之氣兩在于身, 身之名取諸天, 天兩有陰陽之施, 身亦兩有貪仁之性.)"고 했다. 즉 하늘이 음양 두 가지 기를 사람에게 줌으로써, 사람은 탐욕과 인애 두 가지 본성, 즉 선과 악을 가지게 됐다는 것이다. 양웅(揚雄)도 『법언·수신』에서 "사람의 본성은 선과 악이 혼합되어 있다(人之性也, 善惡混.)"고 했다. 즉 인성 중에는 선도 있고 악도 있으며 이중적이라고 했다. 순자, 동중서, 양웅의 심성론 사유는 천태종(天台宗)의 "본성에는 선악이 구비되어 있다(性具善惡)", "부처는 본성의 악을 끊었다(佛也斷性惡)"는 관념에 계시를 주었다고 해야 할 것이다. 순자가 성악설을 논한 것과 동중서, 양웅이 "사람은 선악 두 가지 본성을 가지고 있다고 한 설은 모두 인성 개조에 대한 필요성을 내세우기 위한 것이었다. 천태종에서 본성에는 선악이 모두 있다고 한 것은 불교 수행의 중요성을 강조하기 위한 것이었다. 이러한 점에서 양자는 통하는 바가 있는 것이다.

중국 유학자들이 심성론 문제를 논술함에 있어서, 그 중심은 선악의 도덕적 가치 판단의 문제에 있었다. 유학자들의 이러한 가치관과 사유방식과 상응하여, 불교 유가행파(瑜伽行派)의 아뢰야식(阿賴耶識) 학설이 중국에 전해들어온 후, 중국불교 학자들이 가장 관심을 둔 것도 역시 아뢰야식(阿賴耶識)의 염정진망(染淨眞妄) 문제 및 이와 직접 관련된 성불의 근거문제였다. 일례로, 남북조(南北朝) 시기의 지론사(地論師)는 번역이 어렵고 이해가 서로 다른 등의 원인으로 인하여 아뢰야식(阿賴耶識)의 염정진망(染淨眞妄)에 대한 설명에서 다른 점이 있었으며, 이에 따라 상주(相州) 남도와 북도로 분열되었다. 남도 지론사는, 아식(阿賴耶識)이 바로 진여불성(眞如佛性)이며, 모든 공덕을 다 구비했다고 보았다. 즉 여래장(如來藏)이라고 보았고, 중생은 원래부터 선천적으로 성불의 근거를 구비했다고 강조했다. 북도 지론사는, 아뢰야식(阿賴耶識)은 진망화합(眞妄和合)이며, 염정(染淨)의 뜻도 함께 구비했다고 보았으며, 이로부터 불성은 수양을 거쳐 성불한 후에야 얻어진 것이라고 강조했다.

4) 성정(性靜)과 성각(性覺)

위에서 서술한 바와 같이, 인도불교는 심성은 원래부터 깨끗한 것이라고 했다. 하지만 주의해야 할 점은, 중국불교는 성정(性淨)설에 새로운 해설을 하였다는 점이다. 하나는 정지(靜止), 정적(靜寂)으로 정(靜)에 대해 해석한 것이며, 다른 하나는 각지(覺

知), 각오(覺悟)로 정(靜)을 대체한 것이다. 심정(心淨)사상이 중
국에서의 이러한 변화는 유가사상의 영향과 직접으로 연관된다.
인도불교에서 심성의 청정함을 논한 것은, 오염, 근심과 걱정, 번
뇌와 상대적인 것으로, 여러 가지 번뇌에서 벗어나고 여러 가지
욕념을 배제하는 것이 바로 심성의 공적(空寂)인 것이다. 중국불
교 학자들은 보통 심정(心淨)을 심정(心靜)으로 전환시켜, 정지,
정적이 청정한 것이라고 했다. 요진(姚秦)의 승조(僧肇)는 동정일
체(動靜一體)를 주장하였다. 하지만 그도 "마음은 물과 같아 정지
하면 비출 수 있고, 움직이면 비출 수 없다(心如水也, 靜則有照,
動則無鑒)"[61]고 했다. 여기서 비출 조(照)는 관조, 지혜를 말한다.
이는 물로써 마음을 비교한 것으로, 물이 정지하면 지혜를 관조
할 수 있지만 물이 움직이면 관조할 수 없으므로, "마음의 정지
(靜)"를 제창했던 것이다. 양무제 소연(蕭衍)은 더구나 명확히 심
정(心靜)으로써 심정(心淨)을 해석했다. 그는 "『예기』에서 말하
기를, 삶이 고요한 것은 하늘로부터 받은 본성이지만, 만물에 감
응하여 마음이 움직일 때는 그 본성도 욕망으로 변한다. 움직이
면 마음에 때가 끼고, 고요하면 그 마음이 청정해진다. 외부의 움
직임이 정지하면 내심 또한 밝아진다. 스스로 각오할 수 있으니,
근심과 걱정이 생길 리가 없다(『禮』云: '人生而靜, 天之性也; 感物
而動, 性之慾也.' 有動則心垢, 有靜則心淨. 外動旣止, 內心亦明.
始自覺悟, 患累無所由生也.)"[62]고 했다.

---

61) 『유마힐경(維摩詰經)』 권6. 『무주위본(無住爲本)』 주석. 『대정장(大正藏)』 제38권. 386쪽.
62) 『정업부(淨業賦)』. 『서부총간(西部叢刊)』 영인본. 『광홍명집(廣弘明集)』 권29. 또한, '感
物而動'의 원문은 '感于物而動'이다.

이는 고요함(靜)은 사람의 본성이고 움직임은 사람의 욕망이라는 뜻으로, 마음의 고요함이 마로 마음의 청정함이고, 마음이 움직이면 마음에 때가 낀다고 했다. 외재적인 활동을 정지하면 내심도 밝고 깨끗해질 수 있으며, 번뇌와 근심 걱정 또한 없어진다. 간단하게 말하면, 마음이 고요해지는 것은 마음이 깨끗해지는 원인이다. 혹은 마음이 고요해지는 것이 바로 마음이 깨끗해지는 것이라 말할 수 있다. 『대승기신론(大乘起信論)』도 "큰 바닷물은 바람 때문에 파도가 움직인다. 물의 모습과 바람의 모습은 서로 버리거나 뗄 수 없는 것이나, 물의 본성은 움직이는 것이 아니다. 바람이 그치면 물의 움직임도 사라지지만, 축축한 성질은 파괴되지 않는다. 이처럼 중생의 자성 청정심은 무명의 바람으로 인해 움직이고, 마음과 무명은 모두 형상이 없으며 서로 버릴 수 없어도, 마음의 본성이 움직이는 것이 아니다. 만약 무명이 사라지면, 상적함도 사라지나, 지혜의 성품은 파괴되지 않는다(如大海水, 因風波動, 水相風相不相舍離, 而水非動性. 若風止滅, 動相則滅, 濕性不壞故. 如是衆生自性淸淨心, 因無明風動, 心與無明俱無形相, 不相舍離, 而心非動性. 若無明滅, 相績則滅, 智性不壞故.)"[63]고 했다.

또한, "만약 마음에 움직임이 있으면, 진실한 식으로 아는 것이 아니며, 자성이 없어, 상도 아니고, 낙도 아니고, 아도 아니고, 정도 아니고, 뜨겁게 번뇌하고 쇠하여 변하는 것은 곧 자재하지 못하는 것이므로, 마침내 황하의 모래들을 초과하는 망염을 갖춘다

---

63) 『대정장(大正藏)』 제32권, 576쪽 하.

는 뜻이다. 이 뜻에 반대되는 연고로, 심성에 움직임이 없으면, 곧 항하의 모래들을 초과하는 모든 깨끗한 공덕상의 뜻이 있음을 보여준다(若有心動, 非眞識知, 無有自性, 非常非樂非我非淨, 熱惱衰變則不自在, 乃至具有過恆沙等妄染之義. 對此義故, 心性無動, 則有過恆沙等諸淨功德相義示現.)"[64]는 것이었다.

　이것도 물에 비유한 것이다. 물은 움직이는 속성이 없으며, 바람에 따라 움직이므로, 바람이 자면 물도 움직이지 않지만, 물의 축축한 습성은 변하지 않는다는 것이다. 그 뜻은 "물로써 마음을 비유했을 때, 중생의 자성 청정심도 움직이지 않는 것이며, 마음의 움직임은 무지로 인한 것이다. 이로부터 헤아릴 수 없이 많은 망염과 번뇌가 있게 된다. 하지만 심성은 움직이지 않으므로, 지성이 파괴되지 않고 무량한 청정 공덕이 있는 것이다. 이는 모두 마음의 움직임과 정지로써 마음의 물듦과 깨끗함을 논한 것이다. 심성이 움직이면 물들고, 심성이 정지하면 청정해진다"는 의미였다. 중국불교는 본성의 고요함으로 본성의 청정함을 해석했다. 이는 도가의 주정(主靜)사상의 영향을 받은 것 외에도, 유가사상의 영향을 받았기 때문이다. 위의 양무제가 『예기·악기』를 인용하여 한 말에서 "삶이 고요한 것"이란 바로 "사람의 본성이다"라는 것으로 이 점을 증명해 주고 있다. 그 외에, 『주역·곤』에서는, "『문언』에 이르기를, '곤'은 지극히 유순하되 움직임이 강하고, 지극히 고요하되 '덕'이 방정하다('文言'曰 : '坤'至柔而動也剛, 至靜而德方.)"고 했다. '곤'은 땅이므로 지극히 고요하다고 했다. 극히

---

64) 위의 책, 579쪽 중.

고요한 땅의 덕은 방정하다고 보았다. 『논어·옹야』에서는 "공자가 말하기를, 지혜로운 자는 물을 좋아하고, 어진 자는 산을 좋아한다. 지혜로운 자는 동적이고 어진 자는 정적이다.(子曰 : '知者樂水, 仁者樂山. 知者動, 仁者靜.)"라고 했다. 지혜로운 자는 지혜가 있는 사람이며, 어진 자는 덕행이 있는 사람이다. 물은 흐르고 산은 정지되어 있다. 덕행이 있는 사람은 고요하고 차분하다. 유가 전적을 잘 알고 있는 중국불교 학자들은 이러한 사상의 영향을 받은 것임에 틀림없다.

성각(性覺)에 관해서는, 각(覺)은 범어와 팔리어로 음역하면 보리(菩提)이며, 과거에는 도(道)라고 번역했다가 후에 각(覺)이라 번역했다. 각(覺)은 열반의 묘리를 터득한 특수한 지혜를 가리킨다. 또한 인도 대승불교는, 성문(聲聞), 연각(緣覺)은 자각(自覺)만 구비됐으며, 보살은 자각할 뿐만 아니라, 각타(覺他)할 수도 있다, 오직 부처만이 자각과 각타뿐만 아니라, 각행(覺行)할 수 있는 원만자(圓滿者)이며, 범인은 불각(不覺), 무각(無覺)하다고 했다. 중국불교는 각(覺), 불각(不覺)과 상대적인 심성론을 중시하였는데, 심성은 망념을 멀리하여 맑고 밝음을 그대로 사용해 깨우치며, 무명(無明)을 불각(不覺)으로 본다. 이로부터 심성 본각(本覺)설로 심성 본정(本淨)설을 대체했다. 인도불교의 심성학설은 성정(性淨)과 성염(性染)이 상대적임을 강조하고 번뇌와 탐욕을 배제하는 것에 역점을 두어 입론했다. 중국불교의 심성학설은 성각(性覺)과 무명(無明)이 상대적임을 강조하고 무지와 망념을 배제하는 것에 역점을 두어 입론했다. 양자의 입론의 각도와 내포는 다소 다르다. 위에서 서술한 바와 같이, 『대승기신론(大乘

起信論)』은 '각'과 '불각'을 이용해 세간과 세간의 차별을 설명했으며, 중생의 본성은 원래 각오되어 있으며, 중생은 원래 청정한 각체(覺體)(본각)라고 강조했다. 심적(沈繼)은, 양무제가 『입신명성불의기'서문'(梁武帝立神明成佛義記'序')』에서, "중생이 천연적으로 각성을 지니고 있음은 성불의 근거이다"[65]라고 했다. 심약(沈約)은 『불불이중생지의(佛不異衆生知義)』에서 "부처란 깨달음이요, 깨달은 자는 지혜롭다. …… 범부는 정도를 얻어 지혜로워지고, 부처의 지혜로움과 다를 바 없다. ……이것이 중생의 불성이요, 그 지성이 길이 전해짐이라(佛者覺也, 覺者知也. …… 凡夫得正路之知, 與佛之知不異也. …… 此衆生之爲佛性, 實在其知性常傳也.)"[66]라고 했다. 각(覺)은 지(知)라는 뜻이고, 부처의 지혜로움은 중생과 다를 바 없다고 했다. 당대의 종밀(宗秘)은 더구나 『원인론(原人論)』에서 "모든 유정은 다 본각의 진심이 있다(一切有情皆有本覺眞心.)"고 선포했다. 이는 모든 중생에게 다 본래 각오의 진실심이 있다는 말이다. 중국불교학자들이 '본각(本覺)', '각성(覺性)', '본각진심(本覺眞心)'의 관념을 제기한 것은 우연한 일이 아니었다. 이는 유가 등 중국 전통철학의 영향을 받은 결과였다. 유가는 윤리도덕 수양을 중시한다. 이 때문에 사람의 인지지혜를 개발하는 것도 중시했다. 공자는 "속임이 있을까봐 역으로 대비하지 않고, 못 믿을 것이라 억측하지 않으면서도 역시 미리 아는 사람, 이런 사람이 현명한 것이다(不逆詐, 不意不信, 抑亦先覺者, 是賢乎.)"(『논어ㆍ헌문』)라고 했다. 여기서 의(意)는 억

---

65) 『사부총서(四部叢書)』 영인본 『홍명집(弘明集)』 권9.
66) 위의 책..

(臆)과 같다. 여기서 말하는 각(覺)은 "조사하여 판명하다, 알아
차리다"와 같은 뜻이다. 공자는 다른 사람이 속이는가 하고 사전
에 의심하지 않으며, 근거 없이 다른 사람이 성실하지 못한가 하
고 의심하지는 않지만, 또한 제 때에 알아차리는 사람이 현인이
라고 했다. 맹자는 "옳고 그름을 가릴 줄 아는 마음은 지혜의 발
단이다(是非之心, 智之端也)"(『맹자·공손추 상』)라고 했다. 즉
사람은 천부적으로 시비를 가리는 지혜의 맹아를 가지고 있다고
보았다. 그는 또 '선지선각(先知先覺)'과 '후지후각(后知后覺)'의
구별을 명확히 제기했고, "하늘이 이 백성들을 이 세상에 내어서
는, 먼저 아는 사람을 시켜서 뒤늦게 아는 사람을 일깨우게 하고,
먼저 깨달은 사람을 시켜서 뒤늦게 깨닫는 사람을 일깨우게 하였
다(天之生此民也, 使先知覺后知, 使先覺覺后覺也.)"(『맹자·만
장 상』)고 했다. 선지선각(先知先覺)은 사리에 대한 인식, 각오가
일반 사람보다 빠른 사람을 말한다. 즉 하늘이 이 백성들을 세상
에 내어, 선지선각(先知先覺)한 사람이 후지후각(后知后覺)한 사
람을 일깨우게 함을 말하는 것이다. 우리는, 맹자의 선지선각(先
知先覺)과 후지후각(后知后覺)을 대립시킨 설법이 사유구조에서
『대승기신론』의 저자에게 중요한 계시를 주었다고 보며, 이는 역
사의 실제에 부합된다고 본다. 순자는 객관적 사리를 인식하는
능력을 지닌 것은 사람의 본성이라고 했다. 그는 "알 수 있는 것
은 사람의 본성이다(凡以知, 人之性也)"(『순자·해폐』)라고 했다.
순자도 각성을 중시했다. 그는 "뉘우침도 깨닫지 못하고, 고통도
알지 못하며, 미혹되어 가리키는 것을 잃고 위와 아래가 바뀌었
다(不覺悟, 不知苦, 迷惑失指易上下.)"(『순자·성상』)고 했다. 이

뜻은 군주가 만약 깨닫지 못하면, 고통도 알지 못하며, 미혹되어 타당하지 못한 지시를 내림으로써, 상하가 뒤바뀔 수 있다고 한 것이다. 『예기·악기』에서는, "대저 사람은 혈기 심지의 본성이 있고, 애, 락, 희, 노의 정해진 것이 없다(夫民有血氣心知之性, 而無哀樂喜怒之常.)"고 했다. 여기에서 지(知)는 지(智)와 같은 것으로, 심지(心知)가 바로 심지(心智), 마음의 지혜이다. 사람은 원래부터 지혜의 본성이 있었고, 사람은 원래 총명지혜를 구비하고 있다는 뜻이다. 유가가 사람의 인식능력, 총명지혜에 대한 긍정은 중국불교학자들이 사람의 심성이 내포하고 있는 의의를 탐구하는 데에 영향을 주었다.

5) "높고 밝음을 지극히 여기고 중용을 도로 삼는다(極高明而道中庸)"와 "평상심이 도이다(平常心是道)"

심성이론과 인생상은 긴밀히 연계되어 있다. 심성이론의 차이는 인생이상의 실현 과정과 조작 방식, 내함에 직접적으로 영향을 준다. 상대적으로 말할 때, 인도불교, 특히 소승불교는 심성은 원래부터 청정하다는 학설에 따라, 인생의 현실적 번뇌와 고통을 없애고, 번뇌심을 청정심으로 전화하며, 사람으로부터 나한, 보살 혹은 부처로 전화할 것을 주장하며, 이상의 실현을 내세에 기탁함으로써 외재적 초월의 색채가 매우 풍부하다. 하지만 중국불교는 이와는 좀 다르다. 천태종은 중생과 부처는 본성이 같고 모두 우주의 만유(萬有)를 구비하고 호섭호융(互攝互融) 한다는 사상을 구비하고 있다. "본성은 선과 악이 구비되어 있다(性具善惡)"는 즉 선성, 악성이 원래부터 구비되어 끊어지지 않는다는 사상을 고취하였으며, 또 "탐욕이 바로 도이다(貪慾卽是道)"라는 설도 있다. 이러한 것들은 모두 이상과 현실의 소통을 위해 심성론의 기초를 제공해 주었다. 화엄종(華嚴宗)은 부처와 중생은 같은 마음으로 만들어 졌으며, 모든 것이 이치가 하나로 융합하여 구별 없이 원만하며, 막힘이 없고 거리낌이 없는 상태인 원융무애(圓融無礙)사상을 강조하였으며, 부처와 중생, 이상과 현실의 원융을 위해 충분한 이론과 논리적 전제를 확립하였다. 혜능(慧能)의 선종(禪宗)은 더구나 중생의 심성의 본래 면모, 원시상태를 발견하고 돌아가며, 큰 도를 깨닫고, 자유 해탈을 구해야 한다고 주장했다. 즉 현실생활에서 이상을 실현하고, 현세에서 불과를 이룩해야 한다는 것이다. 마조도일(馬祖道一)의 "평상심이 도이다(平常心是道)"[67]와 임제의현(臨濟義玄)의 "일이 없는 이가 귀한 사람이다(無事是貴人)"라는 두 명제가 가장 집중적이고도 전형적으로 이러한 사상을 체현시켰다. 선종(禪宗)의 이러한 사상은 인도불교에서, 현실생활은 고난이고 현실세계는 예토(穢土)이며 오직 피안세계로 전생하고 왕생하는 것을 강조하는 주장과는 완연히 다르다. 선종과 인도불교는 종교의 궁극적 취지에서 매우 큰 차이가 있다. 이는 중국과 인도 양국의 전통 사상문화 배경이 다름으로 인해 조성된 것이다. 이런 면에서 우리는『중용』에서 말하는 "군자는 덕성을 존중하고 묻고 배움의 길을 가며, 넓고 큰 것에 이르되 자세하고 작은 것에까지도 다다른다. 높고 밝은 것을 지극히 여기되 중용의 길을 간다(君子尊德性而道問學, 致廣大而

---

67) 『경덕전등록(景德傳燈錄)』, 권 28, 『대정장(大正藏)』, 제51권, 제440쪽 상.

儘精微, 極高明而道中庸.)"는 철학사상의 영향이 아주 컸던 것으로 본다. 여기서 "높고 밝은 것(高明)은 넓고 크면서도 자세하고 작은 것(廣大精微)"이라는 경지이다. '중용'이란 "평범하다, 보통이다"라는 뜻이다. 군자는 천부적인 생명의 원리를 존숭하지만, 또한 학문을 구하여 지혜로움에 이르고, 덕성과 학문이 넓고도 정미한 경지에 도달하지만 또 중용의 도를 따른다. 이는 일상생활 속에서 경지의 제고를 실현한다는 의미를 포함하고 있다. 이는 엄혹한 현실세계에서의 안신입명(安身立命)의 도이며, 인생에서 이상적인 인격을 실현하는 중요한 모식이기도 하다. 이는 또 중국 고대 사대부들 처세의 기본원칙이 되기도 하였다. 이로부터 이루어진 사유의 고정 방식은 필연적으로 선종(禪宗)이 인도의 불교경전을 경시하고, 자아의 심성수행을 중시하는 생활 궤적에 영향을 주게 되었다. 이 또한 평상심으로 내재적 초월을 실현하는 것이며, 평소 생활 속에서 정신적 경지의 비약을 실현하는 것이다.

6) 진심지성(盡心知性)과 명심견성(明心見性)

유가의 "높고 밝음을 지극히 여기고 중용을 도로 삼는다(極高明而道中庸)"는 사상은 중국불교 종파의 수행 궤적에 영향 주었다. 또한 유가의 "마음을 다 하면 그 본성을 안다(盡心知性)"는 사상은 중국불교 종파의 심성 수양방법에 계시를 주었다. 유가는 윤리도덕을 중시하며 "돌이켜 자기 자신에게서 구하다(反求諸己)", 즉 안으로의 수양을 제창했다. 맹자가 창도한 "마음을 다 하면 그 본성을 안다(盡心知性)"는 내심을 반성하는 인식과 도덕 수양의 방법이다. 그는 "자기의 마음을 다하면 자기의 성을 안다. 자기의 성을 알면 하늘을 알게 되는 것이다(盡其心者, 知其性也; 知其性, 則知天矣.)"(『맹자 · 진심 상』)라고 했다. 여기에서 마음이 란, 측은지심(惻隱之心), 수오지심(羞惡之心), 사양지심(辭讓之 心), 시비지심(是非之心)이다. 맹자는 이것이 인(仁), 의(義), 예 (禮), 지(智)의 발단이라고 했으며, 인, 의, 예, 지는 하늘이 사람 에게 부여한 본성이라고 했다. 이 말의 뜻은 한 사람이 만약 심중 의 인, 의, 예, 지 등 여러 가지 선한 발단을 될수록 잘 발휘하면, 자신의 '본성'을 알 수 있으며, 더 나아가 '하늘'을 알 수 있다는 뜻 이다. 맹자의 사상과 비슷하게『중용』도 본성을 다 할 것을 강조 했다. 즉 자신 및 사물의 본성을 충분히 발휘하여야 한다고 했다. "오직 천하의 지극한 정성이라야 그 본성을 다 할 수 있다. 그 본 성을 다 할 수 있어야 사람의 본성을 다 할 수 있다. 사람의 본성 을 다 할 수 있어야 사물의 본성을 다 할 수 있다(唯天下至誠, 爲 能盡其性; 사람과 사물의 본성에는 '천리'가 포함되어 있으며, 오 직 지극히 정성을 다 하는 사람만이 자신의 본성을 다 발휘할 수 있고, 더 나아가, 타인의 본성을 발휘시킬 수 있으며, 또 더 나아 가 만물의 본성을 발휘시킬 수 있다고 보았다. 유가의 이러한 수 양 방법이 중국불교에 끼친 영향은 아주 심각하다.

　중국불교 천태종(天臺宗)의 지의(智顗)는『관심론(觀心論)』을 지었다. 여기에서 이른바 관심(觀心)이란, 자신의 마음을 관조하 여 마음의 본성을 밝히는 것이다. 지의는, "앞사람의 명법에 어찌 다른 마음이 있으랴? 하지만 중생의 법은 너무 넓고, 불법은 너무 높아, 초학이 어렵다. 그러나 마음과 부처 및 중생 삼자는 차별이 없으므로, 자신의 마음을 관조하는 것은 쉽다(前所明法, 豈得異心? 但衆生法太廣, 佛法太高, 于初學爲難. 然心, 佛及衆生, 是三無差別者, 但自觀己心則爲易.)"[68]고 했다. 즉 자신의 마음을 들여다보는 것은 비교적 쉬운 수행방법이라고 하면서 관심수행을 제창했다. 화엄종(華嚴宗)은 '망진환원관(妄盡還源觀)'을 제창했다. 즉 수행에 있어서, 망념을 없어지게 하여, 내심이 맑고 밝아지면, 청정원명(淸淨園明)의 자성, 본원에 돌아갈 수 있으며, 해탈을 얻을 수 있다고 했다. 선종(禪宗)은 또, 불심이 근본이라 하면서, 특히 마음의 수행을 중시했다. 일례로, 보리달마(菩提達摩)는 안심(安心)을 강조했고, 혜가(慧可), 승찬(僧璨)은 자성(自性)의 각오를 중시했다. 도신(道信), 홍인(弘忍)은 마음을 지키고, 본진심(本眞心)을 지킬 것을 주장했다. 신수(神秀)는 마음에는 염(染)과 정(淨)의 구분이 있다고 보았으며 '간정(看淨)'을 주장했다. 즉 마음의 깨끗함을 볼 것을 주장했다. 혜능(慧能)은 본성의 깨끗함과 돈오(頓悟)를 제창했다. 그는 마음의 근원에 대해 직접 철저히 깨닫고, 한꺼번에 망혹(妄或)을 끊을 것을 주장했다. 혜능 이후의 남악회양(南岳懷讓)과 청원행사(靑原行思) 두 계통은 더욱 명확히 "직접 사람의 마음을 가리켜 그 본성을 볼 수 있으면 성불한다(直指人心, 見性成佛.)"는 명심견성(明心見性)[69] 사상을 제기했는데, 오랜 기간 동안 참선 수행의 기본원칙과 방법이 되었다. 중국불교 종파의 심성 수양방법과 유가의 진심지성(盡心知性)의 수

---

68) 『묘법연화경현의(妙法蓮華經玄義)』 권 제2 상, 『대정장(大正藏)』 제33권, 696쪽 상.
69) 『황벽산단제선사전법심요(黃檗山斷際禪師傳法心要)』, (『대정장(大正藏)』) 제48권, 384쪽 상.

양방법은 내포의 정의에 있어, 구체적 조작에 있어서 가치 취향과 궁극적 관심에 있어서는 다소 다르다. 하지만 유가와 불교는 모두 마음 혹은 선심(善心)을 발견할 것을 중시했으며, 인지를 중시하고 사람의 본성을 체험으로 증명하는 것을 중시했으며, 내심의 반성을 중시했다. 이 점에서는 일치했던 것이다. 즉, 심성수양 문제에 있어서의 사유방식과 사유방법이 일치하였던 것이다. 이러한 일치성은 절대 우연이 아니다. 중국불교 학자들이 오랜 기간 동안 유가 경전의 훈도를 받아왔고, 또 민족 심리의 심층에 누적된 전통도덕 수양방법의 영향을 받은 결과라고 할 수 있다.

(『중화문화논단』1995년 제4기에 게재됨)

융합과 상호 보완, 그리고 미래 문화의 추세

인류의 미래에 동서양 문화의 관계는 어떻게 변화까? 문화의 흐름은 어떻게 변화할까? 동방문화의 중요한 구성부분으로서의 중국문화는 어떠한 지위를 가질 것이고 또 어떠한 역할을 할 것인가?

다른 문화의 관계와 역할은 사회 실제에 의해 결정된다. 필자가 보건대, 현재의 인류사회에는 두 가지 두드러진 현상이 있다. 하나는 인류의 생존과 발전을 위협하는 전 지구적인 문제가 첨예화 되고 있다는 점이다. 즉 자원과 환경을 희생하는 대가로 이루어진 경제성장과 세계 다수 사람들의 가난의 대가로 이루어진 소수 사람들의 부유함이 인류사회를 비 지속적 발전의 심각한 곤경에 빠뜨렸다는 것이다. 최근 몇 년간 국제사회는 "유엔 환경과 발전대회", "제3차 세계인구와 발전대회", "사회발전 세계정상회의 (가난 해소를 주제로 함)"를 조직해, 전 지구적 문제를 해결하기 위해 노력하고 있다. 이는 전 지구적인 환경보호, 사회의 조화로운 발전, 세계평화와 안정수호는 전 인류 앞에 놓여 진 공동임무라는 것을 알 수 있다. 다른 하나는 아시아 지역의 경제가 고속 발전하고 있다는 점이다. 아시아는 근래에 국부지역에서 금융 위기가 일어나기는 했지만, 여전히 세계경제를 고속 발전시키고 있는 중요한 지대라 할 수 있다. 아시아지역은 경제발전으로 문화건설을 추진하게 될 것이고, 더욱 번영하고 생기가 넘치게 될 것이다.

세계적 발전이라는 시각으로부터 볼 때, 서양문화, 특히 과학기술 문명은 여전히 동방의 각국에서 따라 배우고 흡수해야 할 것이며, 서양문화는 여전히 사회발전에서 거대한 추진역할을 하게 될 것이다. 동시에 동방문화 중의 화합, 평화, 자연에 대한 순종과 천하 대동 관념 등은 필연코 인간 자신의 모순과 인간과 인간 사이의 모순, 인간과 자연 사이의 모순을 조절하는 데 공헌하게 될 것이며, 서양의 과학기술 문명에 필요한 보충을 하게 될 것이다. 그러므로 서양문화의 중심론 사상은 잘못된 것이다. 또한 동양문화가 서양문화를 대체해, 다음 세기는 동양문화의 세기가 될 것이라는 관점도 설득력이 없다.

미국 하버드대학 헌팅턴 교수는 근년에 문명의 충돌론을 제기하여, 미래 세계는 서양의 기독교문화와 동양의 유가문화, 이슬람문화가 대항하고 충돌하는 시대가 될 것이라고 보았다. 이러한 관점은 편면적이고 근거가 부족하다고 하겠다. 다른 문화의 가치 관념은 정치적 각축과 연계되지만, 현재 인류의 관계가 날로 긴밀해지고, 문화교류가 더욱 빈번해지며, 평화의 역량이 더 강대해진 만큼, 이는 대결을 감소시키고 충돌을 피하는데 도움이 된다. 동서양문화는 충돌 중 융합될 것이며, 이로부터 인류사회의 진보와 발전을 추진하게 될 것이다.

　중국 사람들은 잘난 체 하지 말고, 열린 마음과 겸허한 정신으로 세계상의 모든 선진적인 문화를 흡수하여 이용할 수 있어야 한다. 동시에 중국 사람들은 자신을 과소평가하지 말고 중화민족의 우수한 문화를 고양시킴과 동시에 우리의 문화가 세계로 나아가도록 하여 인류에게 행복을 가져다주어야 할 것이다.

　(『중화문화논단』 1998년 제3기에 게재됨)

전통문화의 현대화에 대한 접속점은
무엇인가?

　중국 전통문화와 21세기의 관계는 어떠할 것인가? 또 어떤 중요한 의의가 있는 것일까? 이는 이론적 의의와 현실적 의의가 모두 구비된 중요한 과제이다. 나는 이 문제를 탐색함에 있어서, 먼저 중화문화가 미래사회에 대한 긍정적인 역할의 접속점(切入點)을 찾아야 한다고 본다. 즉 전통문화와 현대화 양자 관계의 결합점(結合點)을 찾아야 한다고 본다. 가장 근본적이면서도 또 가장 좋은 결합점은 응당 중화 전통문화의 핵심일 것이다. 즉 인생가치관이 민족 자질의 제고에 대한 직접적인 역할일 것이다. 이른바 인생 가치란, 사람의 지혜, 도덕, 공훈과 업적이며, 사람의 생명 과정 중 물질생활과 정신생활의 수요를 실현하는 것이다. 즉 인생 가치는 사람의 내적 궁극적 가치와 외적 기능 가치 두 가지 측면이 포함되는 것이다.

　이른바 인생가치관이란, 인생가치에 관한 관점과 학설이다. 국민의 자질은 한 나라의 근본적인 자원이고 또한 국가 강약의 중요한 표지이며, 현재 세계적으로 날로 더 해가는 국가 간 종합 경쟁력의 실질적 내용이다. 중화문화를 선양함에 있어서, 가장 중요한 것은 바로 중화문화의 인생가치관을 밝히고, 국민 자질을 대대적으로 육성하고, 전면적으로 제고시키는 것이다. 이는 전통문화와 현대화의 관계에 있어서 초점이고 요점이다.

그럼 무엇 때문에 인생가치관은 중화 전통문화의 핵심이라고 하는 것일까? 이유는 세 가지가 있다. 첫째, 중화문화가 내포하고 있는 구조로부터 볼 때, 중화문화는 사람의 도를 중시하는 문화이며 '인간학(人學)'의 색채를 띠고 있다. 또한 인간학의 가장 중요한 내용이 바로 인생가치관이다. 둘째, 중화문화의 역사 변화과정으로부터 볼 때, 인생가치관, 특히 유가의 인생가치관은 줄곧 통치적 지위를 차지하고 있었으며, 사실상 중화문화의 주도적 사상이었다. 셋째, 기타 민족의 문화 체계와 구별해 볼 때, 다른 민족문화 체계의 차이점은 주로 가치관에서 나타난다. 특히 인생가치관의 차이에서 나타난다.

중국 전통 인생가치관의 기본 내용은 다음의 4개 측면으로 개괄할 수 있다. (1) "인간과 자아(人與自我)". 이는 인격(인품)의 조소(塑造) 문제로서, 중국 사상가들이 토론해 온 중심문제이다. 유가와 도가는 모두 숭고한 인격이 있어야 한다고 강조했다. 유가는 숭고한 인격을 조소하는 관건은 바로 생명과 도덕 사이의 관계를 정확히 대하는 것이라고 했다. 생명과 도덕은 모두 중요하지만 양자를 비교할 때 도덕적 가치가 더 중요하다고 봤다. (2) "인간과 타인(人與他人)". 이것은 인륜과 군기(群己)의 관계문제이다. 유가학자들은 사람들과 잘 어울리는 중요성을 강조했으며,

동시에 인(仁), 화(和) 의(義), 예(禮), 신(信) 등이 개인과 타인 관계의 준칙과 규범이라고 제기했다. (3) "인간과 민족과 국가(人與民族和國家)". 민족은 역사적으로 이루어진 일정한 사람들의 공동체이다. 국가는 정권을 가리키기도 하고 이 정권이 다스리는 범위 내의 국토와 인민을 가리키기도 한다. 중국은 자고로 사직과 민생에 관심을 두고 민족의 독립을 수호하고 중화문화를 보위하는 것을 기본 내용으로 하는 애국주의 전통이 있었으며, 애국주의를 인생의 숭고한 가치로 보았다. 중국 고대에 제창한 충군(忠君)사상은 당연히 폐지해야 하지만, 민족에게 충성하고 조국에 충성하는 것은 절대적으로 필요한 것이며, 이는 국민의 숭고한 의무와 신성한 직책이다. (4) 인간과 자연(人與自然). 중국 고대의 '천인지제(天人之際)'가 바로 인류와 자연의 관계이다. 주요 관점은 두 가지가 있다. 즉 '천인합일(天人合一)'과 '천인지분(天人之分)'이다. 과거에는 전자가 주도적 지위를 차지했다. 이와 상응하게 사람이 자연에 대한 태도도 세 가지 학설이 있다. 즉 자연에 맡겨야 한다는 설(因任自然說), 자연을 통제해야 한다는 설(控制自然說)과 상호조화설(相互協調說)이 그것이다.

21세기 중국의 현대화 건설은 높은 자질을 가진 인재가 절박하게 필요하다. 상술한 중국의 전통 인생가치관에 대한 요구로부터 우리는 중국 전통 인생가치관의 사상자원을 잘 발굴하여 국민 자질을 육성해야 하는 것이 필요하게 된다는 것을 알 수 있다. 특히 도덕적 자질과 문화적 자질, 심리적 자질을 육성하는 것은 중요한 현실적 의의가 있다. 현재 중화 전통 인생가치관 중의 유익한 내용을 적극 선양함으로써 국민 자질 중의 일부 결함을 극복하고, 국민 자질의 전체 구조를 보완하는 것은 아주 절실한 임무이다. 우리는 사람의 도를 잘 선양하여 인문적 자질을 제고시키고, 기능과 경제, 실리, 실용만을 중시하고 인문정신과 사상, 도덕을 경시하던 편파적인 것을 바로잡아야 하며, 물질생활만 추구하고 정신생활을 무시하는 경향을 바로잡아야 한다. 군체 관념과 애국주의를 선양하고 사회 책임의식과 역사적 사명감을 수립하는 것은 개인과 사회의 관계를 정확히 처리하는 데 도움이 된다. 또한 극단적인 개인주의 경향을 극복하고 자연과 인간의 조화를 선양하여 변증적 사유 수준을 제고시키고, 사람과 자연의 관계를 적대 관계로 보면서 "인류는 자연을 정복해야 한다"는 착오적인 경향을 극복해야 한다.

종합적으로 볼 때, 중화 전통 인생가치관 중의 합리적인 사상을 선양하는 것은 국민의 창조성, 협조성, 초월성 등 정신적 품성을 육성하는 데에 유리하고, 국민의 지혜, 의지, 도덕과 반성의 힘을 강화할 수 있어, 국민이 진(眞), 선(善), 미(美)의 품행을 구비하도록 추진할 수가 있는 것이다.

(『인민논단』 1998년 제6기에 게재됨)

『서유기』와 불교문화

여러분 안녕하십니까. 하동(河東)에 오시어 운성(運城)『서유기』세미나에 참석하신 것을 환영합니다. 이는 저에게 여러분들에게 배우고 교류할 기회를 주었습니다. 저는『서유기』에 대한 연구가 없습니다만, 세 가지 생각과 건의 하나를 이야기 하려고 합니다. 첫째는 어떻게『서유기』의 정신에 대해 연구할 것인가 하는 것입니다.『서유기』는 중국 전통문화의 일부분이며 아주 특색이 있습니다.『서유기』를 연구함에 있어서, 어떻게 해야만 그 정신을 발굴할 수 있을까? 저는『서유기』의 정신을 잘 파악해야 한다고 봅니다. 적어도 세 개 고리는 잘 파악해야 합니다. 하나는 작가의 의도입니다. 우리는 동정과 이해의 태도로 입장을 바꾸어, 세심히 살펴볼 수 있습니다.『서유기』의 작가는 무엇 때문에 이 소설을 썼겠습니까? 이 소설에 일관된 사상은 무엇이겠습니까? 저는 이것이 우리가『서유기』를 파악하는데 있어서 중요한 고리라고 봅니다. 다음으로는『서유기』라는 작품이 내포하고 있는 의의입니다.『서유기』의 시작부터 끝까지 풍부한 내용이 들어 있는데 그것은 도대체 무엇이겠습니까? 그 내용에 대해 분석하여 종합하면 그 의의를 파악할 수 있다고 봅니다. 그 다음으로는『서유기』의 현실적 의의에 대해 생각해 볼 수가 있습니다. 저는 이 세 가지 고리만 잘 파악한다면『서유기』의 정신을 파악하는 데 유리하다고 봅니다.『서유기』의 정신에 대해 사람마다 관점이 다를 수 있고 체험이 다를 수 있습니다. 제가 과거에『서유기』를 본 인상에 의하면『서유기』에는 세 가지 정신이 포함되어 있음을 알았습니다.

첫째로는, 진리를 추구하는 정신이 포함되어 있다는 것입니다.『서유기』는 바로 경을 구하러 가고자 현장(玄奘)이 유학을 가는 내용입니다. 불교는 유파가 매우 많고 유파마다 설하는 바가 일치하지 않았습니다. 그러므로 현장은 많은 의문을 품고 있었으며, 그 의문을 풀기 위해서는 인도로 유학을 가서 경을 구하는 일밖에는 방법이 없었습니다. 불경의 인도 원전의 원래 뜻은 무엇인가를 공부하기 위한 것이었습니다. 지금의 말로 하면 진리를 추구하기 위함이었습니다. 그럼 그 진리란 무엇이겠습니까? 저는 다른 한 시각으로 본다면『서유기』의 주인공인 손오공이 진리의 일부를 체현해 냈다고 봅니다. 오공이라고 하는 의미는, 불교를 공문(空門)이라고 하는데서 알 수 있습니다. 즉 출가하는 것을 두고 공문에 들어간다고도 합니다. 불교는 모든 것을 공(空)이라고 합니다. 불교는 수행의 근본이 공(空)이고 수신은 안치가 근본 문제라고 합니다. 바로 공(空)이 불교의 핵심 범주인 것입니다. 하지만 보통 사회상에서의 이해는 모두가 편면적이거나 혹은 오해하고 있다는 것을 볼 수가 있습니다. 저는 불교를 공부한 이래, 자주 이 공(空)이라는 문제에 대해 생각해 왔습니다. 그럼 공(空)이란 무엇이겠습니까? 만약 우리가 진정 이 범주에 대해 이해하였다면, 우리는 불교에 대해 이해한 것입니다. 저는 불교의 공(空)이란, 바로 공성(空性)을 가리킨다고 봅니다. 즉 모든 사물의 본질을 가리키는 것으로 본성이 공(空)이라는 것입니다. 왜냐하면 불교는 우주의 모든 사물, 우리 인류를 포함해 모두 인연이 혼합되어 이루어진 것이라고 합니다. 조건의 관계로 인해, 여러 가지 조건으로 구성되어 있으므로 해서 어떠한 사물이든 모두 복합체라고 보고 있습니다. 예를 들면 책상이나 찻잔 같은 것을 포함해서 말입니다. 사람은 다섯 가지 요소로 구성되었다고 봅니다. 즉 일종의 관계라고 볼 수 있으며 또한 일종의 복합체라고도 할 수 있습니다. 복합체이기 때문에 불교의 추론에 의하면 사람은 실체(實體)가 없고 주재(主宰)가 없는 것입니다. 불교는 하느님이 사람을 만들었다는 설을 반대합니다. 왜냐하면 사람은 복합체이고 일종의 관계이기 때문입니다. 그러므로 사람은 필연코 동태적이고 변화하는 것입니다. 또한 사람은 과정이기 때문에 영원한 것이 아닙니다. 이러한 만물은 실체(實體)가 아니고 주재(主宰)가 아니며, 영원한 것이 아닙니다. 이것이 바로 불교가 말하는 공(空)의 본질입니다. 공은 존재하지 않는 것이 아닙니다. 그러니 부정하는 것이 아니고, 또한 아무 것도 없는 것이 아닙니다. 다만 공성(空性)일 뿐이며 만물 속에 존재하고 있는 것입니다. 그러므로 『심경』에서는 색은 공과 다르지 않고(色不異空), 공은 색과 다르지 않으며(空不異色), 색은 곧 공이고(色卽是空), 공이 곧 색(空卽是色)이라고 하는 것입니다. 이것이 바로 정오(正悟)의 방법인 것입니다. 이러한 결론으로부터 모든 사물의 공성(空性)을 이해하는 것은 현상을 통하여 본질을 파악하는 것입니다. 현상과 본질은 통일되어 있으며 분리시킬 수 없습니다. 불즉(不卽)이란 바로 불리(不離)의 뜻입니다. 분리하지 않았으므로 사물의 본질을 파악하였습니다. 이 판단이 바로 세계 존재론의 판단인 것입니다. 이 판단의 본신은 정확하지 않습니다. 이것은 또 다른 문제이기 때문입니다. 그러나 불교의 판단으로는 이를 공성(空性)이라고 보는 것입니다. 하지만 제가 보건대, 사물은 진실한 것이기도 하고 공(空)이기도 합니다. 두 개의 측면을 포함하고 있다는 것이지요. 다만 불교는 그 한쪽 측면만 보았던 것입니다.

엥겔스는 불교에 변증법적 사유가 존재한다고 말했습니다. 아마도 이는 연기설(緣起說)을 가리키는 것일 수가 있습니다. 왜냐하면 사물의 본질은 공(空)이기 때문에, 이 본질을 이해하고 파악하고 이 본질을 체득(體悟)했다면, 이 본질은 분석을 통해 파악한 것이 아니라, 체득(體悟)한 직관이므로, 주체(主體) 자신이 사물과 서로 부합되면 이 진리에 도달하게 됩니다. 공(空)이므로 또한 진리입니다. 불교가 세계 사물에 대해 논술한 도리는 사실상 공리(空理)입니다. 선종(禪宗)을 포함한 불교는, 공리(空理)는 통일된 최고의 진리라고 봅니다. 모든 사물이 다 다른 상황이 있지만 그들의 통일된 진리는 공(空)이고 공리(空理)입니다. 공리(空理)를 체득하면, 불교는 정신이 승화와 초월을 얻었다고 합니다. 즉 이는 공(空)의 경지인 것입니다. 공(空)의 경지에 도달하면 해탈할 수 있다고 합니다. 인생의 여러 가지 고통과 번뇌가 모두 해탈할 수 있다는 것입니다. 저는 불교의 근본적인 해탈이 여기에 있다고 생각합니다. 즉 공(空)의 경지에 도달하는 것입니다. 불교는 불문에 들어가려면 공(空)을 터득하는 방법이 필요하다고 봅니다. 이것을 두고 공관(空觀)이라고 합니다. 여기서 관(觀)이란 관조(觀照)를 말합니다. 이는 직관(直觀)이고 직각(直覺)인 것입니다. 그럼 우리가 볼 수 있는 중국불교인 천태종(天台宗), 화엄종(華嚴宗), 선종(禪宗)을 포함하여 그들의 관법(觀法)은 보통 공(空), 공관(空觀)을 말합니다. 이러한 공관(空觀)은 유파가 하나 있는데 바로 중관(中觀)계통입니다. 그들은 공(空)은 유(有)인데, 이는 인연이 화합한 이후에는 현상 본신이 있으므로, 현상으로부터 보면 바로 유(有)라는 것입니다. 물론 이 유(有)는 가유(假有)입니다. 따라서 가유(假有) 혹은 공(空)은 모두 존재하는 것입니다. 우리는 사물을 관조(觀照)함에 있어서, 가유(假有)의 일면도 봐야 하지만, 공(空)의 일면도 봐야 합니다. 이를 두고 중도관(中道觀) 혹은 중관(中觀)이라 합니다. 만약 무턱대고 공(空)의 일면만 본다면 그것은 잘못된 것입니다. 이 두 가지를 다 볼 수 있어야 합니다. 그렇기 때문에 이는 변증법적 사상을 포함하고 있는 것입니다. 『서유기』는 진리를 추구한다는 이런 근본적인 정신을 포함하고 있습니다. 이것이 바로 제가 이해하고 있는 『서유기』의 한 정신입니다.

『서유기』의 다른 한 정신은 바로 하려고만 들면 못 해낼 일이 없다고 하는 이것입니다. 현장(玄奘) 법사는 온갖 고난을 다 겪고 나서 정과(正果)를 이룩하였습니다. 이는 중국 사람들이 어려움을 두려워하지 않는 굳센 의지를 보여준 것입니다. 이는 우리가 포부가 있고, 담력이 있으며, 기개가 있으면 그 어떤 일이든지 분투하는 바를 통해 해낼 수 있다는 것을 보여줍니다.

세 번째 정신으로는,『서유기』에는 선을 선양하고 악을 버리며, 도덕규범을 선양하고, 사악한 것을 제거하는 정신이 포함되어 있습니다.『서유기』에서 보면 요괴들은 끝내는 모두 항복하고 말며, 정의가 발현되고 진리가 드러납니다. 제 생각에『서유기』의 정신은 아직도 더 많은 면에서 찾아볼 수 있다고 생각합니다. 이상이 저의 생각입니다.

그 다음으로는 연구 시각의 다원성에 대해 말씀드리겠습니다.『서유기』는 다각적으로 연구할 수가 있습니다.『서유기』는 중국 사람이 지은 것으로, 고대에 불교, 도가와 유가의 영향을 받았음에 틀림없습니다. 그러므로 우리는 다른 시각에서 연구할 수가 있습니다.『서유기』와 불교의 관계를 연구할 수도 있고,『서유기』와 도학, 도교와의 관계를 연구할 수도 있으며, 유학, 유교와의 관계에서도 연구할 수 있습니다. 제가 보기에 다원화 된 연구는 다방면의 성과를 얻을 수가 있습니다. 이런 것들을 종합한다면, 실제에 부합되면서도 정확한 판단을 할 수 있다고 봅니다. 이러한 면에서 이안강(李安綱) 선생은 도가의 심성론을 제기했는데 이는 중시해야 할 가치가 있다고 봅니다. 왜냐하면 중국의 유교와 불교, 도교는 융합을 거쳐 삼교합일을 이루었기 때문입니다. 여기에서 일(一)은 무엇이겠습니까? 이 일(一)이 바로 심성론입니다. 대략 10여 년 전 저도 이와 비슷한 글을 쓴 적이 있습니다. 후에『신화문적』에 게재되었는데 바로 이 문제를 밝히고자 했던 것입니다. 유가, 불교, 도교는 결국은 모두 심성론을 강조하는 것으로 통일되고 있습니다. 도교는 장생(長生)을 주장하는데, 따라서 심성과 생명에 대해서 수련의 필요성을 주장합니다. 그들의 이러한 기치는 버릴 수 없는 것입니다. 뒤로 가면서 점점 더 심성 방면의 수행에 편중하고 있습니다. 왜냐하면 장생술이란 근본적으로 없기 때문입니다. 사실상 있을 수가 없는 문제지요. 유가도 심성을 아주 중시하였습니다. 송명(宋明) 유학이 말하는 것이 바로 심성에 관한 문제입니다. 불교에서는 점점 더 심령의 해탈을 구하는 데 치중하는 것을 볼 수 있습니다. 특히 선종(禪宗)이 그러합니다. 선종(禪宗)의 근본적인 사상은 성정자오(性淨自悟) 네 글자로 개괄할 수 있습니다. 심경이 청정하기 때문에 우리는 스스로 깨달을 수가 있다는 것입니다. 그러나 여기서 특별히 주체성과 개체성을 두드러지게 하였습니다. 그러므로 선종(禪宗)의 영향이 불교를 약화시켰다고 할 수 있습니다. 심성설은 중국 송(宋)대 이래 문화의 핵심 이론이 되었고 기초적인 이론이 되었습니다. 이러한 이론은 문학 창작에 영향을 주었고, 『서유기』의 창작에 영향을 주었던 것입니다. 이러한 의미에서의 연구는 가치가 있고 의의가 있는 것이며 제창되어야 한다고 봅니다. 이것이 제가 말하려고 하는 두 번째 것입니다.

제가 말하려고 하는 세 번째는 연구태도에 대한 문제입니다. 이안강(李安綱) 선생의 관점에 대해 찬성하는 사람도 있고, 의심하는 사람도 있으며, 반대하는 사람도 있습니다. 이는 좋은 일이라고 할 수 있습니다. 저는 학술연구와 문화연구는 응당 이러한 태도를 가져야 한다고 봅니다. 학술적 자유는 학술 발전에서 반드시 거쳐야 하는 길입니다. 북경대학 설립 100주년 때 저는 글을 요청 받은 적이 있습니다. 저는 "북경대학의 혼"이라는 글을 써서

북경대학이 추구하는 학술의 정수가 무엇인지에 대해 탐구했습니다. 저의 생각에 북경대학의 학술 정수는 바로 채원배(蔡元培) 총장이 말한 "학술자유와 모든 것을 받아들여야 한다는 겸용병포(學術自由, 兼容並包)라고 보았습니다. 학술자유는 학술민주가 아니라, 사상자유를 말하는 것입니다. 우리는 누구에게나 여러 면의 문제를 제기하고 생각할 수 있도록 해야 합니다. 그래야만 발전할 수가 있습니다. 뿐만 아니라 겸용병포를 할 수 있어야 합니다. 자기와 견해가 다르다 하여 배척해서는 안 됩니다. 왜냐하면 어느 한 관점이 황당할 수도 있지만, 또 진리가 포함되어 있을 수도 있기 때문입니다. 우리는 청년 특히 천부적 지혜를 가진 사람들을 주목해야 합니다. 중국인민대학에서 저는 그들을 특별히 중시하고, 특별히 존중합니다. 우리 민족에게는 괴재(怪才)들이 필요합니다. 괴재는 그들만의 독특한 점이 있어 우리들이 사유하는데 계발의 기회를 줍니다. 우리는 응당 그들을 존중하고 보호해야 하며, 도와주어 그들이 일가지언(一家之言)을 이룰 수 있도록 해야 합니다. 이렇게 해야만 진정으로 백가쟁명(百家爭鳴), 백화제방(百花齊放)이라고 할 수 있으며, 우리의 문학, 학술, 문화가 진정으로 번영할 수 있는 것입니다. 저는 이것이 아주 중요하다고 생각합니다. 이상의 것이 제의 세 가지 관점입니다.

그리고 한 가지 건의할 사항이 있습니다. 우리는 이안강(李安綱) 선생이 『서유기』 연구에서의 공헌을 인정해야 합니다. 또한 운성고등전과학교에 『서유기』를 연구하는 문화 자료센터를 설립할 수가 있다고 봅니다. 저는 이것이 아주 좋은 일이라고 봅니다. 저의 건의는 이러한 기초 위에서 문화관을 건립하여, 국내외에

『서유기』에 관한 연구 자료를 수집해 두자는 것입니다. 운성은 교통이 편리합니다. 그러면 전국 내지 국외의『서유기』연구자들의 연구 성과물들이 이곳에 모여지게 될 것이고, 그런 다음에는 이곳으로부터 전국으로, 세계로 퍼져 나아갈 수 있다고 봅니다. 저는 이것이 중국의 문화 번영, 특히 문학, 소설 방면의 번영에 아주 큰 의의가 있다고 봅니다. 저는 이 분야에 대한 연구가 아직 충분하지 못한 관계로, 이 같은 초보적인 생각과 건의를 내놓을 수밖에 없음을 양해 바라는 바입니다.

(『운성고등전과학교학보』 2000년 제5기에 게재됨)

불교와 도가의 인생가치관 및 그 현대적 의의

1. 인생가치관은 불교와 도가의 핵심사상이다

가치란 근대에 나타난 명사이다. 고대 중국에는 가치라는 단어가 없었지만, 그에 상당하는 단어로 '귀(貴)'[70]라는 개념이 있었다. 불가와 도가[71]에서 '귀(貴)'에 대한 학설, 즉 가치에 대한 사상학설, 특히 인생가치에 대한 사상 학설은 매우 풍부하였다. 인생가치관은 불교와 도가 사상의 핵심이었기 때문이었다.

인생가치관은 가치관의 기본 유형이자 주요한 측면이며, 가치관 중 가장 뚜렷한 의의와 중요한 위치를 점하고 있다. 인생가치관의 의미에는 여러 가지 측면이 있다. 첫째는 생명적 가치이다.

---

70) 이는 장대년 선생의 설이다. 『학술월간』 1985년 제7기에 수록된 「중국 고전철학의 가치관」을 참고.

71) 도교는 도가 학설의 중요한 계승자이다. 본문에서 논한 내용에는 도가의 기본사상이 포함되어 있다.

사람의 생명은 실유(實有)인가, 아니면 공무(空無)인가? 사람의 생명은 실제적 의의가 있는가 하는 점이다. 둘째는 인류적 가치이다. 인류는 우주에서 어떤 위치를 가지고 있는지, 그러한 가치가 있는지 없는지 하는 문제이다. 셋째는 인격적 가치이다. 사람은 사회에서 어떤 지위를 가지고 있으며, 그러한 지위의 가치가 있는지 없는지 하는 문제이다. 넷째는 이상적 가치이다. 즉 이는 최고의 가치를 말하는데, 사람이 갖고자 하는 최고의 가치 기준은 무엇이며, 어떻게 사람의 가치를 평가해야 하는지, 생활의 최고 가치는 어떻게 이룩할 수 있는지 하는 문제이다. 이상의 몇 가지 문제가 바로 인생가치관의 기본 문제이고 기본 측면인 것이다.

불교와 도가의 사상은 거의 동시기인 기원전 6세기와 기원전 5세기에 나타났으며, 모두 고대 동방 문명의 거대한 성과였다. 불교는 대략 양한(兩漢) 시기에 중국에 전해졌으며, 중국 문화와의 충돌과 교섭, 융합을 거쳐 점차 한(漢)대 이래 중국 전통문화의 일부분이 되었다. 여기서 지적하고 싶은 것은 불교와 도가가 탐색한 주요 대상이 모두 사람이었다는 점이며, 모두 인생 가치에 관한 일련의 문제들에 대해 독특한 논술을 펼쳤다는 점이다. 즉 불교와 도가의 핵심은 모두가 인생가치관을 논했다는 것이다.

불교의 창시자인 석가모니는 인생이 고통스러운 것을 보고 해탈을 구하기 위하여 불교를 창립했다. 원시불교의 기본 교의는 '사제(四諦)'와 '삼법인(三法印)'이며, 그 기본사상은 인생의 고통과 고난에서 해탈하는 방법을 논한 것이다. '사제(四諦)'란 고(苦), 집(集), 멸(滅), 도(道)이다. 고(苦)란 고뇌한다는 뜻으로, 특히 사람의 생사윤회의 고통을 가리킨다. 집(集)이란, 사람의 탐

(貪), 진(瞋), 치(癡)의 사상행위가 가져다주는 생사의 고과(苦果)를 가리킨다. 멸(滅)이란 인과응보를 멸진(滅盡)하여, 생사의 고통에서 해탈해, 열반(涅槃) 적멸(寂滅)의 경지에 이르는 것을 가리킨다. 도(道)란 적멸(寂滅) 해탈(解脫)에 이르는 방법과 수단을 가리킨다. '삼법인(三法印)'이란, '제행무상(諸行無常)' 즉 세계는 변화가 무상함을 말하고, '제법무아(諸法無我)' 즉 세계 만물은 독립적인 실체 혹은 주재자가 없음을 말하며, '열반적정(涅槃寂靜)'이란 불교도가 수행을 거쳐 번뇌와 고통을 다 끊고 생사윤회에서 초탈하여 적멸 해탈의 경지에 도달함을 말한다. '사제(四諦)'와 '삼법인(三法印)'은 모두 연기(緣起)사상에서 출발하여, 현실세계와 인생의 고통을 서술하고, 이러한 고통을 조성한 원인 및 그 고통을 제거하는 과정과 목표를 논한 것이다. 원시불교는 해탈의 도이고, 인생의 고난에서 해탈해야 한다는 설교이다. 후에 불교에는 끊임없이 새로운 사상이 나타나고, 새로운 유파가 나타나기는 했지만, '사제(四諦)'와 '삼법인(三法印)'이 말하는 해탈의 도는 시종 견지되어 왔으며, 불교 각 파의 중심사상이 되었다.

도가사상의 창시자 노자는 도(道) 본원론을 제기하여, 무위(無爲)의 도(道)를 우주의 본원이고 근본 원칙이라 하여 우주이론에 뛰어난 공헌을 하였다. 동시에 그는 또 우주론에서 인생론을 전개시켜, 사람은 도(道)를 법으로 하며 청정무위하고 자연에 순응하며 무지무욕(無知無欲)하여 인간의 본성에 부합해야 한다고 강조했다. 노자는 자신을 보전하는 것을 매우 중시했다. 그는 "천천히 따라 가지만 오히려 앞서게 되고 자신의 몸을 지키기 위해 다투지는 않지만 오히려 몸을 귀하게 보존한다(後其身而身先, 外其

身而身存)"(『노자·제7장』)는 관점을 제기했다. 그는 또 연약함(柔弱)의 역할을 강조하고 약함으로써 강함을 이기고, 부드러움으로써 강함을 이길 수 있다고 주장하는 귀유(貴柔)설을 제기했다. 노자는 유가의 인의도덕이 대 도(道)를 폐기시킴으로, 단순히 명리만을 추구한다면 사람은 소박(素朴)한 본성을 잃게 될 것이므로, "어진 것과 의로움을 버릴 것(絕仁棄義)"을 주장했다. 장자는 노자의 자연무위(自然無爲)의 인생철학을 계승하고, 나아가 소요유(逍遙遊)의 사상을 제기하여 인의, 선악, 시비, 이해 등에 대한 구별이 모두 인생의 질곡을 가져오게 하는 요인이라고 하면서, 좌망(坐忘)을 통해 "천지도 나와 함께 생긴 것이고, 만물도 나와 더불어 하나를 이룬다(天地與我幷生, 而萬物與我爲一.)"(『장자·제물론)는 경지에 도달하여, 절대 자유를 획득할 것을 주장했다. 그는 개인의 자유 초탈과 개인 정신의 절대 자유를 인생의 최고의 이상적 경지로 보았던 것이다.

도교는 위로는 노자의 무위를 표방하고, 그 다음으로는 신선이복(神仙餌服)을 논했으며, 그 아래로는 장릉(張陵)의 부적을 계승하였다. 즉 종교화된 도가 학설, 장생술과 선학(仙學) 및 여러 가지 재초(齋醮) 잡술(雜術) 등 세 가지가 서로 관련되는 부분과 순서로 구성되었다. 도교의 가치 취향은, 노자의 무위의 '도'를 흡수하고, 또한 이 '도'를 인격화한 신으로 정하고, 한 걸음 더 나아가 방술로써 장생불사를 구했으며, 우화(羽化)하여 신선이 된다는 교의를 선양했다. 도교도 여러 가지 계율을 규정하였다. 예를 들어, 살생하면 안 되고, 고기를 먹거나 술을 마셔서는 안 되며, 망령된 말을 해서는 안 되며, 도둑질하지 말고, 음란하지 말아야 한다고 했다. 또한 신도들에게 악한 일을 하지 말고 선한 일을 많이 하여 복을 받아 신선이 될 것을 요구했다. 도가는 자유와 초월을 인생의 이상으로 하고, 도교는 생명을 중시하고 장생과 신선이 될 것을 주장해, 모두 개체 본진(本眞)의 생명에 대해 중시할 것과 이에 대해 추구할 것을 보여주었다.

불교와 도가의 사상 핵심으로부터 보면, 그들이 주목하고 연구한 주요 대상은 모두가 사람이었고, 주요 내용 또한 모두 인생철학이었으며, 현실 인생이 우주와 사회에서의 가치에 대해 여러 가지 판단을 내렸고, 인생가치를 제고시키고, 인생의 최고 가치를 원만히 실현하는 길과 방법을 제시하였다. 도가와 불교는 고대중국과 인도에서 나타난 각자 다른 특색을 가진 인생철학 체계였다. 불교와 도가는 모두 인생가치에 대해 치중하는 연구를 하였다. 하지만 지리, 역사, 사회와 전통 등 여러 가지 요소가 달랐기 때문에 다른 인생가치설이 이루어졌던 것이다. 동방의 이 양대 인생 가치체계에 대해 연구하고 그 현대적 가치에 대해 명시하는 것에는 중요한 의의가 있다.

불교와 도가의 학설은 2000여 년 동안 전해져 왔으며, 내부에 유파가 아주 많아 인생 가치에 대한 구체적인 학설도 서로가 다르다. 이 문장에서는 불교와 도가의 가장 기본적이고 전형적이며 대표성적인 관점에 대해 논술하고자 한다. 불교와 도가의 견해차이와 지엽적인 관점에 대해서는 논하지 않겠다.

2. 불교와 도가의 인생가치관의 요지

불교와 도가 인생가치관의 요지는 주로 사람의 지위, 생활, 생명, 생사, 이상 등 일련의 문제에 대한 관점에 집중되어 있으며, 뚜렷한 차이를 보여주고 있다.

1) 인간의 지위

인간의 지위는 두 가지 측면이 포함된다. 즉 인간이 우주와 사회에서의 지위를 말한다. 즉 인류의 가치와 자아 가치에 대한 문제이다.

불교와 도가는 인류가 우주에서의 지위에 대해 서로 다른 체계를 가지고 있다. 불교는 '부처'로써 우주에서의 인간의 지위를 논하고, 도가는 인간과 기타 사물, 특히 일반적인 동물과 비교하여 논하며, 이로부터 사람이 천지간에서의 의의를 확정하였다. 도교는 신선과 귀신, 요괴와 비교해 세간에서의 인간의 지위를 논했다.

불교는 우주에서 감정과 인식이 있는 생명을 사성(四조), 육범(六凡) 즉 2대 유형의 10가지 등급으로 나누었다. 첫째 유형은 부처(佛), 보살(菩薩), 원각(緣覺), 성문(聲聞)을 네 가지 '성자(聖者)라고 보았다. 둘째 유형은 하늘, 사람, 아수라(阿修羅), 축생(畜生), 아귀(惡鬼), 지옥(地獄)을 '육범(六凡)' 혹은 '육도(六道)'라 하며 '범부(凡夫)', '중생(衆生)'이라고 했다. 불교에서 사람의 지위에 대한 순서를 보면, 사람을 부처와 비교할 때는 범(凡)가 성(조)이라는 본질적인 구별을 했다. 사람과 부처는 서로 다른 세계에 거주하는 생류(生類)이다. 사성(四조)은 생사를 초월하여 해탈을 얻었으며, 육범(六凡)은 고통스러운 생사윤회에 빠져 해탈을 얻지 못했다. 사람은 불교를 믿지 않으면 육도 윤회에서 환생(還生)하며 영원히 해탈을 얻지 못한다. 인류를 포함한 육범(六凡)은 지위가 낮다. 그러나 육범(六凡) 중에서 인류는 두 번째 순위를 차지하며, 지위도 상대적으로 비교적 높다. 불교학설은 인류를 주요 대상으로 하며, 사람들을 각오시키는 것을 최종 목적으로 한다. 그러므로 불교는 인류의 우월함을 강조하고 "인생은 귀하다"'고 선양하는 것이다. 불전에서는 "인류는 총명하고 지혜가 있으므로 불도에서 성과를 거두기 쉽다('何故人道名摩努沙? 此有八義 : 一聰明故, 二爲勝故, 三意微細故, 四正覺故, 五智慧增上故, 六能別虛實故, 七聖道正器故, 八聰慧業所生故.)"72)고 했다. 일부 불전에서는 "사람의 도가 하늘의 도보다 낫다"고 하였다. 일례로 『대비파사론(大毗婆沙論)』에서는 "하늘은 지나치게 향락만 누리고, 억념(憶念)도 차이가 있고, 또 수행도 하지 않지만, 사람은 용맹정진하고 억념(憶念)에 능한 데다 수행을 견지할 수 있으므로 이러한 면에서 모두 하늘을 초월한다(能寂靜意故名人, 以五趣中能寂靜意無如人者. 故契經說, 人有三事勝于天者 : 一勇猛, 二憶念, 三梵行.)"73) 고 했던 것이다. 불교는 육범(六凡) 중 사람에게 제일 큰 희망을 기탁했다. 사람의 지위는 하늘 아래에 있지만, 적지 않은 면에서는 하늘보다 높다는 것이었다. 이러한 점에서 말한다면 인간의 지위는 비교적 높았던 것이다.

사람이 우주에서의 지위에 대한 관점에 있어서 도가 내부에

---

72) 『입세아비담론(立世阿毗曇論)』
73) 『법원주림(法苑珠林) 권5.

는 의견 차이가 많았다. 노자는 인간에게는 탁월한 지위가 있다고 말했다. 그는 "고로, 도도 크고 하늘도 크고 땅도 크고 사람 또한 크다. 세상에는 네 가지 큰 것이 있는데 사람도 그 중에 하나를 차지한다(故道大, 天大, 地大, 人亦大.域中有四大, 而人居其一焉.)"(『노자 · 제25장』)고 했다. 노자는 사람은 우주의 네 가지 큰 것 중의 하나이며, 또한 만물보다 위에 있다고 보았다. 『장자 · 외잡편』에서는 형체로부터 출발해, 사람은 아주 미미하다고 하면서, "나는 하늘과 땅 사이에 있어서, 작은 나무나 작은 돌이 마치 큰산에 있는 것처럼 생각했기 때문이다.(吾在於天地之間, 猶小石小木之在大山也.)"(『장자 · 추수)라고 했다. 그는 또 무한히 큰 우주와 비교할 때, "사람은 마치 달팽이 촉각 위의 미생물과 같다"(『장자 · 측양)고 하면서 사람은 천지의 부속품이고 독립적인 지위가 없다고 보았다.

도교는 신, 사람, 귀신이라는 우주 생명 계통을 통하여 인간의 지위를 보여주었다. 도교는, 우주 공간은 천상, 선경, 인간세상, 저승으로 구성되었는데, 신은 지고무상의 지위를 가지고 있다고 보았다. 또한 신은 또 존신(尊神)과 속신(俗神)의 구별이 있으며, 신도들의 주요 숭배 대상이었다. 선인은 수련을 거쳐 득도한 자로, 신통력이 대단하고 장생불사하는데 사람이 응당 추구해야 하는 이상적 인격이다. 사람은 정기가 화합하여 태어난 자이다. 귀신은 사람이 죽은 후 저승에 떨어져 벌을 받는 자이다. 사람은 신선과 귀신 사이의 매개체로서, 위로는 신선으로 상승할 수도 있고 아래로는 악귀로 떨어질 수도 있는 중간적 지위를 가지고 있다. 도교는 노자를 신명으로 우러러 모셨고, 팽조(彭祖), 황제(黃

帝) 등은 모두 신선이라고 선양했으며, 사람과 신선 사이의 간격을 없앴다. 도교는 또 일부 신과 신선의 봉호(封號)는 황제(皇帝)가 내린 것이라고 선전했다. 이는 사실상 땅 위의 황제를 일부 신과 신선의 위에다 놓은 것이나 다름없었다. 민간에서의 도교에 대한 태도도 아주 재미있다. 예를 들면, 조신(灶神)이 음력으로 연말에 하늘에 올라갈 때면 특별히 엿을 제물로 하였는데, 이는 엿이 이에 달라붙어 옥황상제에게 사람들의 나쁜 말을 하지 말라는 뜻에서였다. 중국 사람들은 보통 공리적인 마음가짐으로 신을 믿었으며, 사람과 신 사이는 계약하는 것과 유사한 관계였다. 도교는 이러한 민간사회의 심리적 영향을 깊이 받았다. 도교는 또 "만물 중에서 사람이 가장 귀하다(萬物之中, 人最爲貴.)"[74]고 명확히 강조하였다. 도교는 사람은 일반 생물들 중 가장 영리하고 지혜로워 장생불사하고 직접 신선이 될 수 있다고 보았다. 이는 도교가 우주에서의 인간의 지위를 중시함을 일정한 정도에서 보여주고 있는 것이며, 인간과 신의 관계에서 인간이 신에 대해 상대적으로 독립적인 사상을 구비하고 있음을 나타낸 것이다.

사람은 인류의 한 분자로서 가치를 가지고 있는가? 이는 인격 가치에 관한 문제이며 또한 사람이 사회에서의 지위에 관한 문제이다. 불교는 중생 평등의 관념에서 출발하여, 사람과 사람 사이는 평등하다고 강조하였다. 석가모니는 불교를 창립할 때, 브라만의 사종성(四種姓)을 변화시킬 수 없는 것 및 브라만 지상(至上)의 관점을 반대하였으며 사종성(四種姓)이 평등하다고 주장하

---

74) 「태상노군개천경(太上老君開天經)」 제2

였다. 첫째, 출가수행에서와 승단(僧團) 내부에서의 평등을 실행해야 한다는 것인데, 즉 모든 사람은 출신을 묻지 말고 출가하여 도를 배우거나 혹은 승단(僧團)에 가입할 수 있어야 하며, 승단(僧團) 내부는 원래의 종성 고하를 막론하고 일률적으로 평등해야 한다고 보았다. 둘째, 업보 윤회에서 평등해야 한다고 보았다. 즉 종성, 출신, 직업의 고하를 막론하고 모두 자신의 업보에 의해 생사윤회가 결정되어야 한다고 보았다. 셋째, 정과를 이루는 측면에서 평등해야 한다고 보았다. 즉 모든 사람들에게 다 정과를 이룰 수 있는 기회와 조건이 평등하다고 보았다. 후에 일부 불교 유파가 한 유형의 사람은 선근(善根)이 없어 성불할 수 없다고 보았지만, 대다수 유파는 이러한 설을 반대했고, 모든 중생에게는 모두 성불의 근거와 가능성이 있다고 보았다.

사람이 사회에서의 가치문제에 관해서는 도가와 도교의 관점이 비교적 복잡하다. 노자는 인간의 지위를 비교적 중시하였다. 그는 한 측면으로는 부쟁(不爭)설을 제창하여, "무릇 다투지 않는 까닭에 천하에 능히 다툴 수 있는 상대 또한 없다(夫唯不爭, 故天下莫能與之爭.)"(『노자 · 제22장』)고 했으며, 모든 일은 순리를 따르고 인위적으로 간섭하지 말아야 한다고 했다. 그는 또 "감히 세상에 앞장서지 않는다(不敢爲天下先)"(『노자 · 제67장』)고 했다. 노자는 오직 이렇게 해야만, 사람은 사회에서 성공을 거둘 수 있다고 보았다. 또한 오직 이렇게 해야만 사람을 올바르게 이끌고 만물을 이롭게 할 수 있다고 보았다. 장자는 '제물(齊物)'의 관점에서 출발해, 사람의 아름다움과 추악한 것, 시비에 대한 인식은 모두 상대적이고 평등하며 차별이 없다고 했다. 그는 인위적인 조작을 반대하고 사람의 진정한 자유는 순응하는 데에 있으며, 무조건적으로 자연과 하나가 되는 데 있다고 했다.

도교는 도가 무위(無爲)관의 기초 위에서 발전 변화되었다. 『노자상이주(老子想爾注)』에서는 "성인은 세속 사람들과 다투지 않는다. 다툼이 있으면, 높은 데로 피하거나 사라지니, 속인이 어찌 그와 함께 다투겠는가!'(聖人不與俗人爭, 有爭, 避之高逝, 俗人如何能與之共爭乎!)"라고 했다. 도교는 '부쟁(不爭)'을 계율의 하나로 보았다. 후에는 '부쟁(不爭)'과 수련을 연계시켜, "세속과 다투지 말아야 득도, 장생할 수 있다"고 했다. 도교도 등급관념을 강조했다. 도교는 천지간에 신인(神人), 진인(眞人), 선인(仙人), 도인(道人), 성인(聖人), 현인(賢人), 속인(俗人)의 구별이 있을 뿐만 아니라, 군주, 신하, 백성은 지위가 다르다고 강조했다. 도교는 "군주, 신하, 백성은 하늘의 법에 응하여, 하늘, 땅, 사람 셋이 서로 통해, 힘을 합치고 마음을 모아, 한 집을 위한다(君臣民應天法, 三合相通, 幷力同心, 共爲一家)"[75]고 했다. 즉 군주는 해와 같고, 신하는 달과 같으며, 백성은 별과 같아야 하며, 백성은 마치 별들이 일월을 둘러싸고 수호하듯, 군주와 대신을 옹위해야 하고, 군주와 대신의 통치에 복종해야 한다는 것이었다. 이것은 세속사회에서 다른 등급의 사람들이 다른 사회가치를 가지고 있음을 강조한 것이었다.

---

75) 북경 중화서국에서 1979년에 출판한 왕명 『태평경합교(太平經合校)』, 50쪽.

2) 사람의 생활

사람의 생활에는 의의와 가치가 있는가? 있다면 어떠한 의의와 가치인가? 이는 주로 고통과 즐거움의 모순에 관련된 문제이다. 불교는 인생이 고통스럽다고 본다. 불교에서 말하는 고통은 주로 정신적 핍박을 말한다. 특히 생사윤회의 고통을 말한다. 불교는 연기(緣起), 무상(無常), 무아(無我)의 기본 철학개념에서 출발해, 인간세상과 인간을 관찰하고, 세간의 모든 것이 무상한 변화 중에 있으며, 인생은 쾌락과 행복을 논할 수 없다고 보았다. 불전에서는 "위태롭고 약하며 부서지고 무너지는 것을 세간이라고 한다(危脆敗壞, 是名世間)"고 말했다. 즉 세간의 모든 것이 변이되고 파고되고 있으며, 세간의 모든 것은 고통이라는 뜻이다. 불전에서는 또, "천하에서 몸보다 더 괴로운 것은 없다. 배고프고 목마른 것, 미워하고 성내는 것, 색욕과 원한은 모두 몸으로부터 생기기 때문이다. 무릇 몸은 온갖 괴로움의 근본이요, 모든 재앙의 근원이다.(天下之苦, 莫過有身.飢渴瞋恚色欲怨仇, 皆因有身.身者衆苦之本, 禍患之源.)"[76]라고 했다. 이로부터 불교는 삼고(三苦)와 팔고(八苦)를 선양했음을 알 수 있다. 삼고(三苦)란 세 가지 기본 고통을 말한다. 첫째는 고통스러울 때의 고뇌를 가리킨다. 둘째는 쾌락과 향수를 누린 후의 고뇌를 가리킨다. 그러므로 "즐거움이 바로 고통의 원인이다(樂卽苦因)"라는 설을 주장했다. 셋째는 행(行)의 고뇌이다. 고통스럽지 않고 즐거움이 없을 때, 수시로 변화하는 자연법칙의 지배를 받는 생에 고뇌한다는 것이다.

---

76) 『법구경(法句經)』

여기에는 생, 노, 병, 사가 포함되어 있다. 팔고(八苦)란, 생, 노, 병, 사 외에 구부득고(求不得苦), 원증회고(怨憎會苦), 애별리고 (愛別離苦), 오음치성고(五陰熾盛苦)가 있다. 정합적으로 불교에서 볼 때, 인생은 생리, 감정과 정신 등 여러 차원의 고통이 있으며, 인간세상은 고해가 끝이 없으므로, 부처님을 믿으면 고난에서 해탈할 수 있다고 했다.

도가는 인간의 생활은 본성에 순응하고 부합되는 것을 원칙으로 해야 한다고 보았다. 본성에 맞는 생활은 가치가 있고, 본성에 맞지 않는 생활은 해로운 것이라고 봤다. 노자는 지나친 풍요를 반대했으며, 다욕의 해로운 점을 강조하여 무욕(無慾), 과욕 (寡慾)할 것을 제창했다. "소박함과 순박함을 깨닫고자 하면 나와 내 욕심을 없애라(見素抱樸, 少私寡慾)"(『노자 · 19장)고 하여, 분수를 지켜 만족할 줄 알아야 하며, 더 많고, 더 높은 기대는 하지 말아야 한다고 했다. 장자도 무욕(無慾)을 말했다. 그는 "악과 욕망과 기쁨과 노여움과 슬픔과 즐거움 이 여섯 가지는 덕을 해친다(惡,慾,喜,怒,哀,樂六者, 累德也.)"(『장자 · 경상초』)고 했다. 그는 욕망과 감정은 덕을 해치므로 응당 씻어내야 한다고 보았다. 『여씨춘추 · 본생』은 가무와 여색에 대해 "본성에 이익이 되면 취하고, 본성에 해가 되면 포기해야 한다(利于性則取之, 害于性則舍之.)"고 했다. 그러므로 육욕에 빠져 절제하지 않는 것도 나쁘지만, 욕망을 억제하는 것도 나쁘므로 적당한 것이 좋다고 했다. 그는 "삶을 귀중히 하는 태도로 움직이면 감정을 적절하게 할 수 있고, 삶을 귀중히 하는 태도로 움직이지 않는다면 감정을 놓치게 되는 것이다. 이 두 가지는 생사와 존망의 기본이다(由貴生

動則得其情矣; 不由貴而生動則失其情矣. 此二者, 死生存亡之本也.)"(『여씨춘추 · 정욕』)라고 했다. 『회남자 · 원도훈』은 주체의 감수가 쾌적한가를 생활 의의를 판단하는 척도로 삼았다. 문장은 "즐거움은 부귀에 있는 것이 아니라 덕을 가지고 화합의 경지에 있는 것이다. …… 필자가 말한 즐거움이란, 사람이 각각 얻을 것을 얻어서 만족하는 것이다. 대저 그 얻을 것을 얻는 사람은 사치함을 즐거워하려고 하지 않고, 질박하고 소박함을 슬퍼하지 아니한다.(樂亡乎富貴, 而在於德和. …… 吾所謂樂者, 人得其得者也. 夫得其得者, 不以奢爲樂, 不以廉爲悲.)"고 했다. 이는 인생의 기쁨과 슬픔은 스스로의 만족을 준칙으로 하는 데에 달렸다는 말이다. 문장은 또 "무락의 경지에 이른 사람은 즐거워하지 않음이 없다. 즐거워하지 않음이 없다면 그것이야말로 지락의 경지이다(能至于無樂者, 則無不樂, 無不樂則至極樂矣.)"라고 했다. 즐거워함과 즐거워하지 않음은 완전히 주체의 순간적으로 다른 감수이고, 상대적인 것이다. 그러나 즐거워함과 즐거워하지 않음을 초월한 '무락'은 영원한 것이고, 즐거워하지 않는 것이 없다함은 바로 '극락'인 것이다.

도교는 또 도가 사상 중의 극락관을 발전시켜, 삶은 낙이고, 죽음은 고통이라고 하면서 삶을 중시하고 죽음을 미워했으며 장생불로를 추구했다. 하지만 도교는 일반적인 세속의 생활을 낙으로 보지 않았다. 현실생활에서 초탈하여 세속의 향락을 배제하고 출가 입산(入山)해 수도할 것을 주장, 특수한 생활방식을 통해 신선이 되기를 바랐으며, 영원한 안락을 누릴 수 있기를 바랐다.

3) 사람의 생명

불교는 사람은 자연의 산물로서, 원래는 빛을 뿜는 기체였으며 물질성적인 고체 형태가 없었는데, 후에 세상에서 향토와 식물을 먹고 나서 점차 투박한 물질 신체가 형성되었고 피부색과 성별의 구분이 있게 되었다고 보았다. 이와 동시에 불교는 사람은 실체가 없는 공(空)이라고 보았으며, 이를 '인무아(人無我)'라 불렀다. 그럼 왜 사람은 실체가 없다고 했을까? 왜냐하면 사람은 오온(五蘊)[77]이 화합하여 이루어진 것이므로, 늘 변함없는 자유로운 자체인 '아(我)(주재자, 영혼)'가 없기 때문이라고 했다. 불교의 '인무아(人無我)'설은 브라만교에서 말하는 우주에는 최고의 주재자와 영혼이 존재한다는 설을 반대하는 긍정적인 의의가 있었다. 하지만 불교의 이 같은 설은 생명의 가치를 부정하고 사람의 몸은 "더러운 가죽 껍데기"이고 불결한 것으로서 소중하게 여길 필요가 없다는 관점을 야기 시켰다. 불교에서 사람은 불성을 수행하는 의의에서만 중시될 수 있으므로, 사람은 마땅히 수행에 노력해 생사를 초월하고 불과를 이룩해 다른 한 경지에 들어가야 한다고 했다.

도가학파는 사람의 생명은 자연체이고 실제 있는 존재라고 보았다. 도가학파의 창시자인 노자는 '무신(無身)'을 주장했다. 그는 "필자가 큰 근심이 있다고 하는 것은 실체가 있기 때문이다. 나에게 실체가 없다면 어찌 근심이 있을 수 있겠는가?(吾所以有大患者, 爲吾有身, 及吾無身, 吾有何患?)"(『노자 · 제13장)라고

---

77) 오온이란 사람을 구성하는 다섯 가지 종류인 색(色), 수(受), 상(想), 행(行), 식(識)을 가리킨다.

했다. 노자는 사람의 여러 가지 근심과 환난은 모두 몸이 있기 때문에 생긴 것이라고 했다. 사람이 만약 그 몸을 귀히 여기고 그 생을 귀히 여기면 그러한 근심과 환난은 더 심하고 더 많다고 했다. 사람이 만약 그 몸을 귀히 여기지 않고 그 삶을 귀히 여기지 않는다면, 즉 스스로 그 몸을 소원하게 여기면, 무한한 근심과 환난을 제거할 수 있다고 보았다. 노자는 우환을 제거하고 화를 방지하는 시각에서 무신(無身)을 주장했다. 사실상, 무신(無身)이란 바로 자신을 초월하는 것이고 자아를 초월하라는 뜻이다. 『장자 · 양생주』에서 전생보신(全生保身)의 관점을 제기했다. 그는 문장에서 "선을 행함에 조금이라도 명리를 구해서는 안 되고, 악을 행하여 형벌을 받지 않도록 지선을 행하여야 한다. 자연의 순리를 삶의 기준으로 삼아 살아가는 사람들은 보신할 수 있으며, 생명을 온전히 할 수 있으며, 양친을 봉양할 수 있으며, 주어진 생명을 다 누릴 수 있다(爲善無近名, 爲惡無近刑, 緣督以爲經, 可以保身, 可以全生, 可以養親, 可以盡年.)"고 했다. 즉 "선을 행하면 명리를 추구한다는 혐의가 있고 악을 행하면 형을 면할 수 없다. 명리를 추구하는 것과 형을 면할 수 없는 것은 모두 몸과 생명을 보전하는 도가 아니다. 선악을 모두 행하지 않고 중립을 엄수하면 몸과 생명을 보전할 수 있다"는 것이었다. 노자는 무신(無身)을 주장하고 장자는 보신(保身)을 주장했다. 그 주장이 다르기는 하지만, '화'와 '우환'을 막고자 함은 일치했다. 『여씨춘춘 · 심위』에서 자화자(子華子)는 "두 팔이 천하보다 더 중요하다(兩臂重於天下)"는 삶을 중시하는 관점을 제기했는데 이는 더구나 사람의 형체와 생명을 보전하는 것을 중시한 것이다.

도교는 도가사상과 신선방술을 계승하여, 양생(養生), 중생(重生), 귀생(貴生)으로 장생을 추구하는 것을 근본적인 교의로 삼았다. 도교는 사람은 정기가 모이고 화합하여 삶을 부여받은 것이라고 보았다. "내 명은 나에게 달렸지 하늘에 달린 것이 아니다(我命在我不在天)"(『포박자 · 내편 · 황백』)라고 했다. 여기서 명(命)은 생명을 가리킨다. 사람의 생명의 존망, 수명의 장단은 자아에게 달린 것이지 하늘이나 운명에 달린 것이 아니라는 뜻이다. 사람은 일정한 수련을 거쳐 장생불사하는 신선이 될 수 있다고 했다. 도교는 '수도성선(修道成仙)'과 '생도합일(生道合一)'을 주장했다. "도(道)는 신령스러운 것으로, 우주의 정신이고 만물의 부모이며, 우주의 본원이다"라고 했다. "도는 나에게 있어서 덕이다(道之在我之謂德)"라고 하여 도는 수련으로 얻을 수 있다고 했다. 사람이 만약 도와 합하여 분리되지 않으면 득도한 것이라고 했다. 득도했다는 것은 바로 신선이 되었음을 말하며, 생명의 불멸을 유지할 수 있음을 말하는 것이었다. 즉 사람이 득도하면, 우주의 정신과 서로 융합된다는 것으로, 개체의 유한한 생명이 대도의 영원한 생명과 서로 결합하여 대도로 회귀해 영원함을 실현한다는 것이었다. 도교는 신선이 되는 도를 닦는 것은 인생의 최대의 사업이므로, "그 일은 적게 생각하고, 적게 욕심을 부리는 것이며, 그 업은 전신의 장수에 있다(其事在於少思寡慾, 其業在於全身久壽.)"(『포박자 · 내편 · 석체』)고 했다. 이를 위해 도교는 일련의 도공(道功)과 도술(道術)을 제기했다. 예를 들면, 복식(服食), 행기(行氣), 도인(導引), 수일(守一), 외단(外丹), 내단(內丹) 및 재초(齋醮), 부적(符籙), 수경신(守庚申) 등이 그것이다. 생명은 대자연의 미묘한 걸작이고, 사람의 생명은 더구나 걸작 중의 걸작이다. 도교의 이러한 주장과 창조는 인류가 현실 생명에 대한 열렬하고도 진실한 사랑을 나타냈으며, 생명의 오묘함에 대한 한결같은 탐구와 생명의 영원함에 대한 끈질긴 추구라는 점을 보여주었다.

4) 사람의 생사

이는 위에서 서술한 사람의 생명과 직접적인 관련이 있는 문제이다. 불교는 삶을 가벼이 여기고 죽음을 중히 여겼다. 도가는 생사를 자연현상이라고 보았다. 도교는 삶을 좋아하고 죽음을 싫어했다. 이들의 생사관에는 큰 차이가 있었다.

불교는 인생은 고통스러운 것이라고 봤다. 그러므로 죽은 후의 운명에 대해 매우 중시했다. 불교에도 인생을 중시하는 내용이 있기는 하지만, 그 목적은 수행을 위한 것이었고 죽은 후 성불하기 위한 것이었다. 불교에서 사람의 삶을 중시한 것은 사람이 죽은 후의 해탈을 위한 것이었다. 불교는 "삶과 죽음이 가장 큰 일인데, 덧없는 세월은 빨리 간다.(生死事大, 無常迅速)"고 했으며, 인과응보와 윤회환생을 선양, 사람이 죽은 후 생전의 선악 행위로 인하여 다른 생명 형태로 환생하는데, 귀신이 될 수도 있고 혹은 신선이나 부처가 될 수도 있다고 했으며, 이로부터 일련의 귀신과 신선 체계를 추론해 냈다.

도가는 사람의 생사는 모두 자연 현상이며 태어나서 죽는 것은 자연 변화이므로 삶을 좋아할 필요가 없고, 더구나 죽음을 싫어할 필요가 없다고 보았다. 도가 학자들 중 생사에 대해 가장 상세히 서술한 것은 장자였다. 『장자 · 비북유』에서는 "사람의 삶이란 기가 모인 것이다. 기가 모이면 태어나고, 기가 흩어지면 죽는다(人之生, 氣之聚也. 聚則爲生, 散則爲死.)"고 했다. 즉 사람의 생사란 그냥 기가 모이고 흩어지는 것이며, 기의 형태의 변화일 뿐이라는 것이었다. 『장자 · 대종사』에서는 "자연은 우리에게 모습을 주었다. 또 우리에게 삶을 주어 수고하게 하고 우리에게 늙음을 주어 편하게 하며 우리에게 죽음을 주어 쉬게 한다. 그러므로 스스로의 삶을 좋다고 하는 것은 곧 스스로의 죽음도 좋다고 하는 셈이 되는 것이다(夫大塊載我以形, 勞我以生, 佚我以老, 息我以死. 故善吾生者, 乃所以善吾死也.)"라고 했다. 장자는 삶은 수고스럽고, 죽음은 휴식이라고 했다. 삶을 자연에 맡겼다면, 죽음도 두려울 것이 없다고 했다. 장자는 이러한 자연론에서 출발해 사람의 생사를 대했으므로, 아내가 죽었을 때에도 슬퍼하지 않았을 뿐만 아니라, 오히려 "북을 두드리며 노래했다(鼓盆而歌)." 그러나 유감스러운 것은, 장자는 죽음을 정확히 대할 수 있었지만, 생명의 가치에 대해서는 부정했고 삶과 죽음을 동등하게 보았다. 장자는 또 "사람이 만약 인체 내의 기와 외물의 기가 서로 호응하여 일체가 되면, 모든 것을 잊고 '불사불생(不死不生)'의 경지에 들어갈 수 있다"(『장자 · 대종사』)고 보았다. 이른바 '불사불생(不死不生)'이란 천지만물과 일체로 융합되어 시간을 초월해 영속 불멸하는 것을 말한다.

일반적으로 죽음을 두려워하는 것은 인류의 공통적인 원시적 심리 콤플렉스이다. 도교 교의의 중심은 바로 사람의 생사문제를 해결하는 것이었다. 도교사상의 초석은 삶을 즐거워하고 죽음을 미워해 "육체적으로 신선이 되는 것"을 추구하는 것이었다. 도경(道經)에서는 "기가 몸 안에 들어오는 것을 삶이라 하고, 정신이 몸 안에서 나가는 것을 죽음이라 한다. 그러므로 삶을 관통하는 것을 도라 한다. …… 도는 보이지 않으나 삶으로 인해 밝아진다. 삶은 영구적일 수 없으므로 도로써 지킨다. 삶을 잃으면 도는 못쓰게 되고 도가 못쓰게 되면 삶을 잃는다. 삶과 도가 합일하면 장생불사 한다(氣來入身謂之生, 神去于身謂之死, 所以通生謂之道. …… 道不可見, 因生而明之 ; 生不可常, 用道以守之.若生亡則道廢, 道廢則生亡.生道合一, 則長生不死.)"[78]고 했다. 사람이 장생불사 하는 것은 도(道), 신(神), 기(氣) 삼자와 밀접히 관계된다. 도교에서 보건대, 사람이 만약 "삶과 도가 서로 지키고", "삶과 도가 합일을 이루면" 장생불사할 수 있다고 했다. 생명과 우주의 절대적 본체인 '도'가 하나로 되는 것은 정신이 몸을 떠나지 않음을 의미하며, 형체와 정신이 하나로 합함을 말한다. "형체와 정신이 합하면 사람은 사물이고, 형체와 정신이 분리되면 영은 귀신이다(形神合時, 則是人是物; 形神若離, 則是靈是鬼)"가 그것이었다.[79] 형체와 정신이 분리되면 귀신이 된다. 형체와 정신이 분리되지 않는 것은 육신이 선경에 날아올라 신선이 되는 조건이다. 형체와 정신이 분리되지 않을 수 있는 것은 양자가 모두 기로 구성되었기 때문이다. 정신을 구성한 '정기(精氣)'와 형체를 구성한 '형기(形氣)'는 함께 유지될 수 있다. "신명정기가 그 몸을 떠나

---

78) 『태상노군내관경(太上老君內觀經)』 제4.
79) 『화양도은거집(華陽陶隱居集)』 권 상 제18. 『답조사방선불양법체상서(答朝士訪仙佛兩法體相書)』.

지 않으면 늙음과 죽음을 모른다.(神明精氣, 不得去離其身, 則不知老不知死矣.)"[80] 이로부터 "양생의 도는 몸을 편안하게 하고 기를 기르는 것이다(養生之道, 安身養氣.)"라고 했던 것이다.[81] 사람은 "기를 기름으로써 몸이 맑고, 가볍기를 기와 같게 하면, 신선이 될 수 있다"고 했다. 즉 기와 마찬가지로 장생불사하고 영원불멸할 수 있다고 했던 것이다. 도교는 인류의 삶을 즐기고 죽음을 미워하며, 삶을 보존하고 죽음을 없애기 위하여 부단히 노력해 왔으며 여러 가지 시험을 해왔던 것이다.

5) 인간의 이상

인간의 이상은 무엇인가? 이 또한 불교와 도가에서 탐색해 온 중대한 문제이다. 인간의 이상 가치에 대하여, 불교는 열반(涅槃) 성불(成佛)을 이상적인 경지로 보았고, 도가는 무위(無爲), 소요(逍遙)를 인생의 이상이라 보았으며, 도교는 장생불사와 신선이 되는 것을 추구했다.

불교는 인생은 고통스럽다는 가치 판단에서 출발해, 개인의 출가수행을 주장하고 성불하여 열반의 경지에 진입하는 것을 성취로 보았다. 열반이 바로 불교의 최고 이상적 경지인 것이다. 열반의 기본 의미는 번뇌와 고통을 소멸하고 생사를 초월해 해탈하고 자유로워지는 것을 말한다. 열반은 보통 유여열반(有餘涅槃)과 무여열반(無餘涅槃) 두 가지가 있다. 수행자가 만약 아라한과(阿羅漢果)를 증득(證得)하면, 이때는 업보의 인(因)이 다 했으

---

80) 왕명, 『태평경합교(太平經合校)』, 698쪽.
81) 위의 책, 727쪽.

나, 업보의 신심(身心)이 아직 남아있으므로 유여열반이라 하며, 신심과보(身心果報)까지 존재하지 않게 되면 무여열반이라 한다. 열반의 경지에 도달하기 위해 불교는 수습(修習)을 강조했다. 불교는 '팔정도(八正道)', '칠과삼십칠도품(七科三十七道品)', '사섭(四攝)', '육도(六度)' 등 수행 과정과 방법에 대해 제기했다. 불교의 수행방법을 개괄하면, 주로 계(戒), 정(定), 혜(慧) 세 가지가 있으며, '삼학(三學)'이라 부른다. 이는 불교도가 열반의 경지에 도달하기 위해 반드시 수행해야 하는 세 가지 기본 학업이다.

도가는 득도, 즉 법자연(法自然), 무위(無爲), 소요(逍遙)를 인생의 이상으로 보았으며, 추구한 것은 인생 이상의 정신생활과 경지였다. 노자가 제일 먼저 법자연(法自然)의 주장을 제기했다. 그는 "사람은 땅을 본받고, 땅은 하늘을 본받고, 하늘은 도를 본받고, 도는 자연을 본받는다(人法地, 地法天, 天法道, 道法自然.)"(『노자·제25장』)고 했다. 자연이란 바로 '본연(本然)'이다. 즉 도의 성질, 기능은 자연적인 것으로 자연을 본받아야 한다는 말이다. 노자는 이에서 더 나아가 무위(無爲)의 정신적 경지를 깨달았다. 이른바 무위란, 인위적으로 조작하지 않고, 자연에 맡긴다는 뜻이다. 이는 유위(有爲)이기도 하지만 또한 무위(無爲)이기도 하다. 이로써 무위(無爲)는 또한 무불위(無不爲)이기도 하다. 무위는 사람마다 지혜와 욕망을 제거하고 자연적인 생활을 할 것을 요구했다. 노자는 만약 사람마다 무위하면 천하는 크게 다스려 질 것이라고 보았다. 장자는 한 걸음 더 나아가, 무위에 도달하려면 여전히 유위가 필요하다고 보았다. 그는 무위란 소극적으로 아무 것도 하지 않는 것이 아니라, 하늘의 도에 부합되고, 자연에 순응하는 적극적인 행동이라고 보았다. 마치 포정해우(庖丁解牛)처럼, 포정의 기(技)에서 도를 체득할 수 있다고 했다. 장자는 또 무위를 소요(逍遙)로 전개하고 변화시켜, 마음이 사해(四海) 밖으로 노닐며 천지 만물과 일체가 되는 것, 소요유가 이상적인 생활이고 낭만적 색채가 짙다고 보았다. 이른바 우주 만물과하나가 된 다는 것은 내외를 구별하지 않고 주객을 나누지 않으며혼연일체가 되어 무기무물(無己無物)의 경지에 이르는 것을 말한다. 이러한 경지에 도달한 사람을 '지인(至人)'이라고 불렀다. 지인은 우주 만물과 하나로 되었으므로 아무런 속박도 받지 않으며이로부터 극대화된 자유를 얻는다. 사물에 마음이 흔들리지 않고감정에도 흔들리지 않으며, "사람의 형체는 있으나 사람의 정을지니지 않는(有人之形, 無人之情)"(『장자·덕충부』) 사람은 '진인(眞人)'이라 부른다. 이름난 현학가인 곽상(郭象)은 자생독화론(自生獨化論)으로 무(無)에 대한 집지(執持)를 제거할 것을 제기했다. 그는 유외(游外, 소요)와 홍내(弘內, 세속의 사무에 종사함), 내성(內聖, 고도의 도덕 수양)과 외왕(外王, 왕정에 종사함)은 완전 일치하다고 강조했다. 그는 내외의 구별을 타파함으로써무위에 유위를 기탁하려 했다. 곽상의 이론은 장자에 기초한 것이었지만, 이상과 현실의 이음새를 철저히 소통시켰다.

장자가 말한 지인(至人)과 진인(眞人)은 사실상 신비한 정신생활을 하고 있는 사람을 말한다. 이것 또한 도교에서 추구하는 최고의 이상적인 인격이다. 즉 신선이 되는 것이었다. 신선은 수진득도(修眞得道)하여 신통광대(神通廣大)하고 장생불사하는 사람을 가리키며 신인(神人) 혹은 선인(仙人)이라고도 했다. 신인(神

人)이라는 이름을 가지게 된 것은 그가 신통변화 하는 능력이 있기 때문이며, 선인(仙人)이란 이름을 가지게 된 것은 늙어도 죽지 않기 때문이었다. 신선도 일정한 등급이 있다. 신선 위에는 진인(眞人)이 있다. 진인은 대부분 제왕의 봉고(封誥)를 받은 선인이다. 예를 들어, 진인을 찬송했던 장자 자신도 후에 당현종(唐玄宗)으로부터 '남화진인(南華眞人)'이라는 추호를 받았고, 그 책도 『남화진경(南華眞經)』으로 존대를 받았다. 진인과 선인을 합하여 '선진(仙眞)'이라고 병칭하기도 했다. 선진과 신선은 도교도들에게 선생님 혹은 본보기로써 받들어졌고, 신도들의 숭경(崇敬)을 가장 많이 받았다. 득도하여 신선이 되는 것은 신도들이 수련하는 목적이고 추구하는 목표였던 것이다.

3. 불교와 도가의 인생가치관의 현대적 의의

상술한 인생가치관 학설은 중국 고대불교와 도가학자들의 생명 체험의 종합이고 인생 지혜의 결정체였다. 이러한 학설은 이들 각자가 설계한 안신입명(安身立命)의 방안이며, 또한 고대 사람들이 인생의 여러 가지 모순을 처리함에 있어서의 준칙이기도 했다. 인생의 모순은 매우 복잡하다. 여기에는 개인과 자연, 사회와의 모순이 있는가 하면, 생활 속의 고통과 즐거움의 모순, 인생의 현실과 이상의 모순, 생명의 짧음과 영원의 모순, 영혼과 육체의 모순, 생과 사의 모순 및 사람과 신선의 모순 등이 있다. 불교와 도가의 인생가치관 설은 바로 상술한 여러 가지 모순을 탐색하

고 처리하며 해결하는 방식이고 답안으로써, 중국 전통문화의 중
요한 내용이고, 고대 사람들이 후세 사람들에게 남긴 거대한 정
신적 재부이다.

불교와 도가의 인생가치관 학설은 중국 문화사상사에서 매우
중요한 위치를 차지한다. 도가의 인생가치관은 오랜 세월을 전해
내려오면서, 고대 사대부들의 인생행로에 직접적인 영향을 미쳤
으며, 또한 일부 시대의 정치생활에도 영향을 주었다. 동시에 도
교와 불교 양대 종교사상의 발전에도 심각한 영향을 주었다. 도
교는 그 독특한 인생가치관으로 고대의 적지 않은 제왕과 조신들
에게 영향을 주었으며, 또한 하층사회에서 수많은 영향력을 가지
고 있었다. 불교는 중국에 전해 들어온 후, 양진(兩晉) 남북조(南
北朝)와 수당(隋唐)시기에 널리 유포되었으며 한때 대 성황을 이
루었고 깊은 영향을 주었다.

불교와 도가의 인생가치관은 내용이 방대하고 번잡하며, 역사
적으로 긍정적인 것과 부정적인 것 등 여러 가지 영향이 있었는
데, 현대에 있어서는 사회 발전의 요구에 전면적으로 적응할 수
는 없다. 하지만 고대의 선인들이 우리에게 남겨준 거대한 정신
적 재부이며, 현대 사회에서 일부사상은 아직도 그 활력과 빛을
발산하고 있다. 이는 우리가 특별히 주목해야 할 부분이다. 불교
와 도가의 인생가치관을 종합적으로 고찰하는 것은 다음과 같은
네 가지 면에서 현대적 의의가 있다.

1) 자연주의 사상

도가의 창시자인 노자가 인생 이상론에서 제기한 '자연'의 범

주는 기능성 범주이며, 가치의 판도이기도 하다. 이는 또 어떻게 득도할 것인가를 설명하기 위한, 즉 생명이 어떻게 유한으로부터 무한으로 통하는가 하는 가치의 길을 열기 위한 것이며, 숭고한 정신적 경지에 대한 추구를 체현한 것이기도 하다. 도가의 자연주의 사상은 일종의 문화 이상을 대표하고 있으며, 사람의 경험을 초월하는 것을 통해 생명 자각을 추구하고 생명의 진실을 개발하며 인생 이상가치의 최고의 경지에 도달케 하는 것이었다. 자연주의 사상은 초월성적인 정신을 체현하고 있다. 자각적으로 세속의 정욕과 재물, 벼슬의 국한성과 속박을 벗어나, 냉정하고도 이성적으로 인생과 사회를 보았으며, 자신의 본진(本眞) 생명의 존재가 외계의 관여와 견제를 받지 않도록 했다. 자연주의 사상은 역사적으로 긍정적인 것과 부정적인 것 두 가지 역할이 있었다. 현재 우리는 응당 자연주의 사상 및 그 발전 변화에서 오는 소극적인 역할을 방지하고 자연주의 사상의 정수를 파내는데 노력해야 하며, 그 진정한 정신을 선양하여 인격적 보완과 사회 진보에 도움이 되게 해야 한다. 예를 들어, 객관 발전법칙에 부합되는 것은 그 실속이 없는 것은 버리고 진실된 것만을 취하며, 자연에 순응하는 생활태도, 돈후한 실질을 주장하고 인위적인 조작과 허위적인 풍격, 습속을 반대한 것, 세속의 재산과 이익, 협애한 경험의 제한을 뛰어넘은 것, 고상한 초월적인 정신적 경지를 추구한 것, 서로 속고 속이는 경쟁을 경멸한 것, 자중자율과 상호 존중, 이해를 제창한 것 등은 현대사회에서도 긍정적이고도 유익한 역할을 발휘할 수 있는 것이다.

2) 정확한 고락관, 생사관을 수립해야 한다

인생은 즐거울 때도 있고 고통스러울 때도 있다. 불교와 도가가 인생의 즐거움과 고통에 대한 상반되는 판단은 각자 합리적인 내용은 있으나 모두 절대적이고 편면적이기도 하다. 사람은 태어나면 죽기 마련이다. 이는 그 어떠한 사람도 피할 수 없는 자연적인 귀결점이다. 불교는 이 점을 아주 잘 보았지만 삶에 대해서는 경시했다. 도교는 삶을 중시하고 죽음을 무시했다. 이 또한 편면적이고 부당한 것이다. 우리는 그 편면적인 부분을 제거하고 합리한 내용을 취하여, 인생은 즐거움과 고통의 모순을 통일하는 과정이고, 삶으로부터 죽음으로의 과정임을 인식해야 하며, 더 나아가 정확한 고락관과 생사관을 수립해, 고락과 생사에 대한 과학적인 태도를 수립해야 할 것이다.

3) 도덕적 정조를 제고하는데 노력해야 한다

불교와 도가는 모두 심성 수양을 중시하고 도덕적 정조를 제고시키며, 행위 규범을 완벽화 하는 것을 중시했다. 이것을 인생의 이상적 경지를 추구하는 기본적인 과정으로 보았다. 또한 이를 비러 인간관계를 조화롭게 하고 사회적 화합을 추진하려 했다. 현대사회에서 과학기술, 법제, 민주 등의 요소는 경제 발전과 사회 안정에 그 기능과 역할을 발휘하고 있다. 그러나 개인의 도덕적 자질, 사회 도덕의 건설은 보편적으로 만족스럽지 못하다. 사회 성원의 소양을 제고시키고, 더 나아가 사회의 건전한 발전을 위해, 불교와 도가 수양의 합리한 내용을 흡수해, 도덕 건설을 강화하는 것은 실로 중대한 과제이다.

4) 보건 문화 자원. 도교는 양생을 중시했으며, 외단(外丹), 내단(內丹)의 수련 방술을 채용했다

남송(南宋)시기에 와서, 전진도(全眞道)는 외단술을 배격하고 내단술을 주요 수련술로 했다. 내단술은 인체를 향로에 비교하여, 정(精), 기(氣)를 약물로 하고, 연양(煉養)을 통해 정(精), 기(氣), 신(神)이 체내에서 단으로 응결되도록 해 장생불사에 도달케 하는 것이었다. 이러한 수련방법으로 장생불사에 이르는 것은 도교도의 신념일 뿐이나, 사람이 몸과 마음이 건강해지고 장수하게 한다는 데에는 의심할 바가 없다. 불교는 선정(禪定)을 말하는데, 그 목적은 보건이나 장생을 위한 것은 아니지만, 객관적 효과는 마음의 평정과 심리 평형을 찾고 고요하고 소탈한 기질을 연마할 수 있으며 더 나아가, 생리 건강에 유리한 것이다. 그러므로 과학적으로 내단술과 선법을 종합하여 국민의 보건사업에 운용하는 것 또한 공덕무량한 일이라 하지 않을 수 없을 것이다.

(『선학연구』 2000년 제8기에 게재됨)

중화의 전통가치관 속에서 합리적인 사상은 고취시키자!

– 21세기 중화문화 관련 전문가 좌담회에서

　전통 인생가치관이 21세기 사회에서의 국민 자질 제고에 대한 의의를 논하려면, 반드시 21세기 국제사회의 특색을 알아야 한다. 필자가 보건대, 21세기의 국제, 국내사회의 기본 특징은 다음과 같다. ① 시장경제가 날로 성숙됨으로 인하여, 국가와 국가 간, 지역과 지역 간의 경제가 점차 일체화로 나갈 전망이며, 또한 통신기술의 진보와 교통의 발달로 인하여 세계화 정도가 더 높아질 것이다. 이로 인해 한편으로는 국경, 국가 별 관념이 희박해지겠지만, 다른 한편으로는 국가 간 경쟁이 더 심화될 전망이다. ② 과학기술의 전에 없는 발전으로 인하여, 인류는 자연을 정복하고 자연을 개조하는 면에서 거대한 성과를 거둘 것이다. 하지만 이와 함께 자연이 인류에 대한 보복도 더 커져, 생태가 균형을 잃고 환경이 오염될 것이며, 기온이 올라가고 인구가 폭발적으로 늘어나며, 에너지 위기, 식품 부족 등 현상이 날로 더 인류를 괴롭힐 것이다. 인류는 지구와 대자연을 정복의 대상으로 함과 동시에 거대한 대가를 지불하게 될 것이다. 이 때문에 부득불 새로운 과학기술을 개발하여 자연에 대한 지나친 개발이 가져다 준 부정적 영향을 완화시켜야 할 것이다. 그래야 인류와 자연의 조화로움을 유지할 수 있다. ③ 물질조건이 끊임없이 개선되고 생활방식이 더욱 현대화됨으로 인하여, 물질생활의 풍부함과 정신적 가치의 결핍이라는 명확한 상대성이 장기적으로 존재할 것이다. 문화정신의 위기는 실질상 가치의 위기이다. 왜냐하면 사람들의 필요는 가치관의 지배를 받기 때문이다. 만약 사람들의 필요가 장기간 물질적 향수의 차원에 머물러 있게 되면, 악성 소비가 이루어질 것이며, 이는 또 악성 개발을 불러일으킬 것이고, 이로 인해 국민자질이 떨어지고, 나아가 사회의 지속적인 발전에 영향을 주게 될 것이다. 이러한 상황에 비추어 보면, 미래 사회는 점차 단순히 경제 성장을 추구하던 것으로부터 사람의 전면적인 발전을 추구하는 것으로 나아가게 될 것이다.

상술한 국제, 국내의 발전형세로 보아, 중국은 21세기의 건설에서 높은 자질의 인재가 필요하게 될 것이다. 전통적 인생가치관의 내의와 현재 국민자질의 결함에 근거해 보면, 현재 중국은 전통 인생가치관 중의 긍정적인 내용을 비중 있게 선양하여 아래 세 가지 면에서 국민의 자질을 제고시키는 것이 필요하다고 본다. 첫째, 인간으로서의 도를 선양함으로써 인문적 자질을 제고시킨다. 둘째, 군체관념과 애국주의정신을 선양하고, 사회적 책임 의식과 역사적 사명감을 수립케 한다. 셋째, 자연과 사람의 조화로움을 선양하고 변증법적 사유 수준을 제고시킨다.

종합적으로, 중화 전통 가치관 중의 합리적인 사상을 적극 선양하는 것은 국민의 창조적인 정신 품질과 조화로움을 추구하는 정신 품질, 어려움을 극복하는 정신품질을 육성하는데 유리하며, 국민의 지혜, 도덕과 반성의 힘을 증강시킬 수 있고, 국민이 진리를 추구하고, 선을 행하며, 미를 숭상하는 인격을 조성하는데 도움이 될 것이다.

(『정신문명건설』 2001년 제1기에 게재됨)

유가도 전적(典籍) 대전(大全)이 있어야 한다

불교전적은 불법을 집결시킨 경전이고 대표로서, 예로부터 수많은 불교도들의 사랑을 받아왔다. 불교 전적을 번역, 필사, 인쇄하거나 공양하는 것은 신성한 대사로 인정되어 왔다. 이는 불전 숭배활동을 추진해 왔을 뿐만 아니라, 불교 대장경(大藏經)의 회집(匯輯)과 형성을 추진케 했다.

중국불교 대장경은 주로 한문, 티베트문, 팔리문(巴利文) 등 3대 유형이 있다. 이는 또 세계 현존하는 불교 대장경의 주요 문헌이기도 하다. 양진(兩晉) 이래, 중국불교 학자들은 끊임없이 새로운 저술을 펴내 장경(藏經)의 내용을 풍부히 하고 발전시켰다. 대략적인 추정에 따르면, 찬술된 한문 불전만 약 600부, 4,200권이 있다. 인류 문명사에서, 불교는 여러 종파와 학파, 유파의 전적이 가장 풍부하고 다양하다고 할 수 있다. 불전에는 불교 내용과 이치를 포함했을 뿐만 아니라, 철학, 역사, 윤리, 언어, 문학, 예술, 민족, 민속, 역산(曆算), 의약과 건축 등 광범한 내용들이

언급됐다. 이는 인류 정신문명의 한 구성부분으로서 중요한 역사
문화적 가치를 가지고 있다.

한문 대장경에는 한전불교(漢傳佛敎)의 문화생명이 깃들어 있
으며, 불교 법파(法派)를 전승시키고 불교의 우수한 문화를 선양
하는데 결정적인 의미가 있다. 즉 불교문헌을 전면적으로 보전
해, 산실되지 않도록 했으며, 관리와 검색, 선택 열독에 유리하
도록 했다. 학술 연구를 위해 풍부한 자료를 제공했고, 더 나아
가 원래의 성과 위에서, 불교학술문화의 발전을 추진할 수 있었
다. 또한 유가와 도가, 도교 등 고유문화와 서로 보완하면서 중
국 전통문화에 융합되어 들어갈 수 있었다. 그 외에도 불교의 우
수한 문화를 선양하는데 유리했다. 이는 사람들이 심리를 조절하
고 인간관계를 조화롭게 하며, 사회를 안정시키고 세계평화를 수
호하며, 사람과 자연의 조화로운 공존에 공헌할 수 있었다. 한문
대장경은 또, 불교문화의 전파와 교류에도 도움이 되었다. 한문
대장경은 조선, 일본, 베트남 등 여러 나라에 전해져 들어가는 주
요 매개체와 도구의 역할을 해왔으며 중국, 한국, 일본, 베트남의
우호교류에 좋은 유대가 되어, 독특하면서도 다른 그 무엇으로도
대체할 수 없는 역할을 해왔다.

중국은 문화전통이 유구하며, 줄곧 우수한 고대문화의 계승과
고대 문헌전적의 정리를 중시해 왔다. 선진(先秦)시기 공자 이래,
전적을 정리하고 편찬한 사람들이 많이 나타났다. 하지만 여러
가지 원인으로 인하여, 전면적인 수집, 정리와 편집을 거쳐 출판
된 완전한 유장(儒藏)은 줄곧 형성되지 못했다. 현재 중국은 물질
조건과 인재조건이 모두 비교적 큰 개선을 가져왔다. 만약 지금

인력을 조직해, 유가 전적대전을 회집하고 출판한다면, 민족문화 전통에 대한 비판적 계승, 유학연구와 중외 문화교류 등에 많은 공헌을 할 수 있다고 본다.

(『광명일보』 2003년 4월 1일자에 게재됨)

삼진(三晉)문화에 대한 영탄

– 중국인민대학 방립천 교수 인터뷰[82]

　초가을의 진사(晉祠)호텔 환경은 참으로 상쾌하다. 올해 73세인 방립천 교수는 백설같은 눈섶이 있어 더 자상하고 온화해 보인다. 방 교수는 많은 저서를 출판해 왔고, 현재는 중국인민대학 "불교와 종교학 이론연구소" 소장이다. 그는 1980년대 이후 중국 불교철학 연구에서의 최고봉을 대표하는 인물이며, 중국불교와 종교이론 연구의 선구자이다. 어제 오후 기자는 진사 호텔에서 방 교수를 인터뷰하면서, 산서(山西) 불교와 진양(晉陽) 문화를 진작시키는 문제에 관해 취재했다.

　방 교수는 산서(山西)와 태원(太原)의 역사와 현 상황에 대해 아는 것이 매우 적으며 지방과 도시문화 건설에 대해서는 더 더구나 연구가 부족하다고 말했다. 그러므로 산서 불교와 진양문화를 진궐시키는 방안에 관해서는 그냥 천박한 인식밖에 없다고 말했

---

82) 본문은 인터뷰 기사이며. 기자는 장위충. 조의이다.

다. 방 교수는, 태원(山西)시가 "문화적으로 강한 도시"라는 전략을 실시하려면 선결적으로 몇 가지를 일을 잘 실천해야 한다고 말했다. 예를 들면, 태원(山西)시는 주변 지역 및 성(省)과 협상하여 공동으로 산서문화대성(山西文化大省)이라는 이념을 수립해야 하며, 산서성과 태원(山西)시의 산(山), 수(水), 토(土), 생(生), 기(氣), 위(位)를 잘 파악해야 한다고 말했다. 즉 지리 환경의 여러 가지 요소와 기타 특징을 잘 파악해야 하며, 산서성과 태원시의 문화자원에 대해 분명히 알아내야 하며, 사회 각계는 문화가 필요로 하는 문제를 잘 파악해야 한다고 했다. 즉 산서의 문화제품 소비시장에 대해 알아야만 실제 환경에 부합하면서도 전망 있는 문화정책을 제정할 수 있으며, 이로써 본 지역 문화산업의 진작을 가져오게 할 수 있다고 말했다.

방 교수는 중점적으로 불교문화가 산서 문화에서의 위치에 대해 이야기 했다. 그는 산서에는 송(宋), 금(金), 원(元) 이전의 목조 고대건물이 아주 많아 전국의 71%를 차지하고 있어, 양적으로 많을 뿐만 아니라 그 질적 품위도 높다고 했다. 이는 전국적으로도 보기 드문 현상이라고 하면서, 오대산(五台山)의 운강석굴(雲岡石窟)은 세계에 널리 알려져 있고, 그 외에도 현공사(懸空寺), 불광사(佛光寺), 현중사(玄中寺), 숭선사(崇善寺), 광승사(廣勝寺), 소서천(小西天) 등 유명한 사원들이 있다고 했다. 방 교수는, 산서의 불교문화 맥락에서 보면, 문수보살을 대표로 하는 지혜, 관음보살을 대표로 하는 자비는 신앙의 주요 맥락을 이룬다고 말했다. 그는 불교문화의 구조는 신앙, 윤리도덕, 철학사상 등으로 구성되며, 그 특질은 자성(自性)을 중시하고, 현실을 중시하며,

원융(圓融)을 중시하고, 간편함을 중시하는 것이라고 했다. 그는 불교문화는 평화를 수호하고 지조를 승화시키며 국제 연계를 강화하는 등에 모두 긍정적인 의의가 있다고 말했다.

방 교수는 산서성은 문물의 대성(大省)일뿐이지 문화의 대성은 아니라고 하면서, 황금그릇을 들고서도 가난을 호소하는 것은 참으로 유감스럽다고 말했다. 그는 태원시가 앞장 서서 문화산업 브랜드를 만드는 것은 좋은 일이라고 했다. 그는 산서성에는 남으로부터 북에 이르기까지 역사문화 유물이 귀중한 구슬처럼 널려 있으며, 태원시는 바로 그 중앙에 위치해 남과 북을 잇는다고 하면서, 이러한 지리적 우월성이 있기에 자신만의 문화 브랜드를 만드는 동시에, 산서성의 장점을 융합하여 서로 보완하고 윈-윈할 수 있도록 해야 한다고 말했다. 방 교수는 "문화를 계승하는 것은 우리의 공동책임이다. 여기서 매스컴의 홍보 또한 매우 중요하다. 매스컴에서 선진문화를 많이 홍보하고 산서성의 보물들을 많이 홍보래 주기를 바란다"고 말했다.

(『태원석간』 2006년 8월 21일자에 게재됨)

중국종교

개혁개방 이후 10년 동안의 종교상황 변화 고찰

　1978년 중국은 새로운 역사의 한 페이지를 열었다. 이 해 중국 공산당 제11기 3중전회가 개최되어 대중에 의거한 전면적이고 굳건한 혼란 수습이 이루어졌다. 전국적으로 경제건설을 중심으로 하는 궤도에 들어섰으며, 사회생활이 다시 정상적으로 돌아가기 시작했다. 이에 상응하여 종교의 신앙자유정책도 제대로 실시되기 시작했으며, 종교생활이 전면적으로 회복되었다. 이로부터 10년 간, 중국종교 발전의 특징은 무엇이며, 어떠한 문제점이 존재했는지, 앞으로의 발전 추세는 어떠할 것이지 등에 대해 탐색하고자 하는 것이 본고를 쓴 목적이다.

1. 중대한 전환

　중화인민공화국 성립 이후, 사회, 경제 제도에 대한 전면적인 개조와 종교제도에 대한 중대한 개혁을 거쳐, 중국종교에는 근본적인 변화가 나타났다. 8개의 전국적인 종교조직을 설립했으며[83] 종교계 상류층 인사들의 사회적 정치적 지위도 존중을 받게 되었고, 일반 신도의 종교생활도 보장받게 되었다. 여러 가지 종교가 법률과 정책이 허락하는 범위 내에서 서서히 발전하기 시작했다.

1957년 이후부터, 종교적 업무에서 점차 '좌'적인 착오가 나타나기 시작했다. 대약진운동' 시기, 절강성의 온주(溫州)는 종교가 없는 시점지역이 되기도 했다. 1960년대 중기, '좌'적 착오는 더욱 발전하였다. 문화대혁명 중, 임표(林彪), 강청(江靑) 등 반혁명집단은 종교를 "네 가지 낡은(四舊) 반대 역량"으로 보고, 각지에서 종교 활동장소를 폐쇄하거나 혹은 철거하거나 점용했다. 또한 신도들의 정상적인 종교생활을 금지시키고, 출가한 승려들이 환속하도록 강박하였다. 또한 일부 종교 직업자를 무산계급 독재의 대상으로 여겨 박해했다. 심지어 일부 소수민족의 풍속습관마저 미신으로 치부해 강제로 금지시켰다. 또 일부지역에서는 폭력으로 종교를 신앙하는 대중을 진압하기 위해 고압수단을 이용해 일거에 종교를 궤멸시키려고 했다. 한 예로 내몽골자치구에는 1940년대 말 라마교 사원이 900여 채 있었고, 라마가 약 5만 명가량이나 있었는데, 문화대혁명 이후 라마교 사원은 40여 채 밖에 남지 않았다. 그중에서 그나마 비교적 온전하게 남은 라마교 사원은 2~3채 밖에 되지 않았다. 라마 숫자도 4,000여 명으

---

83) 전국 8개의 종교 조직은 "중국불교협회", "중국도교협회", "중국이슬람교협회", "중국천주교애국회", "중국천주교교무위원회", "중국천주교교단", "중국기독교삼자(三自)애국운동위원회", "중국기독교협회" 등이다.

로 감소되었다.[84] 또 다른 일례로, 1956년 전, 사천(四川)과 티베트의 깐즈(甘孜) 지역에서는 불교사원 495채가 있었고, 라마가 약 64,000명이 있었는데, 1958년 이후에는 사원이 26채 밖에 남지 않았다. 문화대혁명이 일어나기 전까지 그나마 남아있던 사원이 대부분 철거됐으며 모든 스님들이 다 환속했던 것이다. 개별적으로 일부 신도들이 남몰래 깊은 산속에 걸어놓은 경번(經幡)은 사람들에게 신불의 원망과 신도들의 분노를 이야기하는 듯싶었다.[85] 이로부터 당시의 종교적 상황이 어떠했는가를 대략 알 수 있을 것이다.

 문화대혁명이 끝난 후, 1978년에 열린 중국공산당 제11기 3중전회는 전 당의 업무 중심을 "계급투쟁을 통해 장악하던 것으로부터 4가지 현대화(공업, 농업, 국방과 과학기술의 현대화) 건설로 전이한다"고 했다. 또한 사상적으로, 정책적으로 혼란상태를 수습하고 바로잡는 일련의 조치들을 취하기 시작했다. 이는 중국 종교에 중대한 전환의 기회가 되었다. 그 후 중국공산당 중앙은 종교정책에 대해 설명, 종교 신도와 비종교 신도들이 애국주의 기초 위에서 차이점을 보류하고 공통점을 취해야 한다고 밝혔다. 종교를 신앙하는 대중과 종교를 신앙하지 않는 대중은 정치 경제적으로 근본적 이익이 일치하므로, 정치적으로 단결을 강화하고 다 같이 네 가지 현대화 건설을 위해 분투해야 한다고 제창했다. 또한 신도와 비신도의 사상 신앙의 차이에 별다른 의미를 부

---

84) 『내몽골 사회과학』 1988년 제5기에 게재된 고력도(高力濤)의 「사회주의 초급 단계 종교 문제에 대한 재 인식」을 참고.

85) 『종교』 1988년 제2기에 실린 양건오(楊健吾)의 「새 시기 라마교 발전 태세」를 참고.

여하지 않겠다고 명확히 말했다. 이는 종교문제를 처리함에 있어서 정확하고도 의의가 깊은 지침이 되었다. 개혁, 개방이 실시됨과 더불어, 학술계는 더는 종교를 간단하게 아편과 동등하게 보지 않았으며, 나날이 더욱 종교를 문화현상의 일부분이라고 보기 시작했다. 이는 정상적인 종교 활동을 활발히 할 수 있는 외부 환경을 마련해 주었다. 정부와 종교계 인사들의 공동 노력으로 종교의 신앙자유정책은 전면적으로 실행되기 시작했다. 이는 주로 다음과 같은 네 가지 측면에서 나타났다.

① 문화대혁명 때 파괴당했던 사찰과 교회당들을 보수 혹은 회복했으며, 점령당했던 사찰과 교회당의 부속 건물을 반환하고 종교 활동장소를 개방해, 신도들의 정상적인 종교 활동을 위한 물질적 조건을 제공해 주었다. 일례로, 내몽골(內蒙古)자치구에서는 최근 몇 년 동안, 사찰 18채를 보수했으며 60여 곳의 종교 활동장소를 개방했다.[86] 또한 기독교는 문화대혁명 기간 모든 교회당이 철폐되었는데, 최근 몇 년 동안 5000여 개의 교회당이 개방되었다.

② 헌법에 규정된 공민의 종교 신앙자유의 권리가 보장받았고, 종교 신앙이 진정으로 공민 개인이 자유로 선택할 수 있는 사적인 일이 되어, 수많은 신도들이 정상적인 종교생활을 할 수 있게 되었다. 예를 들면, 내몽골(內蒙古)자치구의 여러 종교의 신도는 전 자치구 인구의 1/5을 차지했다. 이에 일부 신도들은 "지금은 종교를 믿는 것은 현세에 노력할 가치가 있고 내세에 희망이 있다. 살

---

86) 『내몽골 사회과학』 1988년 제5기에 게재된 고력도(高力濤)의 「사회주의 초급 단계 종교 문제에 대한 재인식」을 참고.

아서 잘 하면 죽어서는 천당에 간다"[87)고 말했다. 이는 자유로운 종교생활에 대한 내심의 기쁨을 보여주고 있다.

③ 여러 가지 종교 단체가 전면적으로 활동을 회복하고, 종교 간행물을 출판하고 종교 경전을 간행했으며, 다른 차원의 종교 학교를 설립했다. 『중화대장경(中華大藏經)』, 『도장집요(道藏輯要)』, 『코란경』, 『신구약전서(新舊約全書)』, 『성훈(聖訓)』및 소수민족 문자로 된 경전 등을 속속 발간하거나 출판했다. 또한 통계에 의하면 현재 국무원의 비준을 거쳐 설립했거나 성·시의 비준을 거쳐 설립한 종교학교는 수십 개에 달했으며, 학생도 2,000여 명에 달하고 있다. 이미 졸업한 학생은 근 1,000명에 달했다.

④ 각 애국 종교단체는 평등 우호의 기초 위에서 외국의 종교조직, 종교인사와 우호 교류를 전개했다. 이슬람교는 40여 개 나라와 지역의 이슬람조직 및 종교 인사들과 우호관계를 건립했다. 각 종교조직은 국외의 종교조직과 상호 방문하고 국제종교회의에 참가하며, 국제종교학술토론회의 등을 개최해, 중국과 외국 인민, 종교 신도들 사이의 이해와 우의를 증진시켰다.

1978년은 중국종교 역사에서 중대한 전환점이었다. 종교정책이 다시 실행됨에 따라, 정상적인 종교 활동이 회복되어 전개되었다. 이는 중국종교 역사에 있어서 중대한 의의와 거대한 영향력이 되었던 것이다.

---

87) 위의 논문.

2. 현재의 추세

중국종교의 발전 추세는 주로 종교 신도 숫자의 신속한 증가와
종교 활동범위의 확장, 내포하고 있는 내용의 변화 및 종교와 사
회주의의 상호 용납과 조화 등에서 볼 수 있다.

1) 종교 신도가 신속히 늘어나고 있다.

중국은 여러 가지 종교가 존재하는 나라이다. 대표적으로는
다섯 가지 종교가 있다. 그중 불교, 도교, 이슬람교는 이미
1000~2000년의 역사를 가지고 있으며, 천주교와 기독교는 아
편전쟁 이후 큰 발전을 하면서 오늘에 이르렀다. 현재 중국에서
종교를 신앙하는 대중의 상황은 다음과 같다. 이슬람교는 신앙하
는 소수민족 인구의 증가와 더불어 1950년대 초의 800여 만 명
으로부터 현재 1,400만 명으로 늘어났다. 천주교는 1950년대 초
의 270만 명으로부터 지금의 330만 명으로 늘어났다. 기독교는
1950년대 초의 70만 명으로부터 현재의 400만 명으로 늘어났다.
불교는 티베트족과 몽골족, 다이족(傣族) 등 소수민족 전체가 거
의 모두 신앙하고 있으므로 신도 수는 약 500만 명가량이나 된
다. 한족의 불교신도는 1950년대 초 승려와 비구니가 50만 명가
량 되었는데, 지금은 출가한 사람과 집에서 불교를 신앙하는 사
람이 얼마나 되는지 그 실제 숫자를 사실상 통계할 수 없을 정도
다다. 도교는 신도가 많지 않다. 하지만 한족 중에서는 여전히 일
정한 영향력이 있다. 1950년대 초와 비교할 때 지금까지 종교는
믿는 대중의 절대적 숫자는 늘어났지만, 전국 총 인구 중의 비율

은 하락했다.

주목해야 할 점은, 일부 종교가 일부 지역에서 발전하는 속도가 아주 놀랍다는 점이다. 예를 들면, 강소성(江蘇省)의 기독교 신도는 1950년대 초에 5만 여 명이었는데, 1987년에는 30만 명으로 늘어났다. 이 성에서 기독교 신도가 집중되어 있는 회음시(淮陰市)에서는 1981년 기독교 신도가 약 2만 명이었는데, 1986년에 이르기까지 해마다 2만 명 씩 늘어나 지금은 약 14만 명가량이나 된다.[88) 절강성 온주(溫州) 지역은 기독교를 신앙하는 역사가 유구하며 신도들이 집중되어 있어 "중국 교회의 예루살렘"이라 불렸다. 이 지역의 기독교 신도는 1950년대 초에는 약 7만 명이었는데, 1981년에는 20만 명으로 늘어났으며 현재는 30여 만 명으로 늘어났다. 그리고 또 안휘성(安徽省) 내안현(來安縣)을 일례로 보면, 이 현에는 1950년대 초에 기독교 신도가 11명이었는데, 1976년에는 겨우 77명으로 늘어났었다. 하지만 지금은 1천 여 명의 신도가 있다.[89) 이러한 상황은 기독교가 한 개 성, 혹은 한 개현에서의 발전 상황을 예로써 보여 준 것이기에 보편적 의의는 없지만, ① 중국이 1950년대 이래 근 10년 사이에 종교를 신앙하는 신도들의 숫자가 매우 빨리 늘어났다는 점과 ② 중국 일부지역에서 "'종교 붐"이 일어났다는 점을 설명해 준다고 할 수 있다.

종교를 신앙하는 대중이 수량적으로 신속히 늘어났는데, 이는

---

88) 『종교』 1988년 제2기에 게재된 사광의(沙廣義)의 「기독교의 발전을 어떻게 보겠는가」를 참고함.

89) 『종교』 1987년 제1기에 게재된 하준영(何俊英) 등의 「안휘 내안현 여성들의 기독교 신앙 상황 조사」를 참고로 함.

신도들의 자질에 어떠한 변화를 가져다 줬을까? 농촌으로서의 강소성(江蘇省) 향수현(響水縣)과 도시로서의 광주시(廣州市) 동산구(東山區)를 예로 들어 최근 신도들의 구조에 어떠한 변화가 일어났는가를 살펴보고자 한다.

향수현(響水縣) 신도들의 성별, 연령, 문화수준은 아래의 도표와 같다.[90]

항목 년도	성별		연령			문화 수준				총수
	남	여	18~35세	36~45세	46세 이상	문맹	소학교	초중	고중	
1979	341	691	-	-	-	912	88	26	6	1032
1981	2057	4133	-	-	-	5376	463	274	77	6190
1983	1349	4554	1845	1056	3002	4988	588	245	82	5903
1985	2167	6178	1474	846	6025	5768	1677	797	103	8345
1986	2208	6623	-	-	-	-	-	-	-	8831

광주시(廣州市) 동산구(東山區)의 인구는 51만 명이고, 기독교 신도 수는 약 2,500명이다. 종교 활동 장소로는 동산당과 구주당이 있다. "신도는 여성이 많고 남성이 적으며 나이가 많은 사람이 많고 젊은 사람이 적다. 하지만 최근 몇 년 동안에는 청년 신도의 숫자가 약간 늘어났다. 재작년에는 동산당에서 56명이 세례를 받았는데, 30세 이하가 25명으로 44%를 차지했다. 그중 엔지니어와 기술자가 각각 1명이었으며, 대학생과 간호원이 각각 2명, 의사가 3명이었다. 1979년부터 1986년까지 동산당에서는 신도가

90) 『종교』 1988년 제2기에 게재된 「종교와 사회주의의 서로 조화 문제에 대한 탐구」를 참고로 함.

557명으로 발전하였다. 그중 청년이 40%를 차지했다. 구주당에서는 1985년 현재까지 신도 61명이 늘어났는데 그중 청년이 40%를 차지해 이전보다 발전이 빠르다."[91]

위의 자료에서 보다시피, 여성이 많고 남성이 적은 것, 나이가 많은 사람이 많고 젊은 사람이 적은 것은, 신도의 연령 구조면에서 보편적인 특징이다. 하지만 청년 신도들이 신도 중 차지하는 비율이 현저하게 늘어나고 있는 것은 주목해야 할 바이다. 그 외에 농촌 신도는 문맹자가 많아 전체 신도의 절반 이상을 차지했다. 하지만 도시에서는 신도들의 문화수준이 비교적 높았다. 그중에는 교수나, 이름난 의사 등이 있어, 교회에서 지능 계층을 형성했다. 이는 다중적인 영향을 일으킬 전망이다.

그러면 최근 10년 간 일부 지역에서 일어난 "종교 붐"의 근원은 어디에 있는가? 즉 대중이 종교를 광신하는 원인은 무엇인가? 이는 사회적 원인과 전통의 영향 및 심리적 수요라는 세 개의 측면에서 보아야 할 것이다.

사회적 원인 : 여기서 가장 뚜렷한 것은 가져다 준 거대한 곤혹과 사회경제 생활의 커다란 변화가 가져다준 심각한 충격 및 국외에서 날로 더 커지는 종교의 영향이었다.

'문화대혁명'은 거대한 재난을 가져다주었다. 국민경제는 붕괴 직전에 이르렀고, 정치적으로는 많은 억울한 사건과 허위로 조작된 사건들이 타나났으며, 당풍 민풍이 심각한 파괴를 당했다. 이에 일부 사람들은 파란 만장한 운명에 당혹스러워 했고 방황했

---

91) '종교' 1988년 제2기에 게재된 종신가(鐘晨歌)의 '생산력 발전을 위해 복무할 수 있느냐는 종교 공작을 평가하는 기준이다'를 참고로 함.

다. 장기적으로 억압을 받은 사람들에게서 "스프링 효과"가 명확히 나타났다. 바로 이 시기 복건의 모 현에서는 400여 명이 은밀히 출가하여 불교에 귀의했다. 이후 신도들 중에서는 오래 동안 억압돼 온 종교 감정이 화산마냥 폭발하기 시작했다. 그들은 고통과 불만을 발산했다. 그 외에 종교를 신앙하지 않던 사람들도 공개적으로 종교에서 정신적 위안을 찾기도 했는데 이는 필연적인 결과였다.

최근 10년 이래, 사회, 경제생활에서 거대한 변화가 나타났다. 여러 가지 경제 요소가 병존하고, 개혁개방이 실시됨에 따라, 신구 체제, 신구 관념이 격렬히 충돌하면서 일부 사회구조가 붕괴되고 가치관이 신속하게 전환되었다. 단일 경제와 평균주의에 습관이 되었던 사람들은 방황하고 공포를 느꼈고, 나아가 종교에 마음을 기탁했다. 그리고 생활이 개선된 사람들은 한 걸음 더 나아가 종교로부터 문화생활과 정신생활의 수요를 만족시켰다. 일부 사람들은 부유해졌지만 더 부유해지기 위해 신불에게 기도했다. 또 생활이 여전히 어려운 사람은 종교를 생계를 도모하는 수단으로 삼거나, 혹은 신불(神佛)에게 기도함으로써 농업에서의 풍부한 수확과 생활개선을 기대했다. 여기에 경제상황이 대중의 종교 신앙에 대해 작용했다. 경제적으로 가난하고 낙후한 지역일수록 종교를 신앙하는 사람들이 많은가? 아니면 경제적으로 부유하고 발전한 지역일수록 종교를 신앙하는 사람들이 많은가? 이것은 일정하지 않았다. 사람들의 종교 신앙을 유발함에 있어서 경제의 작용은 상대적이었다. 한 지역의 종교발전은 단일한 요소의 영향을 받는 것이 아니라, 여러 가지 요소의 영향을 받는다. 일부 가난하고 낙후한 지역에서 발전한 지역보다 종교가 훨씬 흥성하는 경우가 있다. 하지만 이와 반대되는 경우도 존재한다. 즉 부유하고 발전한 지역이 인근의 가난하고 낙후한 지역보다 종교가 더 흥성하는 실례도 있었다. 그 외에 대외 개방과 더불어, 종교조직의 국제교류도 많이 늘어났다. 국외 종교의 역량은 연해지역과 변경 지역에 대해 날이갈수록 더욱 뚜렷한 영향을 주고 있다. 예를 들면, 1980년 해외에서 광동성(廣東省) 산두(汕頭) 지역에 100만 권의 『성경』이 들어 왔다가 몰수된 사건이 발생했다. 이러한 외부 영향도 종교 신앙의 중요한 원인이 되었다.

  전통적 영향은 주로 세 가지 측면으로 나뉘었다. 우선 종교 역량과 활동 밀집지역의 영향이 있다. 소수민족 지역에서 불교 · 이슬람교를 신앙하는 전통과 불교 · 도교의 명산 · 명승지의 신비로운 흡인력, 연해 지역의 천주교 · 기독교의 전파 활동 등은 모두 이 지역 내지 주변 지역의 종교 신앙에 많은 영향을 주었다. 그 다음으로는 사회적인 귀신 관념의 영향이다. 예를 들면, 1982년 복건성(福建省) 복정현(福鼎縣) 모 소학교 6명 졸업반 여학생들이 원래는 소선대 대원이고 반 간부였는데, 후에 집단으로 바다에 뛰어들어 자살했다. 자살 전, 그중 한 학생은 숙제 노트에 1,547개의 '사(死)'자를 썼다. 그들은 바다에 뛰어들어 자살하면 선녀가 된다고 믿었다. 종교의 수지(修持)를 왜곡한 이러한 행위는 "나쁜 사람이 죽으면 귀신이 되고, 좋은 사람이 바다에 뛰어들면 신선이 된다"는 설의 영향을 받은 것이다.[92] 그 다음으로는 가정에서

---

92) 『기남학보(曁南學報)』(철학 사회과학판) 1984년 제3기에 게재된 제건문(齊建文)의 「우리나라 현 단계 종교 신학이 존재하는 주요 원인과 조건」을 참고.

의 직접적인 영향이다. 예를 들면, 천주교는 "세세대대로 전하는
종교"라고 불린다. 천주교 교칙에 의하면, 부모는 자녀가 어릴 때
부터 종교교육을 해야 한다. 기독교 가정의 영향도 매우 크다. 대
다수 청년 신도들은 "엄마 뱃속에서부터 종교를 믿었다"고 말한다.

　심리적 수요. 상술한 사회적 원인과 전통의 영향이 종교의식과
종교실천으로 전환되려면 결국 사람의 심리를 통해야만 완성된
다. 현실사회에서, 일부 사람들은 연애, 혼인, 가정, 진학, 취업,
인간관계 등 면에서 어려움을 겪고 인생길에서 고초를 겪게 되면
종교에서 정신적 위안을 받음으로써 심리적 평형을 유지한다. 심
리 수요면에서, 각 유형의 사람들은 상황이 서로 다르다. 중국에
서는 병에 걸린 후, 종교를 신앙하는 상황이 매우 보편적이다. 누
군가 1985년 온주(溫州) 용완구(龍灣區) 포주당(蒲州堂)의 종교
활동에 참가한 300여 명에 대해 표본 조사를 했는데, 57%가 병
때문에 종교를 믿게 됐다고 했다.[93] 또 다른 일례로, 1985년 안휘
성(安徽省) 벙부(蚌埠)에서 160명의 기독교 신도를 조사했는데,
그중 126명이 병 때문에 기독교를 믿게 됐다고 했다. 고진(固鎭)
현에서는 2,500명 기독교 신도 중 병 때문에 기독교를 믿게 된
신도가 1,620명이나 됐다.[94] 환자들은 종교를 신앙함으로써 질병
을 퇴치할 수 있기를 희망했다. 종교 신도들 중에는 여성이 남성
보다 많다. 이는 남존여비의 전통 관념의 영향 하에서, 여성의 지

93) 『당대 종교 연구』 1989년 제1기에 게재된 서합(徐鴿)의 「개혁 개방 형세 하의 온주 기
독교」를 참고.
94) 『종교』 1988년 제2기에 게재된 울덕윤(郁德尹)의 「중국 종교의 실용성 특징 및 그 문화
적 원인」을 참고.

위가 낮아 자신의 운명을 주재할 수 없다고 생각하여 종교에서 위안을 찾으려는 것이다. 청년들이 종교를 믿는 것은 정신적 기탁을 위해서이고, 노인들이 종교를 믿는 것은 사후의 귀결점을 위해서이다. 일반적으로 종교를 신앙하는 주체에 있어서는 심리적 수요가 주요하다. 특히 감정이 냉담하고 도덕이 황막화 된 구체제의 환경 속에 있는 사람들은 더욱 그러한 면이 상하다고 하겠다.

2) 종교 상황의 역사적 변화

중국종교는 50년대 이래 심각한 변혁이 나타났다. 문화대혁명에 심각한 충격을 받았는데 이는 주로 외력이 작용한 결과이다. 1978년 이래의 변화는 주로 내적 작용이 종교관념, 활동, 규범과 조직 등 면에 작용한 결과로, 시대적 특징이 짙은 역사적인 변화가 나타났다.

종교관념에 대해서도 일반 신도와 상층 인사들은 모두 현실에 적응하는 조정을 하였다. 예를 들면, 『성경』에는 "부자는 천국에 가기 어렵다", "낙타가 바늘구멍으로 나가는 것은 부자가 천국에 가는 것보다 쉽다"는 말이 있다. 이에 일부 사람들은 기독교 신도들이 부유해지는 것을 반대했다. 하지만 많은 신도들은, 하느님이 사람을 만들어 에덴동산에 있게 한 것은 사람들로 하여금 아무 근심 걱정 없이 살게 하기 위한 것이 아닌가? 국가의 개혁 개방정책은 인민들이 치부하라고 고무 격려하는 것인데, 이는 『성경』의 가르침과 모순되지 않는다고 했다. 또한 일부 불교계 인사들은, "불교신도들이 기도를 하는 것은 돈을 벌고 평안무사하기를 기원해서가 아닌가?"라고 했다.[95] 안휘성(安徽省) 모 현의 기독교는 현실에서의 인간관계에 대한 새 해설과 교의 전파를 서로 결부시켜 『10권(十勸)』이라는 가사를 지어 출판했다. 이 가사에는 "첫째, 시부모는 자세히 들으세요, 며느리와 다투지 마세요. …… 먹고 입는 것을 며느리에게 적게 주지 마세요, 주는 며느리를 사랑하는 걸 좋아합니다", "둘째로 며느리는 자세히 들으세요, 시부모님과 다투지 마세요. …… 시부모에게 효행을 하면 하느님께서 당신의 복과 생명을 늘려줍니다"[96] 등의 내용이 있다. 이로부터 사회 실제 윤리도덕의 수요에 적응하려 했음을 알 수 있다. 그리고 최근 10년 간, 종교계 상층 인사들은 종교 신도들이 사회주의 건설에 투신할 것을 제창했다. 천주교는 "중국의 국정과 인민 대중의 이익에 부합되는 중국 천주교 신학을 창조할 것"을 제기했다. 기독교계에서는 "영성 생명 혹은 초연성은 지상의 좋은 일을 무조건적으로 부정하는 것이 아니라, 우리가 역사 속으로 들어갈 것을 지지한다"고 했다. 불교계 영도자는, 불교 신도들이 신앙 중 "인간불교"의 사상을 수립할 것을 호소했으며, "자각적으로 인간 정토를 실현하는 것을 자신의 임무로 간주해, 사회주의 현대화 건설이라는 이 숭고한 사업을 위해 자신의 빛과 열을 다 바칠 것"을 제창했다.[97] 이미 작고한 중국불교협회 벤첸어르더니 췌지는, 개혁 개방은 중국불교 사업이 더욱 발전하게 할 것이라고 명확히

---

95) 『종교』 1987년 제2기에 게재된 소지염(蕭志恬)의 「개혁, 개방과 종교 문제」를 참고.
96) 상해사회과학원 출판사에서 1987년 출판, 나죽풍(羅竹風)이 책임 편집한 『중국사회주의 시기의 종교 문제』, 262~263쪽을 참고.
97) 『종교』 1988년 제1기에 게재된 고옥춘(高玉春)의 「사회주의 초급 단계의 종교 비교연구」를 인용.

지적했다. 그는 또 "젊은 불교 신도는 종교만 알아서는 안 된다. 현대 과학 지식도 알아야만 불교사업을 영도할 수 있다"[98]고 강조했다. 이슬람교의 영적지도자 이맘(이슬람 교단의 지도자를 지칭하는 말로 마호메트의 계승자, 예언자를 의미함—역자 주)도 종교를 믿는 신도와 믿지 않는 사람들의 구별을 강조할 것이 아니라, 민족 단결을 제창해야 한다고 했다. 그는 "애국은 이맘의 일부분"이라고 강조했다. 이러한 것들은 모두 중국종교의 발전에 중대한 의의가 있는 것이다.

　종교활동에서는 아래의 몇 가지 현상들이 사람들의 눈길을 끌고 있다. 하나는, 종교 신앙 자유정책이 전면적으로 실행돼 여러 가지 종교활동, 즉 문화대혁명으로 인해 실제상 정지되었던 활동들까지 포함해 모두 정상적으로 전개되고 있다. 동시에 신도들이 생산이나 장사, 혹은 직장 일로 분망히 보내다 보니 종교 활동에 참가할 시간이 없으면, 온 가족이 다 신도인 경우에는 식구들이 번갈아 가며 종교 활동에 참가하기도 했다. 또 일부 사람들은 돈이나 재물이 많이 기부하는 것으로 종교 활동에 참가할 수 없는 부족함을 미봉하기도 했다. 다음으로는, 사원에서는 밭을 경작하고, 경제 원림을 가꾸고, 심지어 축목장을 경영함으로써 자급하기도 했으며, 관광지로 된 사원은 입장권을 팔고, 식당, 여관, 사진관, 재봉소, 백화상점 등을 경영해, 상업 경영이 일부 신도들의 일상적인 일로 되게 했다. 셋째로는 각 종교 단체들에서 설립한 종교 학교에서 젊고 문화가 있는 신도들을 받아들여 체계적으로

---

98) 『광명일보』1987년 11월 2일자에 게재됨.

종교지식을 공부하게 함으로써 종교사업의 후계자를 양성했다. 종교계 상층은 학술활동을 중시하였으며, 또 "문화의 붐"과 더불어 문화적 시각으로 종교 활동을 연구하는 것이 많아졌다. 예를 들면, 중국불교협회는 중국불교문화연구소를 설립하고 "불교문화"라는 전문지를 출간했으며, 국내외 관련 학자들을 요청하여 여러 차례 불교 학술 세미나를 개최했다. 넷째로는, 사회 문화 교육활동을 적극적으로 추진했다. 남경시 기독교협회는 "영어 시리즈 강좌", "직원 청년 여가 기술학원", "과학기술 강좌", "결혼 전 지식 강좌", "아동 영양 조리 학원" 등을 꾸려 문화 건설과 사회 공익사업을 추진하여 많은 시민들의 찬양을 받았다. 또 청해(靑海), 녕하(寧夏) 등지에서는 이슬람교와 불교계 인사들이 적극 모금해 장학금을 지불하고 학교를 설립하는 등 민족교육을 위해 공헌하였다.

종교의식, 궤범, 제도 등 면에서도 조정하는 바가 있었다. 예를 들면, 중국에서 한족 승려와 여승은 반드시 보살계를 받아야 하는데, 이 계는 이마 위에 향불 흔적을 남기는 것이다. 1983년 중국불교협회는 이러한 습관은 원래부터 있던 불교의식이 아니며, 또 건강에 손상을 끼치므로 일률적으로 폐지하기로 했다. 또한 음향설비 등 현대화 수단을 이용하여 독경하고 종교음악을 방송하는 것 등은 모두 종교생활에 여러 가지 변화를 가져오게 하였다.

종교 조직면에서는 젊은 승려가 늘어나고 성장함에 따라, 일부 종교 조직의 영도자 계층이 점차 나이가 많은 '주교', '신부', '목사', '장로', '법사', '도장'으로부터 젊은 성직자에게로 이전되었다. 이로부터 일부 지방의 종교 활동은 청년들의 의지와 애호가 특징을 나타내기 시작했다.

3) 종교와 사회주의 사회의 상호 용납과 조화

1950년대 이래, 특히 1980년대 이래 중국종교는 근본적인 문제에 직면했다. 즉 사회주의 사회와의 관계 문제였다. 종교가 사회주의 사회에 용납될 수 있는가? 종교가 사회주의사회와 조화를 이룰 수 있는가? 이는 종교계와 사회 각계가 공동으로 관심을 갖는 두 가지 큰 문제였다. 이 두 가지 문제에 대한 대답은 긍정적이었다. 근 40년 간, 중국종교의 최대의 변화는 바로 국가의 현실적 이익에 대한 애호와 관심, 사회주의 사회와의 상호 용납과 조화에서 뚜렷이 나타났다. 상해종교연구소가 제일 먼저 종교와 사회주의 사회의 조화 문제를 연구해야 한다고 제기했는데 이는 매우 큰 의의가 있었다.[99]

상호 용납과 조화는 구별되면서도 또 서로 교차되는 개념이다. 상호 용납이란 두 가지 사물이 서로 수용, 용납, 공존, 공처(共處)하는 것을 말한다. 조화란 두 가지 사물이 서로 협력하고 잘 어울리는 것을 말한다. 종교와 사회주의 사회의 상호 용납과 조화는 양측이 공동으로 존재할 뿐만 아니라, 또한 서로 협력하고 적응하는 것을 가리킨다. 이러한 상호 용납과 조화는 단계적인 것이다. 중국에서 1950년대 이래, 특히 최근 10년간의 종교와 사회주의 사회의 관계를 관찰한 결과, 나는 이 양자의 상호 용납과 조화가 4개 단계로 나뉜다고 보았다.

---

99) 나죽풍(羅竹風)이 책임 편집한 『중국사회주의 시기의 종교문제』 제5장을 참고.

① **종교와 사회주의 정치제도의 상호 용납과 조화** : 이는 종교와 사회주의의 근본 제도인 정치제도의 상호 용납과 조화를 가리킨다. 한편으로, 종교계가 인민민주주의 독재를 옹호하고 국가의 법률 규정을 준수하며, 행정, 사법, 교육, 혼인 등을 간섭하지 않는 것이다. 다른 한편으로는, 국가에서 종교를 신앙하는 신도의 신앙자유의 권리를 충분히 존중하여, 종교의 활동장소 혹은 종교 습관에 따라 집에서 예불하거나, 독경하는 것, 향을 피우는 것, 예배하는 것, 기도를 드리는 것, 경전을 강론하는 것, 전도하는 것, 미사를 올리는 것, 세례를 받는 것, 계를 받는 것, 재계하는 것, 종교 명절을 쇠는 것 등을 법률로 효과적으로 보호하는 것이다. 이로 인해 서로 용납과 조화에 이르게 되는 것이다. 이 단계에서의 상호 용납과 조화는 헌법과 법률을 근거로 해야 한다. 헌법과 법률을 준수하는 것은 양측의 상호 용납과 조화를 위해 근거와 담보를 제공해준다. 수많은 신도들도 사회주의 국가의 주인이며 역시 정권의 주체이다. 신도와 비신도, 종교계와 사회주의 국가정권의 근본 이익이 일치하다는 점은 기본적인 객관사실이다. 이것이 바로 종교와 사회주의 사회가 서로 용납하고 조화될 수 있은 기초이다. 1950년대 초와 최근 10년간의 생활 실천이 보여주다시피, 종교와 사회주의 사회는 서로 용납과 조화가 가능할 뿐만 아니라, 응당 서로 용납하고 조화되어야 한다. 근 40년간의 생활 실천이 보여주다시피, 중국종교는 줄곧 사회주의 사회에 적응하려는 주동성과 적극성을 보여 주었으며, 수많은 신도들은 법과 기율을 지키고 사회주의 제도를 옹호하였다. 다만 소수의 종교적 외피를 걸친 불량분자들과 임표(林彪), 강청(江靑) 등 반혁명 집

단의 '좌'적 정책만이 이러한 상호 용납과 조화의 구조를 파고하였을 뿐이다.

② **종교와 사회주의 경제건설의 상호 용납과 조화** : 만약, 종교와 사회주의 제도의 상호 용납과 조화가 정치적인 측면에 치중하고, 헌법에 부합되는가를 기준으로 하여 양자의 관계를 확정했다고 하면, 종교와 사회주의 경제건설의 상호 용납과 조화는 종교계가 사회주의 사회건설의 중심사업인 경제건설에 냉담한 태도를 취하는가, 아니면 열정적인 태도를 취하는가, 소극적인 역할을 하는가, 아니면 긍정적인 역할을 하는가 하는 문제이다. 이는 종교와 사회주의 제도와의 관계보다 한 층 더 높은 관계이며, 양자가 서로 용납하고 조화하는 데서 한 걸음 더 나아간 요구이다. 이런 측면에서 10년간의 많은 사실이 보여주다시피, 중국종교계는 역시 사회주의 경제건설의 한 역량이며, 조국의 경제발전에 추진 역할을 다 했던 것이다. 일부 승려들은 많은 종교 활동을 하면서도 생산을 중시하였다. 예를 들어, 불교는 "참선과 농업을 같이 중시할 것"과 "하루 일하지 않으면 하루 먹지 않는다"는 훌륭한 전통을 중시해, 농사를 짓고, 식수조림하며, 과수원을 만들고, 더 나아가 공장을 세워 자신의 생활이 보장받게 했을 뿐만 아니라 국가 건설을 지원하였다. 일례로, 절강성(浙江省) 평양현(平陽縣) 서련사(瑞蓮寺)의 7명 비구니는 맨주먹으로 사업을 시작해, "불교 자동차 정비 공장"을 세웠는데, 그 제품이 멀리 유라시아 지역까지 팔린다고 한다. 연간 총 생산액이 7만 여 위안으로 국가에

바친 이윤만 근 5,000위안에 달한다고 했다.[100] 그리고 출가하지 않은 신도들도 개혁, 개방의 열기 속에서 경제건설이라는 큰 물결에 투신해 솜씨를 보이고 있다. 도시에서는, 1985년의 불완전 통계에 의하면, 상해시(上海市)의 350여 명 천주교 신도들이 각급 모범으로 당선되었고, 기독교 신도들 중 615명이 여러 가지 선진 칭호를 받았다.[101] 근년에 무한시(武漢)에서는 천주교 신도들 중에서만 160여 명의 노동 모범자와 선진 근로자가 나타났다. 이런 사람들 중에는 교수, 엔지니어, 의사가 있는가 하면, 노동자, 영업원과 가정주부도 있다. 농촌에서는 수많은 신도들이 줄곧 생산에 종사해왔을 뿐만 아니라, 뛰어난 실력을 보여 주었다. 일례로 절강성(浙江省) 평양현(平陽縣) 강서향(江嶼鄕) 상림촌(上林村)은 이름난 '복음촌'이다. 이 촌은 기독교 신도가 전 촌 인구의 70% 이상을 차지한다. 이 촌에서 경영하는 여러 가지 유형의 기업은 모두 신도들이 창설한 것이다. 신도들의 노력으로 인해 이 촌 공업과 부업 총생산액 및 인구당 수입은 모두 연속 5년간 전 현의 첫 자리를 차지했다.[102] 사회주의 경제건설과 국가의 부강은 전국의 신도들이 물질생활 수준을 제고시키려는 요구와 완전히 일치되며 신도들의 절실한 이익과도 부합되므로 당연히 그들의 호응과 참여, 지지를 받게 된 것이다.

　③ **종교와 사회주의 문화건설의 상호 용납과 조화** : 이는 종교와

---

100) 『당대 종교연구』 1989년 제1기에 게재된 장락천(張樂天)의 「개혁의 큰 물결 속에서의 온주 종교」를 참고.

101) 나죽풍(羅竹風)이 책임 편집함. 『중국사회주의 시기의 종교 문제』 132쪽을 참고로 함.

102) 『당대 종교 연구』 1989년 제1기에 게재된 장락천(張樂天)의 「개혁의 큰 물결 속에서의 온주 종교」를 참고.

사회주의 경제건설과의 관계보다 한 층 더 높은 관계이다. 종교와 사회주의 문화건설이 서로 용납할 수 있는가, 조화로울 수 있는가는 사람들이 보편적으로 관심을 두는 것이며, 또한 관점이 매우 일치하지 않은 문제이기도 하다. 이 문제를 판단하는 근거는 사실이다. 즉 우리는 이처럼 반드시 사실에 근거해 실제에 부합되는 설명을 해야 한다. 40년간, 특히 최근 10년간, 종교와 사회주의 사상건설의 관계는 우리가 과학적으로 이 문제를 설명할 수 있도록 근거를 제공했다. 예를 들면, 일부 종교를 믿는 농촌은 마을환경이 정결하고, 노인을 존경하고 어린이를 사랑하며, 가정이 화목하고, 이웃사이에 잘 단결되어 사회가 안정되었다. 이러한 상황은 도시에서도 마찬가지이다. 종교는 신앙문제만이 아니라, 역사 · 문화 · 전통이라는 것을 알아야 한다. 오랜 세월 동안, 종교는 중화민족의 도덕, 철학, 문학, 예술, 교육, 심리, 민속 등과 교차되어 있으면서 전통문화의 구성부분이 되었다. 사회주의 문화는 역사 · 문화 · 전통의 영향 하에 형성된 것으로, 역사 전통의 일부분으로서의 종교도 마찬가지로 비판적으로 계승해야 한다. 역사가 보여주다시피, 종교와 사회주의 문화건설은 상용성(相容性)이 있을 뿐만 아니라, 비 상용성도 있고 협조성이 있을 뿐만 아니라, 비 협조성도 있다.

④ **종교와 사회주의 발전과의 상호 용납과 조화** : 이는 더 높은 차원의 상호 용납이고 조화이며, 종교와 사회주의가 장기적으로 공존할 수 있겠는가, 종교와 사회주의의 발전이 조화로울 수 있겠는가를 전체적으로 탐색하는 문제이다. 우리는 이러한 상호 용납과 조화로움이 가능하다고 본다. 위에서 서술한 세 가지 상호

용납과 조화로움은 종교와 사회주의가 발전하는 과정에서의 상
호 용납과 조화로움의 기초가 되고 있다. 또한, 국가의 종교에 대
한 정확한 지도사상과 정책, 종교가 사회주의 사회에 대한 옹호
와 지지는 종교와 사회주의 사회가 장기간 서로 용납하고 조화로
울 수 있는 기본 조건이 된다. 여기서 국가는 종교를 반대세력으
로 보아서는 안 된다. 응당 애국적인 사회주의 건설의 한 역량이
라고 보아야 하며, 그들의 종교 신앙의 자유를 충분히 존중해야
한다. 이는 매우 중요한 것이다. 종교계의 측면에서 말하면, 신에
대한 사랑과 인간에 대한 사랑, 종교에 대한 사랑과 나라에 대한
사랑을 통일시켜, 사회의 진보와 일상적인 업무, 노동, 생활을 결
부시켜야 한다. 이것은 매우 중요한 것이다.

  종교와 사회주의 사회는 서로 용납할 수 있으며, 또한 반드시
조화롭게 되어야 한다. 만약 정부의 종교업무가 잘 전개되면, 종
교계는 더 큰 애국주의와 사회주의에 대한 열애를 보여줄 것이
다. 양측의 상호 용납과 조화는 주요한 측면이 될 수가 있다. 하
지만 종교와 사회주의 사회가 서로 용납되지 못하고 조화롭지 못
한 현상도 시종 존재할 것이다. 이는 주로 ① 종교의 신앙관념과
사회주의 사회가 제창하는 세계관이 서로 대립되며 서로 용납되
지 않기 때문이다. 가끔은 소수의 종교 인원이 종교를 이용해 정
치, 교육과 경제 건설에 관여하는 현상이 나타난다. 티베트 창도
(昌都)지역에서 일부 사람이 종교의 명의로 경제건설에 간여해,
광산 개발을 저지하는 사건이 발생했다. 그들은 '성산'을 다쳐서
는 안 된다고 보았기 때문이다. ② 일부 종교활동은 일정한 조건
하에서 미신 활동과 결합되기 쉽다. 일부 나쁜 사람들은 종교를

이용해 봉건 미신 활동에 종사한다. 예를 들어, "귀신을 쫓아 병을 치료한다"든지, 또 일부 지역에서는 심지어 "귀신 잡이 전문호"가 나타나기도 했다. 이러한 것들은 모두 지식의 보급과 문명의 진보를 방해하며, 정상적인 생활 질서와 생산질서에 영향을 준다. ③ 국외의 종교 적대 세력, 예를 들면, '호함파(呼喊派)'는 개방의 기회를 비러, 여러 가지 루트와 형식으로 국내에 침입해 기독교 내부의 극소수 분자들을 이용해, 기독교의 '삼자(三自, 自治, 自養, 自傳) 애국운동을 반대하고 "세계적인 말세가 곧 도래한다"고 선전하면서 사회주의를 반대했다. 상술한 상황들은 장기적으로 존재할 수 있을 가능성이 있다. 그 외에도 정부에서 종교정책을 집행함에 있어서 오류가 나타날 수가 있는데, 이것 또한 서로 용납되어서는 안 되고 조화롭지 못한 상황을 시킬 수가 있는 것이다.

3. 존재하는 문제

중국종교는 10년 간 만족스러운 변화를 가져왔으나, 동시에 존재하는 문제도 적지 않다. 이러한 문제는 금후의 종교발전에 지대한 영향을 끼치게 될 것이다.

1) 승려의 질이 크게 떨어지고 젊은 성직자가 적다

근 40년 간, 특히 최근 10년간, 종교계는 승려의 질이 보편적으로 떨어졌다. 이는 주로 학식이 많고 덕망이 높은 고승이나 거사,

이맘, 교장, 교주, 도장, 진인이 점점 더 감소되고 있는 점으로부터 알 수 있다. 종교계에서 진정으로 종교이론과 역사, 전문지식을 갖춘 성직자가 보편적으로 노령화 되어 대부분 70세 이상이다. 이들 대부분은 몸이 허약하고 병이 많으며 활력이 없어 종교 연구와 선교활동을 하기가 어렵다. 또한 종교학교의 교육이 오랫동안 약화되었거나 정지되었으며, 학교 운영의 주객관적인 조건도 좋지 않으므로, 일반 승려의 종교문화, 이론, 도덕 수양이 비교적 낮다. 일부는 심지어 기본적인 경전마저 읽을 줄 모르니, 경전의 의미를 진정으로 이해하기는 요원하다고 하겠다. 젊은 성직자들을 일시적으로 양성해 낼 수 없음으로 인해 일부는 간신히 후계를 이어받았지만, 자질이 비교적 낮아 위상도 높지 못하다. 종교계는 진정 학문이 있는 성직자가 매우 적고, 후계자가 부족한 심각한 국면에 직면해 있어 단절될 위기감마저 있는 것이다.

2) 새 신도의 입교 동기가 공리화되고 있다

근 10년 간, 다른 유형 신도들의 입교 동기는 대체로 세 가지가 있다. ① 젊은 사람들의 입교는 적지 않게는 직업을 구하고 생활의 출로를 찾기 위해서이다. 그중 일부 농촌 청년들은 입교함으로써 도시 호적을 얻으려 한다. 또 어떤 청년들을 결혼에 많은 돈이 필요하나 돈을 벌 수 있는 방법이 없으므로 입교하여 돈을 모으고 다시 환속해 결혼하려고 생각한다. 또 어떤 청년들은 입교를 출국의 발판으로 삼으려고 한다. 심지어 불교 신앙 전통이 유구한 티베트 지역에서마저 연로한 아버지가 아들에게 야크나 면양을 방생하라고 하면, 아들이 시장에 나가 팔아버리고는 방생했다고 거짓말하는 현상이 나타났다. ② 노인의 입교는 질병으로 인한 것이 적지 않다. 특히 만성 질병 환자에게서 이러한 상황이 많이 나타난다. 그들은 종교를 믿음으로써 신이나 부처의 보우를 받아 병이 완쾌할 수 있기를 기도한다. 이는 재앙을 막으려는 심리적 수요에 의한 것이다. ③ 여성이 종교를 믿는 것은 보편적으로 여성의 지위가 남성보다 낮으므로, 정신적 위안과 심리적 평형을 찾으려는 데 있다. 이러한 종교 신앙의 동기는 종교 신앙의 순수한 기초가 부족하다는 것을 보여주는 것이며, 종교에 대한 감정과 신념 및 안정성에서 모두 소극적인 영향을 줄 수 있다.

3) 종교 활동방식의 비궤범화(非軌范化)

우선 불교 입장에서 보면, 사원에 있는 비구와 비구니의 수량이 대폭 감소되었고, 집에서 수행하는 비구와 비구니들도 생산노동에 참가해야 하므로, 객관적으로 비구와 비구니들의 종교생활 방식에 변화가 일어났다. 다음으로는 종교 활동 횟수가 감소되고 규모가 줄어들었다는 점이다. 티베트 불교사원에서는 과거 해마다 크고 작은 불사를 30여 차 개최했고, 이러한 불사는 매번 7일간 지속됐다. 하지만 지금은 해마다 불사를 2~3차만 개최하고, 이러한 불사는 대략 5일 간 지속된다. 그 외에 일부 신도들이 개혁 개방과 경제 건설의 큰 물결 속에 뛰어 들어, 생산과 상업경영에 종사하다 보니 매우 분망해져서 종교 활동에 참가할 시간이 없게 됐다. 일부 기독교 신도들은 "마음속으로 믿기만 하면 된다"고 말한다. 특히 청장년 신도들은 조과(早課)와 만과(晚課)도 하지 않으며 일요일 교회당에 가서 하는 활동에도 경상적으로 빠진다.

다만 크리스마스나 기타 중대한 종교 명절 때만 교회당에 간다. 이는 종교 신앙의 약화를 피할 수가 없다. 그 다음으로는 종교 활동의 오락적 측면이 늘어났다. 사회생활 리듬이 빨라짐에 따라, 종교 예의가 간소화 되는 추세로 나가고 있다. 뿐만 아니라, 여러 가지 현대화 오락의 충격을 받아 오락을 종교 예의에 융합시키는 탓에 종교 활동이 생활 조절 기능 및 예술적 향수를 주는 효용을 가지게 됐다. 일부 가난한 지역에서 불법 포교자들은 소수민족 청년들의 심리적 수요에 맞춰 일부러 『성경』을 왜곡하거나, 혹은 음란한 내용을 '찬미시'에 편집해 넣어, 영가(靈歌)를 부르게 하고, 영무(靈舞)를 추게 한다. 일부 지역의 기독교에서는 심지어 중국의 전통 미신과 무술(巫術) 같은 것들이 나타나기도 했다. 이러한 것들은 고급적인 종교를 저급적인 종교로 퇴행시킬 위험 요소이다.

4) 종교 사원의 경제활동이 상업화 추세로 나가고 있다

위에서 서술하다시피, 일부 불교사원은 사원을 이용한 경제활동을 하고 있다. 식수와 조림을 할 뿐만 아니라, 경문을 각인해 판매하기도 하고, 재배업을 발전시키기도 하며, 심지어 소형 목장을 경영하기도 한다. 또한 의료소를 설립하기도 하고, 백화점, 부식품 상점을 설립하기도 한다. 운수업, 가공업, 서비스업 등 제3산업에 종사하기도 한다.[103] 또 식당이나 여관을 세우는 사원도 있고, 법사를 하고 재물을 받기도 한다. 이는 사회경제의 번영과

---

103) '종교' 1988년 제2기에 게재된 양건오(楊健吾)의 '새 시기 라마교 발전 태세'를 참고함.

신도들의 생활개선, 종교 건물을 수리하는데 긍정적인 의의가 있는 것은 틀림없다. 그러나 상업성 경제활동의 전개는 틀림없이 승려들 속에서 상업경제의 특징인 이익관념을 증가시킬 것이며, 이로부터 승려들 가치관의 변화를 가져오게 할 것이 분명하다. 뿐만 아니라, 사원의 상업경영이 늘어남에 따라 종교 활동시간, 형식, 규모에 충격을 줄 것이며, 일반 사람들이 종교에 대한 관점이 달라지게 될 것이다.

5) 종교 신앙의 세속화

위에서 서술한 종교 활동방식의 비궤범화와 종교사원의 경제활동의 상업화 경향은 모두 종교 신앙이 세속화 되었다는 것을 보녀주는 중요한 표지이다. 그 외에 종교는 민간의 일반적인 유행에 적응해, 종교적 교의와 중국 전통의 도덕관념, 사회 심리를 서로 결부시켜 세속사회의 가치관과 도덕적 정조를 선전하고 있다. 예를 들면, '찬미시'는 주요 내용이 하느님을 찬미하는 것인데도, 기독교에서 새로 출판한 '찬미시'는 수많은 신도들이 본국 전통문화 속에서 종교를 받아들이고 종교적 관념을 다지게 하기 위해 120수의 찬송가를 중국 신도가 중국 풍을 이용해 만들었다. 노래 책 중의 "중국 교회 자주가(中國敎會自主歌)"는 중국 기독교 신도들이 자체적으로 교회를 세우려는 희망과 믿음을 보여주었다. "나라를 위해 복을 기원하는 노래(爲國求福歌)"는 중국 기독교 신도들이 나라를 사랑하고 기독교를 사랑하는 감정을 보여주었다. "효친가(孝親歌)", "존노존장가(尊老尊長歌)"는 기독교 신도들이 노인을 존중하고 어린이를 사랑하는 도덕적 정서를 보여주었다.[104] 종교와 사회 세속의 이 같은 서로 어울림은 한 측면으로는 종교가 장기적으로 존재할 수 있게 할 수도 있지만, 다른 한 측면으로는 종교가 날로 세속화 되게 만들기도 한다. 종교 세속화의 결과 중 하나가 바로 종교 신앙이 희미해지는 것이며, 또한 종교의 이상적 경지와 현실생활 간의 필요한 장력(張力)을 약화시키는 것이다. 종교 세속화가 많아진다는 것은 종교의 초월성이 감소됨을 의미하는 것으로, 이는 사회주의 시기 중국종교의 중대한 내적 모순이며 또한 매우 심각한 문제이기도 하다.

4. 발전 추세

근 10년 간 중국종교에는 중대한 변화가 나타났다. 미래에 중국종교의 발전 추세는 어떠할까? 이는 매우 의의가 있는 문제일 뿐만 아니라, 상당히 어려운 문제이기도 하다. 중국종교의 발전 추세는 종교 자체가 가지고 있는 여러 가지 요소의 영향을 받을 뿐만 아니라, 사회환경의 여러 가지 요소의 제약을 받게 된다. 뿐만 아니라 이러한 주·객관적 요소는 시시각각으로 변화하고 있다. 또한 중대하고도 예기치 못한 돌발적인 사건이 발생할 수도 있다. 이러한 것들은 모두 중국종교의 발전 추세에 대한 예측을 어렵게 만든다. 현대중국이 농경문명으로부터 공업문명으로 진입하고, 공업 현대화로 과도하는 이 역사적인 추세에 따르고 있고, 중국의 종교 역사, 전파 조건과 존재하는 문제, 당과 정부의 종교

---

104) 『세계종교연구』 1987년 제1기에 게재된 장문선(蔣文宣)의 「우리 당이 종교문제를 처리함에 있어서의 '좌'적 경향 반대와 '우'적 경향 방지」를 참고.

법률·규정·정책, 사회적으로 종교에 대한 태도 및 국제적 환경의 영향으로부터 볼 때, 나는 다음과 같은 몇 가지 측면으로 중국종교의 미래 발전 추세를 엿볼 수 있다고 생각한다.

1) 중국종교는 안정된 발전시기에 진입할 것이다.

근 10년 간, 중국에는 보기 드문 종교 붐이 나타났다. 이는 주로 10년간의 고압정책과 수단에 대한 징벌이라고 할 수 있다. 사람들이 국가의 종교 신앙정책에 대해 날로 신심을 가지고, 종교 신앙자유에 대해 점차 적응하고 있기 때문에 필연코 이지적으로 신앙자유의 권리를 이용하게 될 것이다. 그러므로 종교 붐이 꽤 오랜 세월 지속될 것이며, 천천히 강화되는 추세가 나타날 것이다. 하지만 사회발전의 의식형태를 좌우하지는 못할 것이다.

2) 기독교(천주교를 포함)가 일부 지역에서 쾌속 발전할 수도 있다

기독교는 입교 조건과 요구가 불교, 도교보다 낮으며, 단속이나 제한도 비교적 적다. 기독교는 서방문화와 현대화와 교차되어 있다. 기독교 문화는 대(大) 인류 문화정신으로, 인류의 운명과 우환의식을 중시하여 사람들의 공명심을 불러일으킨다. 기독교는 신도들이 형제자매로 호칭할 것을 제창하고, 혼인 자유 및 장례를 간소하게 치를 것과, 예배 등을 제창하여 중국의 일부 전통에 대한 비판의 참조물이 되고 있다. 서방 선진국의 경제발전과 부유한 생활, 현대문명도 사람들의 높은 평가를 받고 있다. 그러므로 일부 사람들에게서 기독교와 서방문화 및 현대화를 동등시하는 심리가 나타날 수도 있다. 특히 일부 청년들이 서방을 동경함으로 인해 기독교를 신앙하는 현상이 필연코 장기간 존재할 것이다.

3) 중국종교의 세속화 경향이 날로 늘어날 것이다

종교에는 일반적으로 사회발전에 순응하는 자아 조절 장치가 잠재되어 있다. 시대의 발전과 더불어, 중국에도 현대화적 생활요소가 늘어나고 있으므로, 중국종교에도 필연적으로 사회생활에 적응하는 변화가 나타나게 될 것이다. 이러한 변화의 종합적인 특징은 세속화의 색채가 강화된다는 점이다. 그 표현으로는, 사람의 생존 욕망과 생리 건강에 위배되는 일부 구체적인 종교제도가 변화될 것이고, 종교의 전파활동과 수단, 신도들 생활의 현대화 등이 크게 증가할 것이며, 종교 예의상에서의 오락성 내용이 늘어날 것이다. 종교 신도들의 사상에 변화가 나타나 개혁 개방의 물결 속에 투신해, 근로하여 치부할 것이며, 천당의 행복을 추구하는 것과 현실 속의 향유를 통일시켜 현실 속의 행복한 생활에 만족해 할 것이다. 종교는 주도적으로 사회주의 사회, 특히 사회주의 정치와 상호 협조할 것이다.

(홍콩 『법언』에 게재됨, 『세계종교연구』1990년 제2기에 게재됨)

종교와 당대의 중국사회

종교와 당대 중국사회[105]의 관계를 연구하는 것은 현실적 의의가 있는 과제이다. 이 과제는 종교가 당대 중국에서의 지위와 역할, 당대 중국사회가 종교에 대한 제약과 영향 및 종교와 당대 중국사회 미래의 관계에 대한 전망 등 문제와 관련된다. 이 문장에서는 4개 부분으로 나누어 이러한 문제들에 대해 연구할 예정이다.

당대 중국종교의 현황

중국은 여러 가지 종교가 있는 나라이다. 당대 중국에 존재하는 것은 주로 역사적으로 이어져 온 5대 종교, 즉 불교, 도교, 이슬람교, 천주교와 기독교이다. 그 외에 일부 지역에서 국부적으로 소수민족이 신앙하는 오래된 종교가 있다. 당대의 중국종교 상황은 정태(靜態)와 동태(動態) 두 측면에서 고찰 분석해야 한다. 즉

---

105) 새 중국 설립 이후의 사회주의 사회를 가리킨다.

종교 신도의 수, 자질, 분포, 조직, 활동 및 그 변화 등에 대해 다차원적이고도 종합적인 고찰과 논술을 해야 한다.

신도의 숫자로부터 볼 때, 기독교는 현재 400만 명의 신도가 있고, 천주교는 330만 명의 신도가 있으며, 이슬람교는 1,400만 명의 신도가 있다. 불교는(티베트, 내몽골, 다이족 등 소수민족 지역에서는 전민이 신앙하는 종교이다) 현재 그 신도가 약 900여 만 명이 있다(그중 티베트어 계열 불교 신도가 약 760여 만 명이고, 팔리어 계열 불교 신도가 약 150만 명이다) 한족지역의 불교 신도는 1950년대 초에 비구와 비구니가 약 50만 명가량 있었다. 지금은 출가한 비구와 비구니, 그리고 집에 있는 신도들의 실제 숫자를 통계하기란 어렵다. 도교는 아직도 영향력이 있다. 하지만 신도가 많지는 않다.

새 중국 창립 이후 40년 동안 두 가지 주의를 기울여야만 할 두 가지 현상이 일어났다. 즉 이슬람교 신도가 1950년대 초의 800여 만 명으로부터 현재의 1,400만 명으로 늘어났다는 점인데, 이는 이슬람교를 신앙하는 소수민족 인구의 증가와 더불어 증가한 것이다. 다른 하나는 기독교 신도가 1950년대 초의 70만 명으로부터 400만 명으로 늘어났다는 점이다. 이는 주로 70년대 말 이후에 증가한 것이다. 종합적으로 현재 중국종교 신도의 숫자는 1950년대 초에 비하면 절대적 숫자는 늘어났지만, 전국 인구에서 차지하는 비율은 떨어졌다고 할 수 있다.

신도의 자질은 안휘성(安徽省) 한 현의 기독교 신도들을 예로 들어 설명하고자 한다. 안휘성(安徽省) 향수현(響水縣)에서 1985년에 통계한 바에 의하면, 기독교 신도가 모두 8,345명 있었다.

그중 남성이 2,167명이고 여성이 6,178명였다. 연령 구조로부터 보면, 18~35세 사이의 신도가 1,474명이고, 36~45세 사이의 신도가 846명이며, 46세 이상이 6,025명이었다. 문화 수준은 문맹이 5,768명이고, 소학교(초등학교) 졸업자가 1,677명, 중학교 졸업자가 797명, 고등학교 졸업자가 103명이었다. 이런 유형의 실례들이 중국 당대 각 종교 신도들의 자질을 완전히 보여줄수는 없지만, 어느 정도 대표성을 띤다고는 할 수 있다. 중국에서 종교 신도들의 공통점은 여성이 많고 남성이 적으며, 노인이 많고 청년이 적으며, 문화 수준이 낮은 신도가 많고 문화 수준이 높은 신도가 적다는 점이다. 도시와 농촌 신도의 차이점은, 도시 신도들은 문화수준이 비교적 높으며, 그중에는 소수의 고급 지식인도 있다. 농촌 신도는 문화수준이 보편적으로 낮으며 문맹이 거의 70%를 차지한다.

주목해야 할 점은, 최근 신도들의 자질에 두 가지 변화가 나타났다는 것인데, 하나는 청년 신도들이 늘어난 점이고, 다른 하나는 문화 수준이 비교적 높은 신도들이 늘고 있다는 점이다. 종합적으로 당대의 중국종교 신도들은 자질이 낮고 인적 구조가 좋지 않다고 할 수 있다.

중국종교의 지리적 분포는 자신만의 특징을 가지고 있다. 불교는 세 지류로 나뉜다. 한어계의 불교 신도들은 한족지역에 광범위하게 분포되어 있다. 티베트어계 불교신도들은 티베트, 내몽골, 토족(土族)과 유고족(裕固族)의 거주 지역에 분포되어 있다. 팔리어계 불교는 남전상좌부(南傳上座部) 불교라 총칭하는데, 다이족(傣族) 부랑족(布朗族), 더앙족(德昂族), 와족(佤族)이 신앙

한다. 뒤의 두 불교 지류는 소수민족의 민족성 종교이다. 이슬람교는 주로 서북지역에 분포되어 있으며, 회족(回族), 위구르족(維吾爾族), 카자흐족(哈薩克族), 우즈베크족(烏孜別克族), 키르기즈족(柯爾克孜族), 타지크족(塔吉克族), 타타르족(塔塔爾族), 동향족(東鄕族), 보안족(保安族), 살라족(撒拉族) 등 10개 소수민족이 신봉하고 있다. 기독교(신교)와 천주교가 전해 들어온 것은 해상 교통운수의 발전과 관련된다. 그러므로 기독교는 연해지역에서 많이 흥성k고 있다. 기독교의 약 1/3이 복건(福建), 절강(浙江), 광동(廣東) 3개성에 집중되어 있다. 동시에 일부 소수민족지역에도 대량의 신도들이 집중되어 있다. 그리스 정교는 신도가적으며 그중 대다수가 동북과 신강(新疆)지역에 집중되어 있다. 도교 신도는 많지 않다. 그들은 대부분 한족 지역에 분산되어 있는데 특히 강서(江西), 절강(浙江), 안휘(安徽), 섬서(陝西), 사천(四川), 하남(河南), 호남(湖南), 호북(湖北) 등 성의 산간지대에 비교적 많이 분포되어 있다. 중국종교의 지리적 특징의 하나는, 서남, 서북의 일부 소수민족 지역에서 기본적으로 불교 혹은 이슬람교를 신앙하고 있으며, 다음으로는 광대한 한족지역에서는 불교, 도교, 천주교, 기독교가 공존하고 있다.

당대 중국의 종교는 엄밀한 조직과 위로부터 아래로의 대중성 단체가 이루어졌다. 중국의 5대 종교는 모두 8개의 전국적인 종교조직이 있다. 즉 "중국불교협회", "중국도교협회", "중국이슬람교협회", "중국천주교애국회", "중국천주교 교무위원회", "중국천주교교단", "중국기독교 '삼자(自傳, 自治, 自養)애국운동위원회", "중국기독교협회" 등이다. 각 지역에서는 신도들의 상황

에 따라 지방의 종교조직을 건립하고 있다. 이 모든 조직의 기본
임무는 신도들의 종교 활동을 조직하고 지도하는 것이다. 이로부
터 알 수 있는 것은 중국종교 신도들의 종교생활은 상당히 조직
성이 강하다는 점이다. 이는 고대·근대의 종교와는 다른 점이라
하겠다.

중국종교교육사업의 점차적인 전개는 선교사업 계승자 양성,
종교 신도들의 자질 제고 및 사원과 교회당의 관리 등에 모두 직
접적이고 중요한 의의가 있다. 이는 또 종교의 전승과 발전에 관
련되는 큰 문제이기도 하다. 1988년의 통계에 의하면, 지금까지
국무원에서 비준하여 설립한 종교학교는 모두 29개이며, 재학생
이 2000여 명이다. 성과 시급에서 설립한 종교학교는 15개이며,
학생은 근 700명가량 된다. 종교학교의 학생 양성목표는, 조국을
사랑하고 중국공산당의 영도와 사회주의 제도를 옹호하며, 동시
에 충실한 종교지식을 구비해 졸업 후 학교의 추천을 거쳐 각지의
사원과 교회당에서 관리업무에 종사하도록 하는 것이다. 이는 선
진적인 양성과 전승방식이라 해야 할 것이며, 종교의 발전에 지
대한 영향을 줄 것이라 봐야 할 것이다.

종교의 활동장소와 종교생활의 회복은 현 단계 중국종교 현황
중 가장 주목되는 초점이라고 해야 할 것이다. 문화대혁명 때 많
은 사원과 교회당이 파괴당해 수많은 신도들이 종교 활동을 할 장
소가 없었다. 그러므로 파괴된 사원과 교회당을 보수 회복하고
종교 활동장소를 개방하는 것은 종교계의 가장 시급한 문제였다.
종교정책의 실행과 더불어, 종교 활동장소도 점차 회복 개방되고
있다. 문화대혁명 기간 동안 기독교는 모든 교회당이 문을 닫았

는데 최근 9년 간 날마다 평균 3개의 새 교회당이 개방되고 있다. 현재 이미 5,000여 개의 새 교회당에서 신도들이 종교 생활을 하고 있다. 수많은 종교 신도들의 신앙의 자유가 보장되고 있다. 주목해야 할 점은 1970년대 후기부터, 국가는 경제건설을 중심으로 하면서 개혁 개방을 시작하였다. 이에 많은 신도들이 경제 건설의 물결 속에 뛰어들어 생산과 상업 경영에 종사하다 보니 매우 분망해 종교 활동에 참가할 시간이 적거나 혹은 참가할 시간이 없었다. 가정에서 식구들 대다수가 종교를 믿는 경우에는, 식구들이 순번으로 종교 활동에 참가하기도 했다. 또 재물을 많이 봉헌하는 것으로 종교 활동에 참가할 수 없는 점을 미봉하기도 하였다. 이러한 상황은 향후 종교 신앙이 약화될 잠재적 가능성이 존재한다고 할 수 있다.

종합적으로 말해서 당대 중국의 종교는 일종의 사회조직으로서, 애국적 대중단체라고 할 수 있으며, 애국통일전선의 한 구성부분으로 간주할 수 있다. 종교는 중국 당대 사회에서 경시할 수 없는 역량이며, 그의 특수한 사회적 역할은 사람들의 주목을 받고 있다.

당대 중국사회에서 종교의 역할

종교는 사상 신앙, 문화현상과 사회의 실체로써 당대 중국사회에서 어떠한 역할을 하고 있는가? 이러한 역할은 또 어떠한 특징이 있는가? 우리는 정치, 경제와 문화 세 개 면에서 이를 분석할 수 있다.

종교와 중국 당대 정치의 관계는 주로 4개 측면에서 살펴볼 수 있다. 즉 사회정치제도, 통일전선, 민족단결과 국제교류가 그것이다.

① 새 중국 창립 후, 종교는 개혁을 거쳐 국외의 통제를 받고 이용당하는 국면에서 벗어났으며, 점차 종교 내부에 있던 압박제도를 폐지했다. 종교는 이제 더 이상 사법, 행정의 간섭을 받지 않는다. 수많은 종교 신도들은 인민민주주의 제도를 옹호하며 국가의 헌법과 법률을 준수한다. 종교계 상층 인사들은 종교 경전 중, 정치제도와 모순되는 일부 설법은 피했으며, 일련의 정치투쟁 중 당과 정부를 지지하는 입장을 취했다. 사실상 수많은 신도들, 주로 농민, 노동자와 지식인들도 모두 다 노동인민이고, 사회주의 국가의 주인이며 국가 정권의 주체이다. 신도와 비신도, 종교계와 사회주의 국가의 근본 이익은 일치하는 것이다.

② 종교계는 수많은 중국 통일전선의 한 구성 부분이다. 각 종교의 종교단체는 수많은 신도들을 단결하는 가운데서 유익한 역할을 하였으며, 전국 인민 대 단결을 강화하였다. 종교계 상층 인사들은 또 애국주의 슬로건을 제시했으며, 다른 종교 언어로 애국주의 사상을 선전하고, 애국과 애교 일치라는 관념으로 신도들을 교육하여 애국 통일전선을 수호하고 튼튼히 하였다.

③ 종교와 민족의 관계로부터 보면, 티베트, 내몽골과 다이족, 회족, 위구르족 등 소수민족 지역에서 양자는 불가분의 관계이다. 불교와 이슬람교는 이 지역에서 본 민족을 유지하는 중대한 요소일 뿐만 아니라, 각 민족 사이에 서로 연계하는 중요한 유대

이기도 하다. 불교와 이슬람교의 성직자는 모두 다른 민족 사이의 단결과 우애를 강조하고 있다. 이로부터 조국의 각 민족 대 단결을 위해 중대한 역할을 하는 것이다. 하지만 소수 종교계 상층 인사들은 종교, 민족, 언어와 지리적 특성을 극력 선양함으로써 조국을 분열시키려 하는데, 이는 당연히 각 민족 구성원들의 반대를 받을 수밖에 없다.

④ 종교계의 국제교류는 중국 대외관계의 중요한 한 측면으로서, 중국과 세계 각국 인민들이 서로 이해하고 우의를 증강시키는데 중요한 의의가 있다. 근 40년 동안 종교계 인사들의 상호 방문을 통해 국제회의(국제학술회의를 포함)를 조직했거나, 혹은 회의에 참가하였으며, 종교 유적을 참관, 참배함으로써 국외 우호 인사들과의 우의를 돈독히 하였다. 이는 또 세계평화를 수호하는 데에도 도움이 되고 있다.

종교와 당대 중국의 경제적 관계는, 주로 종교계가 사회경제의 제도개혁, 경제건설과 10년간의 개혁 개방에서 보여준 관계였다. 신 중국 성립 후, 사회경제제도의 심각한 개조와 종교제도의 중대한 개혁을 거쳐, 일반적으로 종교 내부의 봉건적 특권과 착취가 폐지되었다. 이로부터 종교계에는 새로운 사회경제제도와 서로 적응할 수 있는 역사적인 변화가 나타났다. 그 후의 경제건설 과정에서, 출가한 승려들은 생산과 서비스성 노동에 적극 투신했다. 예를 들어, 농경, 산림, 차밭 가꾸기 등의 생산에 참가하였고, 다종 경영에 종사하였다. 도시에서는 많게는 재봉, 편직 등 수공업 노동에 종사하였다. 명승고적에 자리 잡고 있는 사원에서는 승려들이 서비스업에 종사했다. 그 외에 집에 있는 수많은 신도들은 적극적으로 공업, 농업, 상업의 생산과 경영에 종사하여, 네 가지 현대화 건설을 위해 공헌하였다. 개혁 개방과 경제가 활기를 띠는 물결 속에서 수많은 신도들은 주인공과 같은 자세로 사회주의 건설에 투신했다. 통계에 따르면, 1985년 상해시(上海市)에서는 350여 명의 천주교 신도가 각급의 선진 모범 자가 되었으며, 615명의 기독교 신도가 여러 가지 선진 칭호를 획득했다.[106] 무한시(武漢市)에서는 근년에 천주교 계에서만 노동 모범과 선진 근로자가 160여 명 배출됐다.[107] 실천이 보여주다시피, 사회주의 경제건설, 개혁 개방은 수많은 신도들이 생산을 발전시키는 기초 위에서 생활을 개선하려는 요구와 일치되었으며, 이는 또한 수많은 신도들의 절실한 이익에 완전히 부합되었다. 앞으로 수많은 신도들이 당대 중국의 경제건설에 더 많은 공헌을 할 것이라고 예측할 수 있다.

종교와 당대 중국문화의 관계는 복잡한 상황을 나타냈다. 우선 세계관 측면에서 종교 세계관의 핵심은 신에 대한 숭배로서, 유신론과 유심론이 있다. 하지만 사회주의 중국에서는 무심론과 변증유물주의, 역사유물주의를 제창했다. 이는 종교와 사회주의 국가가 세계관에서 대립되고 비타협적임을 말한다. 하지만 중국공산당과 정부는 신앙의 다름은 사상 범주에 속하는 것으로서, 부차적인 문제라고 명확히 지적했다. 즉 종교계와 비 종교계의 정치적 단결을 방해하지 않으며, 다 같이 사회주의 사회를 위해 분

---

106) 나죽풍(羅竹風)이 책임 편집한 '중국사회주의 시기의 종교 문제' 제132쪽을 참고함.

107) '종교' 1988년 제2기에 게재된 진덕전(陳德傳)의 '종교를 신앙하는 공민과 사회주의 정신문명 건설의 관계를 정확히 인식해야 한다'를 참고로 함.

투할 수 있다는 것이다. 당과 정부의 이러한 방침은 중요한 의의가 있다. 종교의 세계관은 신도 심령의 필요성에 따르는 것이다. 신도들은 이러한 세계관으로부터 위안과 만족을 얻고 고무 격려되어야 한다. 이는 사회주의 사회의 안정에도 유리하다. 이는 매우 명확한 객관적 사실이다. 물론 일부 사람들이 종교를 이용해 봉건 미신 활동에 종사하거나, 혹은 종교 활동과 미신 활동을 결부시키기도 하여 정상적인 생활 질서와 생산 질서에 영향을 주는 일도 있다. 도덕적 측면에서, 종교 도덕은 인류 사회도덕의 일부분이다. 예를 들어, 도둑질을 하지 말아야 한다, 허튼소리를 하지 말아야 한다, 음란하지 말아야 한다는 등의 계율이나 "모든 악행을 하지 말고 온갖 선을 봉행해야 한다(諸惡莫作, 衆善奉行)"는 수지(修持) 원칙은 모두가 인류의 생존과 사회발전의 수요에 부합되는 것이지, 사회주의 도덕원칙과 상충되는 것은 아니다. 근 40년간의 역사가 보여주다시피, 종교 신도가 집중된 지역은 일반적으로 환경이 깨끗하고, 노인을 존경하고, 아이를 사랑하며, 가정이 화목하고, 이웃 사이에 단결이 잘 되어 있으며, 사회가 안정되어 있다. 일부 종교 도덕은 좋은 사회풍조를 이끌어내는데 도움이 된다. 그 다음으로, 종교는 역사 문화의 전통으로서, 문화, 예술 영역에서 광범위하면서도 깊게 침투되어 역사 문화의 한 구성 부분이 되어 있으므로, 우리는 응당 신중을 기해 비판적으로 계승해야 할 것이다. 많은 종교 역사문물과 명승고적은 잘 이끌기만 하면 사람들이 애국주의 감정을 키우고, 인격을 도야시키는데 좋은 역할을 할 수 있다. 또한 종교계에는 문화적 자질이 높은 고차원의 엘리트들이 있다. 예를 들면, 1987년 국가 과학기술 성과 발명상의 전국 유일의 1등상 수상자인 왕국진(王菊珍)은 상해(上海)의 여성 기독교 신도이다. 일부 종교 신도들이 조직한 사회 문화 활동은 문화건설의 발전을 촉진해주었다.

근 40년 간, 종교는 사회주의 사회에 주로 협력, 합작, 지지하는 태도를 취하였고, 당대 중국사회 생활에서 주로 긍정적인 역할을 하였다. 소극적인 역할은 부차적이다. 사회 정치, 경제와 문화생활에서, 종교는 정치, 경제적으로는 중요한 역할을 하지 못했지만, 문화적 면에서는 역할이 아주 두드러지며 또한 아주 중요하다.

종교에 대한 당대 중국사회의 강력한 영향

종교는 사회의 여러 가지 요소로써 결정된다. 중국의 현실사회가 종교에 대한 영향과 작용은 주로 다음과 같은 세 가지가 있다.

1) 정치의 거대한 제약 작용

중국공산당과 인민정부의 종교정책이 종교에 대한 작용은 아주 거대하며 종교의 발전 변화를 직접 결정했다. 신 중국 창립 이래, 중국종교의 발전 태세 세 단계는 바로 정치적 작용과 영향의 결과이다. 1950~1956년, 중국정부는 종교에 대해 보호정책을 실시하고 종교 신앙을 존중하고, 종교의 신앙자유를 실시했다. 동시에 종교제도 개혁을 추진해, 종교 내부의 봉건적 특권과 압박 착취제도를 폐지했으며, 국외 적대 세력이 중국종교에 대한 통제와 침투를 제거하고, 종교 활동의 정상적인 전개를 추진했다. 1957~1976년, 당과 정부의 종교 업무에서는 점차 '좌'적 착오가 조장되었으며, 60년대 중기에는 한 걸음 더 발전하여 임표(林彪), 강청(江靑) 등 반혁명 집단이 제멋대로 당과 정부의 정확한 종교방침을 짓밟았으며, 신도들의 정상적인 종교생활을 강제로 금지시켰다. 종교계의 애국인사, 심지어는 일반 신도까지 '독재의 대상'으로 보았다. 종교활동이 정지상태에 빠졌으며 종교는 엄중한 파괴와 심각한 손상을 받아야 했다. 1977년부터 지금까지 특히 1978년 당의 제11기 3중전회 이후 전면적으로 위의 심각한 사태를 수습하고 정상을 회복, 종교 신앙 자유정책이 다시 실시되기 시작했으며 종교 활동도 정상화로 나가게 되었다.

근 40년 동안 중국종교가 걸어온 파란 많은 역정을 보면, 당과 정부의 종교 신앙 자유정책의 실행과 집행은 종교에 지대한 영향을 끼쳤다. 50년대 초, 종교제도 개혁은 종교계가 정치적으로 중대한 진보를 취득할 수 있도록 했으며, 수많은 신도들이 자신의 힘으로 살아가는 노동자가 되게 했다. 동시에 종교 활동은 정상적인 궤도를 따라 전개하였다. 하지만 이 중 임표(林彪), 강청(江靑) 등 반혁명 집단은 강압수단을 이용해 일거에 종교를 소멸시키려 했다. 그 결과 종교는 거대한 타격을 받았다. 하지만 고압정책을 실행할수록, 신도들의 종교에 대한 신앙과 종교적 감정이 더 견실해지고 강렬해졌으며, 또 비종교 신도들의 종교에 대한 동정과 지지를 유발시켰다. 역사가 보여주다시피, 정치적 고압수단은 종교 시설을 허물고, 승려가 환속하도록 강박할 수 있으며, 공개적인 종교 활동을 금지시킬 수는 있지만, 사람들의 머릿속에 박혀 있는 신앙을 소멸시킬 수는 없었다. 이런 고압 수단이 일단 정지되기만 하면 억압을 받은 신앙은 다시 강화되었다. 이는 신앙 자유정책이 사회주의 조건에서는 국가와 종교의 관계를 규범화 하는 가장 정확한 방침임을 알 수 있다.

2) 종교 전통의 막강한 영향

전통은 막강한 역량이다. 오랜 종교 발전 역사과정에서 형성된 종교 전통은 당대 종교에 막강한 영향을 끼치게 마련이다. 이러한 영향은 주로 세 가지 측면에서 나타난다. 첫째, 종교의 민족성 전통. 종교 역량이 밀집된 지역은 거의 전민이 한 가지 종교를 신앙한다. 이런 지역에서 사원은 한 민족의 신앙, 문화, 교육의 중심으로 자리 잡으며, 종교 활동은 사람들의 일상생활의 한 구성 부분이다. 종교는 또 이러한 민족의 사고 패턴, 생활 방식, 정감 의지와 명절 활동, 음식 습관 등 여러 가지 습속에 깊이 침투되어 전 민족의 생활과 융합되어 있다. 신강(新疆)에서, 이슬람교의 절대 다수 교파는 입교 수속이 따로 없다. 무슬림 가정의 아이들은 태어나서부터 무슬림이다. 티베트 지역에서는 불교에 귀의하고 라마가 되는 것을 영광으로 여긴다. 종교 전통과 민족 전통이 한데 어우러진 이러한 이중 전통은 현지의 종교에 막강한 영향을 끼치는 것은 의심할 여지가 없으며, 또 이러한 영향은 장기적으로 존재할 것이다. 둘째, 종교문화 전통. 중국의 여러 가지 종교는 정도는 다르지만 중국 고유의 철학, 도덕, 문학, 예술, 교육, 풍속과 결합되어 독특한 특색 있는 종교문화를 형성하였다. 종교문화를 체현해 낸 종교 전적, 사원이나 교회당, 의식, 명절 활동, 종교를 소재로 한 문예작품 등은 수시로 사람들에게 종교 전통의 정보를 제공하며 강한 영향을 준다. 특히 역사적으로 형성된 명산과 승지는 주변 대중과 신도들에게 더 큰 흡인력이 있다. 이러한 영향은 여러 가지 계기로 사람들이 종교를 신앙하게 만들거나, 혹은 신앙을 더 두텁게 만든다. 종교의 전통문화는 중국종교가 계속 존재하고 발전할 수 있게 하는 중요한 조건이다. 셋째, 가정 전통. 중국에서는 역사적으로 형성된 종법 관념으로 인해 가정이 사회생활 중 아주 두드러진 위치를 차지한다. 가정에서는 또 가장이 지배적 지위를 가지고 있으며, 부모가 자녀에게 주는 영향은 아주 크다. 신도들은 가정에서 은연중 종교 전통의 영향을 받게 된다. 천주교를 신앙하는 부모는 교칙에 따라 자녀에게 어릴 때부터 종교교육을 시켜야 한다. 어떤 아이들은 태어나기 전에 벌써 부모로부터 "신에게 바쳐졌기에", 아이가 크면 성직자가 되게 해달라고 기원한다. 근 40년간의 중국종교 상황을 보면, 청년 신도 중에는 그 가정 성원들이 신도인 경우가 매우 많다. 이는 가정 종교 전통의 영향이 매우 크다는 사실을 의미한다.

3) 가난과 낙후함은 종교가 발전할 수 있은 근원이다

국가의 사회경제와 문화상태는 종교의 존재, 발전, 변화에 중대한 의의가 있다. 중국의 경제와 문화는 여전히 후진국 수준에 처해 있으며 경제적인 가난은 일부 산간 지역, 변강 지역과 자연조건이 좋지 않은 지역에서 보편적으로 존재한다. 문화의 낙후현상을 말한다면, 전국적으로 아직도 2억 명이나 되는 문맹자가 있다는 점 하나만으로도 문제의 심각성을 충분히 설명할 수 있다. 근 40년간의 사실이 보여주다시피, 많은 신도들은 병에 걸렸지만 치료할 여력이 없거나, 혹은 오랫동안 치료했음에도 불구하고 완치가 되지 않음으로 해서 종교를 믿게 되었다. 이러한 신도 중에는 문맹률도 아주 높다. 가난과 낙후, 우매는 명확히 중국 당대 종교의 가장 심각한 근원인 것이다.

최근 10년간의 개혁 개방이 가져다 준 사회경제 생활의 변화는 사회 구조가 느슨해지고 가치 취향이 전환되게 했다. 단일 경제와 평균주의에 습관되어 있던 사람들은 판단력을 잃거나, 혹은 공포감을 느끼게 되어 종교에서 위안을 받으려 한다. 또 경제적으로 가난한 사람들 중 일부는 종교를 생계의 수단으로 여기기도 한다. 또 일부 사람들은 신령에게 농업과 목축업의 풍수를 기원하기도 한다. 생활이 현저히 좋아진 사람들은 한 걸음 더 나아가 정신문화 생활을 풍부히 하기 위해 종교에서 그 수요를 만족시키기도 한다. 그리고 이미 부유해졌지만, 더 부유해지고 싶은 사람들은 신불에게 기도를 한다. 하지만 역사적 사실이 보여주다시피, 경제상황이 사람들의 종교 신앙에 대한 유발, 추진 작용을 하는 것은 상대적이지 절대적인 것은 아니다. 당대 중국에서 가난하고 낙후한 지역에서는 종교가 확실히 발전한 지역보다 더 흥성하고 있다. 하지만 이와 반대되는 상황도 있다. 일부 부유하고 발전한 지역에서 종교가 인근의 낙후한 지역보다 더 창성하기도 한 것이다. 이는 한 지역의 종교발전은 어느 한 단일 요소에 의해 결정되는 것이 아니라, 여러 가지 요소의 영향을 받고 있음을 의미하는 것이다.

또 지적해야 할 것은 개혁 개방의 실시와 더불어 중국과 외국의 정치, 경제, 문화 교류가 늘어났고, 이는 중국의 경제건설을 추진케 하였다. 동시에 외국의 종교 활동 정보도 중국에 전해져 일부 사람들은 기독교와 서방문화 및 현대화라는 삼자를 동등시 하는 착각을 가지게 되었으며, 이로부터 종교에 대해 접근하고 싶어 하며 심지어 귀의하려고까지 한다. 이런 현상 또한 경시할 수 없는 것이다.

종교와 중국사회주의 사회의 관계에 대한 전망

종교와 금후의 중국사회주의 사회의 관계는 어떠할까? 중국종교와 중국사회주의 사회 양측의 상황 및 근 40년간의 상호 관계로부터 볼 때, 다음과 같은 관점을 도출해 낼 수 있을 것 같다.

1) 상호 용납

종교와 사회주의 사회가 서로 용납할 수 있는가? 장기적으로 서로 용납이 가능한가? 이는 종교와 사회주의 사회의 관계에서 가장 중요한 문제이다. 이 문제에 대한 대답은 긍정적이다. 근년의 역사가 증명하다시피, 종교와 사회주의 사회는 서로 용납, 공존이 가능하다. 종교와 사회주의 사회의 상용성(相容性)에서 그 핵심은 정치적으로 용납될 수 있는가 하는 것이다. 중국종교의 일반 신도는 대부분 노동인민이다. 종교계 상층 인사는 대부분 애국자들이다. 이들은 사회주의를 옹호하고 인민민주주의제도를 옹호한다. 또한 중국공산당이 실행하고 있는 통일전선 정책과 종교 신앙 자유정책은 장기간 변하지 않을 것이다. 종교계의 정치

태도와 당의 관련 정책이 서로 부합되는 것은 종교와 사회주의의 상용성을 결정했다. 종교계가 애국, 애교(愛敎) 입장을 견지하고 중국공산당의 영도와 사회주의 제도를 옹호하며, 당과 정부가 종교 신앙 자유정책을 실행하기만 한다면, 종교와 사회주의 사회의 상용성은 장기간 유지될 수 있다고 본다.

2) 조화

종교와 사회주의 사회가 조화로울 수 있는가 하는 문제는 주로 종교가 사회주의 국가의 기본 방침, 정책과 중심 임무와 서로 배합하여 협력하며 적응할 수 있는가 하는 문제이다. 이 문제에 대한 대답도 긍정적이다. 종교와 사회주의 사회가 서로 용납하는 기초 위에서 국가의 방침, 정책이 확정한 임무는 종교계를 포함한 전국 인민의 희망과 이익에 부합된다. 종교계는 인민이 국가의 주인이 되는 정신을 발휘하여, 법과 기율을 준수하며, 국가의 방침 정책에 협력하여, 국가에서 확정한 임무를 실현하기 위해 공동으로 분투해야 한다. 현실이 충분히 보여주다시피, 종교계는 사회주의 경제건설에, 전국 기타 각계 인민들과 마찬가지로 열정적으로 참가하고 있으며, 사회주의 경제건설의 중요한 역량으로 되었다. 개혁 개방에 대하여, 종교계도 가난에서 벗어나 부유해지는 데에 적극 투신하고 있다. 많은 사실이 보여주다시피, 종교계도 개혁 개방의 살아 있는 일꾼이다. 근 40년간의 실천이 증명하다시피, 종교계와 정부 양측이 공동으로 양자의 관계를 수호하고 조화시키는 것은 매우 중요하다. 정부에서 '좌'적 착오를 범하는 것은 조화로움에 손상을 끼치는 중요한 원인이 된다. 종교계의 소수 사람들이 특수함을 지나치게 강조하고 심지어 조국 분열과 조국에 반대활동을 하는 것도 양자의 조화로운 관계에 손상을 끼치는 다른 한 원인이다. 양자 관계를 손상시키는 원인을 제거하는 것은 중요한 의의가 있다.

3) 차이

종교와 사회주의 사회의 기본 차이는 종교의 유신론 신앙과 사회주의 국가가 제창하는 유물론, 무신론 세계관이 다르기 때문이다. 즉 두 가지 서로 다른 신앙과 세계관의 대립을 말한다. 이러한 사상적 차이를 어떻게 평가하고 사회주의 정치생활과 경제건설의 관계를 어떻게 분석하겠는가 하는 것은 종교와 사회주의 관계를 처리함에 있어서 큰 문제이다. 중국공산당은 제11기 3중전회 이래, 과거 종교 업무에서 나타난 경험과 교훈을 종합하여, 신도와 비신도의 사상과 신앙 차이를 부차적인 위치에 놓고 양자가 애국주의의 기초 위에서 일치한 점은 취하고 의견이 다른 점은 보류하여, 종교를 신앙하는 대중과 종교를 신앙하지 않는 대중이 정치상, 경제상에서 근본적인 이익은 일치하므로 정치적으로 단결하여 공동으로 조국의 네 가지 현대화 건설의 대업을 위해 분투할 것을 제창하였다. 역사가 증명하다시피, 이는 종교와 사회주의 사회의 차이를 처리하는 데서 중요한 방침이며 이미 효과를 거두었다. 물론 일부 사람들이 종교를 이용하여 봉건 미신 활동을 하고 정상적인 생활과 생산질서를 파괴하는데, 이는 정책과 실천을 통해 종교와 미신의 경계선을 분명히 가리고 종교 신앙을 보호하고 미신 활동을 배격해야 한다.

4) 적대관계

종교계의 일부 성원들은 특정한 조건 하에서, 사회주의 사회와 적대 관계가 형성될 수도 있다. 이는 주로 국외 종교 적대 세력이 중국의 개혁 개방 기회를 이용해 국내로 침투해 기독교 내부의 극소수 사람들을 이용해 기독교의 '삼자(三自)' 애국운동에 반대하고 사회주의 제도를 반대할 수도 있기 때문이다. 그 외 일부 사람들이 종교의 외피를 입고 불법 지하활동에 종사할 수도 있다. 이는 두 가지 다른 유형의 모순을 명확히 가리는 것이 필요하다. 즉 적대적 모순을 처리하는 것과 인민 내부의 모순을 처리하는 것 두 가지를 서로 다른 방법으로 해결해야 한다. 이는 종교계와 정부 양측이 모두 모순의 전화와 적대 모순의 출현에 경각성을 높이고, 그 즉시 모순을 해결하는 것이 필요한 것이다.

(『학술월간』 1990년 제1기에 게재, 미국 하와이국제고등학원 『중국종교와 철학 논단』 2001년 제6기에 게재됨)

종교학 연구에 관심을 기울이자!

종교는 인류사회 역사의 보편적 현상이다. 고고학적 발견에 의하면, 원시종교는 기원전 3만 년 내지 기원전 1만 년 전의 중석기 시대에 나타나 기나긴 발전과 변화과정을 거쳐 왔다.

주목해야 할 것은 지금도 종교가 지속적으로 발전하고 있다는 점이다. 일부 국가와 지역에서 종교는 여전히 발전하고 있는 추세에 있다. 1980년에 출판된『대영 백과사전 연감』에는 전 세계적으로 종교 신도가 26억 명이라고 밝혔다. 당시 세계인구는 43억 명으로 종교 신도가 3/5을 차지했다. 또 1990년의 영국『통계 연감』에는 전 세계의 종교 신도가 41억 명으로 당시의 세계 인구 52억 명 중 80%를 차지한다고 밝혔다. 즉 종교 신도가 4/5로 늘어난 것이다. 세계에서 두 번째로 큰 종교인 이슬람교 신도 수의 성장이 가장 빠른데, 아프리카 총 인구의 43%를 차지하며, 아시아 총 인구의 20%를 차지한다. 세계에서 가장 큰 종교인 기독교 신도는 유럽, 라틴아메리카, 북아메리카와 오세아니아에서 현지

총 인구의 80% 내지 90% 이상을 차지한다. 그리고 아프리카에서 총 인구의 47%, 아시아에서 총 인구의 8%를 차지해 지속적으로 상승 추세를 보이고 있다. 그 외에 세계 각지에는 많은 신흥종교가 나타나 대량의 신도들을 흡인하고 있다.

중국의 상황을 보면, 대만은 인구가 2,100만 명인데 종교 신도가 1,000여 만 명이다. 사원과 교회당이 1만 7,000채가 있는데, 도교 사원만 8,000채가 된다고 한다. 만약 북경(北京)에 사원이 8,500채 있다고 한다면 교회당은 또 얼마나 있을까? 현재 중국은 연해 지역의 경제발전 속도가 가장 빠르며, 그와 상응하여 문화수준이 비교적 높은 광동(廣東), 복건(福建), 절강(浙江) 세 성도 근 10여 년 동안 종교신도의 숫자가 매우 빨리 늘어났다. 이는 경제의 빈부상황이 결코 종교 흥망의 근본 원인이 아님을 보여준다. 주은래(周恩來) 총리가 "우리나라 민족 정책의 몇 가지 문제에 대하여"란 글에서 말했듯이 "사람들에게 사상적으로 해석할 수 없거나 해결할 수 없는 문제가 존재하는 한, 종교를 신앙하는 현상을 피하기 어렵다"고 했다. 종교는 물질생활의 영향을 받기는 하지만, 또 물질생활과 독립되어 있으며, 상대적으로 독립된 존재 근원과 발전 규칙이 있는 것이다.

종교는 역사가 가장 유구하고 지역이 가장 넓으며 계파가 가장 많고 성원이 가장 많으며 영향이 가장 강한 인류사회 현상 중의 하나이다. 종교는 사회생활과 긴밀히 연계되어 있으며, 정치구조, 경제제도, 생활습속, 철학사상, 윤리도덕, 문화교육, 문학예술 더 나아가 가치취향과 심리자질, 행위패턴 등이 모두 종교와 관련되어 있다. 마르크스는 "종교는 이 세계의 종합적인 이론이며, 모든 것을 망라하고 있는 강령이다"라고 했다. 영국 역사학자 액톤은 "종교는 역사의 열쇠이다"라고 했다. 종교를 모르면 사회의 진실과 역사의 진실을 알기 어려운 것이다.

학술적 차원에서 보면, 종교의 모든 것을 망라한 내포하고 있는 풍부한 내용과 다른 종교 계파의 거대한 차이, 종교와 사회생활, 세속문화의 수많은 연계는 종교학의 여러 가지 객관적 연구 대상을 형성하고 있다. 종교 학자들의 연구 대상, 시각과 목적 방법이 다름으로 인해 종교 영역에서는 또 수많은 서로 다른 지류가 나타나 새롭고 독특한 종교학 학과군체가 이루어졌다. 예를 들면, '종교사학(宗敎史學)'은 여러 가지 종교의 역사 발전상황과 법칙을 분류하는데 치중하고 있다. '종교 신학'은 여러 가지 종교의 신학 이론체계의 연구에 치중하고 있다. '종교 비교학'은 여러 가지 서로 다른 종교에 대한 횡적 비교연구를 한다. '종교현상학'은 종교 내부의 본질, 나아가 법칙성 현상에 대해 연구한다. '종교사회학'은 종교와 사회의 상호 관계와 작용에 대해 연구한다. '종교 인류학'은 종교민족학 혹은 종교인종학이라고도 불리 우며, 고고학 등 방법을 이용해 원시종교를 연구하고 다른 민족과 민속의 특징을 연구한다. '종교생태학'은 종교가 사람과 자연에 대한 관계, 자연생태에 관념, 태도를 연구한다. '종교지리학'은 종교와 지역 공간의 상호 관계에 대해 연구한다. '종교심리학'은 사람들의 여러 가지 종교 경험, 즉 사람들의 심리와 정감 및 정신이 종교 신앙에 대한 체험을 연구한다. '종교철학'은 철학본위론, 인식론과 가치론 등의 차원에서 종교가 내포하고 있는 본질과 의의를 연구한다. '종교비판학'은 종교에 대한 여러 가지 비판과 논단에 대해 연구한다. 그 외에 종교가 내포하고 있는 내용과 역사에 대한 연구가 부단히 깊어짐에 따라, 다시 '종교언어학', '종교고고학', '종교정치학', '종교경제학', '종교문화학', '종교윤리학', '종교문학', '종교예술(음악, 조각, 건축, 회화)', '종교습속' 등에 대한 연구가 나타났다. 종교는 인문사회과학의 거의 모든 영역에 다 침투되어 있고 교차, 중첩되어 있다. 종교는 심지어 자연과학과도 절연되지 않았다. 예를 들면, '종교생태학', '종교지리학', '종교심리학' 등은 자연과학과도 일정한 관계가 있는 것이다. 그리고 종교와 천문학, 의학, 인체보건의 관계는 많은 사람들이 다 알고 있다.

　종교와 한 나라의 운명, 전도와의 관계를 보면, 종교는 보통 자아 인정과 정감 조절, 대중 응집력, 사회관계 조정 등 경시할 수 없는 사회적 기능을 가지고 있다. 그러므로 어떻게 종교를 정확히 대하고, 종교가 사회에 대한 긍정적 측면을 발휘하고, 부정적 측면을 감소시키는가 하는 것은 한 나라에 있어서 매우 중대한 일이다. 모든 사람들이 알고 있듯이, 진정으로 종교를 정확히 대하려면 종교를 정확히 인식하는 것이 필요하다. 또한 종교에 대해 정확히 인식하려면 반드시 과학적으로 종교를 연구해야 한다. 과학적으로 종교를 연구함에 있어서 우리는 일정한 실적을 거두었지만, 시작이 늦고 사회적인 주목과 중시하는 바가 부족한 점 등의 원인으로 인해, 연구범위와 깊이가 협소하고 박약하며, 연구가 '종교사학'과 '종교사회학'에 편중하여 아직까지도 상당히 많은 학과가 공백인 실정이다. 이는 우리가 종교를 정확히 인식하고 정확히 대하는데 매우 불리한 점이라 하겠다.

　사람들에게서 장기적으로 존재하는 일부 잘못된 인식은 종교를 연구함에 있어서의 사상적 장애이다. 종교학의 연구를 추진하기 위해서는 반드시 일부 잘못된 관념을 전환시켜야 한다.

일부 사람들은 무신론을 견지하고 마르크스주의 세계관을 견지하는 것을 유신론을 연구하고 종교를 연구하는 것과 절대적으로 대립시키면서, 종교를 연구하는 것은 무신론과 유신론의 경계선을 모호하게 하는 것이라고 보고, 무신론 사상을 선양하는데 불리하다고 본다. 이런 사람들은 종교에 대한 연구가 종교에 대한 선양이 아니라는 것을 모르고 있는 것이다. 또한 유신론에 대해 진정으로 알아야만 무신론을 견지할 수 있다는 점도 모르고 있다. 오직 체계적이고 과학적으로 종교를 연구해야만 마르크스주의자로서의 이론적 직책을 다 할 수 있는 것이다(이는 당연히 모든 사람들이 종교연구에 투신해야 한다는 말은 아니다). 중국공산당 중앙에서 1982년에 제정한 "중국 사회주의 시기 종교문제에 대한 기본 관점과 기본 정책에 대하여"에서는, 현 단계의 종교를 신앙하는 대중과 종교를 신앙하지 않는 대중의 사상적인 신앙 차이는 부차적인 차이라고 했다. 이들은 정치, 경제적인 이익이 일치하므로 그들의 의지와 역량을 현대화된 사회주의 강국을 건설하는 공동의 목표에 집중시켜야 한다고 강조했다. 이는 인민대중의 종교를 신앙하느냐 신앙하지 않느냐 하는 사상 신앙의 차이를 지나치게 강조하는 것은 우리의 사업에 불리하다는 것을 말한다.

또 일부 소수 사람들은 종교와 미신을 구분하지 못함으로서, 종교를 연구하는 것과 미신을 선양하는 것을 혼동하여 종교를 연구하는 것이란 바로 미신 활동이라고 생각하고 있다. 하지만 종교와 미신은 정책적으로나 실천적으로 모두 엄격한 구별이 있다.

미신에 대해서는 단속하고 금지해야 하지만, 종교에 대해서는 그 신앙자유를 보호해야 한다. 종교와 미신은 내포하고 있는 의미와 기능, 그리고 사회적 작용에서도 구별된다. 강택민(江澤民) 동지는 전국 통일전선공작회의에서 "종교 교의, 교칙과 종교 도덕 중의 일부 긍정적인 요소가 사회주의를 위해 복무할 수 있도록 이용해야 한다"(1993년 11월 8일자『광명일보』)고 말했다. 강택민(江澤民) 동지는 종교의 긍정적인 면을 인정했을 뿐만 아니라, 이러한 긍정적 요소가 사회주의를 위해 복무할 수 있다고 인정했던 것이다. 이서환(李瑞環) 동지는 중, 한, 일 불교우호교류회의 대표들을 회견할 때, 불교 신도들과 인민대중이 함께 노력하여 현 세계의 소극적인 현상을 제거하고, 인류가 선을 지향하고 세계가 광명해지도록 해야 한다고 표시했다.(1995년 3월 23일자『광명일보』) 종교를 연구하고 종교 중의 긍정적인 요소와 소극적인 요소에 대해 명확히 천명하는 것은 사회발전과 진보에 유익하다.

그리고 일부 소수 사람들은 종교를 소멸돼야 할 대상으로 보고 있거나, 혹은 종교가 아주 빠른 시일 내에 소멸될 것이라고 보고 있어, 종교 연구의 의의를 경시하고 있다. 이 사람들은 종교 신도들을 반대 역량으로 보고 있다. 이 시기에는 심지어 종교 연구자를 잡귀신으로 보기도 한다. 적아(敵我)를 전도시키는 이런 관점은 매우 해로운 것이다. 종교 신도들도 국가의 주인이며, 그들의 인격과 권리도 존중받아야 함을 알아야 한다. 종교 연구자는 연구 중 이러한 특수한 어려움을 극복해야 할 뿐만 아니라, 여론의 잘못된 압력을 이겨낼 수 있어야 한다. 그들의 학술연구 품격도 존중 받아야 한다. 일반적으로 종교는 인위적으로 혹은 강제로 소멸시킬 수가 없다. 또한 종교는 아주 빨리 소멸되지 않을 것이다. 종교의 운명은 인류의 미래 생존운명과 긴밀히 연계되어 있기 대문이다.

그리고 또 일부 사람들은 변강 소수민족의 복잡한 상황을 잘 알지 못하므로, 중국은 종교가 없는 나라이며, 종교가 중요한 지위를 차지하지 않는다고 생각한다. 이로부터 종교 연구의 중요성과 긴박성을 경시하거나 무시하고 있다. 이러한 관점은 시급히 바로잡아야 한다. 현실생활은 우리에게 종교연구를 무시하는 것은 학술적인 손실일 뿐만 아니라, 국가에 불리한 영향을 가져다 줄 수 있으며, 특히 각 민족의 대 단결에 불리한 영향을 가져다 줄 수 있다는 것을 알려주고 있다. 오직 능동적이고 적극적으로 종교연구를 전개해야만 학술 번영을 촉진시킬 수 있다. 이는 또한 나라의 안정과 단결을 수호하는 데에도 유리하다.

종교학 연구를 촉진시키고, 중국 특색이 있는 종교학의 건설을 가속화하기 위한 관건은 인재양성을 중시해야 한다. 대학은 이 중임을 지고 있는 기지임에 틀림없다. 인재양성과 학과 건설을 질서 있게 전개하기 위해서는 전국 각 대학들의 관련 자원을 조사한 기초 위에서 통일적으로 안배하여, 조건이 구비된 학교에서 점차 종교 전공과 종교 연구실, 종교 연구소를 설치하고, 이들이 전공별 특성이 있고, 치중하여 연구하는 점이 있도록 서로 협조하고 보완하여 종교학 교수와 연구가 순조롭게 전개되도록 추진해야 할 것이며, 중국종교학 학과 건설이 새로운 단계에 오르도록 해야 할 것이다.

(『대학 사회과학 연구와 이론 교수』 1996년 제6기에 게재됨)

세계종교의 발전 추세에 대한 견해

현재 세계종교 발전 추세에 대해 어떻게 연구할 것인가? 나는 발전 추세란 바로 발전 태세와 나아갈 방향이라고 생각한다. 연구에서 다음과 같은 세 가지에 사항에 주의를 기울였으면 좋겠다. 첫째, 현재의 사회발전과 결부시켜 고찰하고 연구해야 한다. 종교발전 추세는 현대사회의 여러 가지 요소가 서로 작용한 결과이다. 둘째, 정태(靜態)와 동태(動態)를 서로 결부시킨 시각, 특히 동태적인 시각에서 분석하고 기술할 수 있어야 한다. 셋째, 종교는 계파가 매우 많고 각 지역의 상황에도 차이가 매우 많으므로, 총체적으로 가장 구체적이고 본질적인 의의가 있는 현상을 제시하는 것이 법칙성을 파악하는 데 유리하다고 본다.

나는 현 단계 세계종교의 발전 추세는 주로 다음과 같다고 생각한다.

1. 안정적으로 발전하고 있다. 이는 세계 인구의 증가 등 요소와 더불어 신도의 절대적 수량이 늘어나고, 또 신도들의 자질(문

화수준 등)이 제고된 등에서 나타난다. 이는 경제가 발전하고 과학기술이 발전한 현대세계에서 종교가 쇠망할 기미가 나타나지 않았음을 말한다. 종교의 산생과 존재, 발전은 모두 그 심각한 근원이 있다고 생각한다. 이 근원은 바로 사람 자신과 사람의 본성에 있다고 본다. 사람은 동물과 달리, 자연적인 본성이 있을 뿐만 아니라, 정신적 본성도 있다. 이 두 가지 본성 및 전개되는 활동 사이에는 조정할 수 없는 모순이 존재한다. 이것이 바로 사람들이 종교를 신앙하는 총적인 근원이다. 사람의 내적 모순은 세 측면으로 나타난다. 하나는 자아 모순 즉 자아 존재의 유한성과 자아의식의 무한성의 모순이다. 다른 하나는, 사람과 사람 사이의 모순이다. 이는 사람과 사람 사이, 사람과 주위의 군체, 더 나아가 전체 사회와의 모순이다. 또 다른 하나는, 사람과 자연의 모순이다. 사람이 '하늘'을 이길 수 있을 뿐만 아니라, '하늘'도 사람을 이길 수 있다. 종교는 바로 사람이 위에 서술한 모순에 순응하는 방식이다. 사람들은 기타 방식을 이용해 상술한 모순에 순응할 수도 있지만, 지금까지 인류의 역사가 보여주다시피, 세계 대다수 사람들은 모두 종교를 정신생활의 귀착점으로 한다. 이는 대다수 사람들이 종교를 자신의 정신생활 방식으로 하고 있음을 말한다. 이에 대해 우리는 응당 충분히 인식해야 한다.

2. 세속화 경향. 이는 주로 두 가지 측면으로 나타난다. 하나는, 종교 교의에 대해 사회 수요에 적응할 수 있는 새로운 해석을 하고, 실천 방식과 방법에 대해 신도들의 생활에 적응할 수 있게 조정을 하는 것이다. 다른 하나는, 사회에 더 관심을 두고 사회에 참여하는 것이다. 예를 들면, 환경을 보호하거나 도덕 교화를 하

는 등 면에서 종교의 역할을 발휘하자는 것이다.

3. 보수와 새로운 것을 세우는 것. 일부 종교가 원래의 교지로 회귀하거나, 혹은 대량의 신흥종교가 출현하는 것은 세계 종교 발전에서의 양극화 현상이며, 또한 다원화 된 새 형태이다. 이 현상들은 다른 지역에서 다르게 나타난다. 이는 다른 지역의 다른 사회 모순을 보여준다.

4. 소통과 대립. 현재 각 종교 사이의 대화와 소통이 날로 증강되고 있는 것은 종교들 사이 관계에서 나타난다. 하지만 국부적 지역에서 다른 종교 혹은 교파 사이의 대항과 모순도 심심찮게 존재한다. 어느 한 지역이나 접경 지역에서 다른 종교와 다른 민족이 혼합되어 있고, 또 정치적 요소가 뒤섞이면 모순이 격화될 수 있으며, 첨예한 대항 형식이 나타나 중대한 정치적 결과를 가져올 수도 있다.

(『중국종교』1997년 제2기에 게재됨)

3개 향도(嚮導)로부터 중국의 전통종교관에 대한 반성

"세 가지 대표 중요 사상의 학습 개요" 중 종교 관련 부분에서는 중국 국정에서 입각하여 종교의 존재와 발전의 객관 법칙을 존중해야 한다고 했다. 나는 이것이 우리가 종교 이론 및 종교 업무를 잘 할 수 있는 근본 출발점이라고 본다.

근대 이래 중국은 서방 종교관의 영향을 깊이 받음으로 해서, 자체적 종교관념, 종교이론에 대해서는 아주 적게 언급하였다. 중국에는 전통적인 종교관이 있는가, 중국 특색이 있는 사회주의 종교 이론을 건설을 필요가 있는가, 하는 문제는 매우 중대한 문제이다.

먼저 3교의 역사적 변화 발전사에 대해 간략하게 알아볼 필요가 있다.

중국 전통문화의 기본 부분은 바로 유가, 불교, 도가 3교이다. 3교는 세 가지 전통을 제기했다. 즉 유가의 인본주의 전통, 도가의 자연주의 전통, 불교의 해탈주의 전통이다. 도교는 생명의 영원함을 추구했으며, 불교는 인류의 생사문제를 탐구했다. 유가는 정치 윤리 도덕을 중시했다. 이들은 2000년 동안 중국 사람들의 정신적 지주 역할을 해왔다.

이로부터 세 가지 관점을 도출해 낼 수 있다. 첫째, 중국의 3교는 모두 문화이다. 둘째, 중국 고유의 유가와 도가 문화의 기초 위에서 주동적으로 인도의 불교를 받아들였는데 이는 중국 문화의 발전을 크게 촉진시켰다. 셋째, 역사적으로 볼 때 무신론과 유신론은 상호 작용을 해 왔으며 3교도 상호 작용을 해 왔다. 이들은 자체적인 입장을 견지함과 동시에 또 서로 융합되기도 했던 것이다.

다음으로 중국공산당 3세대 지도자들의 종교 관점을 알아볼 필요가 있다.

모택동은 첫째, 불교가 나타난 것은 인도 피 압박 인민의 요구를 대표한 것이라고 보았다. 둘째, 불교의 자비와 구세는 공산당의 종지와 모순되지 않는다고 보았다. 셋째, 불교에는 노동인민을 대표하는 경전(예를 들면『단경(壇經)』)이 있다. 넷째, 종교는 문화라고 보았다. 다섯째, 종교 감정을 상해해서는 안 된다고 보았다. 여섯째, 종교는 개혁해야 하며 끊임없이 개혁해야만 끊임없이 전진할 수 있다고 보았다. 등소평은 경제 건설을 중심으로 해야 하며, 당 중앙도 이에 상응하여 무신론과 유신론, 종교 신도와 비신도 간의 대립을 부차적인 위치에 놓고 논란을 내려 놓아야 한다고 보았다. 이는 사실상 중국의 전통을 계승한 것이다. 중국에서 역사적으로 정치와 종교의 관계는 항상 비교적 조화를 이루었다. 제3세대 지도자인 강택민과 이서환 등 중앙의 영도자들은 종교에 관해 더 많은 새로운 관점들을 내놓았다. 첫째, 종교 교의에는 긍정적인 요소가 있다고 보았는데, 이러한 판단은 매우 중요하다. 이로부터 공산당이 과거보다 전진했고 이론적으로 발전했다는 것을 알 수 있다. 둘째, 종교를 적극 인도하여 사회주의 사회와 상호 적응하도록 해야 한다는 명제를 내놓았다. 이는 종교 활동과 종교 사업을 위해 총적인 노선을 제공했으므로 역시 매우 중요하다. 셋째, 오성(五性)론으로부터 삼성(三性)론을 추출해 냈다. 즉 장기성, 대중성, 복잡성이다. 이는 종교의 본질적 속성을 꿰뚫어 본 것이다. 넷째, "세 가지 대표"의 중요한 사상이다. 이는 우리가 당의 지도사상과 종교 사업의 관계에 대해 연구함에 있어서 매우 중요하면서도 광활한 공간을 제공해 주었다.

3세대 지도자들의 종교에 대한 관점을 종합해 보면, 첫째, 종교는 문화라는 것이다. 모택동은 아주 명확하게 이 점을 강조했다. 조박초 선생도 생전에 모 주석의 이 논단에 대해 강조했었다. 둘째, 종교가 나타난 것은 일반적으로 피 압박 인민들이 현실의 고난에 저항하려는 염원을 보여준 것이다. 셋째, 종교 교의에는 긍정적인 요소들이 포함되어 있는데 이는 선양할 가치가 있다. 넷째, 종교는 사회주의 사회와 서로 어울릴 수 있다. 이것이 바로 중국공산당 3세대 지도자들의 주요한 종교 관점이었다.

그 다음으로는 50여 년간의 종교업무 경험의 이론적 승화이다. 필자가 보건대, 50여 년 간 종교 업무를 통해 볼 때, 네 가지 일이 아주 중요하다. 첫째는 '삼자(三自)' 애국운동이다. 즉 독립 자주적으로 교회를 건설한 것이다. 또한 불교, 도교의 민주개혁이다. 이러한 것은 매우 필요한 것들이며 또 아주 성공적이었다. 둘째,

문화대혁명이 종교에 대한 강렬한 충격은 실패하였다. 그 결과는 종교가 다시 강렬하게 발전하기 시작한 것이다. 셋째, "종교가 사회주의 사회와 서로 적응하도록 적극적으로 인도해야 한다"는 명제를 제기한 것이다. 넷째, 현재 제기된 "세 가지 대표"의 중요 사상이다. 나는 "세 가지 대표"의 중요 사상에는 종교 신도 중의 모범 일꾼이 포함되는가 하면, 과학기술 연구에 종사하는 모범 일꾼도 포함되며, 우리나라 종교 중의 일부 합리적이고 긍정적인 사상도 선진문화 구성 부분의 내용에도 포함된다고 본다. 1억여 명의 종교 신도들은 당연히 수많은 인민의 범주에 포함되어야 한다. 그러므로 "세 가지 대표" 중요 사상은 우리 당과 종교계의 관계를 한층 더 밀접하게 해주었고, 우리 당이 종교와 사회주의 사회와의 상호 조화를 인도하는데 매우 광활한 공간을 제공했다고 할 수 있는 것이다.

(『인민정치협상회보』 2003년 7월 14일자에 게재됨)

종교와 과학의 관계에 대한 재조명

　종교와 과학은 모두 인류사회의 운명과 방향에 관계된다. 종교와 과학연구가 어떠한 관계인가는 장기간 학술계와 종교계에서 탐구하고 논쟁해 온 문제이다.

1. 종교와 과학의 정의

　일반적으로 종교는 신령 숭배를 특징으로 하는 사상 신앙으로, 사람들의 정신생활 방식 중 하나이며, 사회문화 형태 중의 하나이다. 과학의 본의는 학과 분야가 명백한 '일과일학(一科一學)'을 가리키며, 지금은 일반적으로 자연, 사회와 사유의 지식체계를 가리킨다. 이는 종교와 구별되는 다른 한 가지 사회문화 형태이다. 과학은 보통 자연과학과 사회과학 양대 유형으로 나뉜다. 철학은 이 양자의 개괄이고 종합이다. 사실상 넓은 의미에서의 사회과학은 인문과학을 포함하고 있다. 종교는 인문과학 중의 매우 중요한 학과이다. 본문에서 말하는 과학이란 자연과학을 놓고 말하는 것이다.

종교와 자연과학은 서로 다른 두 가지 문화형태로써, 뚜렷한 차이와 구별이 있다.

그것은 첫째, 상대적으로 놓고 볼 때, 종교 신앙은 사람들의 정신생활과 정신 조절, 감정세계에 편중한다. 과학은 물질생활, 사회 생산, 자연세계에 편중한다.

둘째로, 종교는 그 방법에서 상상, 비유, 직관, 직감, 체험, 깨달음 등 방법을 비교적 많이 이용한다. 과학은 가설, 실험, 실증, 논리적 추리 등 방식에 치중한다.

셋째로, 종교는 역사적으로 매우 복잡한 다중 역할을 발휘했고, 과학은 생산의 발전과 물질생활의 진보를 직접적으로 추진했다. 종교와 과학의 이러한 차이와 구별은, 우리가 양자를 비교함에 있어서 반드시 참조해야 하고 신중하게 구체적 문제를 구체적으로 분석해야 함을 설명한다.

2. 종교와 과학의 연계가 발생하는 내재적 메커니즘

종교와 과학은 대립통일의 관계이다. 양자는 뚜렷한 차이와 구별이 있지만, 상관이 없는 것이 아니라 밀접한 관계가 있다. 그러면 이 양자의 밀접한 관계를 형성하는 내재적 메커니즘은 무엇인가?

첫째, 인식 대상의 동일성이다. 인식론의 시각에서 볼 때, 종교와 과학은 모두 사람과 세계를 그 인식 대상으로 한다. 즉 양자의 인식 대상이 동일하다는 말이다. 종교는 사상 신앙으로써 생명의 의의와 가치를 밝히는데 치중하지만, 생명은 환경 속에 존재하므로 생명의 의의와 가치는 생존환경에 대한 고찰, 인식을 떠날 수 없다. 즉 세계를 들여다보고 세계를 인식하는 것을 떠날 수 없다는 말이다. 종교는 사람과 만물의 기원, 생명의 본질, 우주의 구조와 차원 및 시간과 공간의 관계 등 우주론과 본체론의 문제해결에 있어서 절대로 무관심하지 않다. 예를 들면, 불교는 '오명(五明)'을 공부할 것을 제창했다. 즉 다섯 가지 지식과 학문을 공부할 것을 요구했다. 그중 '의방명(醫方明)'은 의약학을 가리킨다. '공교명(工巧明)'은 공예, 역산(曆算), 기술 등의 학문을 가리킨다. 기독교 신도들이 하느님이 창조해낸 세계의 비밀을 탐구할 것을 요구했다. 물론 자연과학은 과학의 진리를 추구하는데 역점을 두고 이성(理性)의 도구를 이용하는데 편중했지만, 종교는 도덕의 수지(修持)에 역점을 두고 가치 신앙에 편중했다. 하지만 종교와 과학은 인식의 대상이 동일하므로 양자 모두 세계관을 가지고 있으며, 또 모두 인식기능을 구비하고 있다. 이로부터 양자가 세계관의 내용과 인지 공용(功用)에서 서로 작용하고, 침투하며, 보완하고, 촉진시키는 것은 필연적인 것이다.

인류가 주체 세계와 객체 세계에 대한 인식과 파악은 영원히 그치지 않을 것이다. 지금까지 인류가 알고 있는 세계는 유한하지만 미지의 세계는 무한하다. 사람들은 끊임없이 여러 가지 차원으로 탐색하는 것을 필요하게 된다. 종교와 과학의 세계관에 대한 파악방법은 각자 장점과 한계가 있다. 따라서 무한한 세계를 탐구하는 과정에서 종교와 과학이 서로 장점을 취하고 단점을 보완하는 것은 필요할 뿐만 아니라 또한 가능한 것이다.

둘째, 인식방법의 상호 보완성이다. 위에서 서술하다시피, 종교와 과학은 인식방법이 다르다. 양자는 다른 측면으로 세계에 대해 인식한다. 다른 인지는 서로 도전과 반응을 가져오게 되며, 이로써 서로 보완 관계를 이루게 된다. 그 외에 종교의 인지방식에도 논리적 규칙, 이성적인 정신이 포함되었음을 인정해야 한다. 과학의 가설도 종교의 상상과 추측을 받아들였는데 이는 모두 역사적인 사실이다.

셋째, 인식 주체의 교차성. 종교사와 과학사가 보여주다시피, 도교이든지, 아니면 불교이든지, 혹은 기독교이든지 그중 일부 사람들은 경건한 종교 신도일 뿐만 아니라, 또 탁월한 성과가 있는 과학가이기도 하다. 수당시기의 도사 손사막은 걸출한 의학가였고, 당나라 시기 불교 밀종(密宗)의 창시자 중 한 사람인 일행(一行)은 이름난 천문학가로서, 중국 고대 '4대 과학가'(장형, 조충지, 일행, 이시진) 중 한 사람이기도 하다. 이런 사람들에게 있어서, 사람과 세계에 대한 인지는 종교적 차원과 과학적 차원이 내적 통일을 이루는 것을 통해 볼 수 있다. 종교 신도 과학가의 신앙 주체와 인식 주체의 교차성과 이중성은 종교와 과학이 서로 연계된다는 것을 보여주는 생생한 예증이며, 또한 종교와 과학이 연계할 수 있는 중요한 계기이기도 하다.

3. 종교와 과학의 관계에 대한 전망

종교와 과학의 관계사 입장에서 보면, 원시종교와 원시과학은 서로 융합되고 침투되어 혼연일체를 이루었다. 후에 역사의 진전과 더불어 나뉘어 지고 해체되었다. 종교와 과학의 변천과정에서 양자는 때로는 모순되기도 하고, 또 때로는 융합되기도 했다. 많은 사람들이 잘 알고 있는 코페르니쿠스, 브루노, 갈릴레이와 다윈의 사례는 양자가 충돌한 전형이다. 하지만 종교는 최종 이지적으로 모순에 대응하고 모순을 해결했다. 20세기 이래의 물리학, 천문학, 생물학 등 영역에서 나타난 새로운 학설과 기술은 종교와 과학의 대화에 새로운 과제와 계기를 마련했다.

현 단계, 현대문화 분위기에서 종교와 과학의 관계를 재조명하는 것은 중요한 의의가 있다. 과학의 새 지식과 새 기술은 20세기 가장 찬란한 문화성과 중 하나라고 볼 수 있다. 이러한 새 과학 지식과 기술은 인류의 물질문명 생활에 영향을 줬을 뿐만 아니라, 인류의 정신문명 생활에도 충격을 주었다. 종교적 차원에서 과학을 볼 때, 나는 종교계가 다음과 같은 몇 가지 사항에 주의를 돌렸으면 한다.

① 상호 존중이다. 종교와 과학은 두 가지 서로 다른 사회문화 형태로써 응당 서로 상대방의 의의와 가치에 대해 존중해야 한다. 종교 입장에서 보면, 절대 과학의 발전과 성과를 경시하거나 경시해서는 안 된다. 과학을 존중하는 것은 당대 종교의 미덕이고 천직이라 해야 할 것이다.

② 과학을 공부해야 한다. 여기에는 두 가지 측면의 내용이 있다. 하나는 과학 지식을 공부하는 것이고, 다른 하나는 과학적 사유를 공부하는 것이다. 종교 교직 종사자에게 과학을 공부하라고 하는 것은 종교 신앙을 변화시키라는 것이 아니라, 자신의 자질

을 높이고 현대사회에 대한 적응력을 높이라는 뜻이다. 이는 종교의 양호한 발전을 추진하는 데에 유리하다. 당대에 있어서 과학을 중시하는 것은 종교가 존재하고 발전하는데 필요한 것이다.

③ 대화를 해야 한다. 거의 몇 십 년 가까이 국제학술계에서 종교와 과학의 관계에 대한 토론이 날로 더 많이 전개되고 있다. 특히 기독교의 종교사상과 자연과학 사이의 대화는 더욱 사람들의 주목을 끌고 있다. 중국에서는 어떻게 불교·도교와 자연과학 사이의 대화를 이끌어내겠는가 하는 것이 매우 중요한 과제이고, 도전이며, 관련 종교계 인사들이 대응해야 할 가치 있는 문제이다.

④ 과학적 성과를 흡수하여 종교의 의리(義理)를 해석해야 한다. 각 종교 학설의 발전사로부터 보면, 종교의 의리는 절대 고정 불변한 것이 아니라, 내부와 외부의 관련 요소의 촉진 하에서 끊임없이 발전해왔다. 자연과학의 최신 성과를 흡수하여 종교의 의리를 해석하고 선양하는 것은 절대 종교의 기본 의리, 특히 핵심 의리를 변화시키라는 뜻이 아니라, 종교의 의리 일부를 예를 들면, 이미 증명된 객관 실제의 자연과학 성과와 저촉되는 설을 서로 상응하도록 조절하라는 뜻이다. 또한 원래의 논술이 완벽하지 못한 것은 자연과학의 성과를 흡수해 보충할 수 있다. 물론, 자연과학 성과를 활용해 종교의 의리를 해석할 때에는 매우 신중해야 하며, 정확하고 적절해야만 억지스럽지 않고 반대 효과를 가져오지 않을 수 있는 것이다.

(『중국종교』 2005년 제5기에 게재됨)

중국 특색의 마르크스주의 종교관에 대한 요약

종교관은 보통 세 개 측면의 내용이 포함된다. 하나는, 종교의 본질관으로, 종교의 내적 본질에 대한 관점이다. 다른 하나는 종교의 가치관이다. 이는 종교의 사회적 기능, 역할, 의의 등에 대한 관점이다. 또 다른 하나는 종교의 역사관으로, 이는 종교의 기원, 변화 및 그 법칙에 대한 관점이다.

당대 중국에서 주류를 이루고 있는 종교관은 무엇인가? 중국 공산당원의 종교관은 어떤 특징이 있는가? 나는 신민주주의혁명과 중국특색의 사회주의를 건설하는 실천 속에서 사실상 "중국특색의 마르크스주의 종교관"이 형성되었다고 본다. 이는 중국종교공작의 방침 정책을 지도하는 이론적 기초이며, 동시에 보편 이론적 의의를 지니고 있다.

필자가 보기에 "중국특색의 마르크스주의 종교관"이란 개념은 성립 가능한 것이다. 그 객관적 근거와 이론적 근거는 적어도 다음과 같은 세 가지가 있다.

첫째, 종교는 공통성도 있지만 개성도 있다. 과거 우리가 말한 종교관은 기본적으로 기독교의 종교 전통을 의거했으므로 모든 종교의 공통성을 반영했다고 할 수 없다. 예를 들면, 기독교는 하느님을 말하고, 영혼 불멸을 논하는 유신론이다. 하지만 조기 불교의 근본적인 의리(義理)는 하느님이 세상을 창조했다고 하지 않는다. 조기 불교는 신창론(神創論)을 반대했으며 영혼 불멸을 부정했었다. 그러니 종교의 본질에 대한 개괄은 전반적으로 검토하는 것이 필요하게 된다.

둘째, 마르크스주의 경전 작가들이 말한 종교관은 모두 구체적 시간, 공간과 연계되는 것이다. 어떠한 진리이든 모두 구체적이고 상대적인 것이다. 중국종교의 상황은 유럽 일부 나라의 종교 상황과는 매우 큰 구별이 있다. 주은래(周恩來)는 "중국은 정교일치의 나라가 아니다. 중국에서 종교와 정치는 줄곧 분리되어 있었다. 그러므로 종교문제가 유럽의 정교일치를 시행하고 있는 나라들에서처럼 그렇게 심각하지 않았다"[108]고 말했다. 이는 매우 정확할 뿐만 아니라, 매우 중요한 말이다. 경전 작가들이 종교에 대한 구체적 논술에 대해 우리는 반드시 이 같은 과학적인 태도를 견지해야 할 것이다.

셋째, 종교는 끊임없이 변화하며 사회의 발전과 더불어 끊임없이 발전한다. 객관 사물이 끊임없는 변화 속에 처해 있다면, 우리의 관념도 시대와 더불어 발전·변화할 수 있어야 한다. 마르크스주의 이론에 대한 연구와 건설에서, 중앙의 지도자 동지들은

---

108) 「기독교문제에 관한 네 차례의 담화」, 『주은래 통일전선 문선』, 제180~181쪽.

"반드시 장기적으로 견지해야 하는 마르크스주의 기본 원리는 어느 것이고, 새로운 실제와 결부시켜 풍부히 하고 발전시켜야 할 필요가 있는 이론은 어느 것이고, 또 반드시 제거해야 하는 마르크스주의에 대한 교조적인 이해는 어떠한 것들인가, 마르크스주의의 명의로 된 착오적인 관점은 또 어떤 것들이 있는가를 반드시 분명히 해야 한다"[109]고 했다. 이러한 관점은 매우 정확할 뿐만 아니라 또한 매우 중요한 것이다. 경전작가들이 종교에 대한 구체적인 논술에 대해 우리는 반드시 이 같은 과학적인 태도를 견지해야 한다.

개괄해 말하면, "중국특색의 마르크스주의 종교관"이 내포하고 있는 기본 내용은 다음과 같은 세 가지 측면을 포함하고 있다.

첫째, 종교는 문화이며, 신앙문화이다. 중국 역사상, 유가·도가(도교)·불교는 전통문화의 3대 구성부분으로서, 도교와 불교는 전통문화라고 인정되었다. 이러한 관점은 그 영향이 매우 컸다. 모택동(毛澤東)도 이와 같은 관점을 가지고 있었다. 1947년 10월 모택동(毛澤東)은 섬서(陝西) 북부에서 전투를 하던 도중 가현(佳縣) 남하저촌(南河底村)에 이르렀다. 이 촌 부근의 산에는 종교 명승지로 백운관(白雲觀)이 있었는데, 모택동(毛澤東)이 이 백운관(白雲觀)에 가보려고 하자 신변에 있는 일꾼이 도무지 이해되지 않는다는 뜻으로, "봉건적인 미신인데 뭐가 볼 게 있습니까?"하고 물었다. 이에 모택동(毛澤東)은 "그렇게 생각하는 것은 너무 편면적이다. 이는 문화이고 명승고적이다. 역사 문화유산이

---

109) "중앙의 마르크스주의 이론 연구와 건설 공작 실시 회의"가 북경에서 개최되었을 때 한 이장춘 동지의 중요 연설문, 「인민일보」 2004년 4월 29일자에 게재됨.

라는 말이다"[110]라고 말했다. 1953년 2월 7일, 모택동(毛澤東)은 전국정치협상회의에서 "우리 민족은 줄곧 외국의 우수한 문화를 받아들여 왔다. 당의 삼장(三藏) 법사는 만리 장정을 통해 후대들보다 훨씬 더 큰 어려움을 이겨내면서 서방 인도에 가서 불경을 구해왔다"[111]고 말했다. 모택동(毛澤東)은 불교를 문화라고 보았으며, 심지어 우수한 문화라고 보았다. 모택동(毛澤東)이 종교를 문화라고 긍정한 것은 매우 중요한 일이었다. 대체로 이러한 인식이 있었기에, 신민주의혁명시기 중국공산당은 종교문제에 관한 문건에서 '아편설(종교는 아편이라고 한 설―역자 주)'을 제기한 적이 없는 것이다. 1950년일부 동지들이 레닌이 1909년 종교는 아편이라고 말했다고 했을 때, 주은래(周恩來)는 "혁명시기에는 원칙을 분명히 해야 하지만, 지금은 정권을 장악했으므로, '종교는 아편이다'는 말을 강조할 필요가 없다"[112]고 했다. 이는 중국공산당의 중요 지도자들이 사실상 매일 일찍부터 종교는 인민의 아편이라는 인식을 포기했음을 의미하며, 종교 '아편설'을 당의 종교정책과 이론의 근거로 하지 않겠다는 의도를 밝힌 것이다. 모택동(毛澤東)의 "종교는 문화"라고 한 관점은 중국특색의 마르크스주의 종교의 본질관을 집중적으로 체현해낸 것이었다.

둘째, 종교는 긍정적인 것과 소극적인 것이라는 이중 역할을 지니고 있다. 이러한 주장은 중국특색의 마르크스주의 종교 가치

---

110) 왕흥국, 『모택동과 불교』, 312~314쪽.

111) 북경, 중국청년출판사에서 1991년에 출판한 진진의 『모택동의 문화성격』, 197쪽.

112) 『인민일보』 2003년 11월 14일자에 게재된 황주(黃鑄)의 「중국공산당의 종교 이론과 정책에 대한 역사적 고찰」을 인용함.

관을 체현해낸 것이다. 종교는 긍정적인 것과 소극적인 것 두 가지 면의 사회적 기능과 역할을 가지고 있다. 중국공산당은 종교의 교의, 종교의 교칙과 종교 도덕 중 긍정적 요소를 긍정하였다. 중국공산당 제3세대 지도자들은 이에 대해 매우 명확하게 말했던 것이다.

셋째, 종교는 장기적으로 존재하는 사회현상이다. 이는 중국특색의 마르크스주의 종교 역사관의 핵심이다. 1950년대, 중앙에서는 종교의 '오성(五性)론'을 제기하였고, 후에는 '3성(三性)론'을 제기하였다. 그중 '장기성'은 종교가 사라지려면 계급과 국가의 멸망보다 더 긴 시간이 걸릴 것이라고 했는데, 이 주장은 매우 중요한 것이며, 종교와 투쟁하여 종교의 멸망을 추진해야 한다는 인식과는 매우 큰 구별이 있는 것이다.

넷째, 상술한 중국종교의 기본 관점의 기초 위에서, 중국공산당 지도자들은 "종교가 사회주의 사회와 서로 적응하도록 적극 인도해야 한다"는 명제를 제기했다. 이를 "종교 적응관"이라고 부른다. 이는 종교와 사회주의 사회의 관계를 정확히 해결하는데, 이론적 혁신과 역사적 공헌을 하였으며, 중국 특색의 마르크스주의 종교관의 중요한 내용이 되었으며 중대한 이론적 의의와 현실적 의의를 가지고 있는 것이다.

(종교문화출판사, 2005년, 『조화로운 사회 건설을 추진하자―종교와 사회주의 사회의 서로 적응에 관한 세미나 논문집』에 게재됨.)"

조화로운 사회의 구축과 중국종교의 역할

　호금도(胡錦濤) 동지는 최근 성부급 지도자들의 조화로운 사회 구축 능력 제고와 관련한 심포지엄에서 "우리가 건설하려는 사회주의 조화로운 사회는 민주 법치, 공평 정의, 성실 우애의 사회이고 활력이 충만된 사회이며, 안정적이고 절서가 있으며 사람과 자연이 조화롭게 어울리는 사회이다"라 말했다. 그는 또 "사회의 조화로움을 실현하고 아름다운 사회를 건설하는 것은 인류가 줄곧 탐구해 온 사회적 상이고, 또한 중국공산당을 포함한 마르크스주의 정당이 꾸준히 추구해 온 사회적 상이기도 하다"고 말했다. 조화로운 사회를 건설하는 것은 필연코 소강사회 건설의 보조를 빨리할 것이다. 우리들은 조화로움 중에서 발전을 추구하고, 발전 중 조화로움을 추구해야만 다.

조화로움과 조화로운 사회의 본질적 요구

당대 저명한 철학가이고 철학 사학가인 장대년(張岱年) 선생은 『철학사유론』에서 철학적 사유와 방법을 서술할 때 '조화롭다'를 변증법의 기본 개념에 넣었다. 그는 "대립통일을 대함에 있어서, 대립과 상대되는 현상이 있는데 이를 조화롭다고 한다. …… 조화롭다에는 네 가지 측면이 포함된다. 즉 첫째, 서로 다른 것(절대적으로 동일하지 않은 것), 둘째, 서로 훼멸하려 하지 않는 것, 즉 서로 부정하지 않는 것이다, 셋째, 서로 보완하는 것, 즉 서로 유지하는 것이다, 넷째, 서로 균형이 있는 것이다." 위의 '조화로움'에 대한 정의에서 보면, 철학적 차원에서의 조화로움은 모순의 상대적 통일이고 일치이다. '조화로움'의 본질은 바로 사물 발전 중의 모순의 균형 상태이다. 즉 서로 다른 사물이 서를로 훼멸시키지 않고 서로를 보완하는 것이며, 서로 균형을 잃지 않고 평형을 이루며 발전하는 것이다. 동태적인 조화로움은 동태적인 균형이고, 모순 운동과 사물 발전의 정상적인 상태이다.

조화로운 사회에서의 '사회'는 정치, 경제, 문화와 서로 병렬되는 구체적인 발전 영역이다. "조화로운 사회"에는 인간과 자아, 인간과 인간 및 인간과 자연이라는 세 측면이 포함된다. 하지만 주로 사회관계의 조화로움을 가리킨다. 인간과 자아의 조화로움, 즉 각 사회 성원들 간의 심신의 조화로움은 조화로운 사회의 기점이다. 인간과 자연의 조화로움은 조화로운 사회에 필요한 조건과 생존 공간을 제공한다. 인간과 인간사이의 사회관계의 조화로움은 개인과 개인, 개인과 군체, 군체와 군체 간의 관계가 포함된다. "이로움이 있는 곳으로 천하가 쏠린다(利之所在, 天下趨之)"
고 했듯이, 인간과 인간 사이의 관계는 본질적으로 이익관계이
다. 그러므로 정부에서 어떻게 이익 평형과 조정 메커니즘을 확
립하고 사람들 사이의 여러 가지 이익관계를 잘 처리하겠는가 하
는 것은 사람과 사람, 사회와 군체, 각 계층 사이의 관계를 조화
롭게 하는데 있어서 기초적이며 관건적인 의의가 있다.

종교의 조화로움은 조화로운 사회의 중요한 측면이다

종교의 조화로움은 네 가지 의미가 있다. 첫째, 다른 종교와 다
른 교파 내부의 화경(和敬)이다. 둘째, 다른 종교를 신앙하는 신
도 사이의 화목이다. 셋째는 신도와 비신도 사이의 조화로움이
다. 넷째는, 종교가 문화형태로써 사회 영역 간의 조화로움이다.
현재 중국종교의 조화로움은 명백한 일이다. 하지만 중국종교의
조화로움의 질을 제고시키는 것은 여전히 길은 멀고 책임은 무겁다.
　종교의 조화로운 관계를 구축하기 위해, 우리는 중국사회 전환
시기의 종교문제 및 그 발전추세에 대해 명확한 인식이 있어야 한
다. 우선, 종교인구가 끊임없이 늘어나고 있다는 점이다. 1950년
대에 주은래(周恩來)는 중국에는 종교 신도가 약 1억 명 가량이
있다고 말했다. 지금 이미 반세기가 지났고 중국 인구는 갑절로
늘었다. 그간 종교를 신앙하는 인구의 절대 수가 크게 늘어난 것
은 더 말할 것도 없다. 종교 신도의 증가와 더불어 종교가 사회에
대한 영향력도 날로 강해지고 있다. 그 다음으로 종교 내부의 구

조에도 변화가 발생했다. 예를 들면, 도시의 기독교 내부에서는 "지식인 엘리트 계층" 신도와 "보스 기독교도"라는 두 군체가 이루어졌는데, 사회에 심각한 영향을 끼치게 될 전망이다. 그 다음으로는 종교를 신앙하는 대중이 자신의 권익을 수호하기 위한 분쟁과 종교 내부의 이익 분쟁이 종교 모순과 분규에 더 많은 불확정적 변수를 더해주었다. 상술한 상황은 사회에서 종교의 조화로움이 매우 중요함을 잘 보여주고 있다.

　민족성과 세계성은 중국종교 현상의 중요한 특징이다. 한족과 각 소수민족 및 각 소수민족들 사이의 종교 신앙은 현저한 차이가 있다. 일반적으로, 한족 대중은 다신(多神) 숭배로서, 신앙이 복잡하며 정식 신도가 비교적 적다. 소수민족들 사이의 종교 신앙도 다소 다르다. 하지만 종합적으로 소수민족의 종교 신앙은 비교적 단일하고 종교 전통이 유구하고 견실하며 종교 신도가 비교적 많다. 일부 민족은 전 민족이 한 종교를 신앙하기도 한다. 이로부터 종교의 조화로움을 구축하는 것은 한족과 소수민족 간, 각 소수민족들 간 및 다른 민족 내부의 화목과 단결에 중대한 의의가 있다. 오직 종교 화목의 기초 위에서만 민족단결을 공고히 할 수 있으며, 종교의 조화로움이 있어야만 사회의 조화로움을 전면적으로 실현할 수 있다. 그리고 국제적 특징이라는 점에서 말하면, 중국종교 신도들 중에는 불교, 이슬람교, 천주교, 기독교 등 세계적 종교 신도가 큰 비중을 차지한다. 중국의 주변국들은 대부분 다른 세계적 종교를 신앙한다. 중국종교계는 기타 나라의 관련 종교계와 매우 복잡하게 얽혀져 있다. 중국종교는 정식 신도가 상대적으로 적은 등 복잡한 원인으로 인하여, 일부 국외의 정계와 종교계 인사들이 개발 가능한 광활한 종교 시장으로 보고 있다. 이로부터 중국 종교공작과 종교문제에 국제적인 영향이 두드러지게 나타나게 되었다. 어떻게 중국종교의 조화로움을 구축할 것인가 하는 문제는 종교와 사회주의 사회의 조화로운 적응을 수호하고, 중국과 주변국의 우호관계를 수호하며, 나아가 국제관계의 안정과 안전에 모두 경시할 수 없는 중요한 의의가 있다.

종교의 조화로움도 역시 이익 차원의 조화로움이다. 하지만 종교는 독특한 신앙이 있는 군체이므로, 가치관 차원에서의 조화로움도 종교적 입장에서 말하면 특히 중요한 의의가 있다. 사회 모순의 두 가지 구동 요소, 즉 이익 구동과 가치 구동 중, 종교적 입장에서 말하면, 가치 구동의 역할이 점점 더 커지고 있으며, 가치 인정의 조화로움이 점점 더 중요해지고 있다. 그러므로 신앙에서의 상호 존중은 종교의 조화로움을 구축하는 데 있어서 의의가 매우 큰 것이다.

사회주의 조화로운 사회를 구축하는데 있어서 종교의 긍정적인 역할을 발휘케 해야

종교를 신앙하는 수많은 대중은 중국 특색의 사회주의를 건설하는 데 있어서의 긍정적인 역량이며 동시에 사회주의 조화로운 사회를 구축하는 데 있어서 중요한 역량이다. 종교 교의는 조화로운 사회를 구축하는 내적 요구와 이론적 메커니즘을 구비하고 있고, 조화로운 사회를 구축하는 풍부한 사상자원을 포함하고 있으므로, 종교 중의 화목 공존의 좋은 전통을 적극 발휘하는 것은 사회주의 조화로운 사회건설에 반드시 도움이 되는 것이다.

종교가 조화로운 사회를 건설하는 데 있어서의 중요한 좋은 전통은 다음과 같은 것들이 있다. 첫째, 종교 간에 서로 포용하는 전통. 중국종교사가 보여주다시피, 각 종교 사이에는 대립하는 일면이 있기는 했지만, 융합하는 일면도 있었다. 예를 들면, 불교와 도교는 모순으로부터 융합으로 나아갔다. 도교와 기타 민간종교는 장기간 융합의 상태에 처해 있었다. 중국종교는 신앙가치의 차이로 인하여 장기간 충돌해 온 적이 없으며, 종교 간의 전쟁은 더구나 없었다. 오히려 장기적으로 화목하게 공존했으며, 각자 자신의 위치를 가지고 있었다. 둘째는, 애인(愛人)·이타(利他)의 전통이 있다. 예를 들면, 불교의 평등과 자비, 용인(容忍)과 보시(布施) 등 이념, 도교의 제동자애(齊同慈愛) 이골성친(異骨成親)의 사상, 기독교와 이슬람교의 애인(愛人), 인자(仁慈), 자선(慈善) 공익(公益) 등의 주장은 모두 사람과 사람, 사람과 사회의 조화로움에 도움이 되었다. 셋째, 애국(愛國) 애교(愛敎)의 전통. 역사와 현실이 모두 보여주다시피, 중국종교는 모두 애교(愛敎)와 애국(愛國)을 통일할 것을 주장하며, 국가의 주권, 독립과 영예 및 근본 이익을 적극 수호하였다. 불교에서 장엄국토(莊嚴國土), 이락유정(利樂有情)을 제창한다면, 도교는 "도교를 선양하면 구국할 수 있다"고 했으며, 이슬람교는 "국가의 흥망은 무슬림에게도 책임이 있다"고 주장했다. 이는 모두 종교의 애국(愛國), 호국(護國)의 숭고한 정신을 체현해 낸 것이다. 넷째는, 자연에 대한 사랑의 전통이다. 종교는 보편적으로 우주는 하나의 통일체라고 보며, 사람과 자연도 하나의 통일체라고 본다. 예를 들면, 불교의 연기공생론(緣起共生論)에서는, 자연만물은 모두 여러 가지 원인 및 조건으로 인해 상호 보완하는 것이라고 보았다. 도교는 하늘, 땅, 사람이 하나의 통일체라고 보고, 자연을 존중하고 만물을 잘 대할 것을 주장하였으며, 사람과 자연이 조화롭게 어울릴 것을 제창하였다.

종교가 사회주의 조화로운 사회를 구축하는 데 있어서의 긍정적인 역할을 확실히 발휘하도록 하기 위해, 필자는 세 가지를 건의한다. 첫째, 종교계가 조화로운 사회 구축에 참가하는 자각과 능력을 제고하기 위해, 각 종교단체는 전문적인 세미나를 개최해, "종교와 조화로운 사회 구축"을 중심으로 본 종교의 교의·교칙의 해당 자료를 발굴하여 전집과 홍보물을 만들어 본 종교의 수많은 신도들에게 보급해, 종교의 좋은 전통을 발양케 하는 것이 신도 대중들의 실제 행동이 되게 한다. 둘째, 종교계가 사회사업에 참여하는 역량을 한층 더 강화하여야 한다. 즉 자선, 구제 등 사회 공익사업을 크게 전개하여 사회 약세 군체에 사랑을 향하게 하여 사회모순과 어려움을 완화시킨다. 필자는 종교계에서 엄격히 교육부의 관련 규정에 따라 점차적으로 소학교, 중학교, 대학교 등을 설립해 중화민족의 과학문화 자질을 제고시키는 데 도움을 줄 수 있다고 본다. 또한 이는 종교자금을 합리적으로 분류시키게도 한다. 셋째, 종교계에서 조화로운 사회 구축에 참여하는 데에 있어서의 관건은 사람이고, 종교 신도이다. 그러므로 종교학원을 세워 인격이 고상하고 지식이 풍부하며 나라를 사랑하고 종교를 사랑하며 개척 능력이 있는 종교 인재를 양성해야 한다.

이는 종교계가 사회주의 조화로운 사회 건설에 참여하는 능력과 수준을 끊임없이 제고해 나가는데 유리하다.

오직 중국종교계 인사들이 자각적으로 상술한 좋은 전통을 발양하여 견지한다면, 좋은 기풍과 분위기가 형성되어 종교의 화목을 유지할 수 있게 될 것이, 나아가 사회주의 조화로운 사회 건설을 촉진할 수 있을 것이다.

(『중국민족보』 2005년 7월 5일자, 『중국종교』 2005년 제7기에 게재됨)

종교의 화합과 대중미디어

10월 8일, 중국공산당 제16기 6중전회가 북경(北京)에서 개막됐다. 회의는 주로 조화로운 사회구축을 의사일정으로 하여 전개되었다. 본지는 이번 기부터 종교와 조화로운 사회의 관계에 대해 토론하는 것으로써 독자들의 요구에 부응하고자 한다.

당대 종교의 발전 추세

종교는 현재 세계 각국에 보편적으로 존재하는 사회 현상이며, 사회 구조 중의 중요한 시스템이다. 오늘날 세계 인구의 4/5 가량 되는 종교 신도들은 사회의 거대한 역량이다. 종교의 조화로움, 즉 다른 종교 사이의 조화로움과 동일한 종교 내부, 그리고 다른 교파와의 조화로움은 사회의 조화로움에 있어서 매우 중요한 한 측면이다. 현재 종교의 발전 태세를 보면, 종교의 충돌과 종교의 화목이 공존하고 있다. 즉 일부 지역에서 종교적 충돌이 빈번하고 사회가 불안정하지만, 또 일부 지역에서 종교는 화목하게 공존하고 있으며 사회가 안정되었다. 이럴 때 여론의 향도(嚮導)로서의 매스컴은 어떻게 자체의 강대한 기능과 역할을 발휘하여 종교 충돌을 완화시킬 것인가? 어떻게 종교와 대화하고 화목함을 추진해 나가고, 더 나아가 세계 평화에 유리하게 할 것인가? 하는 문제는 그렇기 때문에 중요한 것이다.

종교는 사회의 발전과 변화에 따라 변화하고 발전한다. 전통사회가 현대사회로 넘어감에 따라, 종교와 사회의 관계에도 심각한 변화가 나타났다. 첫째, 종교는 전통사회에서 독점적 지위를 가지고 있었다. 예를 들면, 군권신수론(君權神授論) 등의 이론은 종교를 신권 해석하여 사회 존재의 합리성에 대한 권위적인 근거로 한다. 현대사회는 종교의 신권을 자체 존재의 합리적 배경으로 하지 않으므로, 종교와 사회정치의 관계가 점차 약화되었으며, 종교가 정치를 주도하는 현상이 끊임없이 비주류화되었다. 둘째, 전통사회에서 종교는 세계의 모든 현상을 해석하는 세계관이었으며 국가의 주도적 의식형태였다. 현대사회는 과학이론의 거대한 약진으로 인하여, 자연현상, 사회현상, 개체생명에 대한 해석에서 모두 거족적인 진전을 가져왔으며, 참신한 단계에 들어섰다. 사람들의 인식 변화와 제고에 따라, 종교는 더는 전 사회를 위해 세계관적 의거를 제공하지 않게 됐으며, 더는 공통적 가치 준칙과 취향을 제공하지 않게 됐다. 셋째, 전통사회는 전제사회였으나, 현대사회는 대부분 법제사회이며, 법률이 시비를 판단하는 기준이 되고 있으며, 사회 성원들의 행위 준칙이 되고 있다.

전통사회와는 달리, 종교의 교칙, 계율, 예의 등은 종교를 신앙하는 성원 외의 사회에 보편적 지도성, 규범성의 역할을 하지 않으며 구속력이 없다.

그럼에도 불구하고 종교는 여전히 당대 세계 각국의 중요한 사회현상이며, 여전히 세계 각국의 정치, 경제, 문화, 사회 등 각 측면에 절대 경시할 수 없는 역할을 하고 있다. 동시에 종교는 독특한 종교 품격, 가치와 역할을 완강히 수호하고 있거나 발휘하고 있다. 한 측면으로 종교도 사회의 변화에 적응하는 개혁과 개변을 함으로써 종교 자체의 존재와 발전을 보장하고 있으며, 사회 생활에서 종교의 중요한 역할을 부각시키고 있다.

종교가 자체 조화로움을 실현시키는 몇 가지 고리

"종교 평화가 없으면 세계 평화도 없다. 종교 대화가 없으면 종교 평화도 없다." 이는 당대의 천주교 학자 공한사(孔漢思)의 경고로써, 종교 대화로부터 종교 평화, 나아가 세계 평화에 이르는 길을 제시한 것이다.

종교의 역사와 현실로부터 볼 때, 점차적으로 종교 평화와 종교 화목을 실현하려면 현재 다음과 같은 몇 가지 고리를 움켜쥐어야 한다.

우선, 종교 영도자와 신직(神職)에 있는 인원은 본 종교의 의리에 대해 기본정신에 부합되면서도 사회의 필요와 시대의 진보에 적응할 수 있는 해석을 하여, 종교의 화목과 세계의 평화에 유리한 사상이념을 선양해야 한다. 예를 들면, 서방 기독교 보수파는 초자연적인 하느님 관을 신봉하고 있으며, 하느님은 사람과 마찬가지로 일부 사람(우리)을 사랑하고, 또 일부 사람(우리의 적)을 미워한다고 한다. 이런 관점의 영향을 받아, 일부 정치 인들은 본국 가치관에 부합되지 않는 사람을 모두 적이라고 보고 있다. 일부 포스트모더니즘 신학자들은 자연주의 하느님 관을 주장한다. 하느님이 세계에 대한 완전한 사랑과 하느님이 조물에 대한 완전한 동정을 강조하며, 하느님이 세계에 대한 역할은 강제적인 것이 아니라, 설득하는 식이라고 본다. 자연주의 하느님 관은 종교 간의 대립과 긴장, 그리고 분쟁을 완화하는데 유리하다. 또 역사적으로 중국의 도교와 불교는 격렬한 충돌이 있었지만 후에 서로 따라 배우고 융합하였으며, 모두가 심성 수양에 많은 공력을 기울였다. 이는 양자의 대립을 완화시켰을 뿐만 아니라, 양교의 발전에 도움이 됐다. 그리고 또 이슬람교의 본의는 평화와 안녕을 추구하는 것이다. 히지만 많은 오해를 받고 있는데 그중에서도 특히 '성전(聖戰)'이라는 단어는 무분별한 폭력으로 오해를 받는다. 중국 이슬람교 단체는 연구를 거쳐, '성전(聖戰)'에 대해 해석했다. 성전(聖戰)의 본의는 "자신의 사욕을 극복한다", "정의를 위해 싸운다", "침략에 저항한다"는 뜻으로 전의되었다. 이는 절대로 테러리스트들이 해석한 폭력적 테러가 아니다. 이런 해석은 경전의 요지에 부합될 뿐만 아니라, 종교의 화목과 세계 평화에도 유리하다.

　다음으로 종교의 다양성과 상호 평등을 인정해야 한다. 세계에는 수많은 종교가 있는데 모두 존재의 근거와 합리성이 있다. 유아독존(唯我獨尊), 유아신성(爲我神聖), 망자존대(妄自尊大)하면서, 반대파를 무시하는 관념이나 태도는 설득력이 없으며 실행 불가능하다. 세계종교사가 보여주다시피, 인류문명은 '유일 종교'의 존재를 인정하지 않는다. 우리는 다른 종교의 평등한 지위를 인정해야 한다. 또한 종교의 평등은 보통 민족의 평등을 의미하며 종교 차별은 민족 차별을 의미한다. 그러므로 종교 간의 상호 존중과 관용을 필요로 하게 된다. 역사가 보여주다시피, 중국의 "화이부동(和而不同)", "조화로움이 중요하다(和爲貴)", "천하가 돌아가는 곳은 같되 길이 다르며, 이르는 것은 하나이지만 생각은 백 가지이다(天下同歸而殊途, 一致而百慮.)" 등의 문화전통은 중국 사람들이 외래 종교를 포함한 여러 가지 종교 신앙에 모두 상당히 너그러웠음을 보여준다. 중국 역사에서 유대교와 중국 문화의 자연 융합, 이슬람교와 유가사상의 부분적 융합은 모두 평화적이었으며, 그중에는 강제적인 요소가 전혀 없었다. 사실상 현재 중국의 5대 종교 중 도교 외의 불교, 이슬람교, 천주교, 개신교는 모두 외국에서 들어온 것이며, 그중 일부는 이미 중국화 되었다. 5대 종교의 화목한 공존은 중국종교의 큰 특징이며 동시에 큰 장점이기도 하다. 그중에서 각 종교간에 서로의 관계를 처리했던 역사적 경험은 종합하고 선양할 가치가 있는 것이다.

마지막으로, 종교간 대화를 대대적으로 전개해야 한다. 종교 대화는 종교 내부의 대화, 동일한 종교의 다른 파별 간의 대화, 다른 종교 간의 대화 및 종교와 비 종교의 의식형태, 주권국가 사이의 대화를 가리킨다. 여기에서 말하는 종교의 대화는 앞의 삼자를 놓고 말한 것이다.

종교모순은 보통 민족모순에서 기인한다. 민족모순은 물질적 이익과 관계되는 것 외에도 문화 관념적 원인도 있다. 현재 문화 관념적 원인으로 인한 충돌이 점점 더 두드러지게 나타나고 있다. 다른 민족 사이의 문화관념 차이는 주로 종교 신앙이 다름으로 인해 나타난다. 종교는 신성한 권위, 신성한 준칙과 신성한 귀속 관념으로 인정되고 있으며, 동요할 수 없고, 변화할 수 없으며, 포기할 수 없다고 인정되고 있다. 오직 민족마다 가지고 있는 관념 불일치의 근본 차이를 정시하고 종교 간 대화를 해야만 매듭을 풀 수 있고, 민족 사이의 관념모순을 완화시키거나 제거할 수 있으며, 민족 사이의 이익의 연관성, 일치성을 점차 인식해 나가야만, 다른 민족과 화목하게 공존하면서 세계 평화를 수호할 수 있는 것이다.

종교 대화의 가능성과 현실성은 날로 늘어나고 있다. 현대화의 진행 과정이 빨라짐에 따라, 현대사회 인류의 3대 기본모순, 즉 인간과 자아, 인간과 타인(사회, 민족, 국가), 인간과 자연 간의 모순에 새로운 발전이 있게 되었으며, 이에 상응한 윤리 건설, 세계평화와 환경보호 등 전 지구적인 문제는 각 종교가 직면한 공동의 도전이 되었다. 이러한 것들을 어떻게 해결할 것인가 하는 공동의 문제는 종교 대화를 가능하게 했다. 동시에 현대화와 함께 나타난 사회의 세속화도 종교 세속화의 발전을 촉진시키고 있다. 종교 세속화는 다른 종교들이 신성성과 세속성의 장력을 정시하도록 하며, 각 종교가 신앙의 대상 및 기본 교의에 대해 다시 해석할 것을 요구하고 있다. 각 종교의 이 같은 공동의 내적 수요는 종교 대화를 위해 계기와 가능성을 부여하고 있는 것이다.

19세기 말, 세계적으로 일부 중요한 종교들이 대화를 전개하기 시작했다. 그 대표적 사건은 1893년 미국 시카코 세계박람회 기간에 "세계 종교 회의"를 개최한 일이었다. 이는 역사적으로 제일 처음 다른 종교의 대표들이 평등한 지위로써 접촉하고 대화하고 교류한 대회였다. 1948년 100여 개 나라의 기독교 대표들이 네덜란드 암스테르담에서 "세계 교회 연합회(세계 기독교 협진회)"의 설립을 선포하고, 개신교 각 교파 간의 대화를 위해 기초를 닦았으며, 기독교와 기타 종교 간의 대화를 위한 전제 조건을 수립해놓았다. 1962~1965년 천주교는 제2회 "바티칸 공회의"를 개최하였다. 로마 천주교는 기타 기독교 신도, 기타 종교 신도 및 무신론의 의식형태와 대화를 하기 위한 일련의 기구를 설립하여, 종교 간 대화를 추진하였다. 1989년 유네코스의 지지 하에 각 종교계의 대표들이 파리에서 "세계 종교, 인권과 세계 평화회의"를 열고 "종교를 통해 평화적으로 세계평화를 실현하자"는 슬로건을 제기했다. 1993년 시카고에서 열린 제2차 "세계종교회의"에서는 세계 각 종교와 각 종교 교파의 대표 6,500여 명이 참가해 "세계로 향한 윤리 선언(走向全球倫理宣言)"을 발표했다. 이는 종교 대화에서 이정표적인 의의가 있는 성과였다. 2000년 유엔 본부는 "종교와 정신 영도자 세계평화 천년 대회"를 열었다. 이는 종교 대화를 통해, 종교계의 역량을 동원하고 종교의 영향을 발휘하여 세계평화를 촉진시키는 중대사였다. 2006년 4월, 중국 절강성(浙江省)에서 개최된 "제1회 세계불교포럼"에서는 거의 40개 정도나 되는 나라의 고승과 저명한 학자 및 인사 1,000여 명이 참가했다. 이 회의의 테마는 "조화로운 세계는 마음으로부터 시작된다"였다. 포럼은 대화와 연구, 토론을 통해 조화로운 세계 건설에 특출한 공헌을 하였다.

사람들은 종교 독백이 아닌 대화를 통해 전 세계적인 윤리를 구축하고, 종교 간 대항이 아닌 종교 대화로써 세계 평화를 촉진해 갈 수 있기를 간절히 희망한다.

매스컴의 역할을 발휘하여 종교의 화합을 촉진시킨다

현재, 매스컴의 역할을 더 잘 발휘하여 종교 화합을 촉진시키고, 나아가 세계평화를 추진하는데 적극적인 역할을 하려면 아래의 몇 가지가 매우 중요하다고 생각된다.

첫째, 종교를 중시하고, 조화로운 종교건설을 하는 것에 관심을 두어야 한다. 인류문명 발전사와 현재의 사회현실에서 말하면, 종교의 영향과 역할은 매우 거대하다. 종교의 충돌은 사회 충돌의 중요한 한 형태가 되었으며, 종교 화합은 사회 화합의 중요한 요소 중 하나로 되었다. 우리는 시야를 조절하여 종교에 의한 분열의 동기가 무엇인지를 주목하고, 종교 분쟁의 해로운 점에 대해 경각성을 높여야 한다. 따라서 종교 화합에 유리한 보도와 선전을 강화하여 종교 화합을 촉진시켜야 한다.

둘째, 종교의 기초지식을 공부하고, 종교의 본질과 가치에 대해 정확히 인식해야 한다. 종교의 본질은 신앙의 문화이다. 종교에 대해 완전히 긍정하거나 간단하게 종교는 인민을 마비시키는 아편이라고 보는 관점은 모두 편면적이다. 종교의 가치는 이중적이며, 긍정적인 것과 소극적인 것은 병존한다. 우리는 종교가 사회의 조화로움에 유익한 긍정적인 역할을 발휘하도록 하여야 하며 종교에 대한 광신을 반대해야 한다.

셋째, 종교 생활습속을 존중하고, 종교 감정을 존중해야 한다. 많은 사람들이 1988년에 발생한 종교 관련 서적의 출판으로 인한 국제적 분쟁을 기억하고 있을 것이다. 1988년 9월 영국의 한 출판사에서 영국 작가 살만 루시디의 소설인 『사탄의 시』를 출판하였다. 이는 각지 무슬림들의 강렬한 항의를 야기 시켰다. 일부 아랍국가들은 이 책을 금서로 지정했으며, 이란 종교 영도자인 호메이니는 이 책의 작가와 출판업자에게 "사형을 언도한다"고 했다. 영국, 미국, 프랑스, 독일은 호메이니의 이 같은 행위를 반대하며, 문명사회의 행위 준칙을 위반한 것이라고 질책했다. 당시 영국은 이란과의 외교관계를 중지한다고까지 선포했고, 유럽 공동체 12개 나라는 이란 주재 사절을 소환하는 등 중대한 국제적 분쟁을 야기시켰다. 이 사건을 두고 여러 가지로 종합할 수 있는데, 그중 한 가지가 바로 종교 감정을 자극하여 불필요한 분쟁을 일으키는 것을 피해야 한다는 점이다. 모택동(毛澤東)은 "장족 인사들과의 담화(同藏族人士的談話)"(1956년 2월 12일)에서 "사람들의 종교 감정을 상해해서는 안 된다. 조금이라도 상해해서는 안 된다." 사람들의 종교 신앙을 존중하고 종교생활 습속을 존중하며, 종교적 감정을 존중하는 것은 매스컴 입장에서 말하면 중요한 현실적 의의가 있는 것이다.

넷째, 종교문명의 대화를 선전하고, 종교 화합을 추진한다. 세계 각 대 종교, 예를 들면, 이슬람교, 불교, 인도교, 유대교 등 종교 사이의 대화는 중요한 의의가 있다. 현재 세계 기독교 문명과 이슬람교 문명 사이의 대화가 특히 중요하다. 중국에서는 기독교와 이슬람교가 줄곧 서로 존중하고 화목하게 보내고 있으므로, 중국 신도들은 기타 나라에서 이 두 종교의 화합을 도모하는 데에 중요한 역할을 할 수 있다. 이와 마찬가지로 중국의 매스컴은 종교 대화를 선전하고 종교 화합을 추진하며 세계 평화를 추진하는 데에 중요한 역할을 발휘할 수 있는 것이다.

다섯째, 중국종교의 대화 경험을 소개하여 세계종교의 화합을 추진한다. 동한(東漢) 이래, 중국의 전통문화는 주로 유가, 도가, 불교 3가 상호 작용하는 역사였다. 현재 중국에는 주로 불교, 도교, 이슬람교, 천주교, 기독교 등 5대 전통 종교가 있다. 역사적으로 볼 때 중국종교 간의 충돌과 분쟁은 부차적인 것이고 융합과 화합이 주요한 것이었다. 중국종교가 조화로울 수 있는 원인 중 하나가 바로 완비된 "문명 대화" 메커니즘과 비교적 풍부한 "문명 대화" 방식이 있다는 것이다. 예를 들면, 변론을 전개하여 '진리'를 판별하는 것 등이 있다. 변론은 관변 측에서 주재할 때도 있고, 민간에서 진행할 때도 있었으며, 각자의 관점을 진술하고 장단점을 비교 평가하였으며, 국가와 인민에게 모두 이롭도록 하는 것을 기준으로 삼았다. 예를 들면, 서로 존중하고 서로 관용하는 것을 기준으로 했다. 각 측에서 서로 공격하기도 했지만, 주로 상대방의 장점을 보고 상대방의 합리적인 점을 긍정했다. 공통점을 취하고 차이점을 보류하는 것이 각 종교 간 대화의 보편적 입장이 되었다. 또한 각 종교는 서로 배우고 서로 보충하였다. 예를 들면, 불교의 선종(禪宗), 유가의 이학(理學), 도교의 전진교(全

眞教) 등은 서로 장점을 취하고 단점을 보완하였으며, 각자가 모두 기타 두 파의 사상을 흡수하여 새로운 교파, 학파를 이루었다. 그리고 또 의견을 받아들이고 폐단을 시정하였다. 일례로써 불교는 승단(僧團)을 정돈하고, 교칙을 만들었으며, 농업에 종사하는 것과 참선을 다 같이 중시하는 방침을 제정하였는데, 이는 모두 여러 측의 의견에 대응하는 긍정적인 조치였다. 중국종교 관계의 역사가 보여주다시피, 서로 존중하고, 관용하며 배우고 보완하는 것은 종교의 성장과 발전을 촉진시키는데 중요한 역할을 하였던 것이다.

상술한 것들을 종합하면, 종교 화합은 세계 화합의 중요한 한 측면이라고 할 수 있으며, 종교 화합을 추진하고, 나아가 세계평화를 추진하는 것은 매스컴의 역사적 사명이라고 할 수 있다. 매스컴은 빠르고 편리하며, 폭이 넓다는 등의 장점이 있으며, 감화력이 있고 관념을 변화시킬 수 있는 등의 역할을 할 수 있어, 종교 화합과 세계평화를 추진하는 숭고한 대업에서 할 수 있는 일이 매우 많은 것이다.

(『중국민족보』 2006년 10월 10일자에 게재됨, 중국전매대학 출판사의 2007년 출판 『아시아 매스컴 연구 2006년』에 게재됨)

종교문화는 오늘날에도 여전히 긍정적인 의의를 가지고 있다

1961년, 방립천 선생은 북경대학 철학학부를 졸업하고, 중국인민대학 철학학부의 중국철학사 교연실(敎硏室)에서 일하기 시작했다. 중국철학사는 선진(先秦)시기부터 당대에 이르기까지 수천년의 역사가 있으며, 철학가들도 수 백 명에 달한다. 철학 사적(史籍)은 수없이 많아 그 경위를 다 알 수 없을 정도다. 방립천 선생은 교연실의 분공 회의에서 위진남북조(魏晉南北朝), 수당(隋唐)시기의 철학을 연구의 중점으로 하였다. 이 시기는 700여 년에 달하는데, 철학사에는 유가, 도가(도교), 불교의 내용이 풍부하며 연구의 난도가 매우 높다. 거의 반세기 동안의 연구를 거쳐, 그는 중국 불학(佛學)의 대가로 되었다. 북경대학의 저명한 철학 교수인 루우열(樓宇烈) 교수는 "인재를 양성하여 천하에 문하생이 가득하고, 심오한 학문을 연구하여 저작물이 세계에 널리 전해졌다(敎書育人桃李滿天下, 精思窮微著作傳九州)"는 주련(對聯)으로 방립천 교수를 평가하였다. 방 교수의 불교철학에 대한

연구는 중국 철학사의 내용을 풍부히 하였고, 중국전통문화의 전
파를 촉진시켰다. 그가 심천(深圳)의 "시민문화대강당(市民文化
大講堂)"에서 강연을 하기 전인 어제, 본지는"불교문화 및 현대
화" 등의 문제에 관하여 방 교수를 취재했다.

불교를 어떻게 볼 것인가

기 자 : 방 교수님은 철학을 공부한 사람이고, 거의 반세기 동
안 철학을 연구하여 왔습니다. 하지만 불교에 대한 연구도 매우
깊다고 들었습니다. 그럼 불교는 도대체 종교인가, 아니면 철학
인가요?

방립천 : 나는 1956년 북경대학 철학학부에 입학하였습니다.
이는 나의 인생에서의 큰 전환점이라 할 수 있었습니다. 북경대
학에서 나는 탕용동(湯用彤), 풍우란(馮友蘭), 장대년(張岱年),
임계유(任繼愈) 등 철학계 대가들의 가르침을 받았습니다. 그들
이 학문을 연구하는 태도와 방법은 나에게 매우 큰 영향을 주었습
니다. 필자가 초지일관 불교를 연구할 수 있었던 것은, 주로 불교
의 내용이 매우 풍부하고, 중국문화에 대한 영향이 매우 크기 때
문이었지요. 또한 불교와 중국철학 연구를 결부시킬 수 있었기
때문입니다. 그러나 중국불교는 연구 성과가 매우 적었습니다.
그런 상황에서 불교는 도대체 종교인가, 아니면 철학인가 하는
의구심을 갖게 되었습니다. 근현대 학술계에서 이에 대한 논쟁이

있었는데, 나의 관점은 탕일개(湯一介) 선생과 같았습니다. 즉 불교는 많은 철학적 내용들을 포함하고 있으므로, 종교이자 철학이라고 보는 것입니다. 불교철학은 여러 측면에 관련되어 있습니다. 여기에는 문학, 예술, 의학 등 영역도 포함되지요. 나의 목적은 불교철학에 대해 체계적으로 정리 연구함으로서 중국 철학사에 내포된 의의를 풍부히 하는 것입니다. 19살 때 호적(胡適)은 『중국철학사』상권을 쓴 적이 있지만 불교에 대한 이해가 깊지 못해 『중국철학사』하권을 완성할 수가 없었습니다. 철학 대가인 풍우란(馮友蘭) 선생도 '중국철학사'를 해설할 때 불교의 중요한 개념인 '공(空)'에 대해 틀리게 이해한 적도 있지요.

기 자 : 방 교수님은 윗대의 철학가로서, 여러 가지 사조가 봉기(蜂起)하는 지금에도 여전히 유물주의 입장을 성실히 견지하고 있으며, 또한 이 사상을 확실하게 운용해 오셨습니다. 방 교수님은 장기간 중국불교사상의 맥락을 정리해 오셨는데, 본인은 불교를 신앙합니까? 또 불교를 어떻게 보고 계시는지요?

방립천 : 나는 불교를 신앙하지 않지만, 불교를 반대하지도 않습니다. 나는 단지 진리를 견지하려 할 뿐입니다. 나는 자신의 임무를 학술적 차원에서 종교를 연구하는 것으로 한정했으며, 실사구시의 태도로 종교의 복잡한 현상을 서술하고 평가하려고 시도하는 차원에서 연구하고 있습니다. 또한 필자가 보건대 긍정해야 할 것들을 긍정하고 부정해야 할 것들을 부정합니다. 나는 종교에 대해 40여 년 동안 연구해 왔으며, 유가, 도가(도교), 불교

의 사상을 내 몸에서 모두 체현해 낼 수가 있습니다. 중국 전통문화는 한 사람의 안신입명(安身立命)과 인생가치 취향에 매우 큰 영향을 줍니다. 나는 일을 함에 있어서 유가의 "강건유위, 자강불식(剛健有爲, 自强不息)"의 태도를 취합니다. 생활과 명리에 있어서는 도가와 불교사상의 영향을 받아 순리를 따르고, 담담하게 대합니다. 불교철학은 사실 신흥 개념입니다. 하지만 불교의 사유는 종교로서의 불교가 인류의 정신생활 영역에 들어간 결과임에는 틀림없습니다. 그 초지는 당연히 인류가 긴 세월 동안 불만 혹은 곤혹을 느끼는 그런 부자유스러운 현실상황에서 벗어나거나 혹은 해결하기 위한 것이었습니다. 이러한 배경으로 불교와 그 사상 관념을 보면, 형이상적인 현상(玄想)은 인류가 자유해방을 추구하기 위한 끊임없는 탐색과 창조의 긍정적인 행동이 되는 것입니다. 이것도 종교 혹은 종교적 정서의 문화가 긍정적 의의를 가지고 있다는 근거가 되는 것입니다.

불교는 중국 전통문화의 구성 부분이다

기 자 : 불교는 외래문화에서 온 것입니다. 하지만 1000여 년 동안 중국 본토의 고유 문화와 서로 작용하면서 서로 융합되었습니다. 그 과정을 간단히 소개해 주셨으면 합니다.

방립천 : 기원전 6세기와 기원전 5세기, 동아시아대륙의 황하 중하류의 중원 지역에 유가와 도가의 학설이 형성되었습니다. 유

가사상은 '사람'을 근본으로 하며, '사람'의 차원에서 인생, 사회와 자연을 관조하고, 생명의 의의와 가치를 중시하며 도덕을 인생 최고의 가치라고 선양하였습니다. 도가는 '자연'을 본위로 하여, '자연'에 편중해 인생, 사회와 우주를 관조하고, 자연은 인생의 근본이라고 강조하였으며, 자연에 순응하고 자연에 회귀할 것을 주장했지요. 유가의 '인간' 본위와 '자연' 본위의 핵심사상은 중화 고대문화의 기초를 닦아놓았으며, 중국 고대문화가 걸어나갈 방향을 결정해 주었습니다.

불교는 최초에 종교와 사상으로 서역에서 상업에 종사하는 상인들이 중국에 들여온 것입니다. 시간은 대략 1세기 전후입니다. 중국 내지에 갓 전해졌을 때 사람들은 불교를 도술의 한 가지라고 보았습니다. 사람들은 예불함으로써 복을 기원하고 아들을 점지하기를 빌었습니다. 그러나 불교는 이런 것이 아니었지요. 위진남북조(魏晉南北朝) 시기에 와서야 불교는 학파가 나타나기 시작했고, 중국 사람들은 외래 종교인 불교 저서를 번역 전파하기 시작했습니다. 수당(隋唐) 이후, 불교는 각 종파가 창립되는 시기에 들어섰으며, 중국의 유가, 도가 문화와 상호 작용하기 시작했습니다. 불교는 해탈(解脫)을 본위로 하며, 중생은 이를 받아들임으로써 미혹, 번뇌, 고통, 생사윤회에서 해탈하여 대자유(大自由), 대자재(大自在)의 열반(涅槃)인 이상적 경지에 들어간다는 것을 알게 되었습니다. 외래문화로서 유가, 도가와 이질의 불교문화는 서로 충돌과 융합을 거쳐 4, 5세기 동진(東晉)시대에 중화 전통문화 속에 융합되어 들어갔습니다. 그 후 중화문화는 유가, 도가, 불교의 3가가 맥락을 이루게 되었으며, 삼가(전통적인 설은 삼교라고 함)가 공동으로 중화 전통문화의 주체를 이루게 되었던 것입니다.

문화 형성 근거의 시각에서 볼 때, 유가, 도가, 불교 삼가의 정립 국면이 나타난 것은 절대 우연한 일이 아닙니다. 여기에는 주로 두 가지 원인이 있습니다. 우선 이 삼가의 문화 취지가 비슷합니다. 삼가의 사상에서 근본적인 종지는 모두 어떻게 인간이 되어야 하며, 어떻게 이상을 실현할 것인가에 있습니다. 즉 모두가 생명철학이라 할 수 있지요. 다른 하나는 삼가의 문화가 내포하고 있는 의의의 차이성에 있다고 하겠습니다. 삼가 문화 체계의 기점, 골격, 내포하고 있는 내용, 사유방식이 모두 다르므로, 서로 다른 군체의 문화정신 수요에 적응할 수 있을 뿐만 아니라, 서로 보완과 융합에도 유리합니다. 그중에서도 인도에서 전해진 불교가 중화 전통문화에 융합되면서 중국철학과 윤리학, 종교학, 역사학, 문헌학, 문학예술과 천문학 내지 의학과 민속학 등의 내용을 크게 풍부해지게 하여 유가와 도가문화의 국한성을 미봉해 주었던 것입니다. 이러한 차원에서 말할 때, 중화문화는 고대 동방철학과 문화 주체의 성격과 최고의 성과를 체현했다고 할 수 있습니다.

기 자 : 불교 자체의 중국화 과정은 어떠하였나요?

방립천 : 불교가 중국에서 유포되는 과정이 바로 불교 중국화의 과정입니다. 이른바 불교의 중국화란, 한 측면으로는 불교학자들이 대량의 경전 문헌 중 불교사상의 정신, 알맹이를 간결하게 선별해 내, 국정에 부합되는 교의(敎義) 이론, 예의(禮儀) 제도와 수지(修持) 방식을 확정해 놓았습니다. 다른 한 측면으로는, 이것이

고유문화와 서로 융합되게 하였으며, 동시에 중국 사람들의 생활 속에 깊이 파고 들어갈 수 있도록 해주었습니다. 즉 불교는 역사적으로 나날이 더욱 중국사회의 정치, 경제, 문화와 상호 적응되고 결합되어 현지 특색을 지닌 독특한 불교를 형성하게 되었고, 인도불교와는 구별되는 특수한 정신적 면모와 중화민족 전통사상의 특징을 나타내게 됐습니다. 선종(禪宗)이 나타난 것은 중국불교가 2000년 동안에 발생한 가장 큰 사건이라고 할 수 있습니다. 후에 선종(禪宗)은 한전불교(漢傳佛敎)의 주류로 변화 발전해 왔습니다. 선종(禪宗)은 인도불교와는 크게 다릅니다. 선종(禪宗)은 광동성(廣東省) 소관시(韶關市)의 남화선사(南華禪寺)에서 탄생했습니다. 육조 혜능(六祖慧能)이 남화사에서 선종을 창립했습니다. 혜능(慧能)은 문화 수준이 높지 않았으며, 책을 많이 읽지 못했습니다. 하지만 그의 제자인 법해(法海) 등이 기록하여 정리해 낸『단경(壇經)은 지금도 남화선사(南華禪寺)에 보존되어 있습니다.『단경(壇經)은 중국의 제일 첫 번째 불경일 뿐만 아니라, 유일하게 중국인이 쓴 불경이며, 또한 스스로 체계가 이루어진 학술 저작입니다. 혜능(慧能)이 구성한 학술사상은 선종(禪宗) 교파의 사상체계를 체현해 냈을 뿐만 아니라, 공자의 유학, 노자의 도학과도 현저히 다르며, 스스로 체계를 이루어 세계적으로 보편적인 영향력을 가지고 있습니다. 혜능(慧能)이 창설한 선종(禪宗)은 유가의 신선설(信善說)을 흡수하여 사람마다 성불이 가능하다고 했으며, 또한 도가의 자연을 신봉하는 이념을 흡수하여, 중국 사람들의 현실생활에 매우 접근한 이론입니다.

문화유산에는 불교유산도 포함 된다

기 자 : 불교연구는 개혁 개방 이래 빠르게 발전하였습니다. 방 교수님은 불교연구의 현실적 의의는 무엇이라고 생각하십니까?

방립천 : 나의 관점은, 중국문화가 21세기 심지어 더 먼 장래에 어떠한 전경을 펼칠 것인지, 중국문화가 인류의 정신생활에 어떠한 공헌을 하게 될 것인지 등은 모두 우리가 지금 어떻게 기존의 문화재산을 잘 정리하고, 전통문화를 정확히 평가하는가에 달려 있다고 봅니다. 그중에는 전통 중의 유가, 불교, 도가 이 세 문화 요소를 어떻게 처리할 것인가, 중국불교가 과거 2000년 동안 창조한 소중한 결과물을 어떻게 보아야 하는가 등의 문제도 포함되어 있습니다. 오로지 진지한 연구를 통해서만 불교를 포함한 전통유산을 적절하게 종합해 낼 수 있으며, 중국불교의 좋은 전통을 계승하여 불교가 시대와 더불어 발전하고 생기가 넘치도록 추진할 수 있도록 해야 합니다. 그래야만 인간불교의 사상을 한층 더 풍부히 할 수고, 불교가 사람들에게 이득을 가져다주고 사회에 행복을 가져다주도록 할 수가 있습니다. 20세기 말에 나타난 도덕의 타락에 대비해 볼 때, 불교 윤리 중의 보편적 요소는 당대 중국 및 전 세계의 윤리건설에 긍정적인 의의가 있는 것입니다. 중화민족의 기본 정신은 중덕(重德), 자강(自强), 관용(寬容), 애국(愛國) 네 가지로 개괄할 수 있으며, 중화문화 가치관 중의 합리적인 요소를 선양하는 것은 국민의 인문자질, 도덕자질과 심리자질을 제고하는데 도움이 될 것입니다.

기 자 : 시민문화대강당(市民文化大講堂)의 이번 달 국학 계열 제1 강연자로서, 국학붐을 어떻게 보십니까?

방립천 : 저명한 학자 장대년(張岱年) 선생의 정의에 따르면, 국학은 한 나라의 학술이며, 한 나라의 체계적인 학문을 말합니다. 중국의 국학은 기본적으로 한 나라의 전통문화라 할 수 있지요. 근대에 장태염(章太炎)이 가장 먼저 국학의 개념을 제기했습니다. 이는 당시 서학(西學)에 대해 상대적으로 말한 개념이며, 탐구한 것은 국학과 서학의 관계였고, 국가의 운명과 어떠한 관계가 있는가 하는 문제를 해결하기 위한 것이었습니다. 우리는 국학을 연구함에 있어서, 우수한 것들은 반드시 선양해야 하고, 가치가 없는 것은 버려야 합니다. 예를 들면, 개성을 경시하고 논리가 부족한 것, 협애한 종법사상과 등급관념 등은 버려야 합니다. 가치관은 중국 국학의 기본사상이며, 중화 인문정신의 기본 내용입니다. 중국 국학은 심성의 수양을 중시하며, 인문적 배려와 인문정신을 전형적으로 체현해 냈습니다. 중화 인문정신은 동태적인 발전과정이라고 할 수 있습니다. 현재 우리의 중요한 책임은 당대 중화 인문정신을 구축하는 것입니다. 당대 인문정신을 구축하는 것은 조화로운 사회를 건설하는데 매우 큰 도움이 될 수 있는 것입니다.

(『심천상보』 2007년 5월 10일자에 게재됨)

종교의 공익사업은 시대적 요구에 부합되어야 한다

"제1회 종교와 공익사업 포럼"에서의 발언

"제1회 종교와 공익사업 포럼"이 중국인민대학에서 개최될 수 있어서 매우 기쁘게 생각합니다. 그 원인은 세 가지가 있습니다. 첫째, 필자가 알기로, 대학교에서 천주교 특히 하북신덕문화연구소(河北信德文化硏究所)와 연합으로 이 같은 포럼을 개최한 것은 전에 없는 일로써, 아마 제일 처음일 것입니다. 둘째, 이번 포럼은 현 단계 사회의 수요에 잘 부합되며 조화로운 사회를 구축하는 데 있어서 응분의 역할을 발휘하게 될 것입니다. 셋째, 이 자리에 모인 사람들이 대부분 중·청년이라는 점이 저를 기쁘게 합니다. 이는 우리가 종교를 연구하고 관리함에 있어서, 그리고 종교계에서 젊은 인재들이 많이 배출되었음을 말해줍니다.

공익 자선사업과 종교의 본질, 성질은 서로 연계되어 있습니다. 천주교는 자애(慈愛)를 제창하고 불교는 자비(慈悲)를 제창합니다. 이러한 것들은 세 가지 방향을 가리키고 있습니다. 그것은 즉 인류사회의 세 가지 모순과 관계가 있습니다. 이 세 가지 모순이란 각각 인간과 자아의 모순, 인간과 사회의 모순, 인간과 자연의 모순입니다. 자애, 자비는 모두 이 세 가지 모순을 가리키고 있습니다. 이 모순들은 상호 작용을 합니다. 만약 사람마다 자신의 기분을 잘 조절한다면, 사람과 사람 사이의 관계, 사람과 자연 사이의 관계를 처리하는데 도움이 될 것입니다. 또한 우리의 자선사업을 통해 사람과 사람 사이의 관계를 잘 처리하면, 사람과 자연 사이의 모순을 완화시키는데 유리할 것입니다. 종합적으로 볼때, 인간과 자아의 모순, 인간과 사회의 모순, 인간과 자연의 모순이라는 이 세 가지 측면으로 공익사업을 전개한다면 공익사업의 길은 갈수록 넓어질 것입니다.

이번 포럼에 대해 나는 다음과 같이 몇 가지 느낀 점이 있습니다.

첫째, 포럼의 패턴이 아주 성공적이라는 것입니다. 이틀간의 토론을 통해 우리는 학계와 종교계가 협력 교류하고 학술 토론을 할 수 있음을 보여주었다고 생각합니다. 이번 회의는 기획자가 매우 적지만 질서 정연하게 잘 진행되었습니다.

둘째, 포럼은 종교와 공익사업의 관계에 대해 연구 토론했습니다. 공익사업을 전개하는 것은 종교의 본질적 속성이며, 종교의 본질적 요구로서 모든 종교가 다 이런 방면에서 매우 큰 성적을 거두었고, 사회 발전을 위해 공헌하였다고 봅니다. 이는 종교가 계속 이어져 올 수 있고, 또 부단히 발전해 올 수 있었던 중요한 원인 중의 하나가 아닐까요?

셋째, 포럼은 개혁 개방 이래 종교의 공익사업에 대해 처음으로 종합하였으며, 5대 종교의 이념, 경험과 성적을 펼쳐 보였습니다. 이는 매우 중요하고 의의가 있는 것입니다.

넷째, 이번 포럼을 통해 종교 공익사업에서 존재하는 문제와 어려움을 발견하였습니다. 이러한 문제는 종교계가 계속 노력하여 해결하는 것이 필요하며, 정부에서는 이에 상응하는 정책과 법규를 출범시키는 것이 필요합니다. 또한 학계의 도움과 사회의 지지가 필요합니다. 나는 종교 공익사업은 시대의 수요에 부합되고 우리가 조화로운 사회를 구축하는 수요에 부합되며, 반드시 전도가 있고 생명력이 있는 사업이라고 믿습니다.

(『중국종교』 2007년 제8기에 게재됨. 종교문화출판사가 2008년에 출판한 『중국종교 공익사업에 대한 회고와 전망』의 '서문'에서 발췌)

종교는 경제사회의 발전에서 긍정적인 역할을 할 수 있다

– 종교가 사회의 조화로움을 추진함에 있어서 긍정적인 역할을 할 수 있는 분야는 경제사회 영역임을 명확히 하였다.

– 종교의 경제사회 발전에서의 긍정적인 역할은 새로운 중대한 명제로서 중국화 된 마르크스주의 종교관을 풍부히 하였다.

– 정부의 종교사업 중심이 전환되고 조절됨에 따라, 종교계도 관념을 전환하는 것이 필요하다.

– 새로운 명제가 나타났다고 하여 종교가 사회문화 영역에서 직접적이고 거대한 역할이 약화되었다거나 경시받거나 희미해진 것은 아니다.

중국공산당 제17차 전국대표대회의 보고는 "당의 종교 공작에서의 방침 정책을 전면적으로 실행하여, 종교계 인사와 종교를 신앙하는 대중이 경제사회 발전에서의 긍정적인 역할을 발휘케 해야 한다"고 제기했다. 새 당 규약의 총칙에서는 "종교를 신앙하는 대중을 단결시켜 그들이 경제사회 발전에서 공헌하도록 해야 한다"고 제기했다. 이는 중국공산당 중앙이 종교와 종교계, 종교 사업에 대해 매우 중시함을 충분히 설명해 준 것이며, 또한 종교 가 국가의 사회생활에서 차지하는 중요한 위치와 역할을 반영하 는 것이다.

우리는 "종교가 사회의 조화로움을 촉진하는 데서의 긍정적인 역할을 발휘하는 것"과 "종교계 인사와 종교를 신앙하는 대중이 경제사회 발전에서의 긍정적인 역할을 발휘하는 것" 두 가지가 서로 모순되지 않을 뿐만 아니라, 일치함을 인식해야 한다. 중국 공산당 제17차 전국대표대회 보고와 새 당 규약 총칙에서 제기한 내용은 조화로운 사회를 구축함에 있어서 중점의 하나는 경제사 회적인 측면이라는 것을 진일보적으로 지적한 것이며, 종교계가 사회의 조화로움을 추진함에 있어서 긍정적인 역할을 발휘하는 중점 중 하나가 바로 경제사회 발전에서 긍정적인 역할을 발휘하 는 것이라는 점이다. 이는 논리적인 촉진제인 것이다. 종교가 사 회의 조화로움을 추진하는 데 있어서 긍정적인 역할을 해야 한다 는 것은 총체적 차원에서 말한 것이라고 한다면, 종교가 경제사 회 발전을 추진함에 있어서의 긍정적인 역할은 중점을 명확히 한 것이라고 하겠다. 새 당 규약의 총칙에서 "중국공산당은 사회주 의 사업을 영도함에 있어서 반드시 경제건설을 중심으로 하는 것 을 견지해야 하며, 기타 각항의 사업은 모두 이 중심에 복종하고, 이 중심을 위해 복무해야 한다"고 지적했다. 종교사업도 이 중심 에 복종하고 이 중심을 위해 복무해야만 할 것이다.

종교가 경제사회 발전에서 긍정적인 역할을 발휘하도록 추진하는 것은 새로운 중대한 명제이고, 정부의 종교사업에 전략적 임무를 제기한 것이며, 상당히 긴 기간 동안 종교사업을 어떻게 할 것인가에 대한 중점을 분명히 한 것이다. 동시에 종교계를 위해 시대의 역사적 사명을 제기한 것으로서 중요한 역사적 의의가 있는 것이다. 중국공산당 제17차 전국대표대회 보고는 정부의 종교사업 부처에 사업의 중심을 가리켜 주었는데, 이는 바로 정부에서 종교가 경제사회의 발전을 위해 긍정적인 역할을 발휘하도록 대대적으로 추진하겠다는 것이다. 즉 모든 종교정책, 종교사무 관리가 이 중점을 중심으로 진행되도록 하겠다는 것이다. 종교계는 과거 이러한 임무가 명확하지 않았을 수도 있다. 하지만 지금 종교계가 경제사회 발전에서 긍정적인 역할을 해야 한다고 명확히 지적한 것은, 종교계가 역사 발전과정에서 시대와 더불어 발전하고 긍정적인 역할을 할 수 있음을 설명해 준 것이다.

이는 이론의 혁신이고 종교에 대한 인식이 심화되었음을 말하며, 종교의 긍정적인 역할을 인정한 것이다. 즉 종교가 사회의 조화로움을 추진함에 있어서 긍정적인 역할을 할 수 있을 뿐만 아니라, 경제사회 발전 과정에서 긍정적인 역할을 발휘할 수 있다고 인정한 것이다. 이는 의식형태의 차이성을 약화시키고 종교의 사회적 속성과 사회적 기능을 두드러지게 한 것이다. 이는 또 종교 공작에 대한 당의 사고 방향이 한층 더 조정되고, 보완되고 있음을 설명하며, 종교사업의 중점이 종교의 긍정적 역할 발휘, 특히 경제사회 발전에서의 긍정적 역할을 발휘하지 않으면 안 된다고 하는 것을 설명하는 것이다. 이는 과거의 사고 방향보다 진보하고 발전한 것으로써, 중국공산당이 시대와 더불어 발전하는 풍격을 체현해 낸 것이라 할 수 있다. 종교가 경제사회 발전에서의 긍정적인 역할을 발휘해야 한다고 제기한 것은, 당 사업에서의 중심 임무를 두고 고려한 것이다. 지금의 중심 임무는 바로 경제건설이다. 구체적으로 어떻게 종교의 긍정적인 역할을 발휘케 할 수 있겠는가? 즉 종교가 경제사회 발전에서의 긍정적인 역할을 발휘시키는 것은 이 중점을 장악하고, 이 중점과 보조를 맞춰 제기한 것이라는 점에 중대한 의의가 있는 것이다. 이는 종교의 가치 판단, 사회적 역할, 미래의 발전 방향에 대해 새로운 논점을 제기한 것이고, 중국화 된 마르크스주의 종교관을 풍부히 한 것이다.

종교가 경제사회 발전에서의 긍정적인 역할을 어떻게 발휘시킬 수 있겠는가 하는 것은 두 가지 측면이 포함된다. 하나는 정부 측면에서 관념을 전환시키고 중앙의 정신을 학습하는 것이다. 예를 들면 중국공산당 제17차 전국대표대회의 보고, 새 당 규약의 총칙을 학습하는 것이다. 정부의 종교사업 중심이 전환되고 조정되게 하려면 일련의 새로운 조치가 필요하다.

다른 한 측면으로는 종교계에서 관념을 전환시키는 것이 필요하다. 즉 종교 신앙 관념과 경제사회의 발전을 추진하는 것을 대립시키지 않는다는 것이다. 종교계는 이것이 종교계와 관련이 없는 일이라 생각하지 말아야 하며, 종교 신앙에 불리하다고 생각하지 말아야 한다. 종교는 사회를 떠날 수 없고, 경제건설이라는 국가 전체의 사업 중심을 떠날 수 없다는 것을 알아야 한다. 자각적으로 종교문화 자원과 경제적 효익, 사회적 효익을 결부시킬 수 있어야 한다는 말이다. 즉 종교문화 자원을 발휘할 수 있는 과정과 방법을 생각하고 새로운 경험을 축적해야 한다. 예를 들면, 중국불교는 "농업과 참선을 다 같이 중시하는 정신"을 계승 발양하여 경제사회의 발전을 촉진토록 해야 한다. 이는 연구할 가치가 있는 문제이다. 또 다른 일례로, 사원을 중심으로 하는 경제활동과 교류를 할 수도 있다. 오대산(五台山)은 과거 가축대회가 있었는데, 현재 우리는 이러한 이벤트 형식을 혁신 발전시킬 수가 있다. 종교 활동은 대중생활에 새로운 면을 가미시킬 수 있고, 종교 명절과 축제는 경제교류를 촉진시킬 수 있다. 우리는 좋은 방법들을 많이 생각해내야만 할 것이다.

소림사(少林寺)는 한전불교(漢傳佛敎)가 경제사회의 발전을 추진하는 과정에서 긍정적인 역할을 한 전형이라고 본다. 소림사의 종교 활동은 현지의 경제발전을 촉진시켰다. 소림사가 소재하고 있는 하남성(河南省) 등봉시(登封市) 재정 수입의 상당한 부분은 소림사와 관련된 것으로 알려졌다. 소림사는 전 시의 경제발전을 견인하고 있다. 나는 그들의 종교 활동이 아주 성공적이라고 본다. 소림사는 인간불교의 구체적 길을 구현하였으며, 참선과 무술의 결합을 추진하였다. 참선은 심성을 다스리는데 유리하고, 무술은 건강 보건에 도움이 되므로 사람들의 심신건강에 유리하다. 소림사의 이러한 발전 패턴은 인간 불교의 새로운 형식으로서 강한 생명력이 있는 것이다. 현재 소림사는 그 명성이 외국에까지 퍼져 대외적으로 우리의 불교문화를 선양하고 있다. 이는 중국의 소프트 파워가 경쟁력을 갖게 하는데 매우 좋은 예이다. 나는 소림사의 패턴에 대해 전문적인 연구를 하여 성공 경험을 크게 선양해야 한다고 본다. 사원마다 상황이 다를 수 있고, 또 종교마다 상황이 다를 수 있지만, 모두 소림사의 경험에서 계발을 받아 자체적인 구체상황에 따라 새로운 길을 개척할 수 있도록 해야 한다. 이는 국가의 발전과 종교 자체의 발전에 모두 유리하므로 윈-윈할 수 있는 좋은 결과를 이룩할 수 있으리라고 본다.

그렇지만 나는 종교가 경제사회 발전에서 긍정적인 역할을 발휘할 것을 제기했다 하여, 종교가 사회문화 영역에서 직접적이고 거대한 역할이 약화되었다거나, 경시 받거나, 혹은 희미해 진 것은 아니라고 본다. 우리는 지난날과 다름없이 종교의 긍정적인 요소를 발굴하고 선양하여 사회주의 정신문명 건설을 위해 복무토록 해야 한다. 사회주의 물질문명 건설과 정신문명 건설은 변증적인 관계이고, 서로 작용하는 관계이다. 우리는 이 양자를 잘 결부시켜 양자의 상호작용을 촉진토록 해야 하며, 종교가 이 두 가지 건설에서의 긍정적인 역할을 잘 발휘할 수 있도록 하여, 사회주의 사회가 전면적이고 지속적으로 조화롭게 발전할 수 있도록 끊임없이 추진해야 할 것이다.

(『중국민족보』 2007년 11월 13일자에 게재됨)

종교교육은 종교발전의 근본이다

-중국인민대학 "불교와 종교학 이론 연구소" 소장 방립천 교수 인터뷰

'**종교주간**' : 개혁 개방 30년 이래, 중국의 종교교육(여기에서 말하는 종교교육이란 종교의 교의, 교칙을 주요 내용으로 하는, 종교 신직 인원을 양성하는 것을 목표로 하여 진행되는 교육 혹은 종교학원의 교육을 가리킨다)에는 커다란 변화가 나타났습니다. 방 교수님은 중국의 종교교육이 어떤 측면에서 발전을 가져왔다고 보십니까?

방립천 : 교육은 한 나라가 발전할 수 있는 근본입니다. 이와 마찬가지로 종교교육도 종교가 발전할 수 있는 근본입니다. 종교교육은 인재양성을 하게 하는 관건적 요소이며, 종교 신도들의 품격과 자질을 조소(塑造)하고, 신도들이 앞으로 진보할 수 이ㅆ도록 추진하는 주요한 수단입니다. 중국에서의 종교교육은 또 종교와 사회주의 사회가 서로 적응하도록 인도하는 중요한 고리이며, 종교가 건전하고도 양호하게 발전할 수 있는 중요한 전제이기도

합니다.

개혁 개방 이래, 종교교육은 각 측의 노력 하에 큰 발전을 가져 왔습니다. 나는 이것이 주로 다섯 가지 측면에서 체현되었다고 봅니다. 첫째, 종교학원이 보편적으로 회복되었거나 설립되어, 고·중·저급 학원 교육체계가 건립되었습니다. 이는 종교교육 의 온전한 기초 교육 틀을 이룬 것입니다. 둘째, 교사의 자질이 많이 제고되었습니다. 해외로 유학을 갔던 많은 신진 학자들이 귀국하여 종교교육에 종사하는 교사 역량을 강화시켰습니다. 동 시에 종교계는 또 학계와 긴밀히 연계하여, 사회 일반대학의 관 련 교사들도 종교 인재를 양성하는데 공헌하고 있습니다. 셋째, 일정한 양과 질의 전문 교재를 집필하여 교수의 수요를 점차 만 족시키고 있습니다. 넷째, 종교 학원의 하드웨어가 많이 개선되 었습니다. 일부 학원에서는 미디어 교실이나 어느 정도 선진적인 교수 설비를 갖추었습니다. 다섯째, 종교 학원 내의 간행물이나 기타 종교 간행물을 발간함으로써 교수 연구와 학술교류를 추진 하고 있으며, 다른 종교 간의 상호 이해와 소통도 추진하고 있습 니다.

'종교주간' : 개혁 개방 후, 종교의 회복과 발전에 유리한 일련의 정책을 출범시켰는데, 방 교수님은 그중 어떠한 정책들이 종교교 육의 발전을 촉진시킬 수 있다고 보십니까?

방립천 : 나는 중국 종교교육에서의 가장 중요한 전환점이 1982 년 3월 중국공산당 중앙에서 출범한 "중국 사회주의 시기 종교문

제의 기본 관점과 기본정책"이라고 봅니다. 이 "기본 관점과 기본 정책"은 종교의 성격에 대한 규정, 정의와 역할, 종교정책의 제정을 위한 권위 있는 설명을 해주었습니다. 이는 중국공산당이 종교에 대해 설명한 가장 전면적이고 객관적인 논술이라고 할 수 있습니다. 이는 종교사업을 위해 방향을 제시해 준 것이었으며, 종교교육의 발전을 직접적으로 추진하였다고 봅니다.

1980년대는 중국종교교육의 새로운 발전을 위해 기초를 닦은 시기라 할 수 있습니다. 1990년대에 와서 종교교육은 비교적 큰 발전을 가져왔는데 왕성한 발전을 시작했다고 말할 수가 있습니다. 종교계는 줄곧 인재양성을 중시해 왔으며 법맥의 전승을 중시해왔습니다. 게다가 중국공산당이 종교에 대한 중시와 종교 발전의 근본인 종교교육에 대한 관심을 기울인 덕에 내외적으로 1980, 90년대 종교교육이 끊임없이 발전할 수 있었습니다.

'종교주간' : 현재 많은 종교계 인사들이 대학에서 공부하거나 연수하고 있습니다. 이러한 학습은 여러 가지 형식을 취하고 있는데, 중국인민대학의 애국종교계 인사 연수반이 이미 2기 째 개강하고 있다고 합니다. 방 교수님께서 이 연수반을 설립하게 된 배경에 대해 이야기해 주셨으면 합니다. 무엇 때문에 이 같은 연수반을 설립하였지 말씀해 주십시오.

방립천 : 제1기 애국종교계 인사 연수반은 중국인민대학에서 2006년에 설립하였습니다. 연수반은 중앙 관련 부서와 중국인민대학에서 공동 설립한 것으로, 중국인민대학 불교와 종교학 이론

연구소와 종교학학부에서 공동 주관하고 있습니다.

애국종교계 인사 연수반을 설립한 것은 역사적 배경이 있습니다. 사회의 발전과 현대화의 추진은 종교계에 끊임없이 새로운 요구를 하고 있습니다. 새로운 인원과 종교계 영수들이 현대사회에 적응하려면, 지식구조와 관리능력을 모두 제고해야 합니다. 조화로운 사회 구축은 종교계 인사들의 자질이 제고될 것을 요구하고 있습니다. 종교계는 조화로운 사회를 구축하는 데 필요한 중요한 일부입니다. 종교계와 기타 사회단체, 종교를 신앙하는 대중과 종교를 신앙하지 않는 대중 사이의 양호한 상호 작용을 추진시키기 위해서는 반드시 종교계 인사들에게 더 많은 요구를 제기하게 됩니다. 시장경제의 발전도 종교계 인사들에게 더 높은 요구를 제기하고 있습니다. 즉 그들이 끊임없이 스스로의 자질을 제고시키는 것으로써 시장경제 발전의 효과에 응답할 것을 요구하기 때문이며, 사회발전 중 자체의 본색과 방향을 유지할 것을 요구하기 때문입니다. 이 연수반의 설립은 중국 유사이래 처음으로 대학교에서 고차원의 애국종교계 인사들을 대상으로 문화자질과 전문지식을 양성하기 위한 유익한 시도로써, 장차 애국종교계 인사들의 양성을 위한 길을 개척한 것이며, 중요한 현실적 의의와 지대한 역사적 의의를 가지고 있는 일입니다.

'종교주간' : 연수반은 어떠한 효과를 거두었으며 어떠한 반향이 있습니까?

방립천 : 연수반의 양성목적은 학습과 연수를 통해 애국종교계

인사들이, 정치적으로는 중국공산당과 단결 합작하여 수많은 신도 대중들을 이끌고, 당의 영도와 사회주의 제도를 옹호하며 조국을 사랑하고 조국 통일을 수호하며, 사회의 조화로움을 추진하고, 동시에 종교학에 대한 조예를 강화하고 훌륭한 인격과 도덕 수양을 갖춰, 대중 속에서 일정한 위망을 가진 종교계 대표 인사로 거듭나도록 하기 위한 것입니다. 2기에 걸쳐 행해진 연수반의 효과를 말한다면, 각 종교부문의 영도자 대오에 들어갈 예비 인재를 양성했다는 것입니다. 연수반을 졸업한 인원 중 많은 사람들이 중요한 영도자 지위에 올랐습니다. 이는 그들이 각자 종교계의 인정을 받았음을 의미합니다. 그들은 종합성 대학에서 인문과학 지식을 공부했을 뿐만 아니라, 시야를 넓혀 연수반이 끝난 후 각자 소속된 단체에 새로운 활력을 불어넣고 있습니다. 동시에 종교계 인사들이 일반 대학에서 공부한 것은 학교에 대해서도 유형과 무형의 새로운 차원의 좋은 점을 가져다주었고, 학교에 대해 인문적 색채를 더욱 증가시켜 일반 대학의 포용성과 화합성을 제고시켰습니다. 그 외에도 일반 대학의 인문과학, 특히 종교학, 철학과 역사학 학과의 발전에도 긍정적인 역할을 하였습니다.

'**종교주간**' : 종교학원을 개설한 것과 종교계 인사들이 일반 대학에 가서 학습하게 한 것은 모두 종교계의 우수한 인재를 양성하기 위한 것이라고 하셨습니다. 그럼 방 교수님께서 종교계에 우수한 인재를 양성하는 것이 종교발전에 어떠한 의의가 있는지에 대해서도 말씀해 주시기 바랍니다.

방립천 : 종교교육의 직접적인 목적은 우수한 인재를 양성하기 위한 것이며, 종교교육은 종교발전의 근본적인 문제와 핵심문제에 관련되는 일입니다. 이는 종교의 생존과 발전에 모두 결정적인 의의가 있기 때문입니다. 종교교육은 종교의 발전방향을 인도하고, 종교교육의 내용, 질량과 결과는 종교발전에 직접적인 영향을 줍니다. 양호한 종교교육은 종교가를 양성하고, 종교가 건전한 발전방향으로 나가도록 인도해 줍니다. 종교교육은 직접적으로 관리 인재를 양성해 낼 수 있어 종교발전에 직접적인 역할과 작용을 합니다. 종교교육은 또 종교 지도자와 계승자를 양성해 낼 수 있습니다. 종교는 오직 도덕, 학문과 성품 등 여러 측면에서 대중의 마음을 얻을 수 있는 지도자를 양성해 내야만 법맥을 이어갈 수 있습니다. 그러므로 종교교육은 중대한 의의가 있습니다.

'종교주간' : 중국 종교교육 체제가 이제 어느 정도 완성되었다고 생각하시는지요? 개선되어야 할 점이 있다면 어떤 것들이 있겠는지요?

방립천 : 현재의 종교교육 체제는 충분히 완성되었다고 말할 수는 없습니다. 아직 종교계 내의 내부 문제와 종교에 대한 외부 환경문제가 존재하고 있기 때문이지요.

종교내부의 문제는 우선 교사와 관련된 문제입니다. 지금 교사 상황이 개선되기는 했지만 양적으로나 질적으로 모두 종교교육 발전의 수요를 만족시키지 못하고 있습니다. 이것은 가장 중요한 문제입니다. 그 다음으로는 종교교육에서의 행정 서비스 인원들의 자질 문제입니다. 그들 중 일부가 행하고 있는 교육규칙과 관리방법은 종교교육 발전의 요구를 만족시키지 못하고 있습니다. 셋째로 학생들을 모집하는 일입니다. 학생들이 많이 들어올 수 있도록 여러 방면의 노력이 필요하며, 그나마 들어온 학생들의 학문적 질을 높이는 일이 향후 해결해야 할 중요한 일입니다. 이러한 문제들은 점차적으로 해결할 수밖에 없다고 봅니다.

　외부 환경문제는 먼저 종교교육 체제와 사회교육 체제가 조화롭지 못하다는 겁니다. 사회교육이 점차 종교교육을 위해 필요한 자원과 유리한 조건을 제공하도록 하여, 종교계 인사가 사회의 대학에서 공부하거나 연수할 수 있는 기회를 더 많이 주어야 할 것입니다. 그 외에 학력 인정 등 문제도 적절하게 해결하는 것이 필요합니다. 현재 적지 않은 종교계 인사들이 국외에서 공부를 하는데, 그중에도 역시 적지 않은 문제가 존재합니다. 불교계를 일례로 보면, 현재 불교계 인사들이 유학을 나가는 특징은 그 과정이 다원화 되었지만 고정적이고 통일된 유학시스템이 되어 있지 않습니다. 이로 인해 일부 유학생들은 국외에서 공부를 하는 원동력과 귀속감이 없습니다. 응당 불교계의 유학시스템을 건전히 하여, 정부에서 도움을 주고 단체에서 지원해 주고, 사원에서 지지하는 장학금제도를 건립하여 유학할 조건이 되는 젊은 승려들의 실제적인 문제점을 해결해 주어야 합니다. 그리고 인재를 붙잡아 둘 수 없는 문제와 인재를 등용할 곳이 없는 문제에 대해서는 반드시 상응한 조치를 취해 해결해야만 국외에서 유학한 인재들이 귀국하기를 원하게 되며, 또 그들이 돌아와서도 할 일이 있도록 하여 유학생들의 우려를 덜어주고 인재가 해외로 유실되지 못하도록 해야 할 것입니다.

(『중국민족보』 2008년 9월 2일자에 게재됨)

조박초(趙朴初)의 종교사상을 종합하여, 종교가 긍정적 역할을 할 수 있도록 하자!

-조박초 거사 탄신 100주년 기념 심포지엄 원고

　　2007년 11월 6일, 필자는 조박초(趙朴初) 거사 탄신 100주년 기념 심포지엄에 참가하여, "조박초의 전반적 국면을 총람하고 개척 혁신하는 탁월한 품격을 따라 배우자"는 발언을 하였다. 이는 그가 어떻게 중국불교를 관찰·인식하고 영도했었는지를 탐구하는 시각에서 한 발언이었다. 당시 필자는 조박초에게는 아주 풍부한 종교사상이 있었고, 이는 우리가 종합해 볼 가치가 있다고 생각했기 때문이었다. 이번에 필자는 조박초 거사 서거 10주년 좌담회의 기회를 비러 조박초의 종교사상을 종합해 보았는데, 이를 통해 종교의 긍정적인 역할을 더 훌륭히 발휘할 수 있기를 기대해 본다.

조박초(趙朴初)의 역할과 그 종교사상의 형성

　　조박초(趙朴初)는 독실한 불교 신자이며, 동시에 당대 종교의 영도자였다. 불교도로서 그는 종교에 대해 경건한 신앙을 가지고 있었으며, 또한 많은 실제적인 체험을 했던 인물이었다. 그는 장기간 중국불교협회 회장을 담임해 왔으며, 종교 지도자로서 종교의 역사와 현 상황, 종교의 기능과 역할에 대해 깊이 있는 사고를 해왔으며, 탁월한 식견을 가지고 있었다.

조박초는 저명한 사회활동가였으며, 또한 국가 지도자 중의 한 사람이었다. 조박초는 사회적으로 많은 친구들을 사귀었으며 사회문화 자선사업에 열중하였다. 그는 중국민주촉진회(中國民主促進會) 중앙 명예주석으로써 국가를 위해 공헌하였다. 그는 또 중국공산당의 친밀한 벗으로서, 신 중국 창립 전야인 중국인민정치협상회 제1기 전체회의에 참가하였으며, 그 후에는 제9기 전국정치협상회 부주석 직무를 담임했던 뛰어난 중국의 지도자 중 한 사람이었다. 조박초는 매우 애국적이었으며, 문제를 관찰함에 있어서는 국가, 사회, 민족이라는 전체적 시각에서 사고하였다. 그의 종교사상은 전반적인 국면을 파악하려는 관념을 갖고 있었으며, 이는 매우 큰 현실적 의의를 가지고 있었다.

조박초(趙朴初)는 문학과 사학의 대가이며 저명한 인문학자였다. 그의 작품으로는 『적수집(滴水集)』, 『편석집(片石集)』, 『조박초시사곡자필선집(趙朴初詩詞曲手跡選)』 등이 있다. 2007년 화문(華文)출판사는 『조박초문집(趙朴初文集)』(상, 하권)을 출판하였다. 그의 저작에서는 인문적 배려를 느낄 수 있으며, 객관적이고 이성적인 정신을 느낄 수가 있다. 조박초는 일생동안 진리, 학술, 진보, 숭고함을 추구하였다. 이러한 사상들은 그의 종교사상에 모두 반영되었으며 상당한 수준을 갖추고 있었다.

필자는 조박초 종교사상의 형성은 그의 상술한 삼위일체적인 역할과 직접적인 연계가 있다고 본다. 그의 종교의 구조, 성질, 기능, 특징, 법칙에 대한 일련의 관점과 사상은 전면성과 논리성, 독창성이 있어 당대 종교학 학자들이 사고하고 종합할 가치가 있는 것이다.

조박초 종교사상의 요점

종교의 구조 : 조박초는 종교는 세 가지 요소로 구성되어 있다고 생각했다. 우선 종교는 일정한 형태의 사상 신앙체계이며, 그 다음으로 종교는 일정한 형태의 문화체계라고 보았다. 마지막으로 종교는 동일한 사상 신앙을 가진 사람들로 결성된 사회의 실체라고 보았던 것이다.(『조박초문집』, 이하의 내용은 모두 이 책에서 인용한 것임) 즉 그는 정신적인 차원과 물질적인 차원 두 가지 차원에서 사고하여 종교는 세 가지 요소가 있다고 인정했던 것이다. 필자는 조박초의 종교 3요소 설법 중 가장 중요한 특징은 바로 종교가 일정한 형태의 문화체계라고 한 점이라고 생각한다. 이는 종교의 문화성을 두드러지게 나타낸 말이기도 하다. 그는 또 "불교는 자체의 독특한 장점이 있다. 한 측면으로는 인류에게 정신적 신앙을 제공하였고, 다른 한 측면으로는 인류의 문화를 총지(總持)하고 인생의 근본적 문제를 해결하는 지혜와 편리를 가지고 있다"고 했다. 물질문명이 전에 없이 발전한 지금의 시대에 인류는 귀의할 수 있는 정신적 고향이 결핍되어 이로 인한 어

려움을 겪고 있는데, 이러한 때 불교는 하나의 문화체계로써 뚜렷한 강점을 가지고 있어 인류의 정신적 품격을 완비화 할 수 있고, 인류문명이 건전하게 발전하도록 공헌할 수 있다고 했던 것이다.

'종교는 문화다' : 1991년 조박초는 종교는 문화라는 관점을 말했다. 그는 "종교는 풍부한 문화적 내용을 가지고 있다. 이런 의미에서 종교는 문화라고 할 수 있다"고 했다. 그는 또, "종교는 하나의 의식형태라는 점에서 일정한 형태의 문화이기도 하다. 바로 종교문화가 그것이다"라고 말했다. 그는 또 종교문화를 정신문명 건설의 높이로 끌어 올렸다. 즉 "종교에 풍부한 문화적 의미가 포함되어 있으므로, 종교문화 중 정수와 우수한 전통을 발굴·계승하는 것은 중화문족 문화를 선양하고 사회주의 정신문명 건설을 추진하는 중요한 구성 부분이다"라고 말했던 것이다. 1995년 7월 19일 조박초는 『중국종교』 잡지 창간 공개회의에서 "과거 중국종교의 특징을 '오성(五性)'으로 개괄했다. 즉 대중성, 민족성, 국제성, 장기성, 복잡성이 그것이다. 그러나 나는 여기에 개인적으로 한 가지를 더 가미하고자 한다. 즉 문화성이 그것이다"라고 말했다. 중국종교의 여섯 가지 특성을 강조한 것은 그가 종교의 문화적 특성에 대해 매우 중시했음을 설명해 주는 것이다.

종교와 무신론 : 조박초는 "부처는 신이 아니다"라고 말한 적 있다. 그는 부처는 역사적 인물이고 사상적 스승이며, 인류를 고통으로부터 해탈하도록 이끄는 정신적 지도자라고 했다. 이로부터 불교는 일종의 무신론이라고 추론할 수가 있다. 불교가 하느님이 세상을 창조했다는 설에 반대하면서 연기론(緣起論)을 주장하여 모든 사물은 인연과 조건이 한데 모여 이루어진 것이라고 하는

궁극적 세계관의 시각에서 볼 때, 불교에는 확실히 무신론적 요소가 구비돼 있음을 알 수 있다. 그 외에 사회에 무신론을 선전하는 문제에 대해서 그는 "무신론을 선전하는 것은 응당 당이 각 시기의 정치, 경제, 문화의 기본임무에 복종하는 차원에서 해야 한다", "대중에게 무신론을 선전함에 있어서 정면으로 교육을 실시해야 한다"고 말했다. 조박초는 또 '종교를 없애자'는 슬로건은 반드시 "없애야 한다"고 강조했다.

종교와 정치 : 1995년 3월 8일, 조박초는 전국정치협상회의 제8기 제3차 회의에서, "종교공작에 대한 몇 가지 인식과 의견"이라는 발언을 하였는데, 여기서 종교와 정치 관계의 근본적인 원칙은 '정교분리(政敎分離)'라고 했다. 이러한 '정교분리' 원칙의 의미에는 두 가지 측면이 포함되어 있었다. 한 측면은, 종교는 국가의 행정, 사법, 교육 등 영역에 관여해서는 안 되며, 다른 한 측면으로는, 정부의 차원에서 응당 종교 신앙의 자유를 존중해주고, 공민의 종교 신앙과 종교단체 내부의 사무에 관여하지 말아야 한다는 것이었다. 한 가지 측면만 강조하고 다른 한 측면을 경시하거나 부정하는 것은 '정교분리'의 기본 원칙에 위배되는 것이라고 했던 것이다. 이는 "종교로써 정치를 대체하는 불법현상"에 대해서 반대하고 제지시켜야 하며, 동시에 "정치로써 종교를 대체하는 폐단"을 극복해야 한다는 뜻이었다. 이 외에도 조박초는 종교 신도라면 정치에 참여해야 하고, 정치를 논의하면서 사회를 위해 봉사할 것을 적극 제창했다.

종교와 민족 : 1997년 3월 5일, 조박초는 "민족과 종교위원회 사업을 잘 해야 하는 것에 관한 몇 가지 의견"이라는 정치협상회

의 상에서의 발언에서, 종교와 민족의 분리성과 민족공작과 종교공작의 불가분리성(不可分性)을 강조했다. 그는 종교와 민족은 동등하지 않으며, 종교는 한 민족이 그 민족이 될 수 있는 특징과 결정적 조건이 아니라고 했다. "하나의 민족에게는 종교를 신앙하는 사람과 신앙하지 않는 사람이 있을 수 있으며, 또 동일한 민족이지만 다른 종교를 신앙할 수 있고, 다른 민족이라도 동일한 종교를 신앙할 수 있다. 그러므로 민족과 종교를 혼동해서는 안 된다"고 했다. 하지만 종교공작과 민족공작은 또 불가분리성이 있다고도 했다. 특히 소수민족 지역에서 일부 소수민족은 전 민족이 한 가지 종교를 신앙하기도 하므로, 이런 곳에서 종교공작과 민족공작은 밀접히 연계되어 있으며 불가분리적이라는 것이었다. 그러므로 민족공작을 잘 하고 민족정책을 잘 실행해야 할뿐만 아니라, 종교공작도 잘하고 종교정책도 잘 실행해야 했던 것이다. 궁극적으로 이 양자는 서로 보완하고 상부상조해야 한다고 말했던 것이다.

종교와 사회주의 사회 : 1994년 1월 20일, 조박초는 "종교와 사회주의 사회는 서로 적응해야 한다"는 주제의 세미나에서 전면적으로 "종교와 사회주의 사회의 상호 적응의 의의"에 대해 논했으며, 종교와 사회주의 사회가 서로 적응할 수 있는 조건을 분석하고, 종교가 사회 실체(實體)로서 사회주의 사회와 서로 적응할 수 있는 근거를 제시했으며, 종교와 사회주의 사회가 서로 적응할 수 있는 전제에 대해 말했다. 이는 이론적 학술가치가 있는 중요한 논지였다.

종교와 평화 : 조박초는 두 가지 측면에 역점을 두어 종교와 평

화에 대해 이야기했다. 한 측면으로는 불교의 경우, 불교는 평화를 주장하며, 불교는 평화적 교의(敎義)에 따라 단결한다고 강조했다. 그는 부처의 교의가 바로 평화의 교의라고 했으며, 불교도가 추구하는 최고의 경지가 바로 "원만한 평화, 걱정과 공포가 없고, 대 자유·대 안락을 얻는 것"이라고 했다. 다른 한 측면으로, 조박초는 세계 종교인들이 단결하여 다 같이 세계평화를 보위(保衛)할 것을 강조했다. 그는 종교인들의 단결은 세계 평화에 도움이 된다고 말했다. 그는 세계 종교인들에게 "세계 평화를 보위하는 사업을 인류의 공통적인 신성한 사업"으로 할 것을 호소했다. 그는 또 "종교의 본질은 평화이다. 각 종교가 추구하는 궁극적 목표는 개체 영혼의 평화와 군체 생존환경의 평화이다"라고 지적했다. 그러므로 종교가 인류의 평화를 수호하는 측면에서의 긍정적인 역할을 충분히 발휘하여 세계의 항구적인 평화와 아름다운 전경을 수립해야 한다고 주장했던 것이다.

당대 중국종교의 기본 특징 : 조박초는 당대 중국종교의 기본 특징을 "중국 개혁 개방과 현대화 건설 사업의 조력자이지 저항세력이 아니다. 당과 정부의 신뢰할 수 있는 동맹자이지 적대 역량이 아니다"라고 했다. 그는 또 "종교가 사회주의 사회와 서로 적응하는 것은 항시적(恒時的)인 중국종교의 주류이다"라고 말했다.

조박초 종교사상의 현실적 의의

조박초의 종교사상은 우리가 종교에 대한 인식을 제고시키고 풍부히 하는데 도움이 된다. 조박초는 종교의 본질에 대해 정의를 내렸고, "종교는 무엇인가?"하는 문제에 답을 주었다. 여기에는 매우 중요한 현실적 의의가 있다.

조박초의 종교사상은 현 단계 중국종교의 문제와 모순을 완화시키고 해결하는데 도움이 된다. 우리는 조박초처럼 문제의식이 있어야 하며, 문제를 발견하고, 문제를 직시하며, 문제를 해결할 수 있어야 한다. 필자는 당대 중국의 종교사업은 매우 큰 성과를 거두었지만, 종교의 일부 심층적 차원의 모순도 볼 수 있어야 한다고 본다. 일례로, 종교와 정치의 관계 문제, 종교와 세속사회의 관계 문제, 다른 종교 사이의 문제 등이 그것이다. 이러한 문제들에 대해 조박초는 모두 이론적인 응답을 하였는데, 이는 우리가 관련 문제를 해결하는데 참고로 할 수 있다.

조박초의 종교사상은 종교인들이 긍정적인 역할을 하는데 도움이 된다. 조박초의 종교 사상은 근본적으로 보면, 종교의 긍정적인 요소를 활용하여 중국종교 신도들이 경제사회와 조화로운 사회발전을 추진하는 과정에서 긍정적인 역할을 발휘토록 하기 위한 것이었다. 이는 조박초 종교사상의 출발점이고 지향점(指向點)이었던 것이다.

(『중국민족보』 2010년 6월 8일자에 게재됨, 『법음』 2010년 제6기에 게재됨, 『불학연구』 2010년에 게재됨, 『중국종교』 2010년 제6기에 「조박초의 종교 사상 및 현실적 의의」라는 제목으로 게재됨)

종교 미디어와 문화적 자각

　종교 미디어는 종교를 전파하는 중요한 매체이며, 또한 종교이 념과 이익을 전달해 주는 중요한 통로로서 종교의 전승(傳承)과 발전이라는 역사적 사명을 지니고 있으며, 또 정신문명 건설이라 는 사회적 책임도 지니고 있다. 필자는 종교 미디어의 자질, 품위 를 승격시켜, 종교 미디어가 종교 자체와 사회문명에 대한 긍정 적인 역할을 발휘토록 하는데 있어서의 핵심은 문화에 대한 자각 문제라고 본다. 본문은 종교 미디어와 문화자각의 일부 기본적인 관계에 대해 논하고자 하는 것이다.(필자는 종교 미디어란 광의 와 협의 두 가지가 있다고 본다. 광의의 종교 미디어에는 종교사 업 부문의 미디어와 학술기구의 종교 학술 연구성 미디어가 포함 되며, 협의의 미디어에는 종교단체의 각 유형미디어를 가리킨다. 본문에서 가리키는 미디어는 후자이다.)"

문화자각의 의미

'문화자각'이란 당대의 저명한 사회학자인 비효통(費孝通) 선생
이 제기한 명제이다. 그는 "일정한 문화 속에서 생활하는 사람들
은 그 문화에 대해 스스로 잘 알고 있다. 그 문화의 유래, 형성과
정, 특색과 발전방향에 대해 알고 있다. 이렇게 스스로를 아는 것
은 문화 전환에서의 자주적 능력을 강화하기 위한 것이며, 새로
운 환경과 새로운 시대의 문화적 선택에서 자주적 지위를 얻기 위
한 것이다"라고 말했다.[113] 여기서 말한 '문화자각'에는 세 가지 의
미가 포함된다.

첫째, 자체 문화의 유래와 형성, 그리고 특색에 대해 스스로 알
아야 하는 것을 말한다. 이는 문화는 자신만의 발전법칙이 있으
며, 문화의 역사와 전통은 문화가 계속될 수 있는 기초이고 종자
이며, 역사와 전통을 떠나서 문화는 계속될 수 없고, 발전할 수
없음을 말한다. 우리는 문화의 역사와 전통을 자각적으로 수호하
여 문화가 확대 발전할 수 있도록 해야 한다.

둘째, 우리 문화의 발전방향을 알아야 한다. 이는 문화자각이
문화의 과거와 미래를 분명히 알고 문화의 발전방향을 파악할 수
있어야 한다는 점을 말한다. 오직 자주적으로 문화의 전환을 파
악하고, 끊임없이 새로운 환경과 새로운 시대에 적응하여 창조해
나가야만 전통이 활력을 유지할 수 있는 것이다. 그러므로 우리
는 전통과 창조를 서로 결합해야 하며, 전통과 창조의 결합에서

---

113) 「문화자각의 일부 자백」, 중경출판사에서 2005년에 출판한 『비효통90신어』, 210~211쪽.

미래를 보고 문화발전을 추진해야 한다.

셋째, 문화자각의 근본 목적은 문화의 자주성을 제고하기 위한 것이며, 문화 전환의 자주적 능력을 증강시키고, 문화 선택에서의 자주적 지위를 취득하여 중화문화가 세계 민족문화 중에서의 지위를 승격하기 위한 것이며, 나아가서는 세계의 발전에 새로운 공헌을 하기 위한 것이다.

문화자각은 우리가 문화를 인식하고, 문화를 건설함에 있어서 방법론적 의의가 있는 것임에 틀림없다.

종교에 대한 문화자각의 의의

종교는 사람들이 사회의 물질생산과 물질생활의 기초 위에서 생각하는 인생의 이상, 가치, 신앙에 대한 추구이며, 정신생활 방식의 한 유형이다. 종교는 종교 신앙, 종교 감정 체험, 종교 의식과 종교 조직 등의 요소로 구성되어 있고, 인류사회의 역사적 산물이며, 또한 종교 창시자가 자각한 문화의 사상적 성과이다. 종교에는 풍부한 문화적 의의가 내포되어 있다. 종교의 본질은 문화이고, 또한 신앙 유형의 문화이다.

지금까지의 인류 종교역사가 보여주다시피, 종교의 창시자는 군체의 신앙 수요에 근거해, 관련된 신앙 관념을 종합하고, 정합 · 조직하여 종교를 창립했다.

그 후계자들은 또 새로운 환경과 새로운 시대에 적응하면서 끊임없이 종교의 교의와 의식을 조정하고 개혁 · 보충하여 종교의 발전을 추진해 왔다. 불교, 기독교, 이슬람교 등 세계 3대 종교의 사상 변천과 유파의 분화가 바로 그 생동적인 예증이다. 세계 3대 종교의 역사는 바로 각 종교 창시자와 그 후계자들의 지속적인 문화자각의 역사였다. 종교계 문화 엘리트들의 문화 자각이 없었다면, 종교의 전통과 창조가 끊임없이 결합될 수 없었으며, 종교가 발전할 수 없었을 것이며, 이로 인해 종교는 정체되고 소멸되어졌을 것이다.

문화자각은 중국종교 및 그 미디어에 대해 중요한 현실적 의의가 있으며, 기본적인 좌표를 제기하는데 도움이 된다. 즉 자아 위치를 확인하고, 자주의식과 문화적 자신감을 증강시킬 수 있으며, 자체 존재의 의의, 가치 및 사회에 가능한 공헌을 명확히 할 수 있다. 또한 전통과 창조의 결합점을 찾아내고, 더 나아가 자체 양성발전의 새로운 기점을 확립할 수 있으며, 자체의 우수한 문화에 대한 선양, 보강과 발전을 끊임없이 추진할 수가 있다.

종교발전과 문화선택

문화선택이란 문화 신 이념의 확립을 말한다. 즉 현재의 문화 다양성 사조 중 자주적으로 기타 문화를 대하는 입장이 그것이다. 문화선택은 문화자각의 자주적 표현이며 또한 종교 발전에서 반드시 거쳐야 할 길이다.

중국불교를 예로 들면, 중국화된 불교는 인도불교와 중국 승려들의 양 방향 문화에 대한 선택의 결과이다. 특히 중국불교 승려들의 자주적 문화 선택의 결과이다. 중국의 자연환경, 사회정치, 경제제도 및 강대한 유가·도가의 고유문화 등은 모두가 인도와는 매우 큰 다른 점이 있었다.

중국불교 승려들은 인도불교의 교의, 교칙 및 제도를 중국의 실제 국정과 결부시켜, 수당(隋唐) 시기에 천태(天臺), 화엄(華嚴), 선(禪), 정토(淨土) 등 중국불교의 각 종파를 창립하였다. 근대와 현대에 와서 중국불교는 또 인간불교의 참신한 이념과 수지(修持) 방식을 창립하였다. 수당(隋唐)불교 종파와 인간불교는 중국불교의 문화선택이고 중대한 창조로써, 중국불교의 연속과 발전을 크게 촉진시켰다.

현 사회에는 심각하고도 복잡한 변화가 일어나고 있다. 중국종교의 발전에는 "어떻게 새로운 국내환경과 새로운 시대변화를 직시하고, 문화선택을 할 것인가?" 하는 과제가 존재한다. 즉 "어떻게 자주적이고도 이성적으로 문화선택을 할 것인가?" 하는 종교계 및 그 매체의 노력이 필요하다는 말이다.

사회 화합과 문화의 인도

종교는 문화의 인도 기능을 구비하고 있다. 당대 중국종교가 조화로운 사회구축에서 긍정적 역할을 발휘하는 것은 가장 중요한 사회 역사적 사명이다. 문화의 인도를 통해 사회의 화합을 추진하는 것은 중국종교의 문화자각의 뚜렷한 표현이 되고 있다.

'화합'은 모순의 상대적 통일이다. 화합의 본질은 모순이 균형적 상태에 처하게 하는 것이다. 조화로운 사회라는 '사회'는 정치, 경제, 문화가 병렬된 구체적 발전영역이다. "조화로운 사회"는 사회의 여러 가지 모순이 균형 상태에 처했음을 말한다. 인류사회의 모순은 여러 가지가 뒤엉켜 있는데, 개괄하면 기본적인 것은 세 가지가 있다. 즉 인간과 자아의 모순, 인간과 인간 사이의 모순, 인간과 자연 사이의 모순이다. 인간과 자아의 모순, 즉 개인의 심신·영혼과 육체 모순의 균형과 조화로움은 조화로운 사회의 전제이고 기초이다. 인간과 인간 사이 모순의 균형과 조화로움은 조화로운 사회의 주요한 측면이고 수요이다.

인간과 자연 사이의 모순의 균형과 조화는 조화로운 사회가 존재할 수 있는 환경적 담보이다. 상술한 세 가지 모순이 각자 균형적이고 조화로운 상태에 처해야 조화로운 사회가 진정 형성될 수 있는 것이다.

종교는 인류사회 모순의 산물이고 반영이며, 또한 인류사회 모순을 조절하고 해결하는 방식이고 메커니즘이다. 여러 가지 종교 특히 세계 3대 종교는 인류사회의 모순을 조정하는 풍부한 자원을 구비하고 있으므로, 관련 사상의 이념을 깊이 있게 발굴하고 정리하여 해석하고 선양하는 것은 사회모순을 완화시키는데 도움이 되며 사회의 화합을 증진시킬 수가 있는 것이다.

각 종교 사이의 조화로움은 사회에서 사람과 사람 사이의 관계의 조화로움의 중요한 내용이다. 종교의 조화로움은 현재세계의 화합, 평화, 안전과 안정에 중요한 의의가 있다. 종교미디어는 종교 사이의 모순을 완화시키고, 종교 간의 충돌을 해결해주며, 종교 사이의 화합을 인도하기 위해 노력해야 한다. 이에 대해 필자는 과거의 요청에 의해 "종교 화합과 매스컴"[114]이라는 글을 쓴 적이 있으므로 여기서는 더 길게 설명하지 않고자 한다.

종교미디어와 문화자질

종교미디어는 사명이 막중하고 책임이 중대하며 또 여러 가지 전에 없던 도전에 직면해 있다. 그러므로 자체적으로 문화건설을 강화하여 문화의 자질을 높이고 문화자각의 수준을 제고시켜야 한다. 오직 이렇게 해야만 종교미디어는 종교의 발전을 촉진시킬 수 있을 뿐만 아니라, 조화로운 사회 구축을 촉진시킬 수 있다.

종교미디어의 문화자질 승격에는 관련된 문제가 매우 많다. 필자는 이에 대해 몇 가지 건의를 제기하고자 한다.

책임의식을 증강해야 한다. 사회 대중매체는 응당 책임을 지는 매체여야만 한다. 종교미디어도 마찬가지로 책임을 질 수 있어야 한다. 종교미디어는 두 가지 책임을 질 수 있어야 한다. 하나는, 종교계에 대한 책임이고, 다른 하나는 사회에 대한 책임이다. 즉 하나는 "업계에 대한 책임"이고 다른 하나는 "공공에 대한 책임"이다. 종교미디어는 종교규범을 지켜야 할 뿐만 아니라, 사회규범에도 부합되어야 한다. 종교는 오직 사회와의 상호작용 하에서만 스스로 건전해질 수 있고, 자체 활력을 증강시킬 수 있으며, 또 그렇게 해야만 현실사회에서 긍정적인 역할을 발휘할 수 있는

---

114) 북경, 중국전매대학출판사에서 2007년 출판한 『아시아 매스컴 연구』2006, 13~19쪽.

것이다.

중점 사업을 장악해야 한다. 나는 두 가지가 비교적 중요하다고 본다. 하나는 종교의 우수한 문화를 선양하여 종교의 긍정적 역할을 발휘케 하는 것이다. 이를 위해서는 종교 교의에서 종교의 개념과 범주를 개괄해 현재의 시대적 수요와 결합하여 설명하고 선양해야 한다. 예를 들면, 불교의 연기(緣起), 인과(因果), 구지(求智), 종선(從善), 평등(平等), 자비(慈悲), 중도(中道), 원융(圓融) 등 8개 이념은 시대적 의의와 현실적 의의가 있으므로 크게 선양할 가치가 있다. 다른 하나는, 종교미디어는 기층의 수많은 종교 신도들의 종교 관련 학식과 종교문화 자질을 끊임없이 증진시켜야 한다. 이는 종교의 자체 발전과 사회 발전에 모두 중요한 의의가 있는 것이다.

종교미디어의 인재양성을 중시해야 한다. 종교미디어는 고학력의 인재를 보강하고, 우수한 인재를 선발 혹은 흡인하여, 이들이 종교미디어를 주관하거나 운영하도록 하여 종교미디어의 질을 담보케 하고, 그런 기초 위에서 질을 제고시켜야 하며, 이로부터 종교의 긍정적인 역할을 더욱 잘 발휘할 수 있도록 해야 한다.

우리는 새로운 상황 하에서 종교미디어의 문화좌표와 사회적 정의를 토론 연구하고 확립하는 것을 통해, 종교미디어의 문화 자주성을 한층 더 잘 발휘하고 더욱 아름다운 전경을 개척해 나갈 수 있도록 발전해 갈 것이라고 믿는다.

(『중국민족보』2010년 12월 14일자에 게재됨, 『중국종교』2010년 제12기에 게재됨.)"

법률적으로 도덕과 종교가 사회의 화합을 유지시킬 수 있도록 노력하자!

인류사회의 모순과 화합

인류사회는 복잡한 모순 통일체이다. 귀결해 보면 3대 모순이 있다. 즉 인간과 자아의 모순, 인간과 사회의 모순(타인, 가정, 직장, 단체, 정부, 민족, 국가 등), 인간과 자연의 모순이다. 인류사회의 발전과정은 3대 모순이 끊임없이 나타나고 해결되는 과정이다. 인류사회의 모순의 산생과 해결은 영원히 끝이 없는 과정이다.

인류사회는 모순과 화합이라는 두 측면이 있다. 화합은 모순을 취소하는 것이 아니라, 모순이 균형, 평형상태에 처하게 하는 것이다. 화합의 규정성은 차이를 인정하고, 모순을 인정하며, 상대방을 소멸·부정하는 것이 아니라, 서로 의존하고 서로 유지하며 균형을 유지하고 상호작용을 하게 하는 것이다. 투쟁과 화합은 모두 인류사회의 진보를 추진하는 동력이며 화합은 인류사회의 일반 상태이다.

2009년 11월, 호금도(胡錦濤) 주석은 오바마 미국 대통령과의 회담에서 "전 세계가 이미 서로 의존하는 시대에 들어섰다"고 말했다. 이는 역사적인 선고였다. 세계화는 세계에 역사적인 변화를 가져왔다. 즉 세계는 서로 의존의 시대에 들어선 것이다. 이로부터 인류사회의 화합을 수호하고 추진하는 것은 더욱 중대하고도 긴박한 현실적 의의가 있게 됐다.

인류사회의 화합을 구축하는 과정에서 법률, 도덕, 종교의 상호 관계를 조정하고 법률, 도덕, 종교의 긍정적인 역할을 충분히 발휘하는 것은 중요한 의의가 있다.

법률, 도덕, 종교의 특질과 기능

법률, 도덕, 종교는 인류사회의 화합을 유지, 추진하는 세 개의 중요한 고리이다. 이는 수천 년 동안의 인류역사 경험의 종합이다. 법률, 도덕, 종교 이 삼자의 성질, 기능과 역할이 다름으로 인하여, 사회생활에서 삼자는 서로 조정하고 배합하여 인류사회의 모순, 충돌을 완화 혹은 해결해 왔고, 인류사회의 화합과 발전을 유지해 왔다.

법률 : 국가 입법기관에서 입법절차에 따라 제정하며, 국가 강제력으로 그 집행을 담보하는 행위규칙이다. 국가 정권을 통해 건립된 법률제도와 이러한 법률제도로 건립된 사회 질서를 '법제'라고 한다. 법제사회의 목표는 법치이다. 즉 "법으로 나라를 다스리는 것"이다. 법치국가는 모든 공직자들이 반드시 법률의 규정을 엄격히 준수하고 집행할 것을 강조하며, 전체 국민이 모두 법

을 지키고, 법률 앞에서 사람마다 평등할 것을 요구한다.

도덕 : 고대에 "도(道)는 이상적인 인격 혹은 사회희망을 가리켰다." 덕(德)은 입신(立身)의 근거와 행위의 준칙이었다. 도덕은 사회 의식형태 중이 하나이며, 공동생활의 행위준칙이고 일정한 사회에서 사람과 타인, 사회 사이를 조정하는 행위규범의 종합이다. 도덕은 선과 악, 성실과 허위, 공정과 편애 등 도덕관념을 준칙으로 사람들의 여러 가지 행위를 평가하고 사람들 사이의 관계를 조정하고 사회생활을 제약한다. 도덕은 여러 가지 형식의 교육과 사회 여론의 힘을 통해 사람들이 점차 일정한 신념, 전통과 습관이 형성되도록 작용을 발휘한다. 도덕은 여러 가지 사회생활에 작용하고 영향을 준다. 특히 사회 정신문명의 발전에 직접적인 영향을 주며 이러한 영향을 통해 간접적으로 사회 물질문명의 발전에 영향을 준다.

종교 : 종교도 의식형태 중의 하나이며, 사람들의 정신생활 방식 중 하나이다. 종교는 인류사회가 일정한 단계로 발전한 후에 나타난 역사적 현상으로, 종교 신앙, 종교 감정, 종교의식과 종교 조직 등 여러 가지 요소가 포함된다. 종교의 특질은 신앙을 중시하고, 하느님이나 신령, 인과응보 등을 경외하도록 요구해 생사 해탈, 천국으로의 왕생 등 궁극적 목표에 도달하는 것이다. 일반적으로 종교는 신령숭배와 피안 세계로의 환생, 내세에 대한 믿음과 영혼불멸을 주장하며, 종교 도덕규범과 수행생활이 있고, 보편적으로 망념을 끊고 악을 버리고 선을 행하며 많은 사람들에게 이롭도록 하는 종교적 실천을 제창한다.

이상에서 말한 바와 같이 도덕과 종교는 다른 각도에서 사람들의 행위를 규범화 하는데 이 삼자는 모두 개인 행위의 규범화를 지향하지만 사회질서의 수호도 지향한다. 그중 법률과 도덕은 각각 법률규정 혹은 도덕개념으로 인간관계를 조화시키고 사회질서를 수호한다. 종교는 신령숭배와 종교 도덕실천으로 객관 상에서 사회질서를 수호한다. 법률, 도덕, 종교 3자는 특질이 다르기는 하지만, 상통(相通)하는 사회적 가치가 있다.

법률, 도덕, 종교의 기능, 역할 및 그 실현방식의 차별은, 법률은 사람마다 반드시 준수해야 하며, 법률의 실행은 강제성, 외재성(外在性)을 갖고 있다. 하지만 도덕, 종교의 실천은 도덕 자질, 종교 신앙의 구동(驅動)에 의한 것이며 자각성, 내재성(內在性)을 갖고 있다. 법률은 주로 사람들의 권리, 의무문제와 관계되며, 도덕은 인간관계를 조율하고 물질 이익을 초월하며 인격 품위를 승격시킬 것을 제창한다.

종교는 신앙을 중히 여기고 심성(心性)의 완비함과 영성(靈性)의 완미함, 신성(神性)의 원만함을 추구한다. 법률, 도덕, 종교 3자가 사회기능을 실현하는 방식, 방법의 차이는 3자가 사회생활에서의 다른 역할을 보여줄 뿐만 아니라, 일정한 의미에서는 사회의 다른 군체가 인생의 다른 경지에 대한 추구를 보여준다.

법률, 도덕, 종교의 사회 가치의 상통성(相通性)과 성질, 기능, 역할의 차이성은 서로의 상호작용을 위해 필요성과 가능성을 제공했다.

법률, 도덕, 종교의 상호작용을 촉진하고 사회의 조화로운 발전을 추진해야

법률, 도덕, 종교 이 3자의 사회기능을 보면, 법률은 나라를 다스리는 것에 중점을 두었고, 도덕은 인간관계를 조율하며, 종교는 개인 심령의 수양에 치우친다. 그러므로 중국에서는 역사적으로 법치로써 나라를 다스렸고, 도덕으로써 사람을 육성했으며, 종교로써 수심(修心)하는 구조를 이루어 왔다. 법치, 덕육, 수심의 구조가 형성된 것은 우연이 아닐 뿐만 아니라, 서로 연계되고 서로를 촉진시켰던 것이다. 법률의 제정과 실천은 도덕건설과 종교 신앙자유 정책의 실행에 도움이 되며, 도덕은 법률 준수, 집행에 내적 정신적 의지력을 제공하며, 종교 신앙에 대한 존중을 위해 확실한 보장을 제공해준다.

종교는 또 법률, 도덕에 신앙기초를 제공하는데, 이는 법률의 실행과 도덕의 건립에 도움이 된다. 일례로, 현재 중국은 도덕이 하락하고 성실과 신용이 결핍되어 있다는 문제가 뚜렷하다. 이러한 문제를 해결하려면 도덕 자체의 노력만으로는 어렵다. 따라서 한편으로는 법제 건설을 강화해 탐오·부패의 온상을 제거하고, 지도자가 솔선수범하여 도덕 실천의 본보기가 되어야 하며, 다른 한편으로는, 종교의 인과응보 이념 중 합리적인 요소를 인입하여 사람들이 자각적, 자원적으로 악함을 버리고 선행을 하도록 이론적 메커니즘과 사상적 기초를 제공해 준다면, 적은 노력으로도 큰 효과를 거둘 수 있을 것이다. 인류사회의 역사가 보여주다시피, 법률, 도덕, 종교 세 가지 다른 성질의 행위규범은 사회생활에서 서로 배합하고 서로 보완하여 사회모순이 균형상태를 유지하는데 도움이 되었으며, 사회생활의 정상적인 질서를 보장해주는 역할을 하였다.

현재, 법률, 도덕, 종교 3자를 연계시키고 결부시켜 사고해 보면, 상호작용을 촉진시키는 것은 중국의 조화로운 사회건설에 중요한 전략적 의의가 있는 것이며, 우리가 이론과 실천을 서로 결합하는 차원에서 깊이 있게 탐색하고 분석, 연구할 가치가 있는 것이다. 학술성, 이론성의 탐구를 통하여, 사회학, 문화학의 차원에서 법률, 도덕, 종교의 양성 관계를 건설하여 인지적으로 돌파가 있고, 행동적으로 실행할 수 있으며, 더 나아가 사회의 조화로운 발전을 추진할 수 있는 것이다.

중국인민대학은 인문사회과학을 중점으로 하는 대학으로서, 법률, 도덕, 종교 3자가 모두 중점 학과이다. 또한 중국인민대학은 교육부의 요구에 상응하는 인문사회과학 중점 연구기지로써, 3자의 상호 관계를 전면적으로 연구할 수 있는 우월한 조건이 구비돼 있다. 나는 관련 부처들이 서로 협력하여, 공동연구를 전개함으로써, 국가의 건설과 개혁사업의 발전을 촉진시킬 수 있기를 진심으로 희망한다.

(『중국민족보』 2012년 6월 5일자에 게재됨)

종교는 당대의 문화건설에서 긍정적 역할을 발휘해야 한다

- 불교의 경우 -

머리말

"중국공산당이 문화체제에 대한 개혁을 심화하고, 사회주의 문화의 대 발전과 대 번영을 추진하는 것에 관한 약간의 중대한 문제에 대한 결정"은 "당의 종교공작 기본방침을 전면적으로 실행하고, 종교계 인사와 종교를 신앙하는 대중이 문화의 번영, 발전을 추진하는 과정에서 긍정적인 역할을 발휘시키기 위함이다"라고 명확히 지적했다. 이 중요한 논술을 실행하기 위해, 우리는 종교의 문화적 속성, 종교의 문화 정의, 내포, 특징 및 그 역사적 발전과 현실생활 중의 가치와 위치에 대해 진지하게 탐구토록 해야한다. 또한 종교계의 문화자각과 문화적 자신감을 촉진하고, 문화건설을 중시하고 강화하며, 종교가 당대 문화건설에서 긍정적인 역할을 크게 발휘케 하여, 사회주의 문화의 대 발전 및 대 번영을 촉진시키며, 또한 종교가 정확한 방향을 향해 건전하게 발전해 나갈 수 있도록 추진해야 한다.

종교는 문화 범주에 속한다

종교는 신앙체계이고, 사회의 의식형태이며, 또한 생활방식이고 문화현상이다. 1952년 10월 8일, 모택동(毛澤東) 주석은 티베트 치경단(致敬團) 대표를 접견할 때, "문화에는 학교, 신문, 영화 등이 포함되며 종교도 포함된다"고 했다. 여기에서 말한 문화는 정치, 경제 와 구별되면서도, 또 이와 연계가 있는 의식형태 혹은 관념형태를 가리킨다. 즉 일반적 의미에서의 문화이다. 모택동(毛澤東)은 종교가 문화의 한 가지 유형으로서 학교, 신문 등과 같이 일반적 의미에서의 문화 범주에 속한다고 보았다.

종교는 인류 생명의 궁극적 의의에 대해 관심을 두고, 세속적 가치를 초월할 것을 제창하며, 초월계(超越界)를 설명하고 대표하여 종교 신도들의 심령으로 위안 받고, 궁극적으로 의지하고 기대는 부문이다. 종교는 장기적인 발전과정에서 점차 신앙을 핵심으로 하는 종교문화의 전통을 형성하였으며, 종교문화도 종교 신앙의 표현형식이 되었다. 그런 점에서 종교문화는 기타 문화형태와는 구별되는 것이다.

신앙과 문화는 절대적으로 대립되는 것이 아니다. 신앙은 종교 교의에 대한 극도의 신복이고 존숭이며, 또한 행위의 최고 준칙이다. 신앙에는 문화가 포함되어 있다. 심지어 신앙 자체가 문화라고 할 수 있다. 관념형태의 문화로써 신앙은 또 종교를 포함하고 있다. 즉 종교는 문화의 한 형태이고, 문화 중 신앙 특징을 가진 형태이다. 이로부터 볼 때, 인류의 문화는 두 가지 종류로 나눌 수 있다. 한 가지는 신성한 신앙을 핵심으로 하는 종교문화이고, 다른 한 가지는 경험과 지식을 핵심으로 하는 세속 문화이다. 이 두 가지 유형의 문화는 서로 작용하고 서로 보완하며, 충돌하고 융합하면서 끊임없이 인류문명사가 앞으로 발전하도록 추진해 왔다. 우리는 종교문화와 비 종교문화(세속 문화)의 구별 점을 잘 알아야 할 뿐만 아니라, 또 이러한 구별점이 있으므로 하여 종교는 문화라는 객관적 논단을 부정하지 않도록 주의해야 할 것이다.

종교문화의 풍부한 내용

종교, 특히 불교, 기독교, 이슬람교 등 세계 3대 종교와 기타 중요한 민족종교인 도교, 인도교(印度敎) 등은 모두 방대한 문화체계를 가지고 있다. 종교문화체계는 여러 가지 문화요소로 구성된 유기적인 구조체이며, 풍부한 내용을 포함하고 있으며, 특정된 기능을 나타내고 있다. 불교를 예를 들면, 그 문화적 내용에는 다음과 같은 몇 가지 중요한 유형이 있다.

신학 : 불교의 신앙체계. 불교 신앙의 중점 내용은 두 가지가 있다. 하나는 수많은 신도들이 인과응보, 업보 윤회설을 굳게 믿는다는 것이다. 다른 하나는, 수많은 신도들이 부처, 보살, 나한, 조사(祖師)에 대해 경건하게 숭배한다는 점이다. 이는 불교문화의 중대한 특질이다.

철학 : 불교는 종교이기도 하고 철학이기도 하다. 불교는 세계 모든 종교 중 철학사상이 가장 해박하고 심후한 종교로서, 인생론, 심성론, 우주론, 인식-수지(修持)론 등 수많은 내용을 포함하고 있으며, 그 사상의 실질은 지혜를 탐구하고 개발함으로써 인생의 고통에서 해탈하자는 것이다.

도덕 : "모든 악행을 하지 말고 온갖 선을 행하라. 스스로 그 뜻을 깨끗이 하는 것이 모든 부처님의 가르침이다(諸惡莫作, 衆善奉行, 自淨其意, 是諸佛敎.)"라고 했듯이,[115] 불교는 윤리도덕의 실천을 매우 중시한 종교이며, 완전한 윤리도덕의 학설체계를 구비하고 있다. 선을 행하고 악을 버리는 것을 행위준칙으로 하고, 자신과 타인을 제도하는 것을 귀결점으로 하고 있다.

문학 : 불교문학은 그 성과가 찬란하다. 예를 들면 『백유경(百喩經)』, 『불소행찬(佛所行贊)』 등은 고대문학의 명작이다. 일부 불전의 중국어 번역본도 번역문학 중 걸작이라고 할 수 있다. 중국의 승려들은 대량의 불학 논문, 승전(僧傳), 어록(語錄), 시가를 썼는데 이러한 것들도 훌륭한 문학작품이다.

예술 : 불교예술은 현란하고 다채롭다. 여기에는 건축, 조각, 회화, 서법, 공예, 음악 등이 포함된다. 건축에는 또 사원, 석굴, 탑, 당(幢, 부처의 이름이나 불교의 경문을 새긴 돌기둥-역자 주)이 있는데, 예를 들면, 운강(雲岡)석굴, 용문(龍門)석굴, 돈황(敦煌)석굴 등은 모두 세계적으로 이름난 예술의 보고이다. 불교예술은 중국 고대 전통예술의 매우 중요한 한 구성부분이다. 불교

---

115) 『증일아함경(增一阿含經)』 권1 '서품(序品)', 『대정장(大正藏)』 제2권, 551쪽.

예술이 없었다면 중국의 고대예술은 그다지 크게 각광받지 못했을 것이다.

과학 : 불교는 과학의 어머니라고 할 수는 없지만, 과학의 적이라고도 할 수 없으며, 과학의 친구라고 하는 것이 적당하겠다. 불교는 의학과 천문학에 공헌하였다. 고대의 사원은 전문 부서를 설치해 환자들의 병을 치료해 주었다. 일부 승려는 밀방이나 의료 비법으로써 일부 난치병을 치료해 주기도 했다. 불교는 또 천문현상에 대한 관찰을 중시했다. 고승 일행(一行)은 이름난 천문학자였으며, 천문 역법에서 중대한 성과를 거두었다.

그 외에도 불교는 심리학, 문헌학 등 여러 면에서 중요한 문화적 공적이 있다.

종교문화의 긍정적 요소

종합적으로 말하면, 종교의 사회 역사적 역할은 이중성이 있다고 할 수 있다. 즉 긍정적인 일면도 있지만, 부정적인 일면도 있다는 말이다. 그러므로 내용의 구성에서도 긍정적인 요소도 있고 부정적인 요소도 있다. 하지만 중국에서는 당과 정부의 적극적인 인도로 인해 종교의 긍정적 역할이 끊임없이 강화되고 있으며, 긍정적 요소도 끊임없이 확대되고 있다. 우리는 종교문화 중의 긍정적 요소를 적극 발굴하여, 종교가 자체의 긍정적인 역할로 부정적인 역할을 억제하도록 추진해야 할 것이며, 동시에 사회주의 문화의 번영과 발전을 촉진시키도록 해야 할 것이다.

또 불교를 예로 들 때, 불교문화가 내포하고 있는 풍부한 내용들에는 중요한 긍정적 요소들이 포함되어 있다. 필자는 최근 몇년간 어떻게 해야 불교문화의 긍정적인 역할을 충분히 발휘할 수 있게 할 것인가에 대해 생각해 왔는데, 이를 위해서는 불교에서 보편적 의의를 가지고 있는 이념을 발굴하여 그것이 보편적 가치의 조류에 융합되어 들어가게 하는 것이 특별히 중요하다고 보았다. 그러한 이념들로서 필자는 "연기(緣起), 인과(因果), 구지(求智), 종선(從善), 평등(平等), 자비(慈悲), 중도(中道), 원융(圓融)" 등의 8개 이념을 선택했다. 나는 이러한 것들이 불교의 정수이며 크게 선양할 가치가 있다고 보는 것이다.

2009년 11월, 호금도(胡錦濤) 주석은 오바마 미국 대통령과의 회담에서 "전 세계는 이미 상호 의존하는 시대에 들어섰다"고 말했다. "상호 의존설"과 불교의 핵심사상인 연기론(緣起論), 즉 "이것이 있으면, 저것이 있고, 이것이 없으면, 저것도 없다. 이것이 생기면, 저것이 생기고, 이것이 멸하면 저것도 멸한다(因此有彼, 無此無彼, 此生彼生, 此滅彼滅)"[116)]고 하는 것은 완전히 일치하는 말이다. 연기론(緣起論)에서 파생된 불교의 기본 이념도 당대 세계의 문제를 처리하는데 중요한 참고가 될 수 있다는 말이다. 나는 유가, 도가, 불교, 서방철학, 마르크스주의 등 학설이 융통(融通)과 상호 보완, 종합적인 혁신을 거쳐 "서로가 의존하는 시대"에 부합되는 보편적 가치를 형성케 하여 점차 세인의 공동행위준칙으로 되게는 할 수 없을까 하고 동경하곤 한다. 이는 조

---

116) 『중아함경(中阿含經)』 권47, 『다계경(多界經)』, 『대정장(大正藏)』 제1권, 723쪽.

화로운 사회구축에 중요한 도움이 될 수 있기 때문이다.

종교문화의 당대 가치

인류의 문명 발전사에서 종교는 아주 중요한 역할을 해왔으며, 종교문화는 인류문명의 아주 중요한 한 측면을 구성하고 있다. 종교 활동은 인류역사에서 중요한 위치를 가지고 있으며, 종교문화는 인류문화의 소중한 재부이다.

당대에 있어서도 종교문화는 여전히 중요한 가치가 있다. 종교문화의 당대 가치는 여러 시각에서 분석할 수 있지만, 여기서는 두 개 시각만으로 간략하게 논술하고자 한다.

하나는, 종교문화는 당대 인류사회의 문제를 직시하고, 당대 인류사회의 모순을 완화시키는 것으로써 그 가치를 체현토록 해야 한다. 당대의 인류사회에는 세 가지 기본 모순이 있다. 즉 인간과 자아의 모순, 인간과 사회의 모순, 인간과 자연의 모순이다. 종교는 이러한 모순을 완화시키는데 있어서, 특히 인간과 자연의 모순을 완화시키는데 있어서 중요한 사상적 계도(啓導)를 해야 한다는 의의를 가지고 있으며, 나아가 긍정적인 역할을 발휘할 수 있도록 해야 한다.

다른 하나는, 종교문화는 당대 중국의 사회생활에서, 특히 문화건설에서 다른 군체의 다양한 정신문화의 수요에 적응하고 그 다양한 정신문화의 수요를 만족시켜 주어야 하며, 사회주의 사회의 문화 화원(花園)을 충실히 하고 풍부하게 할 수 있으며, 사회주의의 조화로운 문화 관계를 구축하고, 발전시키고, 이로부터 사회주의 문화의 건설과 번영, 발전을 추진하는데 공헌할 수 있게 해야 한다.

종교문화 건설을 강화하고 종교문화의 역할을 발휘케 한다

종교문화의 긍정적인 역할을 발휘케 하는 것은 종교문화의 건설에 달려 있다. 각 종교의 문화건설이 잘 될수록 종교문화의 현실가치를 더 잘 보여줄 수 있으며, 사회주의 문화의 번영 발전을 위해 더욱 잘 봉사할 수 있다.

현 단계에서 종교문화 건설을 강화하기 위해서는 다음과 같은 네 가지 사항에 특별히 주의를 기울여야 할 것이다.

① 종교계가 문화자각과 문화에 대한 자신감을 제고할 수 있도록 고무시키고 촉진시켜야 하며, 종교문화가 사회주의 건설과 종교의 자체 발전에서 가지는 중대한 의의에 대해 깊이 이해하며, 더 나아가 종교문화 건설을 중시하고, 종교문화 건설을 종교의 각항 건설 중 중요한 위치에 놓으며, 종교가 당대 문화건설에서 긍정적인 역할을 발휘할 수 있도록 기초를 다져주어야 한다.

② 종교문화 자원을 깊이 있게 발굴하고 정리하며, 설명토록 해야 한다. 특히 당대 인류사회의 모순을 완화시키는데 도움이 되고, 개인의 도덕적 자질을 승격시키고, 사람들 사이의 화합을 도모하며, 사람과 자연의 모순을 조화시키는데 도움이 되는 사상을 발굴해 내는데 진력해야 한다. 또한 이러한 사상에 대해 시대의

발전에 따른 새로운 해석을 하고, 현대의 언어로 심오한 내용을 알기 쉽게 새롭게 서술하여, 사람들의 사상 경지를 제고시키고, 사회의 조화로움과 지속적인 발전을 추진토록 해야 한다.

③ 세정(世情), 국정(國情) 및 교회의 내부 상황과 결부시켜 중국 인민이 좋아하는 형식, 예를 들면, 문화 축제, 종교문화 강좌, 강연 시합 등을 통해 종교문화를 선양토록 해야 한다. 최근 몇 년 간 이루어낸 창조적 성과를 계승하고, 종교문화의 국제교류 플랫폼을 만들며, "세계불교포럼", "국제도교포럼", "중국교회성경사역전시(中國敎會聖經事工展)"와 "중국 이슬람문화 전시" 등을 계속 잘 해 나가며, 이러한 플랫폼을 통해 회의 참가자들이 서로 따라 배우고, 함께 연구 토론하도록 해야 한다. 이로부터 중국종교문화가 세계로 나갈 수 있도록 촉진케 하며, 또 중국종교계도 이러한 기회를 비러 기타 나라의 종교문화 건설의 유익한 경험을 받아들이고, 중국종교문화의 건전한 발전을 추진토록 해야 한다.

④ 인재양성을 중시해야 한다. 종교문화 건설에서 종교계 엘리트들의 역할에는 중요한 의의가 있다. 종교계는 개혁, 혁신 정신과 능력이 있는 인재양성에 관심을 기울여, 종교가 당대의 문화 건설에서 더 크고, 더 긍정적인 역할을 발휘할 수 있도록 힘써야 할 것이다.

(『중국민족보』 2012년 7월 3일자에 게재됨)

중국 특색의 종교사회학 건설을 중시하자!

1

'사회학'의 개념은 프랑스의 사회학자인 오귀스트 콩트(1798 ~1875년)가 제기한 것이고, '종교학'의 개념은 영국 국적의 독일 학자 막스 뮬러(1823~1900년)가 제일 처음으로 제기한 것이다. 사회학과 종교학을 결부시킨 교차 학과인 종교사회학은 프랑스 사회학자 에밀 뒤르켐(1858~1917년)과 독일 사회학자 막스 베버(1864~1920년)가 기초를 다져 놓았다.

만약 엄복(嚴複)이 1895년에 발표한 『원강(原强)』과 1897년에 발표한 번역 작품 『군학이언(群學肄言)』이 중국에서 사회학이 나타난 표식이라고 한다면, 종교사회학은 중국 내지에서 비교적 늦게 나타났다고 할 수 있다. 대략 1978년 개혁 개방 이래부터서야 우리는 서방의 관련 사상에 대한 소개를 중시하기 시작했다. 하지만 이번 세기에 진입한 이래 종교사회학은 활발하게 발전하기 시

작했다. 예를 들면, 중국인민대학 불교와 종교학 이론연구소 종
교학학부는 국내외 동인들과 함께 2004년부터 "종교사회과학 연
례회의"를 발기하고 개최했으며, "중국, 미국, 유럽 여름철 종교
학 고급학원"을 설립했는데, 이미 9번이나 개최한 바 있다. 이 여
름철에 학원은 졸업생 수가 600여 명에 달하며, 100여 명에 달하
는 종교사회과학 연구팀이 형성되었다. 이러한 일련의 활동은 종
교사회학 연구에 중대한 촉작용을 하였다.

　　2

　　종교사회학은 종교를 한 가지 사회현상으로 보고 사회학의 방
법을 이용하여 연구를 하는 것이고, 종교사회학의 중심은 종교와
사회(정치, 경제, 문화, 과학, 민족 등)의 상호관계를 연구하는 것
이다. 종교사회학의 근본적인 연구방법은 구체적인 종교현상에
대한 실증연구에서 종교현상의 내재적 연계, 인과(因果) 법칙과
변화, 발전 법칙을 귀납하고 종합해 내며 이로부터 종교의 본질
과 특징을 파악하는 것이다.
　　중국 특색의 종교사회학은 종교사회학의 범주에 속하나, 서방
의 종교사회학과 비교할 때 또한 중국 특색을 볼 수 있는 것이다.
이러한 중국 특색은 중국의 국정과 종교상황에 의해 결정된다.
　　고대중국은 중앙집권 정도가 매우 높은 종법사회였다. 사회의
중요한 사상학설과 주요 종교는 통치계급이 인민을 교화하는 도
구로써 존재하고 역할을 발휘해 왔다. 종교는 통치자들에게 통제

당했고 규범화 되었다. 이러한 배경 하에서, 중국종교는 충만한 인문정신이 있을 뿐만이 아니라, 약 6세기부터는 점차, 유가, 도가, 불교의 삼족정립(三足鼎立) 국면을 이루었다. 그 후 점차 삼교 평등, 삼교 일치, 삼교 동원(同源), 삼교 동귀(同歸) 등 삼교 합류사상이 형성되었으며, 명(明)대 이래 사회의 주류사상이 되었다.

현대에 와서 중국공산당은 혁명과 건설, 개혁의 총체적 형세에서 출발해, 정치적으로 종교계를 통일전선의 하나라고 보았다. 또한 고대에 유가, 도가, 불교를 교화의 도구로 보던 종교관을 계승한 기초위에서, 종교도 문화의 범주에 속한다고 강조했다. 후에는 상술한 종교적 성질에 대한 판단의 기초 하에서 종교가 사회주의 사회와 서로 적응하도록 인도해야 한다는 명제를 세웠다. 이러한 '적응론' 혹은 "적응하도록 인도해야 한다"는 논점은 종교가 당대 사회에서 역할을 발휘하는 것, 여러 가지 관계를 조절하는 것 및 종교 자체의 미래 지향에 대해 모두 중대한 의의가 있다.

이로부터 우리는 종교사회학의 중국특색을 탐구할 수가 있다. 예를 들면, 종교 자체에서 볼 때, 중국종교는 국정에 결부시키고 끊임없이 혁신하는 것을 매우 중시하고 있다. 불교의 선종(禪宗)과 인간불교가 바로 전형적인 예이다. 종교와 종교 사이에는, 유가, 불교, 도가 3교가 서로 보완하고 서로 작용하는 전통의 기초위에서 다섯 종교(불교, 도교, 이슬람교, 천주교, 기독교)가 함께 화합의 길로 나아가도록 해야 한다. 종교와 정치의 관계에 있어서는, 나라를 사랑하는 것과 소속된 종교단체를 사랑하는 것은 중국 각 종교의 좋은 전통이다. 불교, 도교는 모두 "호국이민(護國利民)"의 이념을 견지하고 있으며, 이슬람교는 "애국은 신앙의 일부이다"라고 강조하고 있다. 천주교는 "나라를 사랑하는 것은 천주의 충고이다"라고 한다. 기독교는 "훌륭한 기독교인이 되려면 우선 훌륭한 공민이 되어야 한다"고 요구한다. 종교와 경제사회의 관계에 있어서, 종교계는 경제사회의 발전, 조화로운 사회구축과 문화의 대 번영, 대 발전 등 여러 면에서 모두 긍정적인 역할을 발휘하고 있다. 중국의 역사와 현실에서의 이 같은 종교 현상은 중국 특색의 종교사회학을 연구하고 창립하는데 풍부한 자원을 제공하였음을 알 수 있다.

3

중국 특색이 있는 종교사회학의 건설을 추진하기 위해 나는 다음과 같은 건의를 제기하니 여러 학자들이 사고하고 비평해 주기 바란다.

첫째, 중국종교계의 훌륭한 전통을 계속 선양해야 한다. 예를 들면, 종교의 신앙자유, 각 종교 사이의 화합, 종교계와 사회주의 사회의 상호 적응 등으로 종교의 중국 특색을 풍부히 해야 한다.

둘째, 각 종교는 시대와 더불어 발전하며, 종교 교의 중의 긍정적인 요소를 발굴하는 것에 노력하여, 종교의 본의와 당대 인민의 수요에 부합되는 혁신을 함으로써 종교의 중국 특색을 끊임없이 발전시켜야 한다.

셋째, 중국종교의 특색을 형성하려면 고립적인 것이 되어서는 안 된다, 정계와 학계, 사회 각계의 협력, 지지와 도움이 필요하다.

넷째, 중국종교의 특색이 갖고 있는 풍부한 실천을 종합하고 이론으로 승화시켜, 중국 특색의 종교사회학 학설을 보강해야 한다.

다섯째, 국제 종교계와의 문화교류를 강화하여 장점을 취하고 단점을 보완하여 중국종교의 장점과 활력 요인을 증진시켜야 한다.

중국종교는 국정에 부합할 수 있도록 더욱 건전하게 발전토록 해야 한다. 또한 독특한 특색을 가질수록 중국 특색의 종교사회학 건설은 더욱 견실한 기초를 공고히 하게 된다. 중국 특색의 종교사회학 학술사업은 반드시 성공할 것으로 본다.

2012년 7월 9일
(중앙민족대학에서 거행함 "종교사회과학연회" 개막식에서의 주제 발언)

중국문화와 중국종교

초판 1쇄	인쇄 2016년 2월 25일
초판 1쇄	**발행 2016년 3월 2일**
지 음	방립천(方立天)
옮 긴 이	김승일 · 채복숙
발 행 인	김승일
펴 낸 곳	경지출판사
출판등록	제2015-000026호

판매 및 공급처 / 도서출판 징검다리/경기도 파주시 산남로 85-8
Tel : 031-957-3890~1 Fax : 031-957-3889
e-mail : zinggumdari@hanmail.net

ISBN 979-11-86819-13-5   03320